言語過程説の探求

自然言語処理への展開

第三巻

佐良木 昌 編

明石書店

まえがき

佐良木　昌

『言語過程説の探求』シリーズは、言語学および自然言語処理の分野において学的探求を続けている研究者による論文集であり三巻から成る。第一巻の刊行から久しく十余年を経て、今回第三巻である本書を刊行し、引き続いて第二巻の刊行を予定している。各巻各論考の執筆者はそれぞれ独自に学的研鑽を積み重ねているが、時枝誠記が提唱した言語過程説を批判的に継承し発展させるという立場を同じくしている。観念弁証法の転倒と同様に言語過程説を唯物論的に改作し認識と言語の科学的理論を確立する、あるいは精神現象学および純粋現象学への唯物論的批判を通じて言語と意識とを物質の現象学として把握する、あるいは感性的労働の論理を基礎として、言語活動者の主体的活動において言語表現を捉える、といった、それぞれの視点で執筆された諸論考が、収録される。本書『言語過程説の探求』第三巻「自然言語処理への展開」には関連論文四稿を収めた。

一　**「言語過程説に基づく日本語解析の試み」　宮崎正弘**

本論文は、表題の通り、言語過程説を基礎とした、その自然言語処理への適用（本稿第一章）である。のみならず、三浦つとむの日本語の文法を整理して包括的な「日本語品詞の体系化と日本語形態素解析用文法の構築」（本稿第二章）が試みられている。この品詞体系と文法とは、『日本語語彙大系』（池原・白井・宮崎ら岩波書店1997）とともに日本の自然言語処理の金字塔をなす。本稿では、自然言語処理、就中、その基幹技術である形態素解析・構文解析・意味解析が機械翻訳システムに実装可能なレベルまでに具体化精密化されており、読者はその全貌を知ることができる。

「三浦の言語モデルに基づく日本語構文・意味解析」（本稿第三章）においては、日本語の構文と意味との統一的解析が示される。「統語構造と意味は一体化したものであり、これを独立に扱おうとすれば、構造のもつ意味が欠落する。各部分はそれを含む上位の構造の中に位置づけられて初めて意味を持つ」との視座から「意味と整合性のよい構文解析」（同章第一節）が全六項に亘って子細に解説されている。構文＝意味の解析、その要諦が、豊富な図解と共に明らかにされている。この解析方法は、詞辞の入子構造を「意味のまとまった単位」として扱うものであり、時枝の問題意識「文法研究における意味論の先行」（「文の概念について」（上）（『国語と国文学』Vol. 14, No. 11, 1937: 1607-1608））を受け継ぎ、時枝文法の入子型構造形式（『国語学原論』第二篇第三章「文法論」岩波書店1941を参看されたい）が意味論を基底にした形態論であることと符合するものである。

同じく本稿第三章第二節では、「大域的な構造をもつ複雑な日本語長文の構文・意味解析」について、革新的な知見が提示されている。長文の構文解析において、局所的な構造解析には成功しても大域構造の解析に失敗するならば、機械翻訳によって生成される訳文の意味は、原文の意味とは大きく乖離することになる。文の表す範疇的意味は大域構造、すなわち文のフレームワークが担っているからである。したがって、文の枠組みが局所解析の前に同定されていることが必須となる。そのために、「局所的な構造だけでなく、より大きな構造として文中の他の要素と関連づけて解析する手法」の一斑が本稿では開示されている。具体的には、大域構造パターンとして、陳述副詞型呼応パターン・係助詞相当語型呼応パターン・並列構造パターン・接続構造パターン・格助詞相当語パターンが示されている。この第三章は、本巻収録の白井論文第二章と併せて、精読されたい。

さらに本稿第三章において、「微妙な助詞のニュアンスの違いを解析できる構文・意味解析」（第三章第三節）の成果として、「が」と「は」との差異を読者は知ることになるだろう。この差異について、第二章で、主題の

「は」と対照の「は」とでは、これらが係る範囲・係先が異なってくることを指摘しているのであるが、本章では、普遍性・特殊性・個別性の論理から立ち入った考察が示されている。認識対象についてその普遍性を捉えているのか、個別性を捉えているのか、という話者視点の相違によって話者の認識は異なり、そのため表現が変わる。表現者は、格助詞「が」により認識対象の個別性・限定性を表し、係助詞・副助詞「は」により認識対象の普遍性・特殊性を表す。それと共に、「が」の文型と「は」の文型とを区別して運用することで、認識内容上の異なりを表す。本稿ではこの文型的区別に踏み込んで、以下の文型を含む「が」と「は」との区別と運用とを明確にしている。文型「N1＋が」では、N1が目的格の場合は限定性を、総記用法の場合は限定性を、その他の場合は個別性を、それぞれに表し、文型「N1＋は」では、N1が存在文の場合は特殊性を、対照用法の場合は特殊性を、目的格の場合は特殊性を、その他の場合は普遍性を、それぞれに表す。このようにして日本語表現の論理構造を把握することで、正確にして精確な意味解析に成功しているといえるだろう。「言語が、特定個物を、一般化して表現する過程であるということは、言語の本質的な性格である」（『国語学原論』前掲書1941: 88）ことから、言語表現は、特定の文型を以て概念的一般的表現の特殊相を表す、その証左が本稿に示されている。

以上、読者は、本論文において、言語過程説に基づく機械翻訳技術の実相をつぶさに観るだろう。

二　「日英機械翻訳のための言語知識の構築と記述に関する研究」　白井論

本論文は、表題の通り、日英機械翻訳のための言語知識の構築と記述に関する研究論文である。詳しくは、長文係り受け解析精度の向上、英訳指向の和文換言、単文の結合価パターンの作成、翻訳テンプレート発見手法について解明している。

本論文では、まず「序論」において、人間による翻訳について、①「対訳そのものを流用したり表現形式をまねる」方式、②「表現の分析、理解、言い換えを行なってから表現を組み立てる」方式、この二つが「臨機に選択される」とともに③「多種多様な言語知識が使用される」と指摘する。さらに本稿は以下を指摘する。「内容が理解できない場合にもそれなりに翻訳することがある程度は可能」という洞察力、言い換えれば文意（範疇的意味のレベル）を直観する能力を翻訳者は備えている。また人は「対訳用例に一定の抽象化を行なったうえで記憶」しており、人間の翻訳過程では、その抽象化訳文パターンが力を発揮する。優れた翻訳者は、ある範疇的意味を表す訳文パターンを豊富に蓄積しており文脈に応じて選んで翻訳に用いるのである。この智慧に倣うならば、「大量の対訳用例を収集することは容易ではないが、人間に一例を提示するとそれが手がかりとなって用例を増すことができる。また、理解のような高度な言語処理をモデル化することは困難であるが、その必要性が比較的低いこと、用例が文法や辞書が複合化されたものと捉えれば、対訳用例の蓄積により代替できると考えられる」。したがって、言語知識構築の指針では、「可能な限り大量の対訳用例を収集すること、それらを人間が注意深く抽象化することにより言語知識として記述し利用すること」、「抽象化に当たっては、人間の言語活動に可能な限り配慮する」のである。

右記した言語知識の効率的構築の手法に従って、「長文の係り受け解析精度を向上させる方法」（二章）、「日本語の表現を英語的な表現に書き改める前編集」の自動化方法（三章）、結合価パターンの辞書記述を利用することにより、「一般的な表現から慣用的な表現まで同じ処理の枠組みで日英変換可能とする方法」（四章）、「対訳データから翻訳テンプレートを発見する手がかりを与える n-gram 統計分析手法」（五章）を究明している。

まず本稿第二章「日本語の階層的認識構造と係り受け解析」では、林四郎による四段階の階層構造（林四郎『基本文型の研究』ひつじ書房 復刊2013）と南不二男の「従属句の構造」のＡＢＣ分類（『現代日本語の構造』1974）とに着目して、従属節間には次の関係があることを指摘している。①従属節の包含関係から見ると、Ａ＜Ｂ＜Ｃ

の関係が成り立つ。②包含関係の内側にある述語は、外側の述語に係れるが、外側にある述語は、内側にある述語には係れない。さらに、従属節を「A類：「同時」の表現。B類：「原因」、「中止」の表現。C類：「独立」の表現」に分類して、従属節間の依存関係に関わる「係り受け判定規則」（「係り受け基本規則」と「係り受け派生規則」）を提案している（第二章第四項「従属節依存関係の決定規則」）。これら規則により、係り受け解析の精度が飛躍的に向上し、「並列構造解析については、黒橋氏らによりすでに解決の見込みであることを考え合わせると、本方式によって、係り受け解析の2大問題（並列構造の解析、従属間の関係解析）がともに解決される見込みとなった」。言語過程説に基づく自然言語処理の精華である。

ところで、日本語の階層的認識構造とは、言語過程説の立場から視ると、入子型構造形式の拡張である。時枝文法においては、詞辞の入子型構造形式によって文の基本構造を捉えている。すなわち、「辞が詞を総括する」構造が、さらに大きな詞辞の構造に「順次総括せられ、最後に統一した思想表現を構成する」ことで文が成立するとの見解である。これを三重の盃に喩えて、小円a・中円b・大円cという同心円の図を呈示しつつ「大盃cは、中盃bをその上に載せ、中盃bは更に小盃aをその上に載せて、そして全体として三段組の盃を構成している」（『国語学原論』前掲書1941: 317）と時枝は云っている。この入子構造に「啓発された」林四郎が提案したのが本稿第二章で言及している「描述を、言語の最奥の中核とし、判断、表出、伝達を、次第に大きく取り囲む働きと見る」という階層的な構造である（『基本文型の研究』前掲書2013: 95）。この林説を支持しつつ南不二男は、「各種の従属句（いわゆる接続助詞で終っている句、または活用語の連用形で終っている句など）の構造の違い――主として、それぞれの句内の述語的部分の構成要素と、述語的部分以外の諸成分との共起関係の違い――に基づいて、文の構造全体について四つの段階」（『現代語の文法』『国文法講座6』時代と文法――現代語1987: 5）という仮説を提案した。これら国語学の精華を自然言語処理に適用し展開することを目指した、これが本稿である。

続く本稿第三章では、①「精密な単語意味属性を使用して書き替え規則を記述すること」、②「書き替え規則適用条件の判定可能な情報が得られる構文解析結果に規則を適用すること」、以上によって「副作用の少ない原文自動書き替え型の翻訳方式」を提案している。第四章では、「日英機械翻訳において、用言の意味を訳し分けるのに必要な結合価パターン対の数とそれを収集する手段」について検討している。第四章においても本稿筆者は、「(人間は) 適切な対訳用例があれば、類推能力によって、一用例から一パターン作成することができると推定される」ことから、人智による翻訳知識構築が主であって「計算機はあくまで作業支援に使用するのが現実的と考えられる」との見解を示している。第五章では、二回以上出現した文字列（連鎖型共起表現）を、「一度、抽出した文字列の部分文字列は、その後、抽出対象としない」という条件下で漏れなく抽出する方法を提案し、この方法で抽出された文字列を組み合わせて、文中の離れた位置に共起する文字列の組（離散型共起表現）を抽出する方法を提案している。

なお、本論文は東京工業大学へ提出された学位論文である。章の連番は漢数字の章立てとした他、表のキャプション位置を変更したが、本文は誤記誤植を正した以外は原文のままである。

三　「意味類型構築のための文接続表現の体系化」　衛藤純司

本論文は、機械翻訳における意味類型の諸問題を取り扱っている。意味類型については、『言語過程説の探求』第一巻の池原論文「自然言語処理と言語過程説」第三章で提案されているが、本稿では特に、複文の意味類型パターン作成の問題を究明し、ここでは、「複文は、接続表現で結ばれた前後二つの節からなる」（本稿第三章）としている。

本稿筆者らが開発しようとしている日英翻訳システムは、「語や句の単なる重ね合わせではない文の構造と意味を一体のものとして扱う仕組み」(本稿第一章)を備えている(なお、宮崎論文第三章も参看されたい)。「日本語と英語のような語族の異なる言語間では構造と意味とのずれはきわめて大きく、単なる語句の重ね合わせで意味を保存できるとは限らない」から、文の枠組みと文が表す範疇的意味とを予め捉えておく必要がある。そのために、原言語と目的言語との対訳文から抽出した文型パターン対を、範疇的意味の別に編成する。「因果関係を表すもの、比較を表すもの、対比の関係を表すもの、等々に分類する。さらに必要ならば、どのようなタイプの因果関係か、比較は優劣の比較か同等の比較か、対比される二つの事象はそれぞれどのようなタイプの事象か、というようにより詳細な観点から分類する」。このようにして得られた、意味と表現の一体化した知識構造を「意味類型」と呼び、「意味と表現が一体化したものであるから、それぞれの言語に個別的である。日本語には日本語の「意味類型」があり、英語には英語の「意味類型」がある」とする(本稿第二章「文の構造と意味を一体として扱う仕組み」)。

「個々の文の意味類型は、複数の概念が組み合わされた複合的な構造を持つ」「意味類型を構成する概念の体系を「論理的意味範疇」と呼び、その要素である個々の単一な概念を『真理項』と呼ぶ」(論理的意味範疇と真理項とは、「言語・認識・表現」研究会の辞書プロジェクト会議第六回(二〇〇〇年四月一日)において提案され論議を踏まえてつぎのように規定されている。「真理項Truth Itemは、言語に共通した「単一概念」を言う」「論理的意味範疇 Logical Semantic Categoryは、意味類型で表される複合概念を表現するもので、1つ以上の「真理項」から構成される」(『非線形言語モデルによる自然言語処理』池原悟 岩波書店2009: 156-157)。

本稿では、複文の意味類型パターンの意味記述を課題とし「前節と後節それぞれの意味と、それらを結ぶ接続表現の意味との総合として複文の意味を記述する」(本稿第三章「複文の意味類型」)。「接続表現というのは、いわゆる接続助詞だけでなく、ある種の形式的な語句を伴う接続助詞相当語句とでもいうべき表現を含んでいる」。

この接続表現の意味を網羅し「時間」「因果」「関係」の三つの論理範疇と二四六の細目に編成している（本稿第三章第一節）。接続表現に媒介されることで、それぞれの節の意味が節間関係の意味（三つの論理的意味範疇）を構成する真理項となる。

本巻編者の解説を加えるならば、複数の単文を組み合わせることで初めて表現できる複文の意味は、単文が表す意味の上位の意味範疇になる。単文の意味と他の単文の意味との統合は、個別的意味を超えたところでなされ、統語的には、節同士を結び節間の関係を措定する接続表現が複文の意味範疇を決めるといえる。接続詞・接続助詞など接続表現が複文を成立させる統語的条件であり、これら接続語の働きで節間関係の意味範疇が確定する。これが各節の内部をも規定する。たとえば、先行節（前件）と後続節（後件）の述部用言を制約する。したがって、複文下の節として「単文とはまた違った観点からの意味属性が必要になる」「命題の意味、モダリティの意味、発話行為の意味、価値評価、等々。また、命題の中にも、中核をなす格関係と、それらを修飾するさまざまな意味がある。これら多層な意味のいずれかが、何らかの視点に応じて浮かび上がってくる」（本稿第四章）。こうした接続表現を収集し体系立てようとする試みが本稿でなされている。複文固有の観点から意味属性を見直して、モダリティの表現や価値評価の表現を把握し直すことを提言している。①意味属性に関しては、たとえば「逆接」関係を表す複文では、逆接関係において相呼応する従属節の一部と主節の一部とが「格別にクローズアップされる」。「このような逆説関係をうまく導き出すように複文レベルの意味属性を設計することが課題」としている。そのためには、『日本語彙大系』の意味属性を「より一般に理解しやすいような属性に写像する」必要があるとしている。②モダリティに関しては（第四章第二節）、否定（部分否定・全否定）／完了・継続・反復／状態／可能・不可能／不可避・蓋然／受動／使役／義務／願望／意志／強度・過度などが、「節と節との論理関係に関わるものとしては、名詞や動詞の意味属性よりもあるいは大きな意味あいを持つ」。

本巻編者から付言すれば、右の課題の解決のためには、南不二男の云うところの「接続助詞で終っている句、または活用語の連用形で終っている句などの構造の違い――主として、それぞれの句内の述語的部分の構成要素と、述語的部分以外の諸成分との共起関係の違い」（南不二男「現代語の文法」前掲書）について、加えて複文の場合、「主文の述部の文法的性格（いわゆるモダリティなど）に、ある従属句の存在がなんらかの制約をおよぼすかどうか」（南不二男『現代日本語文法の輪郭』大修館書店 1993: 95）についても、従属句の類別に応じて（A類の「ながら」等、B類の「ので」等、C類の「けれども」等）、意味属性およびモダリティの記述を考案すべきと考えられる。約言すれば、複文の意味と構造とを一体として記述可能な方法を探求することが肝要である。

ここで編者から、意味類型論の導入経緯と理論的背景とについて補足しよう。

西洋古典語・ドイツ語研究の碩学である有田潤は、関口存男《つぎお》の「意味形態」を検討し「意味類型」として言い換えると共に、機械翻訳の原理となりうる、と述べている（『ドイツ語学講座Ⅱ』南江堂 1987: 48-56）。これに着目し、辞書プロジェクト会議は、論理的意味範疇と真理項とについて検討を重ね（「第六回会議」二〇〇〇年四月一日）、有田先生を招待し「意味類型論」を講義していただくという機会を得た（「第八回会議」二〇〇一年六月九日）。そこで、意味類型は個別言語のそれぞれにおいて成立していると教わったのである。判断を表す表現を例に採ってみれば、日本語では、その原型は「がある」と「である」。原型から派生して判断の諸類型（「XはYという」、「XはYに当たる」等々）が成立している。西洋諸語においても、判断には「事物の本質・眼目・真意・実質・内容・語義等を定義する際の主要定式」がある。たとえば関口ドイツ語学に拠れば、AがB繋辞を介してBに繋がる形式を原型“A ist B.”（AはBである。）として、幾つかの諸類型がある。“A heißt B.”（AはBという。）“A bedeutest B.”（AはBを意味する。）等々。このように両言語の表現類型を意味類型として捉えれば、「判断」という意味範疇の下に、両方の言語の間に橋を架けることができると考えられる。こうした意味類型論を、戦略的創造研究推進事業（CREST）「セマンティック・タイポロジーによる言語の等価変換と生成技術」の研究事業（研究代表者 池原悟、2001-2006）において意味類型パターンの編纂として具体化してきたが、その研究報告の一つが本稿である。

辞書プロジェクト会議が関口の意味形態論に着目したのは、時枝と関口との言語観における本質的同一性を認めたことが発端である。参考のために、二人の言語観を紹介しよう。時枝は、「言語は宛も思想を導く水道管の様なものであつて、形式のみあって全く無内容のものと考へられるであろう。しかしそこにこそ言語過程説の成立の根拠があるのであり、言語の本質もこの様な形式自体にあると考へなくてはならない。」（時枝誠記『国語学原論』1941: 53）。他方、関口の言はこうである、「意味形態は意味の〝形態〟である。意味そのものは単なる材料であって、その〝取り扱い方〟乃至〝思惟形式〟が意味形態である。水に方円なし、器に方円あるのみ、然り而して器の方円を称して意味形態というのである」（『無冠詞篇』1962: 7）。

なお、ドイツ語学研究者の中では、二人の言語観における同質性については知られており、寺門伸の論稿「関口文法と時枝文法」に詳しい（http://www2. ucatv.ne.jp/~k-teras.sky/sekitoki.html　2016/11/13閲覧）。

四　「時枝古典解釈文法から翻訳過程論への示唆」　佐良木昌

本論文では、時枝古典解釈文法の成果を取り入れて翻訳過程論を展開している。

本稿第一章においては、時枝文法では、「対象語」の導入により形容詞の意味分析が深められたが（「語の意味の体系的組織は可能であるか」1936）、この分析深化の意義と制約とを見極めることにより、「連体形＋係助詞―形容詞述語」の文型による古文の情意表現には、「他動的・因果的な感情惹起」の表現と「内的・自省的な感情生起」の表現とが備えられていることを指摘している。第二章では、連体形の用言が体言主格相当であるとき、「条件法として解釈できる」（『国語と国文学』Vol. 35, No. 2 1958: 1-9）との時枝見解の意義を確認すると共に、時枝が採り上げた源氏物語における連体形用例を、文型的に整理することにより、以下の事柄を指摘している。①条件法に解釈される古文連体形の文型を次の三群に分けることが可能、a^1「動詞連体形＋係助詞—情意の形容詞述語」、a^2「動詞連体形＋係助詞—情意の形容詞補語＋動詞述語」、b「動詞連体形＋係助詞—動詞述語」、c「動詞連体形＋「人」＋（係助詞）—動詞述語＋判断の助動詞」、②各文型において主節が、「情意a^1」「感性的判断a^2」「判断b」「感性的判断c」の対象を表すこと。

第三章では、現代語において、①「連体形＋形式名詞＋係／格助詞—用言述語」および「連体節＋主名詞＋係／格助詞—用言述語」の文型の存在を認め、両者ともに、連用節に換言可能であること、②連体節を連用節に換言できるとき、連体形・連体節の述部と主節の述部との意味的連関があることを指摘している。以上の知見を踏まえて、③英日翻訳の過程を考察して、英文の従属節を、「連用節ではなく主節主格に係る連体節に訳出する手法」が可能であるとしている。

第四章においては、連体節の連用節への換言には二形態があり、接続詞や接続の語句を用いて連用節に換言できるときには、英訳は従属接続詞節が適切であり、シテ形に言い換えができるときには、分詞構文やwith構文が適切であるとの翻訳方式を提案している（なお、英訳指向の日本語単文換言については、白井論文第三章を合わせ閲読されたい）。第四章と第五章においては、「連体形＋形式名詞＋係助詞」の文型を、三項目に整理している（一「連体形＋形式名詞の＋係助詞も」—感情の形容詞・名詞述語、二「連体形＋形式名詞の＋係助詞は」—感情の形容詞・名詞述語、三「連体形＋形式名詞の＋係助詞は／も」—評価の名詞述語）。これら感情や評価を表す和文型に関して、その英訳では、仮定法（助動詞＋be繋辞）が採用されていることが観察されている。これらの対訳解釈においては、文の表す意味と定型とが対になっていることから、これらを「意味類型」とみなすことができる。以上の英日・日英の翻訳過程に関する知見を踏まえて、第六章において翻訳系試案を提案している。

本稿において、翻訳過程が言語学的に考察されて、連体節が連用節に変換できる場合があること、その場合、英訳には従属節や分詞構文が採用できることが明らかとなった。この解明は直訳か意訳かといった域にとどまっている翻訳論に一石を投じるだろう。言語過程説に基づく翻訳過程論の第一歩である。

言語学は、自然科学とは異なり人間実践を研究対象としており、かつ、同じ人間実践の結果ではあるが社会科学の対象とは異なる。ゆえに、対象分析の方法も学の展開方法も異なる。人間主体による表現実践の結果である言語表現態は、それ自体としては自立的に運動しないからである。言語は、「誰（主体）かが、誰（場面）かに、何物（素材）かについて語ることによって成立する」（時枝誠記『国語学原論』1941: 40）がゆえに、主体的活動において言語は脈動する。言語学においては、主体的立場からする学的方法が求められる所以である。こうした主体的言語学の立場において、本巻および続巻の諸論考では考察を深めている。本巻刊行が学的論議のきっかけとなるならば、編者および執筆者の望むところであり、仮説としての言語過程説を科学的言語学として確立するために、学的研鑽に精進する所存である。

「心的過程としての言語本質観」以後八十年・時枝誠記の没後五十年を前に本巻を贈る

二〇一七年三月

佐良木　昌

言語過程説の探求　第三巻　自然言語処理への展開　◉　目次

言語過程説に基づく日本語解析の試み

宮崎正弘

まえがき

「人間が、相互のコミュニケーションの手段として用いている日本語、英語などの自然言語（コンピュータの世界では単に言語といえばC、Fortranなどのプログラミング言語のことを指すので、これと区別して自然言語と呼ぶ）を理解したり、文を生成したりするコンピュータを実現し、自然言語でコンピュータと自由に対話したり、様々な言語間の自動翻訳などを行いたい」――これは、コンピュータが誕生して以来、人間が抱き続けてきた夢であり、多くの研究者がこのような夢を実現すべく、自然言語処理の研究を進めてきた。

事実、機械翻訳の研究は、人工知能の研究とともにコンピュータが出現してまもない時期にその研究が始められた。その後、自然言語によるデータベース検索システムや質問応答システムなどの対話システム、音声の認識・合成システム、かな漢字変換方式による日本語ワープロなど、多くの研究が進められてきた。しかし、日本語ワープロのように実用システムとして成功を収めた例は少ない。機械翻訳は、80年代以降日本において多くの日英、英日機械翻訳システムが製品化されたが、ユーザを満足させるにたる十分な翻訳品質は得られていない。

日本語ワープロと機械翻訳における、このように対照的な状況の差は、なぜ生まれたのだろうか。日本語ワープロは、現状において、最も確立された技術である形態素解析をベースに実現されており、本来、意味・文脈などを考慮したより高度な処理を必要とする同音語の選択に関しては、統計的情報などを利用した簡単な処理にとどめ、最終的にはユーザに判断を委ねている。すなわち、現状技術の不完全な部分を人間が補うという形でマンマシン・インタフェースを巧妙に利用しているのである。これに対して、機械翻訳は、人間でも高度な知的活動である翻訳をコンピュータで行おうとするもので、意味、文脈を考慮したより深い文解析、言語間の表現、発想、さらに文化の相違をも考慮し、原文の意味、ニュアンスを可能な限り正しく伝え、発話の状況にもふさわしい訳文を生成するための文生成、訳語選択など、現在研究中で、現状では確立されていない多くの技術が必要である。しかも、これらすべてをマンマシン・インタフェースを利用して人間が支援することは、人間の介入する回数が日本語ワープロよりはるかに多くなってしまい現実的でない。

現在、自然言語処理は、コンピュータサイエンスにおける最先端の研究領域である人工知能分野の重要な研究テーマになっており、数学、認知科学の他、言語学、国語学、心理学、哲学など文系の学問とも密接に関連する学際的な研究分野となっている。人間の使う言語は、我々の生活に深く入り込み、社会活動や知的活動にはなくてはならないものとして、人間の種々の活動を支えている。まさに、言語は文化そのものであり、従来文系の学問として研究されてきたが、近年、コンピュータに人間のような知的能力を持たせたいとする理系の研究者によって、工学の面から言語が研究され始めている。このような背景を持った自然言語処理の研究は、工学の中では珍しく文系の雰囲気と文化の香りがする分野となっている。

プログラミング言語などの人工言語と違い、自然言語は元々人類の長い歴史の中で自然発生的に生みだされ、発展してきたものである。従って、初めから体系的な文法や辞書があったわけではなく、文法や辞書は後から、現実の文から語を収集・分析したり、文の構造を分析したりして作られた。しかし、現実の文の中に現れるすべての言語現象を説明できる文法や、すべての語とその語義を網羅した完全な辞書は現段階では存在しない。また、語は通常複数の語義を持ち、日常よく使われる重要語ほど種々の語義を持っている。近代言語学の祖と言われる

図1　人間が思いもよらない構造的曖昧さの例

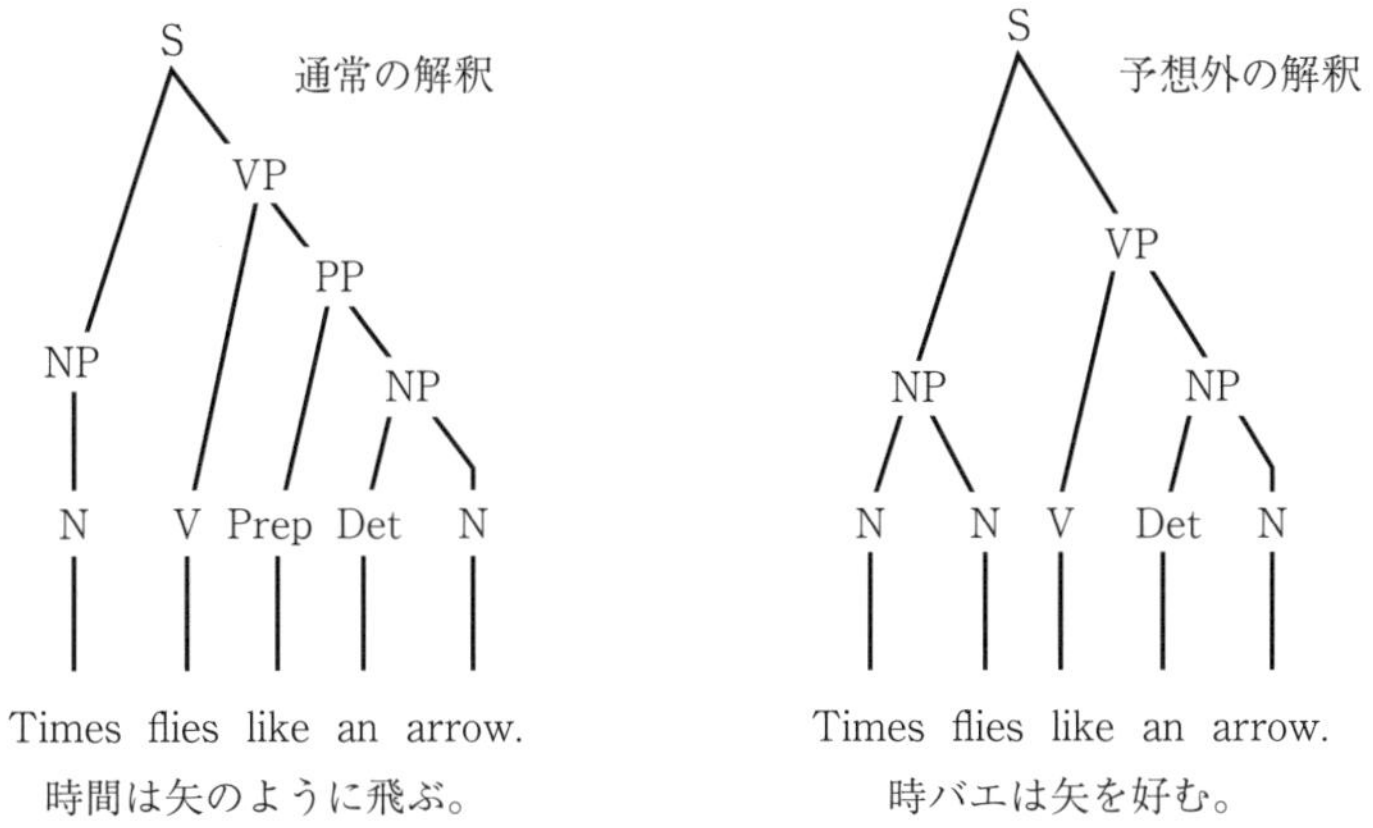

ソシュールの言うように、人間は元来連続的（アナログ）な世界を恣意的に切り取ることにより概念を生成し、それにある記号列を恣意的に対応づけることによって語を作り出している。しかし、有限の語（日常生活で使われる語は数万語）によって数限りない概念を表そうとすると、一つの語に複数の概念が対応するようにしたり、複合語を形成するのである。

このような自然言語をコンピュータで解析すると、構文解析がうまくできたとしても（文法規則や辞書が完全ではないのでいつも成功するとは限らないが）、図1のように人間が予想もしない意味解釈を含む構文上の曖昧さ、語や文の多義が発生する。このような曖昧さをいかに解消するかが自然言語処理における研究上の大きな課題となっている。逆に、文の生成ではニュアンスの微妙に異なる類似の表現や類語の中から、その場面に最もふさわしい表現や語をどのように選択するかが大きな問題となる。また、人間は文脈、発話の状況や背景、常識などから明らかなことは文として表現せず、省略や代名詞化などによって表現を簡略化するし、属性やその程度を表す「若い」「かなり」などのような人間にとっても曖昧な表現もある。さらに、「水が飲みたい」と言わずに、「のどが渇いた」と間接的に表現をしたり、「油を売る」「give up」のように部分から全体の意味を要素合成できない慣用表現・熟語、「必要は発明の母」「グラスを飲み干す」のような比喩などのレトリックを駆使した表現もある。これらは、人間のように膨大で柔軟性のある知識や知能を持たない現状のコンピュータにとって苦手な表現である。また、言語は現実世界の他、過去や未来や空想の世界も扱える。人間が他の動物と異なり高度な文明を築いてきたのも、言語によって複雑な知識を伝達・獲得・蓄積できたためと言える。

自然言語処理は、現在、言葉の意味をコンピュータでどのように扱うか、また自然言語処理に必要な多様で膨大な知識をどのように体系化し、コンピュータ内に蓄積し、利用するかという困難な課題に直面している。自然言語の壁は厚く、多くの研究者が従来の言語理論と実際の自然言語との間に大きなギャップがあると感じている。事実、従来の計算言語学は強化されてきたとはいえ、自然言語の持つ論理的な一側面しか説明できず、現実の言語にはあまりにも無力で、計算言語学から見れば現実の言語は例外の集まりとも言える状態にある。そこで、計算言語学的な論理的モデル（観念的モデル）に基づく汎用的な処理アルゴリズムやルールよりも、現実の言語表現の分析により得られた個々の対象に最も適した個別的な処理アルゴリズムやルールを重視する必要がある。「包丁に材料を合わせる」のではなく「材料によって包丁を選ぶ」のである。

統語構造と意味は一体化したものであり、統語構造の持つ意味を考えないで、部分の意味から全体の意味を合成しようとする要素合成的手法や、その逆に表現を細分化して分析すれば全体が分かるとする要素分解的手法では、表現の持つ意味の欠落を防げず、慣用表現などを含む現実の言語表現を扱いきれない。そこで、統語構造の持つ意味を欠落させずに、部分を全体の中で位置づけて解釈する、統語構造と意味の一体的扱いを重視した処理を模索する必要がある。

通常、自然科学が人間の意識と独立した物理的存在として疑いない自然を研究対象としているのに対して、自然言語処理は、実在として疑いないが、人間の精神的産物である言語を研究対象としており、独自の研究方法が必要である。以下の章では、日本語解析を題材として、要素合成的な手法、計算言語学的な手法に基づく自然言語処理の限界を克服するため、従来の研究では見逃されていた言語の過程的構造に目を向け、処理対象である現実の言語表現を徹底的に分析することにより、コンピュータによる言語処理の方法を発見することを重視した、自然言語処理の方法論とそのベースとなる言語モデルについて述べる。

第一章　言語の過程的構造と自然言語処理

人間の言語能力をコンピュータ上に実現することを狙った自然言語処理については、近年盛んに研究されている。しかし、かな漢字変換方式の日本語ワープロのように実用システムとして成功した例は少なく、多くは実験システムの域にとどまっている。実際、自然言語の壁は厚く、従来の言語理論と実際の自然言語との間に大きなギャップがある。また、自然言語処理は意味処理、文脈処理、文章生成など解決すべき困難な課題を抱えている。現在、自然言語処理の研究は大きな転換点にさしかかっている。このような時期に、従来の研究の方法、進め方を見直すことは、従来の研究の限界を打破し、さらに自然言語処理の研究に新しい視点と方法論を打ち立てるためにも重要である。

上記のような観点から本章では、従来の研究において見逃されていた言語の過程的構造に目を向けることが重要であることを述べ、言語における人間の役割、特に、話者の目・話者の認識の仕方、さらには人間の言語能力の過程的構造を探究することから、コンピュータによる言語処理の方法を発見していくことの必要性を述べる。そのうえで、実際の自然言語処理の新しい視点と方法について、文生成や文解析などの観点から論じる。

第一節　言語の過程的構造

第一項　言語表現の生成過程

今、人が野原に座って、そこから見える風景を文章に書く場合を想定する。同じ風景を眺めても、人によって書かれる文章は、千差万別だろう。これは、なぜだろうか。それは、書き手の目には色々の事物が見えるが、書き手は、それらすべてを余すところなく書くわけでなく、その中から自分が着目する事物を選び、それについて記述するからである。また、着目する事物が同じでも、それをどのような側面からどのように捉えて表現するかは、人によって異なってくるからである。このように、言語表現には万人に共通する対象のあり方がそのまま表現されているわけではなく、対象のあり方が書き手の認識（対象の見方、捉え方、書き手の感情・意志・判断などの、対象に立ち向かう書き手の心的状況）を通して表現されているのである。

このような考え方で言語を正面から取り上げたのは、本居宣長、鈴木朖などの国学者の流れをくむ国語学者・時枝誠記の言語過程説・時枝文法［時枝 1941, 1950］を発展的に継承した三浦つとむである。三浦は、時枝の言語過程説による主体的表現と客体的表現の言語表現上の違いなどを継承しつつ、時枝が言語の意味を主体的意味作用として話者（書き手）の活動そのものに求めていたのを排し、意味は表現自体が持っている客観的な関係であるとした関係意味論［三浦 1977; 池原 1991］を提唱し、それに基づく新しい日本語の文法、三浦文法［三浦

1967a, 1967b, 1972, 1975, 1976］を提案した。三浦文法は、細部についての分析が及んでいない部分も多々ある、未完成の文法であるが、今後の自然言語処理研究に新しい視点を与えてくれるものと期待されている［池原他 1987; 池原他 1992; 宮崎他 1992; 宮崎 1992］。以下、三浦文法を基に言語表現の生成過程について考えてみよう。

（1）言語と認識の不可分性

ソシュール［Saussure 1916］によれば、言語は現実的で物質的な存在として捉えられ、いっぽう言語に関する社会的な約束事である言語規範は、人間の頭の中の精神的な存在とされ、この二つは明確に区別されている。前者は言語規範の運用の結果生成される個人的な言語表現としてパロールと呼ばれ、後者は同一言語を使う人間の頭の中に先天的に存在する観念実体であり、ラングと呼ばれる。このような考え方は、頭の中に道具があって、これを使って思想を伝達しようとする言語道具説の一つである。そこでは、言語は概念と聴覚映像とが固く結び付いて構成された精神的な実体であると説明される。

時枝は、このような言語実体観を排し、対象／認識／表現の過程的構造をもって言語の本質とした。すなわち、時枝の言語過程説によれば、まず対象が存在する。対象は、実在するか否かを問わない。人間の頭の中に観念として存在する抽象物、属性、関係などのような観念的な対象や回想・想像・空想によって作り上げられる過去・未来・空想の世界であってもよい。次に、この対象を見る人が存在し、その人の頭の中に認識が生まれる。この認識が表現に結び付けられると考えるのである。

また、言語の意味については、対象が消失した後も表現が残っている限り意味は存在するため、対象を意味と考えることはおかしいし、認識や表現を意味の実体とするのもおかしいと考え、対象、認識、表現以外に求めた。そこで、表現する主体の活動そのもの、すなわち、対象を認識する仕方（意味作用）を意味とした。時枝は、このようにして、言語の本質を主体の概念作用にあるとし、言語の意味を主体の把握の仕方、すなわち、対象に対する意味作用そのものと考えた。従って、言語表現に伴う言語規範とそれによる媒介の過程が無視され、認識を対象のあり方の反映と見る立場が貫かれなくなってしまい、言語による情報の伝達について、ソシュールのラングのような個人的な能力に基礎づけるところまで後退してしまった。

これに対して、三浦は、言語の意味を対象／認識／表現の関係として捉えることなど、時枝の言語過程説にいくつかの修正を加え、独自の理論的展開を図った。三浦の言語観を要約すれば、以下の通りである。

対象のあり方がそのまま言語表現に直結されるわけではなくて、その間に話者の認識が介在しているのであるから、そこに認識独自の形成が伴うことになる。対象のあり方を概念として捉えるだけでなく、感情、要求、意志、判断といった存在がそれらに結び付いて形成され、これを含めた全体が一つのまとまった思想を作り上げているのであるから、これら独自に形成された部分についても概念と同じように一つの種類として捉え直し、言語規範に規定して表現しなければならない。

三浦は、言語はこのような過程を経て表出されたものである以上、言語における語の並べ方は対象世界の事物の色々な側面の結び付きが示されるだけでなく、さらにそれらの側面と独自に形成された認識との結び付きや、独自に形成された認識の相互の結び付きも示すものであるとしている。従って、これらの結び付きの性質や特徴を正しく理解し、区別して取り上げないと文法的な説明にならず、従来の文法の再構成が必要であるとしている。

三浦によれば、音声や文字の種類に結び付き固定された対象と認識の客観的な関係が言語の意味である。語は、使われて（表現となって）始めて意味（関係）を生じる。従って、表現が存在すれば意味は存在し、表現（音声・

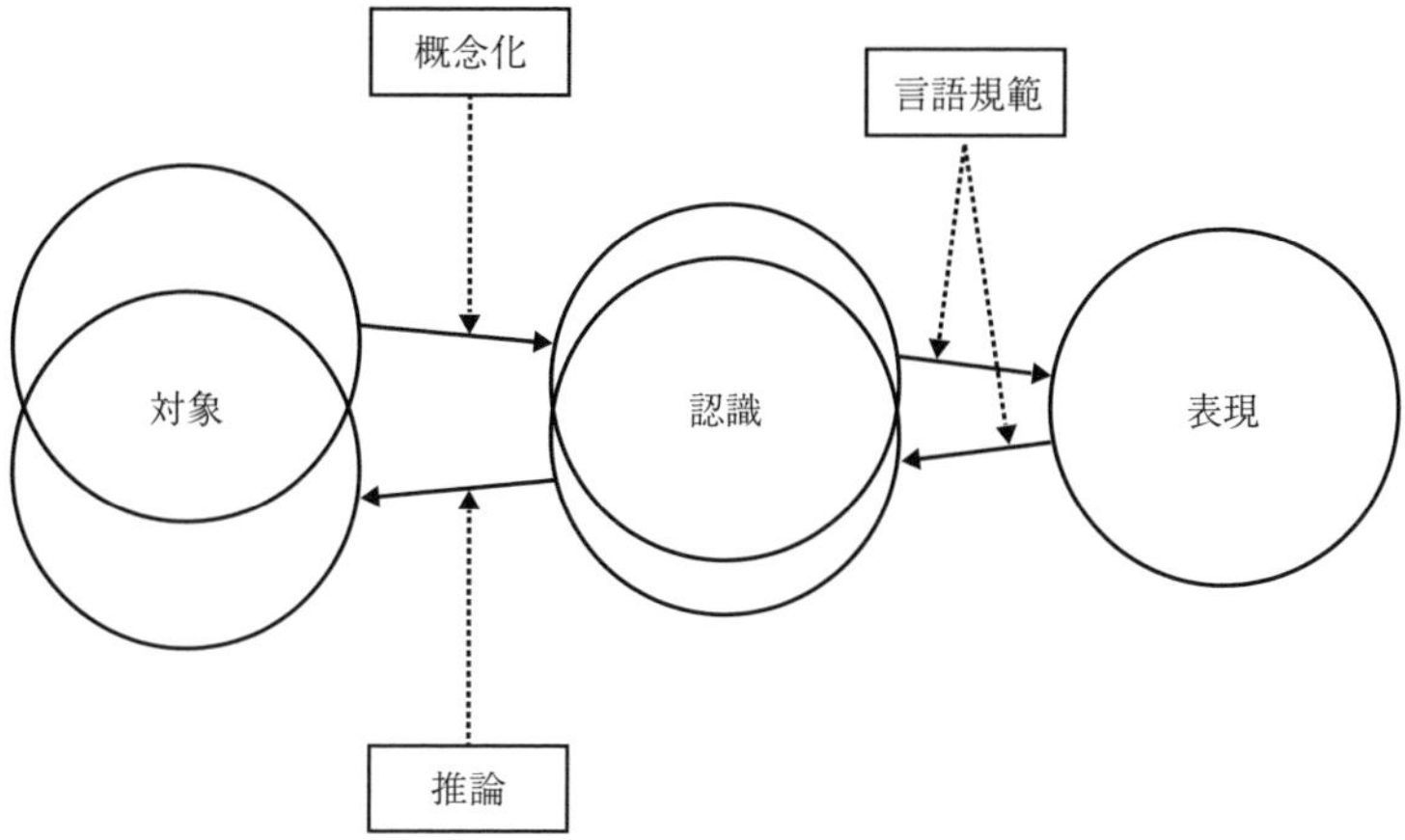

図2　言語の過程的構造のモデル

文字）が消滅すれば言語規範によって固定されていた対象と認識の関係、すなわち意味も消滅する。対象や認識そのものは意味ではなく、意味を形成する実体である。対象や認識は消滅しても、表現がある限り意味は存在する。意味は、話者や聞き手の側にあるのではなく、言語表現そのものに客観的に存在すると考えるのである。言語の過程的構造のモデルを図２に示す。

（2）主体的表現と客体的表現

時枝の言語過程説によれば、言語表現は以下のように主体的表現（辞）と客体的表現（詞）に分けられ、文は、辞が詞を包み込むようにして構成された句を、別の句が重層的に包み込んだ入れ子構造（図3参照）で表される。

・主体的表現：話者の主観的な感情、要求、意志、判断などを直接表現したものであり、日本語では、助詞、助動詞（陳述を表す零記号、すなわち図3に示すように肯定判断を表すが、表現としては省略された助動詞を含む）、感動詞、接続詞、陳述副詞で表される。

・客体的表現：話者が対象を概念化して捉えた表現で、日本語

図3　時枝の入れ子構造

辞が詞を包み込む→句
句が句を重層的に包み込む→文

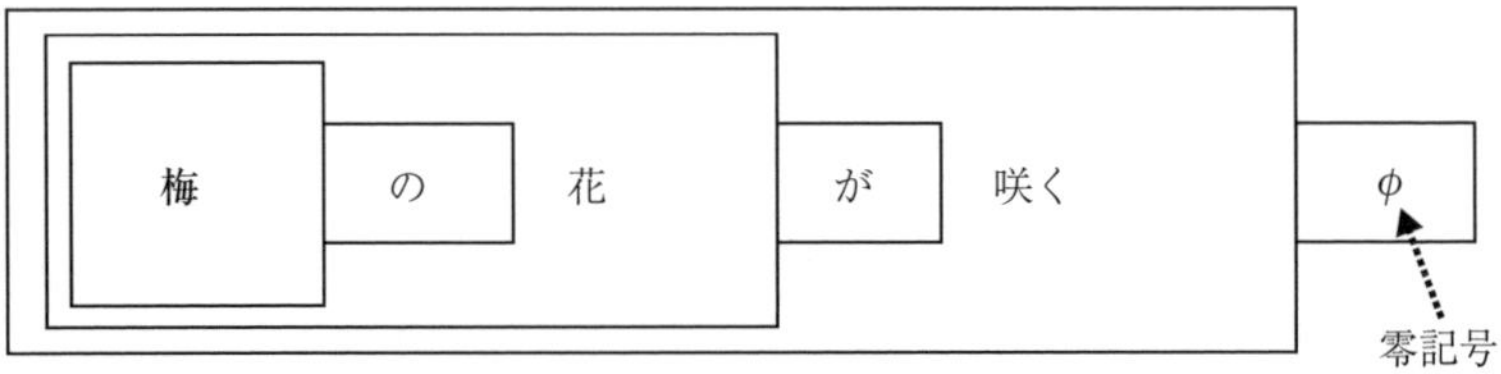

【主体的表現】例）助詞、助動詞、…
話者の主観的感情や意志を直接表現するもの
【客体的表現】例）名詞、動詞、形容詞、…
対象を概念化して表現するもの

では、名詞、動詞、形容詞、副詞、連体詞、接辞で表される。主観的な感情や意志などであっても、それが話者の対象として捉えられたものであれば概念化し、客体的表現として表される。

このような区別は、日本では本居宣長の学派によって既に指摘されている。また、ヨーロッパでも17世紀において既にフランスのポール・ロワイヤル文法や英国の哲学者ロックの〝人間悟性論〟で指摘されているが、言語における認識の役割の理解が不十分であったため、その後の研究では忘れ去られてしまっている。特に、欧米の言語ではこの区別が見失われやすい事情がある。日本語は膠着語であるから、主体的表現の語と客体的表現の語がそれぞれ単語として独立しており、表現ではそれが結び付けられて用いられるから、分類する時に分けて扱いやすいのに対して、欧米語は屈折語であるから、客体的表現の語に主体的表現の部分が語尾変化の形でくっついてしまうために別の語として分離することが難しい傾向にあるからである。

三浦は絵画や映画の表現と言語表現の違いを考察し、絵画や映画においては、対象に対する作者の認識が感性的な方法で表現に結び付けられるのに対して、言語においては、自然発生的に生まれ、成長してきた社会的な約束である言語規範が存在し、これによって対象に対する話者の認識が表現に超感性（理性）的な方法で結び付けられることを明らかにした。これは絵画や映画が感性的な面に従属しているのに対して、言語はこのような制約から解放されたものであることを示している。言語が感性的な面からの制約をのがれたと言うことは、逆に見れば、社会的な約束である言語規範を生み出し、表現としての主体的表現と客体的表現を生み出したと言うことができる。言語をこのように捉えると、対象のあり方がそのまま表現になるわけではなく、また認識がそのまま表現に変形されるのではないことが理解される。話者（書き手）の頭の中［超感性（理性）領域］に形成される認識が言語規範を媒介にして言語表現に結び付けられると考えるのである。ここで、言語表現は、他の人が物理信号の形で目や耳といった感覚器官を通じて、すなわち感性を通じて、表現を受信できるように、音声や文字の形で話者（書き手）によって発信される。これが、〝話す〟〝書く〟という言語活動である。

（3）主体の観念的自己分裂と視点の移動

時枝は「私が読んだ」などの文における代名詞「私」は、主体そのものでなく、主体が客体化されたものであるという〝主体の客体化〟の問題を提起した。これを対象の認識の立場から発展させ、主体の観念的自己分裂と視点の移動という観点から言語表現を捉えたのが三浦である。

三浦は、一人称の表現は見たところ、自分と話者が同一の人間であるが、これを対象として捉えていると言うことは、対象から独立して対象に立ち向かっている人間が存在していることであるとして、対象に立ち向かっている人間は別の人間であるとしている。すなわち、一人称の場合は現実には同一の人間であるように見えても、実は観念的な自己分裂によって観念的な話者が生まれ、この自己分裂した自分と対象になっている自分との関係

図4　三浦の入れ子構造

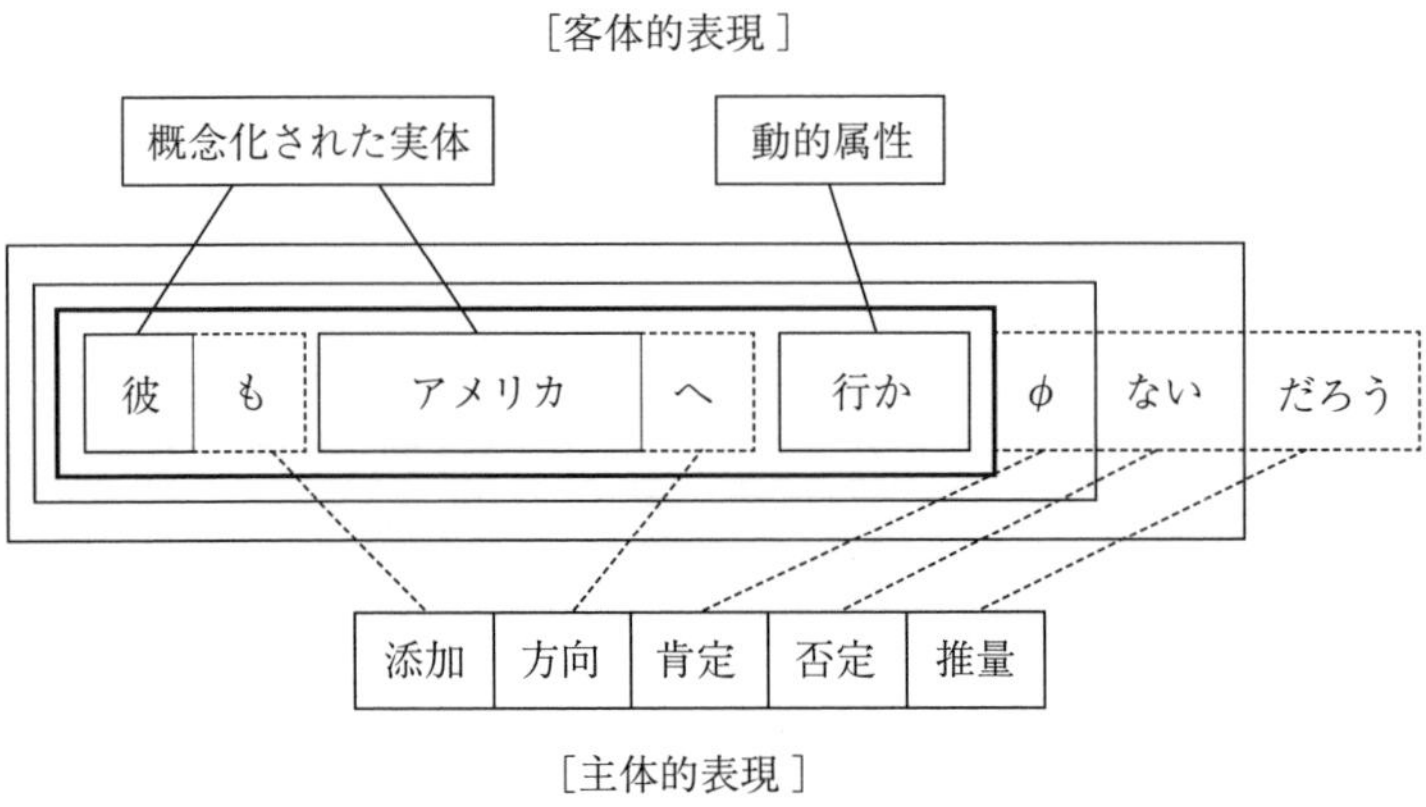

が一人称として表現されると考えるのである。

話者と話者自身の関係は、上記のような認識の構造において成立するものであるが、同様の関係が過去や未来を表現する時制の表現、否定表現などでも見られる。話者自身が対象となっていない場合でも、自己分裂した話者は過去や未来の世界に入って行き、対象との関係を現在形で捉えた後、現在の世界に戻って来ると考えるのである。また、否定表現では否定する対象が必要であるが、否定するのであるから現実世界にはその対象がない。そこで、対象が否定されないような仮想世界に自己分裂した話者が入り込み、対象に対し肯定判断をした後、現実世界で否定判断を行うといったネストした世界構造で否定を捉えるのである。三浦は、このような観念的な話者による視点の移動を表すものとして、観念的世界が多重化した入れ子構造の世界の中を自己分裂によって生じた観念的話者が移動する入れ子構造（図4参照）を提案している。現在否定表現や過去の表現は、それぞれ（現在の仮想世界／現在の現実世界）、（過去の現実世界／現在の現実世界）の二重の入れ子構造となる。また、過去の否定表現は、（過去の仮想世界／過去の現実世界／現在の現実世界）の三重の入れ子構造となる。さらに、過去の否定推量表現は、（他の人の過去の仮想世界／他の人の過去の現実世界／他の人の現在の現実世界／話者の現在の現実世界）の四重の入れ子構造となる。

図5　三浦の言語モデル

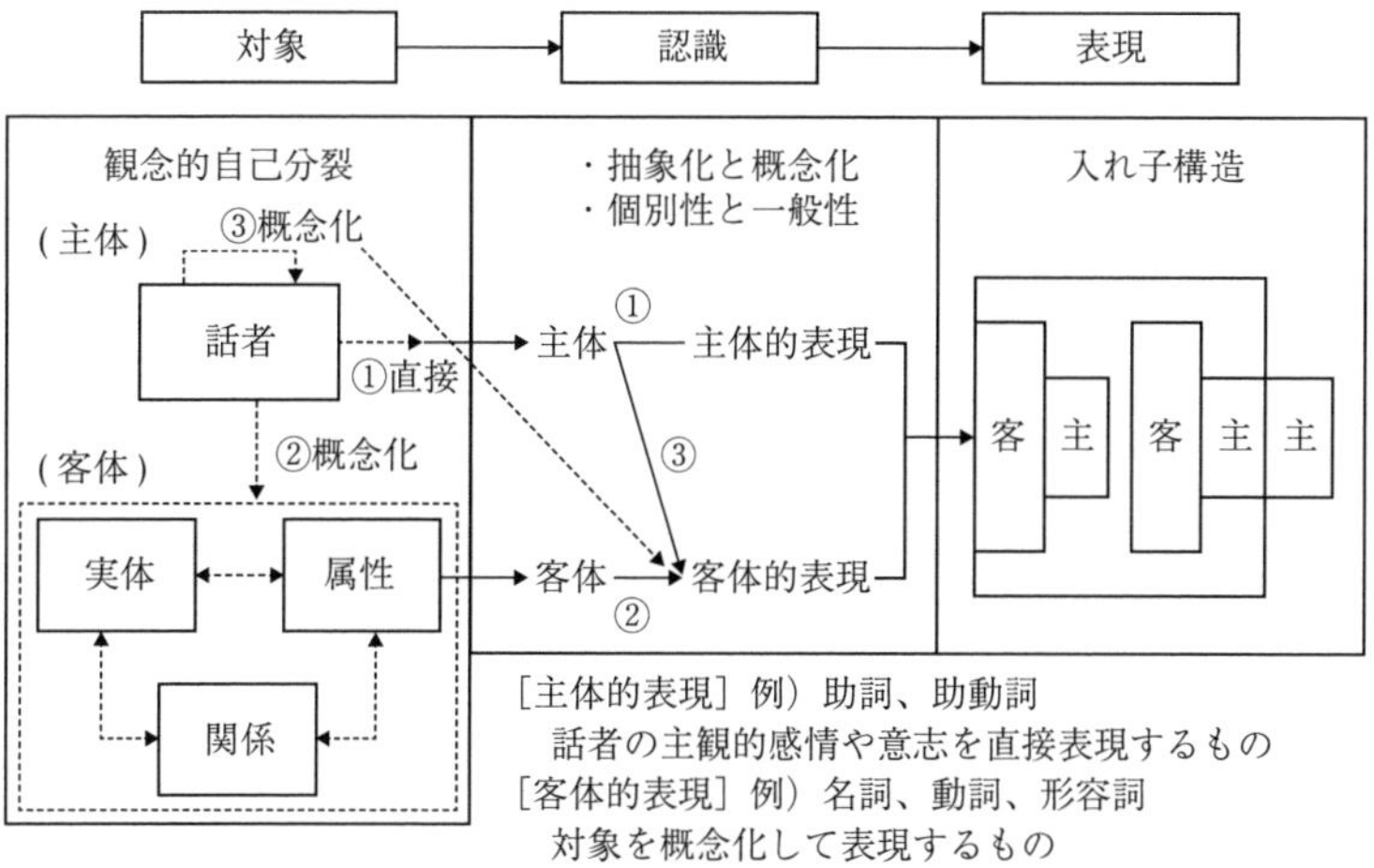

三浦の提唱する言語モデルを図5に示す。

第二項　言語理解の過程

言語理解の過程は、対象→認識→表現という言語表現の生成過程を逆に辿ることにより行われる。まず、聞き手（読者）は音声や文字のような物質的な形をとった言語表現を耳や目といった感覚器官の感性を通して知覚し、感性的な音声や文字に結び付けられた話者（書き手）の超感性的な認識の存在を知る。この過程では、言語規範を手がかりに言語表現と話者の認識が対応づけられる。この時、聞き手は話者に同化して、話者の認識を忠実になぞらえ、自己の頭の中に話者の認識を再構成するのである。すなわち、話者の認識をまず自分の認識とする追体験を行うのである。次に、この復元された話者の認識を基に話者が取り上げた対象のあり方を推定するのである。このような言語理解の過程が〝聞く〟〝読む〟という言語活動である。

言語表現が理解できたということは、話者の見方・考え方に則って質問に対して正しい応答ができたり、異なる見方で表現し直したりできることと考えてよい。すなわち、話者になり代わることと言えよう。また、聞き手の立場に戻って、話者の言って

図6　言語理解のモデル

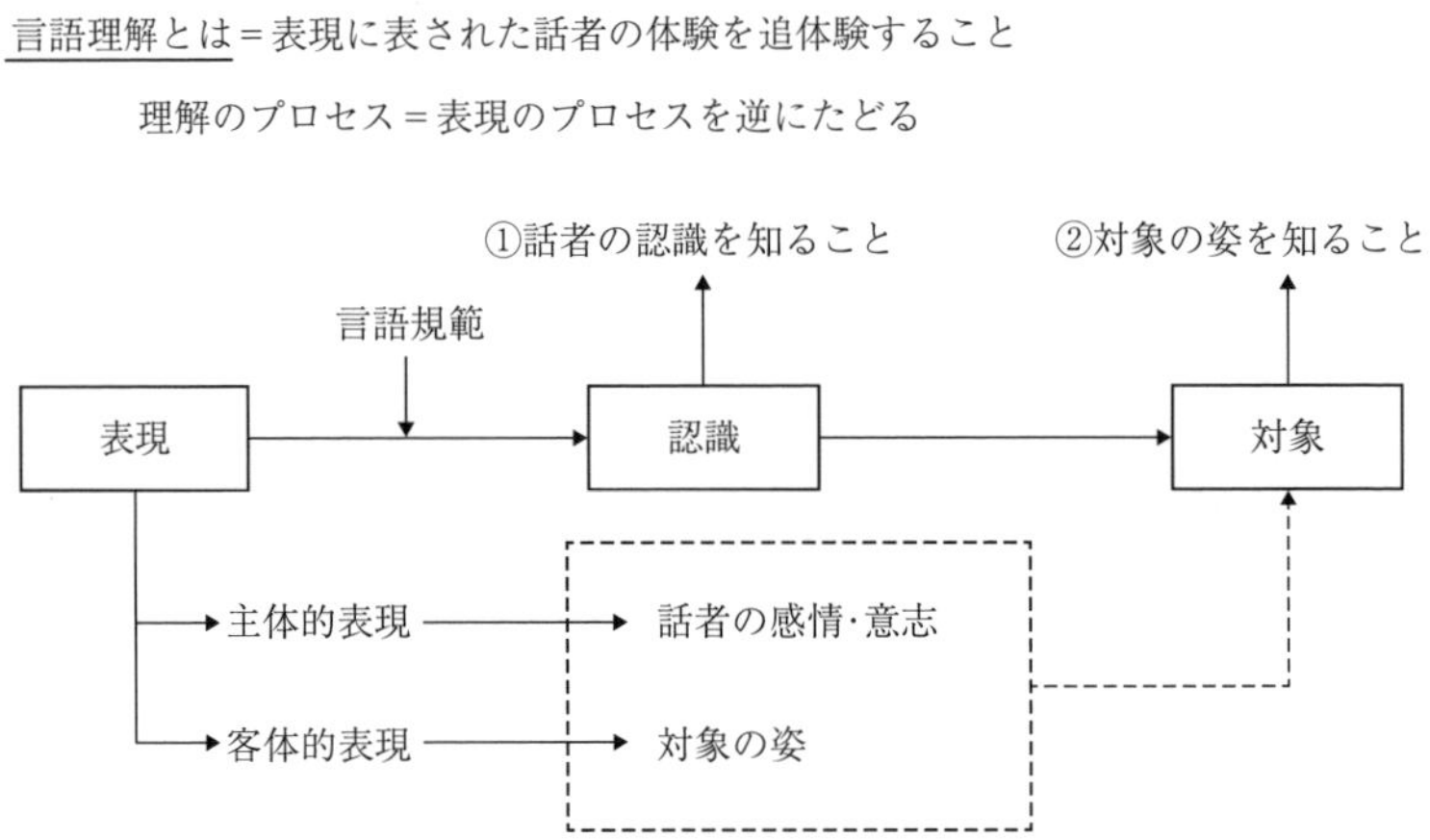
言語理解とは＝表現に表された話者の体験を追体験すること
理解のプロセス＝表現のプロセスを逆にたどる
①話者の認識を知ること
②対象の姿を知ること
言語規範
表現
認識
対象
主体的表現
話者の感情・意志
客体的表現
対象の姿

いることに対する判断を下せるようになることでもある。

言語理解の過程において、聞き手が話者との精神的同一化を図り、追体験するのとは逆に、言語表現の生成過程において、話者は聞き手の立場を考慮して言語表現を行っている。例えば、自分の幼い子供に父親自身が「お父さんは会社に行く」と言ったりするのも、幼い子供には大人の発想や用語は理解できないことを話者が知っていて、話者が子供のレベルに降りて行き、子供の立場に立って表現したもので、子供の追体験を手助けしたものである。また、大人同士でも相手の立場を考えた表現がとられる。話者（書き手）が聞き手（読者）の知らない言葉を避け、なるべく平易な言葉で分かりやすく話したり、文章を書いたりするのも相手の立場に立った表現である。このように時間的、空間的、社会的な関係を聞き手の立場と同化させ、聞き手の側から話者の認識を表現することによって、聞き手の負担を軽減しようとすることも精神の交流としての言語によく見られる事象である。さらに、感情的な相手に話しかける時には、相手の感情に触れないような問題の取り上げ方をし、言葉を選ぶことなども聞き手の立場を考慮した言語表現を行っていると言えよう。

上記のように、聞き手のあり方が話者の認識や表現のあり方を規定してくる面もあることを忘れてはならないのである。

図7　人間の言語活動のモデル

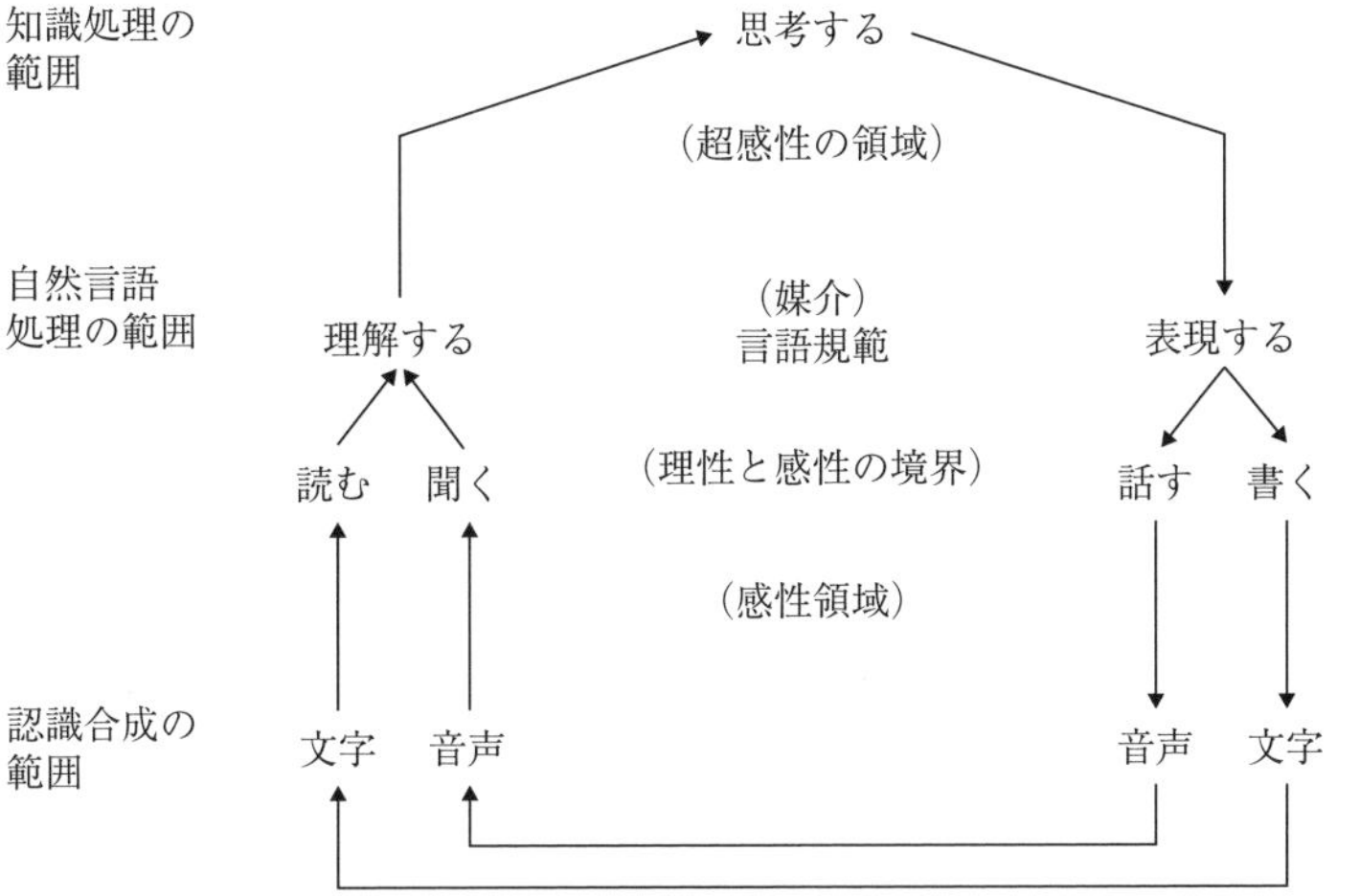

以上、三浦文法を基に言語理解の過程について考えてみた。言語理解の過程をモデル化すると図6のようになる。言語の特質は、聞き手と話者の精神活動の交流という点をふまえて解明されるべきものであり、精神活動としての認識の役割が、言語理解においても重要であることが分かる。

第三項　人間の言語活動のモデル

人間の言語活動全体をモデル化すると図7のようになる。感性領域と超感性領域とが表現と理解の所で互いに切り換わり、超感性的な認識、すなわち精神上の産物が物質的な形、すなわち音声や文字と対応づけられて、相手の精神的な産物を生み出しているのである。

ここで思考過程とは、聞き手の頭の中に再構成された話者の認識と自己の知識を基に思考し、別の認識を生み出す過程である。聞き手が話者の言っていることに判断を下したり、聞き手が次にどのような応答や行動をすべきかなどを考える過程は、その典型的な例である。また、第一項で述べたような、話者が対象を認識する過程も思考過程に含まれる。従って、話者の頭の中に形成された認識を言語規範を媒介にして言語表現に結び付けて、音声や文字のような物質的な形をとった言語表現を生成する過程が表現過程である。

音声や文字の形をとった言語表現を媒介とする、話者（書き手）と聞き手（読者）の精神活動の交流を通じてコミュニケーションを行うことが、人間の言語活動と言えよう。このような言語活動を円滑に行うには、両者が共通の言語規範を持つだけではなく、対象や対象世界についても一定限の知識を共有する必要がある。言語表現では、文脈、知識、発話の背景や状況から容易に分かることは、普通、表現しないからである。常識やある分野の専門知識などの言語外知識（世界知識）を前提にして言語表現が成立しているのである。

第二節　人間の認識機構を取り入れた自然言語処理

通常、自然科学が人間の意識と独立した物理的存在として疑いのない自然を研究対象としているのに対して、自然言語処理は実在としては疑いがないが、人間の精神的産物である言語をその研究対象としている。そのため、言語の捉え方の違いによって様々なアプローチの違いが生じる。

近年、自然言語処理の研究が盛んに行われているが、その多くはチョムスキーの生成文法の流れをくむ立場をとっており、言語を対象－認識－表現の関係で捉えることをせず、単に形式（表現）と内容（意味）を対立的に平板に捉えるという、形式と内容の二元論的立場をとっている。そこでは、内容は対象のあり方と独立して話者の精神内に存在するもの、または、対象のあり方そのものとして捉えられている。しかし前者の場合、話者の心理や精神が対象と無関係に存在するものではなく、話者の精神と対象の間に反映論が存在することが見逃されている。また後者の場合、話者の認識を通さずに対象を捉えることはできないにもかかわらず、対象のあり方から話者の認識を通さず直接表現が導かれることになってしまう。いずれの場合も対象を認識する話者の存在が無視されており、言語の形式は対象のあり方とそれに対する話者の認識のあり方が反映したものであるため、形式と内容は相互に支え合う構造を持っていることが見落とされている。

前節で述べたように、言語表現には、対象のあり方が話者の認識を通して表されているから、対象のあり方がそのまま表現されているとは言えない。表現に表される内容は、対象のあり方と話者の考え方や見方の二つに大別できる。従来の自然言語処理ではこの両者を区別せず、いっしょに扱っていることが多い。言語表現に現れた対象のあり方は話者の目を通しているため、人によって千差万別のあり方に見える。しかし、対象は人によっても共通するものであるため、聞き手は話者の目を通して表現された対象のあり方を見て、自分にも共通する対象の像を想像し、理解する。

そこでここでは、話者の対象認識機構を取り入れ、対象→認識→表現という過程を辿って言語表現を生成したり、言語表現の生成過程を逆に辿り、対象のあり方と話者の認識を分けて、それぞれのあり方を調べることにより言語表現を解析したりすることを目指し、自然言語処理の新しい方法論を構築することを提唱する。

第一項　話者の対象認識処理

一般に対象は複雑な構造と多様な属性や関係を持ち、その数は数えきれない。このような性質を持つ対象を有限の能力で認識するには、種々の捨象が行われる。すなわち、どのような対象でもそれを見る時は視点があり、その視点から対象の取り上げ方が判断される。ある側面が取り上げられる時は、対象の持つ他の側面は切り捨てられることになる。

対象に対する話者の認識の現れる部分として、話者の見方、捉え方の違いの生じるところを考える。表現には話者自身である主体と対象となる客体のあり方が図6に示すように結合されている。話者自身も客体化されて捉えられることがある。その場合の話者は客体に含めて考えると、話者自身のあり方は主体的表現に現れる。そこで、話者の捉え方の現れる部分は客体の捉え方と主体のあり方の二つに分けることができる。

(1) 客体の認識のあり方とその扱い

すべての対象はそれ自身を他と区別する特徴を持つと同時に何らかの共通性を持つ。この個別性と普遍性は相対的なものであり、見る視点によって相互に入れ替わる。例えば、大きいりんごと小さいりんごの個別性は「大きい」「小さい」で表され、両者の普遍性は「りんご」で表される。しかし、「りんご」「バナナ」「梨」の間での「りんご」は個別性を言ったものであり、三者に共通する普遍性は「果物」として捉えられる。ここで、対象の個別的側面に着目すれば、対象は具体的に取り上げられ、逆に、普遍的側面に着目すれば対象の個別的側面は捨象されて、抽象化が行われることになる。また、話者が対象を取り上げる時には、他の人と共通する客観的な見方をすることもあれば、話者自身の個人的事情が強く反映した主観的な見方をすることもある。

対象を客体化して捉える時は、必ず対象は程度の差はあれ普遍的側面によって抽象化もしくは一般化される。対象のどの側面を取り上げ、どの程度の抽象化・一般化が行われるか、この差を何らかの手段で表現し、処理対象に持ち込むことが必要である。対象の具体性・個別性と一般性・普遍性の関係を表現する枠組みとしては、シソーラスがある。シソーラスは、同義、上位－下位などのような、語や概念間の意味的関連を体系化したもので日本語語彙大系・意味体系［池原他1997a］などがあるが、これをさらに対象の捉え方の一般性と普遍性の観点から整理し、人による対象の取り上げ方の差の抽出に使えるようになることが望まれる。

次に、客体の見方の違いとして、話者の空間的視点と時間的視点をあげることができる。対象を見る際、空間的にどの位置から捉えたかによって、対象の見方は異なる。そこで、空間的な視点を表すパラメータとして、上

／下／左／右／前／後／内／外などの物理的な位置表現パラメータの他、話者の観念的立場を表す論理的で抽象化された位置パラメータを設定して、視点の変換と対応する表現の変換の仕組みを研究することが大切である。空間的視点は必ずしも固定的なものではない。英語に比べて日本語は視点の移動の多い表現が好まれる傾向にある。また、話者は必ずしも表現の持つ視点に物理的に存在するとは限らず、観念的に自己分裂した話者が移動して捉えている場合が多い。以上の点を考慮して、空間的視点の表現法を研究する必要がある。

空間的視点が対象と話者の空間的位置関係を意味するのに対して、時間的視点は対象と話者との時間的関係を意味する。現実の対象は時間的存在であるが、言語表現に表される対象は仮想のものもあり、必ずしも絶対的時間軸上にその位置を表せるとは言えない。しかし、話者との関係から見れば、相対的時間関係が存在する。そこで、時間的視点を扱うため、話者と対象との関係を表す相対的時間軸を設定し、そのうえで対象と話者との時間的関係を表現すれば、話者の時間的視点を処理に持ち込めるものと期待される。この軸を通して変換すれば、日本語と英語の間の時制の捉え方の違いも吸収され、適切な翻訳ができると同時に、異なる言語間に共通する対象のあり方を抽出して処理の対象とすることが可能となるであろう。

(2) 主体の認識のあり方とその扱い

主体に関する認識は二通りに分けられる。その一つは主体を客体として見る認識であり、もう一つは客体の認識に付随する話者の心理的現象である。

話者自身である主体も他の人から見れば客体である。話者は、自分と他人を比べたり、他人の立場に立ってものを見たりする。この時、話者は観念的に自己分裂して自己の分身を生み、この分身を通して対象を見ることになる。観念的な自己の分身はさらに時と場所を越え、過去や未来や空想の世界に出かける。このような話者の精神的な自己分裂を通して捉えられた主体は客体的に表現されることになる。従って、言語表現の形態的な解析の段階では客体的表現とまったく同様の扱いが可能である。言語表現の意味を理解する過程で話者の意志や意図を抽出する時、話者のあり方として他の対象と分離して解析する必要がある。

次に、客体に付随する話者の認識について考える。話者が対象を取り上げる際、その対象に対して何らかの感情、意志、判断が伴うのが普通である。これらの感情・意志・判断は対象の取り上げ方の差として言語に表現される。このような表現が主体的表現であるが、主体的表現は客体的表現とは異なり話者による差が大きい。従って、言語解析においては客体のあり方とは分離し、話者の態度として別に解析する方が適切であると考えられる。

第二項　言語表現の生成処理

(1) 認識を立体的に捉える枠組み

言語表現の生まれる過程を考えると、話者は対象世界のあり方を話者の認識の中で概念化し、対象の概念化した世界を思い浮かべる。次に、これを言語規範に従って表現の一つ一つに対応させ、言語表現を形成する。この時、対象の捉え方を立体化して表現するための構造体、すなわち構文という枠組みを用いる。枠組みも大小様々である。最小の枠組みは単語であるが、文中の単語の一つ一つが単独で定まった意味を持つわけではなく、単語は文という枠組みの中で始めて自分の役割を持つことができる。対象のあり方と認識の仕方に応じてそれを表現する枠組みも種々存在する。句、節、文といった分類は枠組みの型を示すものと言える。今後、認識を立体的に捉える枠組みという観点から構文構造を検討する必要がある。

話者は語・句・節の約束などを用いて自己の認識を立体化して表現するが、この立体化は意味に支えられた構造化に関する文法規則に基づいて行われる。すなわち、対象のあり方が話者の認識に反映し、それが統語構造に反映する。これは統語構造が認識に結び付いていること、すなわち、統語構造が意味の一部であることを意味する。構造と意味が表層構造と深層構造のように対置されるものではなく、意味は表現と認識、対象の結び付きであり、表層の構造は意味の一部となっているのである。

(2) 主体的表現と客体的表現

話者の認識を大きく分けると客体に関するものと主体に関するものに分けられる。客体に関する認識は、話者が対象を自己から独立した対象として眺めようとする意識のもとに生まれる。このような認識を表現する手段が客体的表現である。これに対して、主体に関する認識は、客体に対する話者の立場に関する認識であり、この認識を直接表現する手段として主体的表現が用いられる。主体に関する認識であっても、観念的に自己分裂した話者がこれを捉える時は、観念的な話者から見れば、主体は話者から独立した対象として捉えられることになり、客体的表現が用いられる。

第三項　言語表現の解析処理

(1) 入れ子構造型の構文解析

意味は表現と認識、対象の結び付きであるという観点に立てば、構文は対象を捉える枠組みであると考えられる。枠組みは対象の捉え方を立体化して表現するための構造体である。単語、句、節、文など、対象のあり方と認識の仕方に応じてそれを表現する枠組みも種々存在する。

言語表現の解析では、与えられた表現がどのような枠組みで表現されたものか、またその枠組みはどのような認識構造を表すものかという規則を手がかりに、実際はどんな意味で使われているかを明らかにする必要がある。いわゆる構文解析は言語表現の統語構造を明らかにする過程であり、日本語で言えば表現の入れ子構造（図4参照）を捉え、それぞれの要素間の関係を明らかにすることである。今後、従来の句構造型や依存構造型の構文解析とは異なる、入れ子構造型の構文解析法について検討する必要がある。

(2) 統語構造の持つ意味の扱い

統語構造と意味は一体化したものであり、これを独立に扱おうとすれば、構造の持つ意味が欠落する。すなわち、統語構造の持つ意味を考えないで、部分の意味から全体の意味を合成しようとする要素合成方式や表現を細分化して分析すれば全体が分かると考える原子論（顕微鏡学派）的方法では表現の意味の欠落を防げない。従って、構造の持つ意味を考える時、部分を全体の中に位置づけて解析を進めることが必要である。各部分はそれを含む上位の構造の中に位置づけられて初めて意味を持つ。そこで、処理を行う単位を上位の構造から抜き出す時は、意味を換えない表現の単位を注意して取り出すこと、取り出した表現の部分の意味を上位の構造の中に位置づけて解釈することが必要である。このような処理を行うことにより、要素合成方式で取り扱えない慣用表現の解析が可能となるだけでなく、多くの構造上の曖昧さや多義の発生を最小限に抑止することが期待できる。

例えば、表現に用いられる語の語義についても種々の約束があり、話者がそのうちどの約束を用いたかを判定する必要がある。そこで、構造の持つ意味を考えるなら、語と語の結び付きの中に、それぞれの語がどの約束（語義）で使用されたかを知る情報が含まれている。句や節や文についても同様に、それらを含むもう一段上位の構造（節、文、文脈）の中に多義を絞り込む手がかりがある。このように、それを含む上位の構造の中で語や句や節や文の多義を絞り込んでいく処理が意味解析である。

(3) 主体と客体の扱い

言語表現は主体的表現と客体的表現が混合された形態をとり、両者に話者の見方、捉え方が現れるが、中でも主体的表現は話者自身の感情、意志、判断が直接現れる部分であり、話者の違いによる差が著しく現れる。日本語と英語においても、言語族による感性の違いが反映されているため、表現の対応関係をとるのが難しい。そこで、言語の違いによる話者の見方の違いを取り出し、対象の共通性と言語による見方の違いを分けて処理することが有効であり、通常対象のあり方を表す客体的表現である格情報と主体的表現となることが多い様相・時制・相などの法情報を分離して扱うことが多い。しかしこの場合、格助詞は単に格マーカとしてしか扱われないため、日本語の助詞の「は」と「が」の微妙な使い分けは無視されてしまうし、辞が連続して表現する微妙なニュアンスも無視されてしまう。従って、これらを考慮して解析を行うためには、辞の語順を保存し、格助詞も主体的表現として扱うことが必要である。しかし、主体的表現と客体的表現は言語表現上、結合されているため、主体的表現を完全に取り去った後の客体的表現のみでは言語表現は成り立たなくなってしまう。そこで、若干の主体的表現を含む表現形式を疑似的客体的表現の枠組みとして定め、主体的表現の情報を抽出した後の言語表現を疑似的客体的表現に縮退させる。抽出された主体的表現の情報は、客体的表現とは分けて処理されることになる。

話者自身を表す主体も、これが客体化されて捉えられると客体的表現として表現される。世界知識を用いた言語理解などの処理では、話者を除く対象世界のあり方を抽出し、それを世界モデルと比較し、対応関係を調べることが必要となる。このような場合、客体的表現を話者に関する部分とその他の話者と独立な部分に分け、両者の関係を解析することが必要となる。従来、様相表現と言われているもののうち、客体的表現で表されるものの扱いがこの対象となる。様相文脈を生成する動詞（「信じる」「感じる」など）などで取り立てられる対象世界と話者の関係を表す仕組みの追求が必要である。

(4) 意味解析

フィルモアの格文法［Filmore 1968］による格解析やシャンクの概念依存理論［Schank 1975］による意味解析など、コンピュータによる意味解析、意味理解、意味処理などと称する研究が数多く行われているが、これらの研究の多くが言語の意味を明確に定義せずに行われている。言語の意味を明確に定義し、それに基づき言語理解のモデルを構築することにより、初めてコンピュータで言葉の意味をどのように扱ったらよいかを明らかにできる。

従来、言語表現の意味に関しては、様々な議論がされてきた。対象を意味とする対象意味論、話者の認識を意味とする認識意味論、表現である現実の音声の裏側に結び付いた辞書的な意義（概念）を意味とするソシュールの説や言語表現の統語的側面（統語的深層構造）を意味とするチョムスキーの説など意味を表現の側から説明する形式意味論、聞き手の認識を意味とする解釈意味論、および話者と聞き手の共通の認識などを意味とする折衷意味論などは、実体を意味とする実体意味論である。これに対して時枝は、意味は概念などのような実体ではないとし、実体意味論を廃し、話者と聞き手の双方にある把握の仕方を意味とする機能意味論を提唱した。三浦は、意味は実体や機能でなく、表現自体が持っている客観的な関係（表現に結び付け固定された対象と話者の認識の関係）である関係意味論を提唱した。関係で意味を定義する考え方は状況意味論［Barwise and Perry 1983］と共通する点がある。しかし、状況意味論が「言語に関する社会的な約束事である言語規範に媒介された表現の意味」と「表現の置かれた（発話された）場の意味」とを区別せず、むしろ「場の表現」の側から意味を説明しているのに対して、三浦の関係意味論は両者を分けている点が異なる。

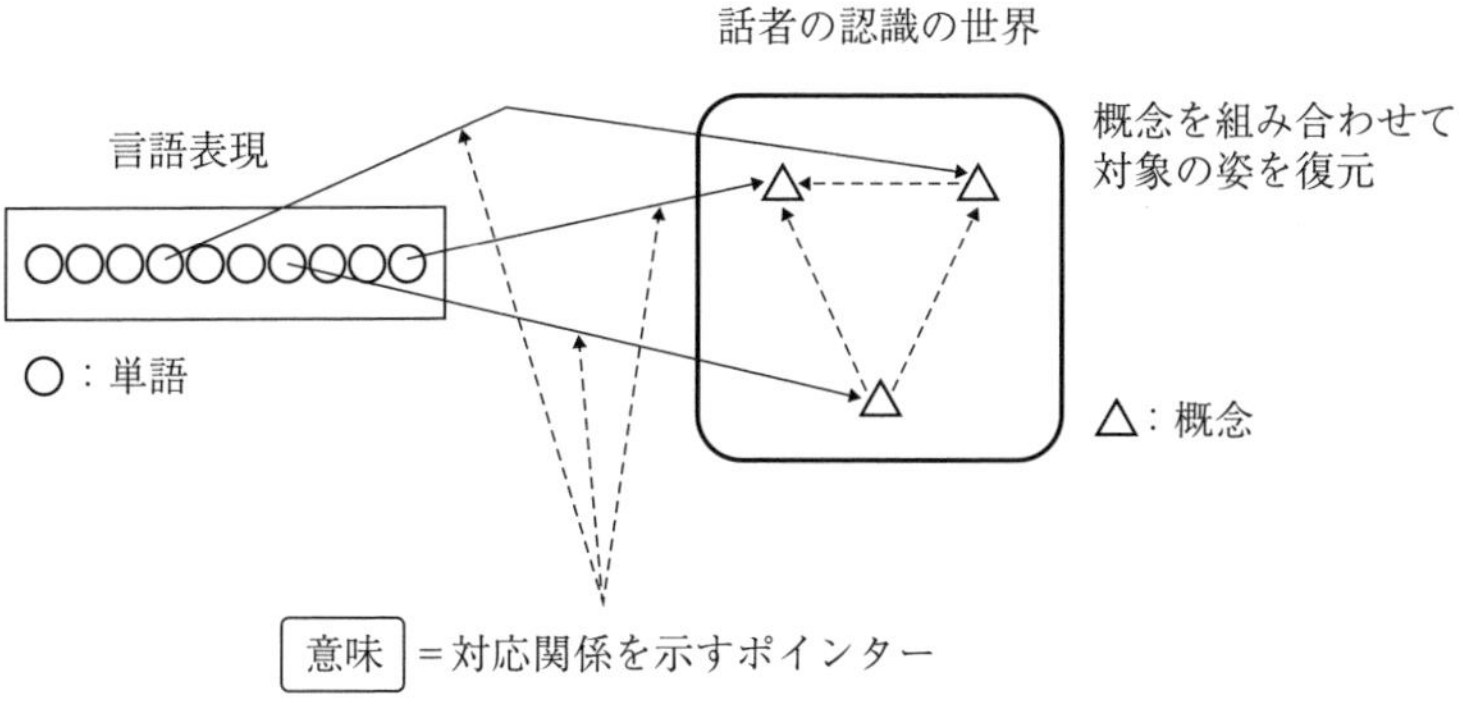

図8　工学的な言語表現の意味の定義

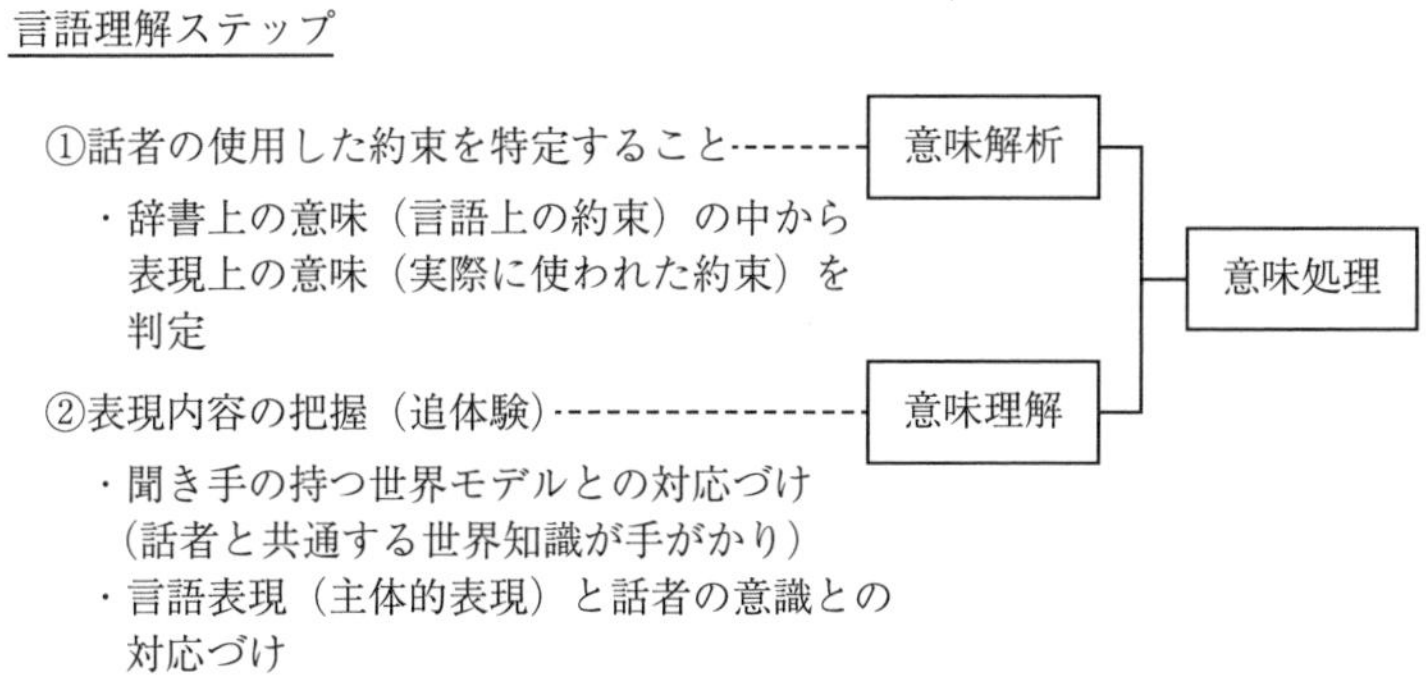

図9　意味解析と意味理解

三浦の意味論によれば、言語の意味は表現に結び付け固定された対象と認識の関係であるが、対象は直接表現に結合されるのではなく、話者の目を通して得られた認識が表現に結合されるのであるから、より限定的に捉え、表現と認識の関係を意味と考える。コンピュータでは、関係はポインターで表現されるため、工学的には表現と話者の認識を対応づけるポインターが意味であり、このようなポインターを張ることが意味処理であると言える（図8を参照）。図9に示すように意味処理には、話者が言語表現に使用した意味上の約束を特定する意味解析と表現内容を把握（追体験）する意味理解の二つのステップがある。意味解析では、辞書上の意味（言語上の約束）の中から表現上の意味（実際に使われた約束）

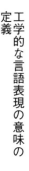

を判定する。意味理解では、特定された約束と聞き手が話者と共通して持つ世界知識を手がかりに聞き手の持つ世界モデルと対応づけ、話者の認識した世界（認識構造）を再現する。工学的には、言語表現の内容に関する質問に答えられるような世界がコンピュータ内に構築できたことで、意味理解ができたと考える。これは、被験者がコンピュータの前に座り、キーボードを介して、自然言語でコンピュータと対話し、相手がコンピュータか人間か判別できなければコンピュータが言語を理解したとするチューリングテスト的な検証法と言える。今後、認識構造をコンピュータ内にどのように構築するかについて検討していく必要がある。

(5) 意味理解

言語理解において、聞き手は与えられた言語表現に結び付けられた話者の認識を言語規範に照らし合わせて追体験するが、このような追体験を円滑に行うには、話者が対象としている世界について、聞き手が一定限の知識を共有することが必要である。聞き手は自己の世界の中に話者と共通の部分を見つけ、表現の内容をそれと対応づけ、表現の構造に合わせて、自己の世界を組み立てていく。話者の認識の中に構築された世界と聞き手が言語表現に基づいて構築した世界は必ずしもすべてが同じとは言えない。話者の頭の中の世界が表現に結び付けられる時は、言語規範が媒介となるため、適切に媒介されたものは、表現に固定化されるが、媒介されていないものは、表現には固定化されない。聞き手は表現に固定化された話者の認識を再び言語規範を手がかりに再現するため、話者の世界と聞き手の世界は相違を生じる。ここでは、話者の認識の中で言語表現に固定化された内容の聞き手の精神への再現をもって追体験と考える。

聞き手は言語表現が与えられると言語規範と自己の世界知識を用いて、表現の表す概念化された対象を一つ一つ思い浮かべ、表現の構造を手がかりにそれを立体化して、話者の認識の世界を自己の頭の中に再現する。この再現された概念的世界から話者の見た対象のあり方を推定するのである。

従って、言語理解とは、言語表現に媒介された話者の認識構造を聞き手が自己の頭の中に再構成することであると言える。このような再構成の過程では、対象に関する知識が必要であり、聞き手は自己の持つ世界の知識と対応づけることによって、話者の世界を作り上げる。コンピュータによりこれをシミュレートするには、コンピュータ側に話者と共通する世界の構造的知識を持たせ、言語表現と世界の部分との対応関係をとって、それを基に言語表現の持つ世界を再構成することが必要である。

以上のことから、工学的には意味理解とは、コンピュータ内の世界モデルと言語表現との対応づけを行い、それに基づき、言語表現の持つ世界の構造を再構成することであると言うことができる。コンピュータの持つ世界モデルの部分に、表現がそっくり対応づけられる時は、再構成は不要であり、世界モデルの対応する部分の抽出に置き換えられる。なお、言語表現に表される世界は、話者自身を含む世界であり、コンピュータ内に表現した世界モデルとの対応をとるためには、話者自身の感情・意志・判断の表された主体的表現と対象のあり方を表す客体的表現を分け、客体的表現とコンピュータの持つ世界モデルの間の照合をとることが必要である。なお、主体的表現と話者の意識との対応づけを行い、発話の状況や背景を把握し、話者の意図を抽出する必要もある。

第三節　期待される効果と今後の課題

以上、時枝の言語過程説を発展的に継承した三浦の考えを基に、言語表現の生成や理解の過程を明らかにし、人間の言語活動における認識の重要性を示した。さらに、このような人間の認識機構を組み込んだ、より高度な自然言語処理を実現するうえでの課題を明らかにした。話者の対象認識処理、認識を立体的に捉える枠組み、主体と客体の扱い、統語構造と意味の統一的扱い、追体験に基づく意味理解など今後解決すべき課題は多い。

従来の自然言語処理では無視されていた人間の対象認識機構をモデル化し、これを自然言語処理の中に組み込むことにより、人間の感情や意志などの情緒的機能を持ったより人間に近い自然言語処理システムを実現することが期待できる。また、言語間の表現や発想の相違などを言語による対象認識構造の違いとして機械翻訳システムに組み込むことにより、質の良い機械翻訳を実現することも期待できる。以上により、より人間らしい応答をする対話システムや会話文や文学作品を対象とする機械翻訳システムも夢ではない。

本章で示した考えの一部は、既に多段翻訳方式の日英機械翻訳システムALT-J/E〔池原他 1987, 1992〕や意味的類型化された表現構造対を介した機械翻訳システム〔宮崎 2004〕に部分的ではあるが取り入れられている。現在、本章で示した考えに基づく、新しい機械翻訳方式の研究〔宮崎 2016〕が進められている。

第二章

三浦文法に基づく日本語品詞の体系化と日本語形態素解析用文法の構築

より高度な日本語処理系を実現するための第一歩として、三浦文法に基づく日本語形態素解析系[*1]を実現することを目指し、三浦文法をベースに日本語の品詞の体系化を行い、規則の追加・修正が容易で拡張性に富む形態素解析用文法を構築した。本章では、第一章で述べた三浦文法の基本的な考え方に基づき作成した日本語の品詞体系、および品詞分類基準を示すと共に、形態素解析用の新しい文法記述形式を提案し、その有効性を論じる。

第一節　三浦文法に基づく日本語品詞の体系

日本語は、膠着言語に分類される言語であり、小さな単位要素が次々と付着して表現を形成していくという特徴を持つ。これらの単位要素が結合し、表現構造を形成していく過程には一定の手順がある。言語過程説によれば、日本語の表現は客体的表現と主体的表現が入れ子になった構造として捉えることができる。

ここで、表現の元となる対象世界を構成する一つの事象は、実体・属性・関係の3要素から構成される。これらに対する話者の認識を言語規範を介して表現に結び付ける時に最も基本となるのは、概念化された対象（実体・属性・関係）とそれを表現する単語（詞）との対応関係、ならびに概念化された対象に対する話者自身（主体）のあり方と単語（辞）との関係である。前者に対して詞が選択され、後者においてそれに辞が付加される。このようにして概念化された対象および主体と単語との結び付きが形成されると、次にそれらの相互関係が構造化され、認識された構造と表現構造との対応づけが行われる。この過程で単語と単語が統語規則に従って構造化され、文が形成される［池原他 1990］。

三浦文法では他の多くの文法とは異なり、上記のような過程により形成される日本語文において、表現に用いられる単語を文構成上の機能や単語が表す内容で分類するのではなく、対象の種類とその捉え方で分類する。以下、三浦文法に基づく品詞分類の基本的考え方［宮崎他 1992; 池原他 1990; 白井他 1992］について述べ、それに基づき作成した日本語の品詞体系を示す。

第一項　品詞の大分類

単語をまず以下のように客体／主体の観点から詞と辞に分ける。詞をさらに分類すると、一つの事象を表現するうえで必須である語とそうでない語の2種類がある。事象表現に必須である語は、表現の対象が実体か実体の属性かにより体言と用言に分けられる。

体言は実体・属性・関係からなる対象のうち実体を概念化したものである。実体は物理的実体と観念的実体がある。また、実体は立体的な構造を持ち、種々の側面があるため、どの側面から取り上げるかによって使用される体言も異なってくる。また、実体の構造に対応して体言間も構造的な関係を持つ。対象に立ち向かう主体（話者）も客体化して捉えた時は詞（体言）が用いられる。普通の名詞が実体のあり方を捉えたものであるのに対して、代名詞は実体と主体との特殊な関係を表現する。主体と対象の関係としては、A　話者と話者の関係、B　話者と聞き手の関係、C　話者と話題となる事物・場所方角・人間などとの関係の3種の関係がある。実体と実体、属性と属性、実体と属性の間には種々の関係が存在する。関係自体は、感覚的存在ではないので関係自体を概念的に対象化して名詞として用い、種々の関係は「上下（の）関係」や「親子のつながり」などのように表現することが多い。

実体の属性を概念化する用言は、動的属性を表す動詞と静的属性を表す形容詞に分けられる。属性も、これを固定的に実体化して捉えた場合は、「大きさ」や「動き」などのように名詞化する。

事象表現に必須でない語は、属性に属性を付加する副詞と実体に属性を付加する連体詞に分類される。なお、「もっと右」の例のような名詞を修飾する語については、名詞の中の属性把握の部分を取り上げ、それに属性を付加しているとみなすことができるため副詞とする。

話者の感情・意志・判断など対象に対する立場や対象から引き起こされる話者自身に関する認識を表す辞としては助詞や助動詞が用いられる。

助詞は対象（実体）に立ち向かう話者の立場を直接表現する。「花咲く」と言えば「花」と『咲く」との間の客観的な関係を捉えたものと見ることができるが、この関係は変わらないものの、「花が咲く」「花は咲く」「花も咲く」と言えば、「花」に対する話者の立場が変化してくる。

このように、助詞が実体に対する話者の捉え方、すなわち、対象（もの）と主体との関係に関する主体自身の認識を表すのに対して、助動詞は対象（こと）との関係において話者自身の立場を表現するものと見ることができる。人間の認識は現実の世界だけを相手にするだけでなく、想像によって過去の世界や未来の世界、空想の世界など様々な世界に行き来する。このような話者の見る対象世界に対する話者の感情・意志・判断などを直接表現したものが助動詞である。

他に、話者の感情や意志などを直接表現する感動詞、話者による事象間の関係認識を表現する接続詞、および話者の主観を強調する陳述副詞が辞に分類される。

以上の11品詞の他に、他の語（接辞承接語）に付加して別の意味や品詞性を付与する詞である接辞、文中に出現する句読点や繰返し記号などの記号類の二つを加えて、図10に示すように合計13の品詞に大分類した。

第二項　品詞分類の細分化

単語間の文法的接続関係の検定を精密に行い、形態素解析の精度を向上させるため、品詞の大分類を細分化して品詞を約４００通りに分類した。細分化のポイントを以下に示す。

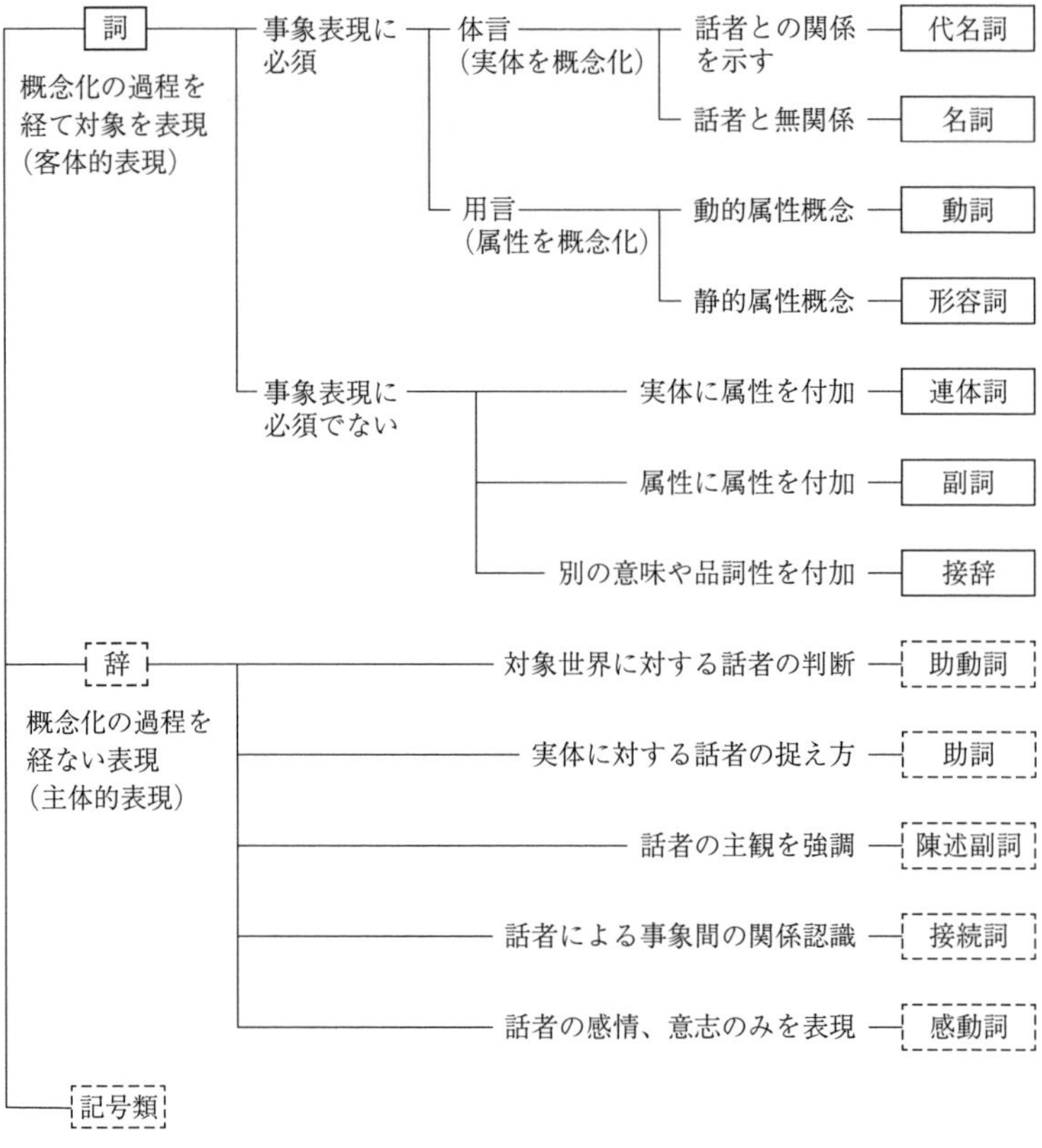
詞
概念化の過程を経て対象を表現（客体的表現）
事象表現に必須
体言（実体を概念化）
話者との関係を示す
代名詞
話者と無関係
名詞
用言（属性を概念化）
動的属性概念
動詞
静的属性概念
形容詞
事象表現に必須でない
実体に属性を付加
連体詞
属性に属性を付加
副詞
別の意味や品詞性を付加
接辞
辞
概念化の過程を経ない表現（主体的表現）
対象世界に対する話者の判断
助動詞
実体に対する話者の捉え方
助詞
話者の主観を強調
陳述副詞
話者による事象間の関係認識
接続詞
話者の感情、意志のみを表現
感動詞
記号類

図10　三浦文法による日本語品詞体系（大分類）

(1) 名詞

実体を同種の他の実体と共通の側面、すなわちその一般性の側面で捉えた認識を表す普通名詞、実体をその固有性の側面で捉えた認識を表す固有名詞（地名、人名、組織名、その他の固有名詞）、動的属性を固定的に実体化して捉えた認識を表す動作性名詞（サ変動詞型名詞、連用形名詞、その他の動作性転成名詞）、静的属性を固定的に実体化して捉えた認識を表す状態性名詞（静詞（形容動詞語幹に対応・ダ型とタルト型がある）、状態性転成名詞（形容詞転成名詞（例：寒さ、厚み）・静詞転成名詞（例：親切さ））、連体詞型名詞（例：大型、急性））、対象を具体的に取り上げることができなかったり、取り上げる必要がない場合などに、対象を最も抽象化して捉えた認識を表す形式名詞（例：もの、こと、ため、ところ、とき、まま、際、場合―の・ん（準体助詞に対応）―よう（比況の助動詞「よう（だ）」に対応）―そう（伝聞の助動詞「そう（だ）」に対応）―みたい、ふう）に細分化した。その他に特殊なものとして、具体的な数や数量など（例：1、2、…、2本）単位性の認識を表す数詞、属性に属性を付加する副詞としても用いられる副詞型名詞（時詞（例：今日、従来）、その他の副詞型名詞（例：すべて、みんな、多数、一部））を設定した。

なお、静詞については格助詞（に・の・を）や肯定判断の助動詞「だ」の連体形「な」が後接するか否かを区別できるようにさらに細分化した。

(2) 代名詞

人称代名詞（例：私、彼）、指示代名詞（例：これ、あれ）、疑問代名詞（例：だれ、どれ）の区分を導入した。

（3）動詞

本動詞／形式動詞の区別（第四項の⑨参照）、活用型（五段／一段／サ変／カ変）の区別、五段動詞に対する活用行の導入により細分化した。

またサ変動詞は、単独で用いる「する」「〜する（例：開発する、対する）」「〜ずる（例：論ずる）」を区別できるようにした。さらに、五段／一段動詞のうち、例外的活用をするもの（例：行く→行った、有る→有らない×、なさる→なさいます・なさい、問う→問うた、くれる→くれ）は、別品詞として区別できるようにした。

（4）形容詞

ウ音便の形態（例：にくい→にくう、あさい→あそう、美しい→美しゅう）により細分化した。

（5）副詞

属性をさらに具体的な面から捉えて別な語と結び付け叙述を立体化する情態副詞（例：がたがた、ピカピカ）、属性をさらに抽象的な面から捉えて別な語と結び付け叙述の程度を表す程度副詞（例：ずっと、かなり）に細分化した。さらに、格助詞（に・と・の）や肯定判断の助動詞（だ・です）が後接するか否かを区別できるように細分化した。

（6）連体詞

指示代名詞が連体詞化した指示連体詞（例：この、その）、疑問代名詞が連体詞化した疑問連体詞（例：どの、ある、あらゆる）に細分化した。どんな）、形容詞が連体詞化した形容詞的連体詞（例：大きな）、それ以外で外延の制約を表す限定連体詞（例：あ

(7) 接辞

接辞承接語との接続形態により接頭辞／接尾辞／接中辞（例：～対～）に中分類した。

接頭辞については、接辞承接語の品詞により名詞接続型／動詞接続型（例：ぶち）／形容詞接続型接頭辞（例：もの―こ、ま―お）に小分類した。

接尾辞については、接辞承接語＋接尾辞で構成される複合語の品詞により名詞型／動詞型（例：れる、られる、せる、させる―がる、ぶる、めく、づく、つく、じみる、過ぎる―込む、始める、終わる、続ける、きる）／形容詞型接尾辞（例：たい―らしい、がましい、(っ)ぽい―やすい、よい、にくい、づらい、がたい）に小分類した。さらに、［野村 1978］を参考に接辞のより細かな文法的・意味的属性により以下のように細分化した。

［細分化された名詞接続型接頭辞とその例］

普通名詞型／県、女、核
固有名詞型／東、新、奥
動詞型／超、反
形容詞型／大、新
連体詞型／各、全、同
副詞型／再、最、既

否定型／無、不、非、未
前置助数詞型／約、第
敬意添加型／御、ご

［細分化された名詞型接尾辞とその例］

普通名詞型／者、人、たち
固有名詞型／市、さん、屋、号
動作性名詞型／
　サ変動詞型名詞型／化、視—
連用形名詞型／行き、沿い—
その他／発、製
状態性名詞型／
　ダ型静詞型／そう、げ、的—
タルト型静詞型／然—
状態性転成名詞型／さ、み、け—
連体詞型名詞型／性、用、風、型、式
後置助数詞型／個、番、％
助数詞承接型／強、台、目
副詞型名詞型／
　時詞型／前、後、間、内、中、時、がてら—

その他／上
代名詞型／たち、ら、自身

なお、各型の接尾辞は細分化された名詞・動詞・形容詞の品詞体系と対応づけられている（例：普通名詞型接尾辞「者」は普通名詞に対応する）。

(8) 接続詞

接続対象により文接続詞（例：しかし、ただし）／句接続詞（例：または、および）の区別を導入した。

(9) 感動詞

話者の呼びかけや感情を表す感嘆詞（例：さあ、おや、まあ）、相手の言葉に対する聞き手の応答を表す応答詞（例：はい、ええ、いいえ）に細分化した。

(10) 助動詞

話者の肯定判断〔だ、ある、です、ます、φ（肯定判断を表すが、表現として省略された零判断辞）〕／否定判断（ない、ぬ、まい）／既定判断［回想・確認］〔た（たり、て）、だ（だり、で）〕／未定判断［推量・意志］（う、よう、らしい、べし）を表す助動詞に細分化した。

(11) 助詞

実体のあり方の認識を表す格助詞（が、を、に、へ、と、から、より、まで、で、をば、って、して—の）、認識に対する陳述の要求を表す係助詞（は、こそ、も、さえ、すら、でも、とて、しか、しも、ぞ、して）、実体や認識に対する観念的前提の付加を表す副助詞（は—など、なんか、なんて—まで、のみ、（っ）きり、くらい、ぐらい、だけ、ばかり、ほど、とも、ずつ—や、やら、か、なり、なりと）、認識内容の確認を表す間投助詞（ね（ぇ）、さ（ぁ）、よ（ぉ）、な（ぁ）、の（ぉ）—ってば、ったら、って—や、よ—だ、です、と）の他、事象間の関係づけを行う接続助詞と話者の感情を伝達する終助詞に中分類した。

さらに、接続助詞は接続の型［池原他 1990; 南 1974, 1993］、終助詞は伝達の方向［池原他 1990; 白井他 1992; 佐伯 1983］により、それぞれ、以下に示すように3通りに細分化した。

［接続助詞の細分化］
同時型／つつ、ながら
条件型／ば、と、に、ながら
展開型／が、から、けれど（も）、けど（も）、し

［終助詞の細分化］
話者方向／
強意／ぜ、ぞ、わ、ね（ぇ）、さ、よ、な、とも、ってば、ったら、って、っと、い、や—
驚き／わ

相手方向／
- 疑問／か、かしら、や、っけ―
- 命令・勧誘／な、ねぇ、い、たら、だら―
- 禁止／な―
- 伝聞／と、って―
- 確認／ね（ぇ）、さ、よ―
- 婉曲／が、けれど（も）、けど（も）

不定方向／
- 詠嘆／なぁ、わぁ、のぉ、に―
- 不確定／やら

⑿ 記号類

日本語文中に現れる記号類を、その機能に着目して以下のように細分化した。

- 句点相当記号（例：。？！．）
- 読点相当記号（例：、，）
- 中点相当記号（例：・〈空白〉）
- 引用符（例：「」『』‘’“”）
- 括弧類（例：〈〉《》【】〔〕｛｝（））

補足記号類（例：…〓ー）
文頭記号（例：◎○◇▽●☆）
数式関連記号（例：，．～―-＋－±×÷＝≠＜＞≦≧＊／）
繰返し記号（例：ゝゞヽヾ々）
その他の特殊記号（例：；．．＠＃）

第三項　活用形の扱い

動詞、形容詞、動詞型接尾辞、形容詞型接尾辞のような活用語の活用形は、従来の学校文法における6活用形を基本とし、以下の変更を加えた［宮崎他 1995］。

①未然形を以下の2通りに細分化した。
・未然形1：推量形［～う、～よう］
・未然形2：否定形［～ぬ、～ない］

②連用形を以下の3通りに細分化した。
・連用形1：連用中止形［～、～ます］・連用修飾形
・連用形2：イ音便形／促音便形／撥音便形［～た、～だ］
・連用形3：形容詞ウ音便形［～ございます］・動詞ウ音便形［～た、～だ］

③形容詞のカリ活用語尾は、以下のように扱う。
・かろ（未然形1）→く（形容詞語尾・連用形1）＋あろ（助動詞「ある」の未然形1）
・かっ（連用形2）→く（形容詞語尾・連用形1）＋あっ（助動詞「ある」の連用形2）

④タルト型形容動詞活用語尾は、以下のように扱う。
・と（連用形1）→と（格助詞）
・たる（連体形）→と（格助詞）＋ある（形式動詞「ある」の連体形）

第四項　学校文法との主な相違点

第二項、第三項で示した品詞体系と学校文法との主要な相違点は、以下の通りである［宮崎他 1995］。
①形容動詞を独立した品詞とはせず、名詞（静詞）＋助動詞（肯定判断）「だ」／名詞（静詞）＋格助詞「に、と、の」とした。
②受身・使役の助動詞（れる、られる、せる、させる）は動的属性を付与する詞とし、動詞型接尾辞とした。
③希望の助動詞（たい）は静的属性を付与する詞とし、形容詞型接尾辞とした。
④伝聞の助動詞（そうだ）、比況の助動詞（ようだ）、様相の助動詞（そうだ）は助動詞とせず、それぞれ、形式名詞（そう、よう）／静詞型接尾辞（そう）＋肯定判断の助動詞（だ）とした。
⑤準体助詞（の）、終助詞（の）は形式名詞とした。
⑥接続助詞（ので、のに）、終助詞（のだ）はそれぞれ、形式名詞（の）＋［格助詞（で）／肯定判断の助動詞（だ）の連用形1（で）］／格助詞（に）／肯定判断の助動詞（だ）とした。
⑦接続助詞（て、で、たり、だり）は既定判断の助動詞（た、だ）の連用形1とした。
⑧補助動詞（ある）、補助形容詞（ない）はそれぞれ、肯定判断の助動詞、否定判断の助動詞とした。
例：本である／ない、
静かである／ない、

重くない、
書いてある／ない
⑨既定判断の助動詞の連用形1（て、で）に後接する動詞（いる、みる、くれる、あげる、くる、もらう、やる、しまう、おく、いく、下さる、いただく、…）、形容詞連用形1／［静詞＋格助詞（に）］に後接する動詞（する、なる）、およびサ変動詞型名詞／連用形名詞に後接する動詞（する、できる、下さる、なさる、致す、申す、申し上げる、いただく、願う、たまう、…）は、形式動詞とする。
例：走っている、美しくなる、
静かになる、開発する

第五項　時枝文法との主な相違点

第二項、第三項で示した品詞体系と時枝文法との主要な相違点は、以下の通りである。
①肯定判断の助動詞（だ）の連用形（に、と）、連体形（の）は格助詞（に、と、の）とした。
②①で述べた相違により、学校文法における形容動詞を名詞（静詞）＋助動詞（肯定判断）「だ」／名詞（静詞）＋格助詞「に、と、の」とした。
③限定助詞を係助詞、副助詞に分離した。
④格助詞「は」を係助詞とし、格助詞とは分離した。
⑤感動助詞を間投助詞と終助詞に分離した。
⑥終助詞（の）は形式名詞とした。
⑦接続助詞（ので、のに）、終助詞（のだ）はそれぞれ、形式名詞（の）＋［格助詞（で）／肯定判断の助動詞

（だ）の連用形1（で）」／格助詞（に）／肯定判断の助動詞（だ）とした。
⑧接続助詞（て、で）、限定助詞（たり、だり）は既定判断の助動詞（た、だ）の連用形1とした。

第二節　日本語形態素解析用の文法記述形式

形態素解析における隣接単語間の文法的な接続検定には、通常各単語の辞書情報に前接コードと後接コードを持たせ、その二つの情報から前接コードと後接コード間の接続の可否を示すマトリックス形式の接続テーブルを用いることが多い。しかし、規則が簡潔に分かりやすく記述されておらず、例外的な接続をする単語に対しては、従来の規則との整合性を保ちながら、新しい前接・後接コードを付与したり、辞書情報を変更しなければならず、規則の追加・修正が容易でなく、規則のメンテナンス性が悪い。また、「良さそうだ」（形容詞に「そうだ」が接続する場合、通常形容詞語幹に直接「そうだ」が接続する（例：楽しそうだ）が、「良い・無い」は接尾辞「さ」を介して接続する）のように、2項関係だけでなく、3項関係もチェックしなければならないような例外的な接続に対応できない。

そこで、このような問題を解決するものとして、以下に述べるような形態素解析用の文法記述形式（接続ルール）を提案する。この接続ルールは基本的には、ある品詞P_0の直後（接尾辞などで直前の語の品詞などが問題となる場合には直前）に文法的に接続可能なすべての品詞$q_1, q_2, \cdots q_n$をリスト形式で記述し、そのリストとp_0を対にして、$((p_0)((q_1)(q_2)\cdots(q_m)))$の形で定義したもの（ルール文）の集合であり、必要に応じて3項以上の関係にも簡単に拡張できる。

文法記述においては、規則の追加・修正が容易であること、例外的な規則を記述しやすいこと、規則を簡潔に分かりやすく記述できることなどを考慮し、以下のような点を工夫した。

(1) 接続ルールの記述量の削減

・((s_0)：((r_1)(r_2)…(r_n)))の形［s_0：定義文番号（＝定義文識別子Fと通番）、r_i：品詞］の定義文を導入し、ルール文の(q_i)の位置に(s_0)がある場合、(s_0)を(r_1)(r_2)…(r_n)で置換可であることを表す。

・((p_i)＝(q_i))の形［p_i, q_i：品詞］の同格文を導入し、p_iはq_iと同じ接続をすることを表す。

・文頭、文末、句境界［句は詞（接頭辞以外の接辞・形式名詞・形式動詞は除く）、接続詞、感動詞、陳述副詞で始まる。用言・体言が後接するか否かにより4種の句境界に分類］には、文頭、文末、句境界であることを表す架空単語が存在するものとし、それらに特別の品詞を設定した。それらは、ルール文、定義文などにおける規則の記述において、通常の品詞と同様に扱う。日本語では、単語間の文法的接続条件は、句内に比べて句境界では厳しくなく、句境界をまたがって接続可能な多くの品詞対がある。このような句境界をまたがって接続する品詞を句境界架空単語を介して接続するとみなすことにより、接続ルールの記述量を大幅に削減できるだけでなく、これを句境界の検出情報としても利用できる。

・4桁の16進数で表示される品詞コード｛上位3桁は品詞（1桁目は品詞の大分類を表す）、下位1桁は活用形を表す｝の2〜4桁目には、ワイルドカード文字｛X, Y, Z（0〜fの任意の値）／x, y, z（1〜fの任意の値）｝が使え、これによりいくつかの品詞コードをまとめて記述できる。また、X, Y, Z, x, y, zのとる値を1xyz/y=1,3,4のように指定できる。

（2）例外的な規則の記述

・品詞では表現できず、各単語に依存するような例外的規則をも前接・後接コードなどを用いずに記述するため、品詞q_iと共に単語の字面（表記のゆれがある場合にはそれらの代表形である標準表記）を接続ルールに記述できるようにした。　例：（q_i〝同じ〟）

・形容詞のウ音便において形容詞の語幹の末尾が変化する場合（例：あさい→あそう）、単語辞書中の各単語の素性情報を用いた素性チェックにより接続判定を行う必要がある場合（例：ある形容詞語幹に接尾辞（さ、み、…）が接続するか否か）など例外的処理を行うため、接続ルールからある種の手続きの起動を指示するような情報（手続き識別子$と手続き名）を品詞$q_i$と共に接続ルール中に記述できるようにした。

例：（q_i/$uonbin）

・規則の適用性や優先度を示す接続確率（確率識別子*と確率値（0〜1）、本情報を省略した場合は1とみなす）を導入し、例外的な接続をする場合にその規則の適用性が変化したり、通常、あまり適用されない規則であることなどを記述できるようにした。

例：（(p_0)（(q_1)（q_2）…（q_i *0.5）…（q_m）））…a

（(p_0)（(q_1)（q_2）…（q_m））*0.1）…………b

：品詞p_0と品詞q_iの接続確率＝0.5

：品詞p_0と品詞q_i（i=1〜m）の接続確率＝0.1

（3）接続ルールの拡張性

・品詞p_0に関する一般ルール（(p_0)((q_1)(q_2)…(q_m)))の他に、品詞p_0の例外ルール（単語の字面が指定されたもの、3項以上の関係を記述したものなど）がある場合、例外ルールを一般ルールの前に置いて一般ルールより高い優先順位を与え、形態素解析における接続検定において、一般ルールより先に例外ルールを適用し、例外ルールの適用失敗時に初めて一般ルールを適用することとした。これにより、既存の一般ルールを修正することなく例外ルールを追加することができる。また、一般ルール自身の修正も、(q_i)の変更・例外化（単語の字面指定化など）、新しい(q_j)の追加などにより、他のルール文に影響を与えることなく局所的修正で済ませることができる。以上により、接続ルールの拡張が容易となった。

・接続ルールには、前接／後接コードを用いないため、これらのコードの付与、単語辞書への収録が不要となり、規則の追加、修正が容易になった。

ここで、接続ルールは人間にとって見やすく、メンテしやすく作られているが、これをそのまま形態素解析における単語接続検定に用いると、処理効率が低下する。そこで、接続ルールをこれと等価で単語接続検定が高速に行える形式の接続表｛(p_i, q_j, (p_iの字面)(q_jの字面)，(接続確率)，(p_i, q_jの手続き名))｝｛p_i, q_jはそれぞれ前接品詞・後接品詞で、ワイルドカード文字や句境界架空単語の品詞を用いず、定義文・同格文による品詞の置換済みである、（）は省略可、品詞部分や字面部分をそれぞれ主キー、副キーとして接続表を検索できるようになっている。3項以上の関係は別形式で記述｝に変換することとし、接続ルールから接続表を自動生成するツール（接続表ジェネレータ）を作成し、形態素解析系において、接続表を用いて単語接続検定を高速に行えるようにした。

第三節　本品詞体系の効用

本品詞体系は、三浦文法をベースに作成されており、多目的利用型の日本語形態素解析用文法となっている。きめ細かい品詞分類に基づく形態素解析用の日本語文法により、単語間の文法的接続チェックを厳密に行えるので、本日本語文法を正しい文の解析だけでなく、正しい文の生成や入力文の誤り検出など多目的に利用可能となる。

第二節で提案した約400通り（大分類＝13）の品詞体系に基づき、実際に網羅的な日本語形態素解析用文法を作成した。種々の日本語表現を含む日英機械翻訳用機能試験文（3300文）［池原他 1990］を用いて形態素解析システム［高橋大和他 1993］上で形態素解析実験を行った。本実験においては、例外的な規則をも含む文法の記述のしやすさ、規則の追加・修正など文法の拡張のしやすさなどを、文法規則や辞書の修正、文法規則や辞書への単語の追加を行いながら確認した。

その結果、例外的な規則も含めて文法を簡潔に記述できるため、文法規則がコンパクトとなるだけでなく（ルール数＝374）、規則の追加・修正が容易で拡張性の点で優れていることなど、本品詞体系および形態素解析用の文法記述形式の有効性を確認できた。また、本実験に用いた3300の機能試験文には日本語の種々の表現を網羅しているため、本実験によりかなり精度の良い日本語形態素解析用文法を実現できたと考えている。

第三章

三浦の言語モデルに基づく日本語構文・意味解析

英語に比べて語順が自由で省略の多い日本語は、句構造解析には不向きとされ、係り受け解析が一般的となっている。また、係り受けが交差する入れ子破りが起こる表現は、句構造解析による木構造では扱えない。さらに、従来の句構造解析の結果は意味と整合性がよくなく、二つの品詞性のある語をうまく扱えない。最近盛んな、確率的手法に大きく依存した解析では、分野依存性が強く、精度上の限界がある。文内で独自の統語・意味構造を持つ複合名詞や名詞句は、汎用的な処理では十分正確に扱いきれず、これらに適した個別的な処理方法を模索する必要がある。

本章では、上記のような日本語解析上の問題を解決するものとして、従来の研究では見逃されていた言語の過程的構造に目を向け、第一章で述べた関係意味論に基づく三浦の言語モデルと第二章で述べた三浦文法をベースにした日本語文を対象とする新たな視点からの構文・意味[*2][*3]解析の方法論について述べる。

第一節　意味と整合性のよい構文解析

現在、主流となっている文節構文論（学校文法）に基づく日本語構文解析系（日本語文パーザ）では構文解析結果が意味と整合性が良くなく、時枝文法風の構文解析の方が解析結果に則って意味がうまく説明できることが指摘されている［水谷 1993］。元来、構文解析は文の意味を正しく解析するために行うのであるから、日本語文パーザには意味と親和性のある統語構造を出力することが要求される。第二章で述べた三浦文法による日本語品詞体系は、構文構造として、従来の句構造や係り受け構造とは異なった三浦の入れ子構造を想定しており、三浦の言語モデルと親和性がよい［宮崎他 1995］。三浦文法は時枝文法を発展的に継承しており、意味と整合性のよい以下のような日本語文パーザの実現が期待できる［武本他 2007; 宮崎他 2007b］。

第一項　一対多・多対一の係り受け関係

「山を下り、村に着いた」は、学校文法風に解析すれば、図11(a)のような意味的におかしい解析結果を得るが、三浦文法風に解析すれば、図11(b)のように意味的に正しい解析ができる［対象世界に対する話者の既定判断を表す助動詞「た」の受けの範囲（スコープ）は、(b)の場合、動詞「下る」と「着く」を含む文全体となるが、(a)の場合、動詞「着く」のみとなる］。

また、「太郎は今日山を下り、村に着いた」は、学校文法風の係り受け解析では、図11(c)のように「太郎は」「今日」の係り先は「下り」か「着いた」のどちらか一方となるが（通常、係り受け解析では係り受けの曖昧さの爆発的増大を抑止するため、係り受けの非交差条件と係り先は一つであるという制約をもうけている）、三浦文法風に解析すれば、図11(d)のように「太郎は」「今日」が共に「下り」「着い」の両方に係っているという意味的にも正しい解析結果を入れ子構造により自然に表現することができる。さらに、助動詞「た」のスコープは、(d)の場合、動詞「下る」と「着く」を含む文全体となるが、(c)の場合、動詞「着く」のみとなる。このように助動詞「た」は文全体を包摂することにより、意味的に「下り」「着く」の両方を受けているとみなせるのである。工学的に

(a) 学校文法風の解析結果

(((山を) (下り)) ((村に) (着いた)))

(b) 三浦文法風の解析結果

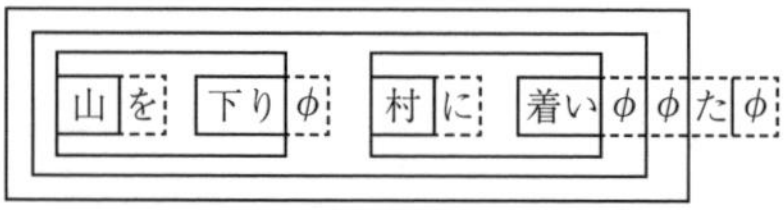

(c) 学校文法風の係り受け解析結果

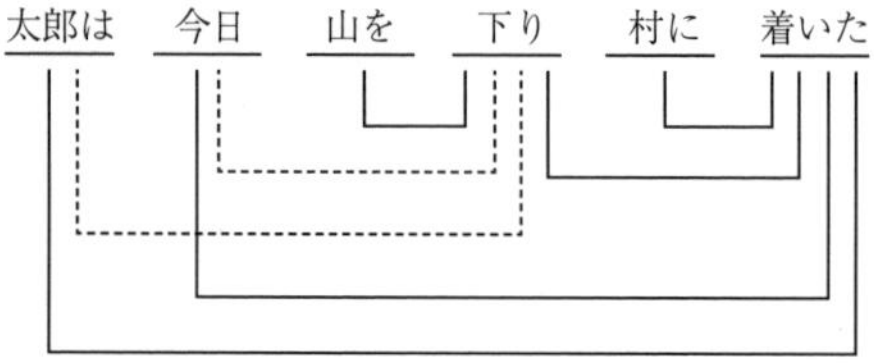

(d) 三浦文法風の解析結果

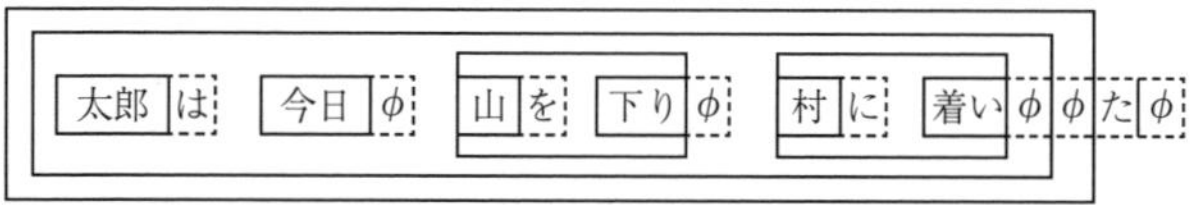

図11 構文解析結果と意味の整合性

(a)

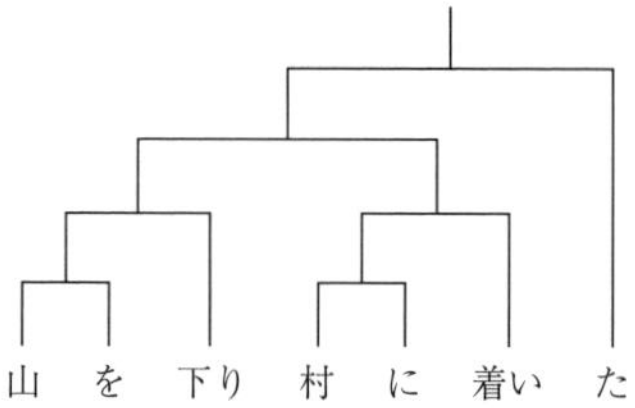

(b)

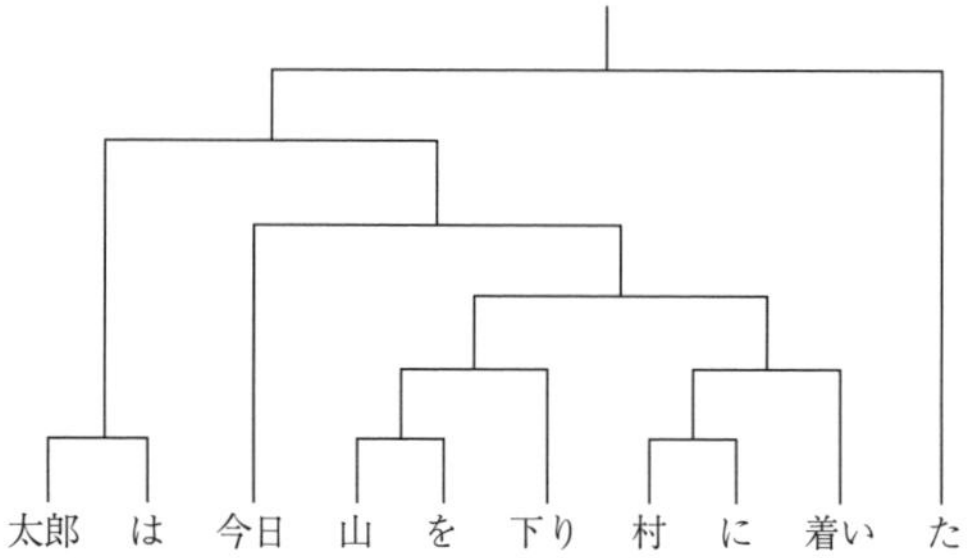

図12 意味と整合性のよい構文構造

図13　2種類の「は」を含む文の構文構造

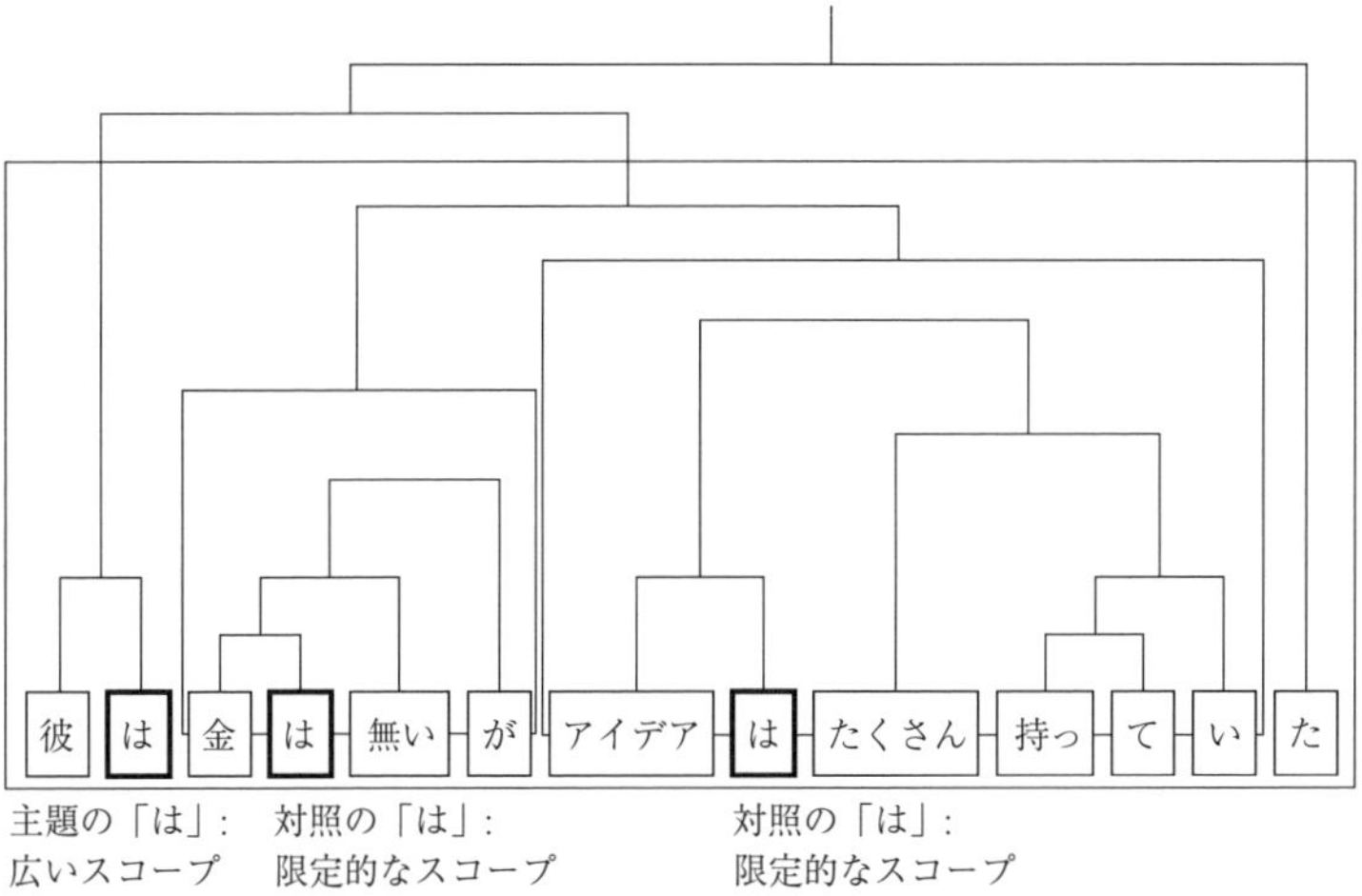

は三浦の入れ子構造として句構造解析風の木構造を用いるが、三浦文法に基づく文法規則、および日本語文パーザにおける文法規則の適用条件の制御などによって、従来の句構造解析と異なる、意味的にも正しい解析木を得ることができる。図11の(b)、(d)の入れ子構造に対応する解析木を図12(a)と(b)に示す。

第二項　主題の「は」と対照の「は」の扱い

係助詞・副助詞「は」には、「〜は」の係りの範囲（スコープ）が異なる、構文構造に大きな差異を生じさせる用法（主題の「は」と対照の「は」）がある。例えば、「彼は金は無いが、アイデアはたくさん持っていた」では、上記の2種類の「は」が使われている。「彼は」の「は」はいわゆる主題の「は」であり、広いスコープを持ち、「金は無いが、アイデアはたくさん持ってい」全体に係る。「金は」「アイデアは」の「は」は、対で用いられる対照の「は」であり、それぞれ対となる部分に限定して係る。「金は」は「無い」に係り、「アイデアは」は「たくさん持ってい」にのみ係る。このように、「は」は用法によりスコープが異なるため、これを区別する処理を日本語パーザに導入することで、例に示した文では、図13に示すような解析木を出力できる。

図14　二つの品詞性のある語を含む文の入れ子構造

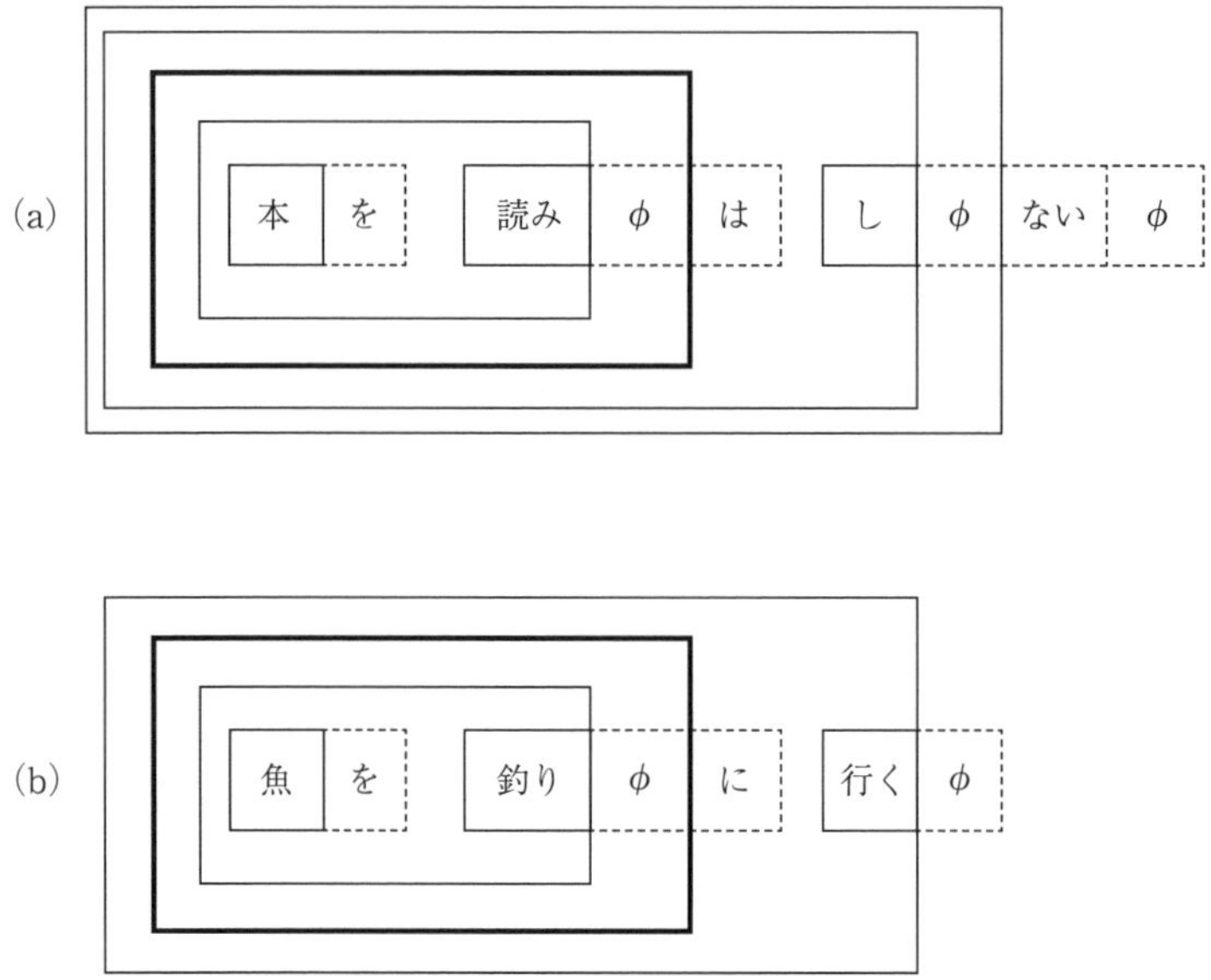

第三項　文中に局所的な入れ子構造を持つ文

(1) 二つの品詞性のある語の扱い

「本を読みはしない」という文では、話者は「本を読む」という事象を取り上げ、「は」で特殊性という主体判断を下した後、その動作に対して否定の判断を下している（「は」の意味解釈の詳細については第三節を参照）。ここで、事象の特殊性を表すために、取り上げた事象全体の捉え直しも行われ、実体化（体言化）が行われている。すなわち、この表現は図14(a)のような入れ子構造と見ることができる。「読む」は二重線の内側の世界では動詞として働いているが、その外の世界の構成要素で体言の一部分を構成していると考えられる。

「魚を釣りに行く」という表現は、図14(b)のような入れ子構造と見ることができる。「釣り」は二重線の内側の世界では「魚を」という格要素をとる動詞「釣り」として働いているが、その外側の世界では局所的

図15「うなぎを食べに浜松に行く」の解析木

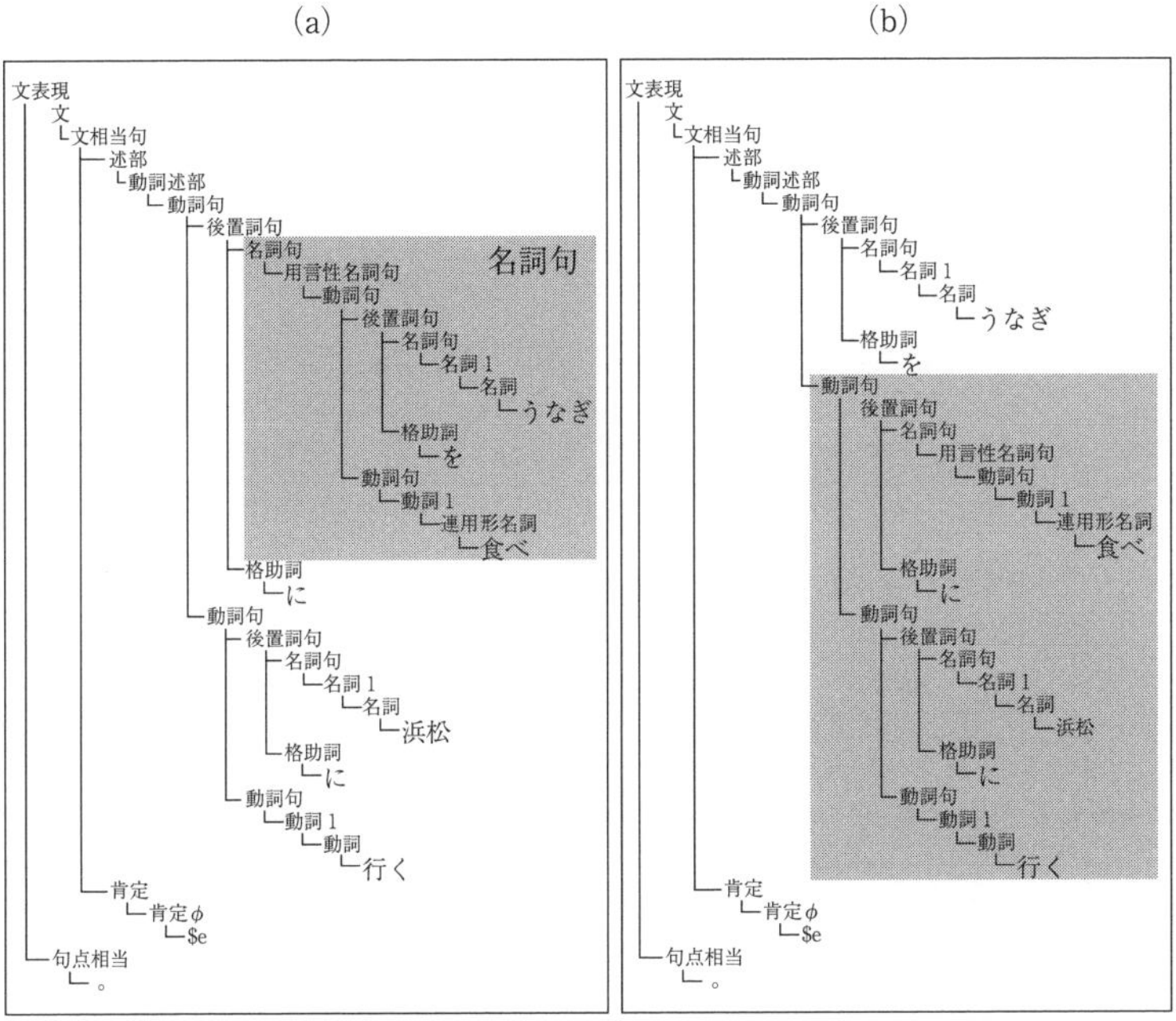

な文「魚を釣り」全体を実体化（名詞化）したうえで、格助詞「に」に接続して、動詞「行く」の格要素を構成している。このように、実際の表現の場面では、ある品詞を持つ単語が組み合わさって文要素が構成されるという単純な図式では説明できないものを図14(a)〜(b)のように入れ子構造によって自然に扱うことができる。

「うなぎを食べに浜松に行く」の解析木を図15(a)〜(b)に示す。(a)は「うなぎを」が「食べ」に係って局所的な入れ子構造を作っている意味的にも正しい解析木である。これに対して、(b)は「うなぎを」が「行く」に係る意味的に適切でない解析木である。日本語パーザでは、意味的に不適切な解析木を含む複数の解析木が出力される。「行く」に関する格パターンを用いた意味解析などによって「うなぎを」が「行く」に係らないことを判定することにより、解析木の曖昧さを絞り込み、意味的にも正しい解析木を得ることができる。

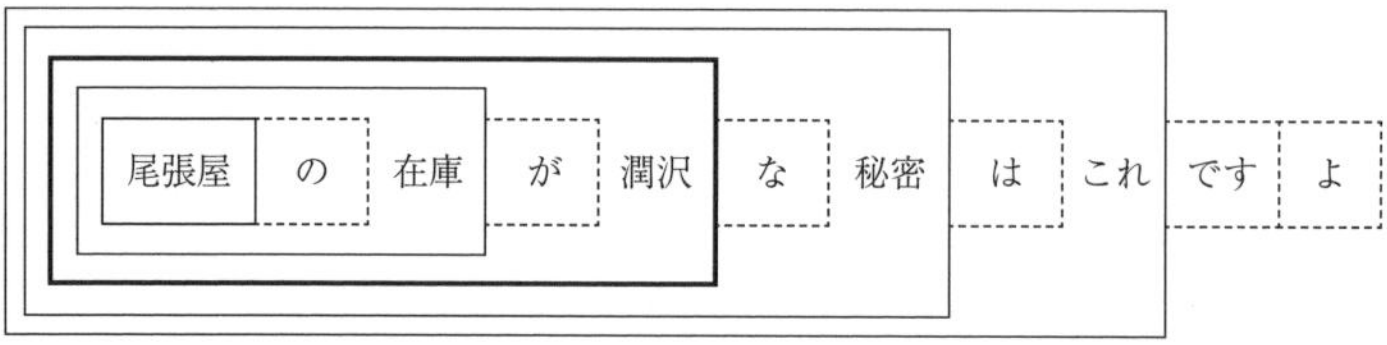

図16　埋め込み文に形容動詞述部を含む文の入れ子構造

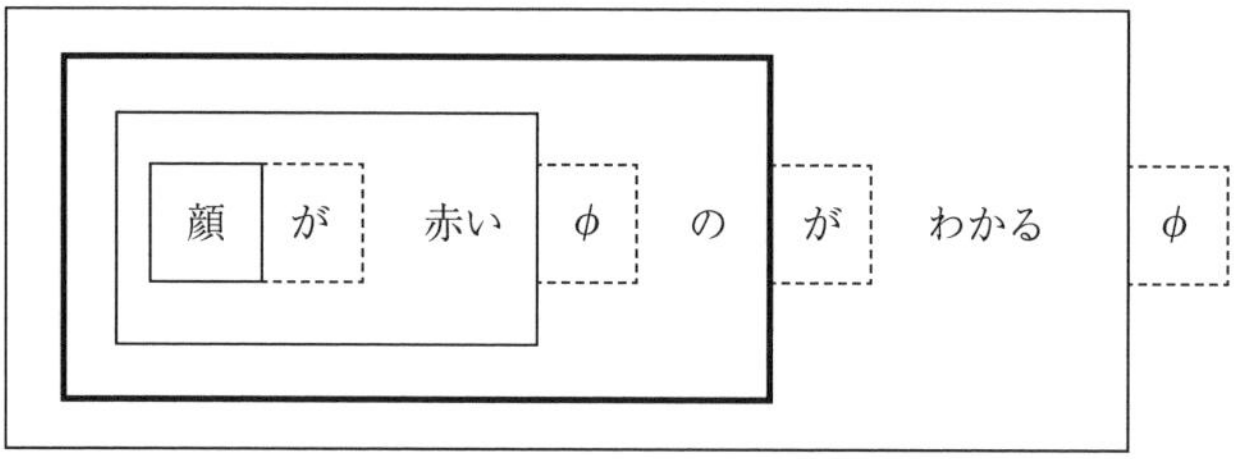

図17　埋め込み文の被修飾名詞が形式名詞の場合の入れ子構造

(2) 埋め込み文に形容動詞述部を含む文の扱い

「尾張屋の在庫が潤沢な秘密はこれですよ」における「潤沢＋な」は、学校文法では形容動詞語幹＋形容動詞活用語尾（連体形）であるが、三浦文法では状態性名詞（静詞）＋肯定判断の助動詞「だ」の連体形となる。

三浦の入れ子構造では、主体表現である助動詞は客体表現である単文全体を包み込むような構造として表される。例文における「潤沢な」が「秘密」を連体修飾しているのではなく、「尾張屋の在庫が潤沢」全体が「秘密」に係っているのである。このように、意味的にも正しい構造（図16）を出力できる。

(3) 埋め込み文の被修飾名詞が形式名詞の場合の扱い

被修飾名詞が形式名詞（学校文法で準体助詞・終助詞とされる「の」、学校文法で伝聞の助動詞「そうだ」・比況の助動詞「ようだ」の部分であ

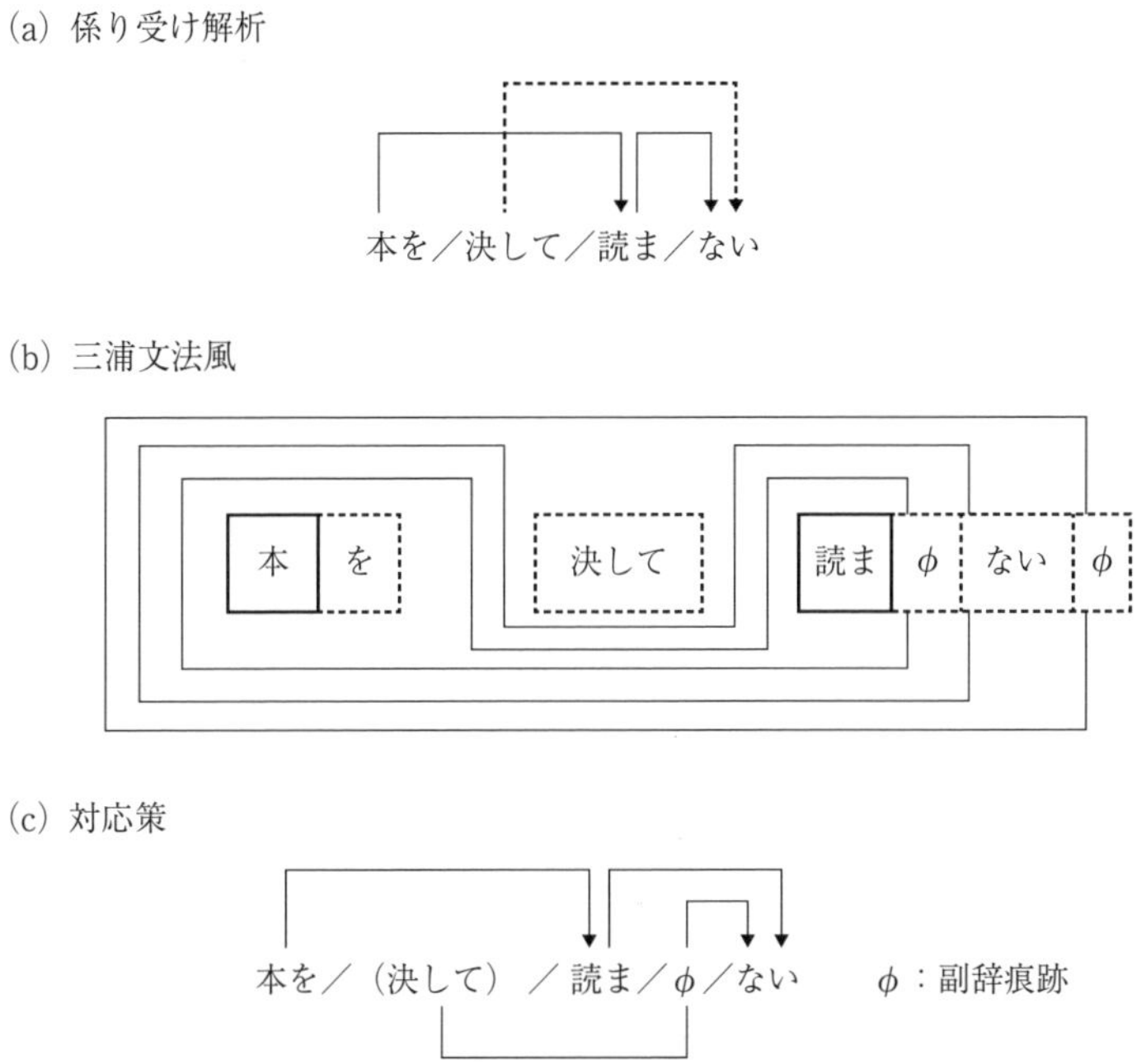

図18　陳述副詞の呼応による入れ子破りとその対応策

る「そう」「よう」を含む）である埋め込み文は、図17のように文中に局所的な入れ子構造を持つ文となる。

第四項　入れ子破りの表現の扱い

係り受けが交差し入れ子破りが生じる場合、句構造解析では構文木が生成されない。一方、係り受け解析では、係り受け構造が得られるが、係り受けの曖昧さが爆発的に増大してしまう。ここでは、係り受けの交差、すなわち入れ子破りが、陳述副詞による呼応、および単文スコープ外への格要素の移動に伴って起こることに着目して、痕跡という考えを導入することによって、句構造解析風の木構造で入れ子破りに対応する方法を提案する。

（1）陳述副詞による呼応

主体表現である陳述副詞と主体表現との呼応では入れ子破りが生じる。例えば、「本を決して読

図19 単文スコープ外への格要素の移動による入れ子破りとその対応策

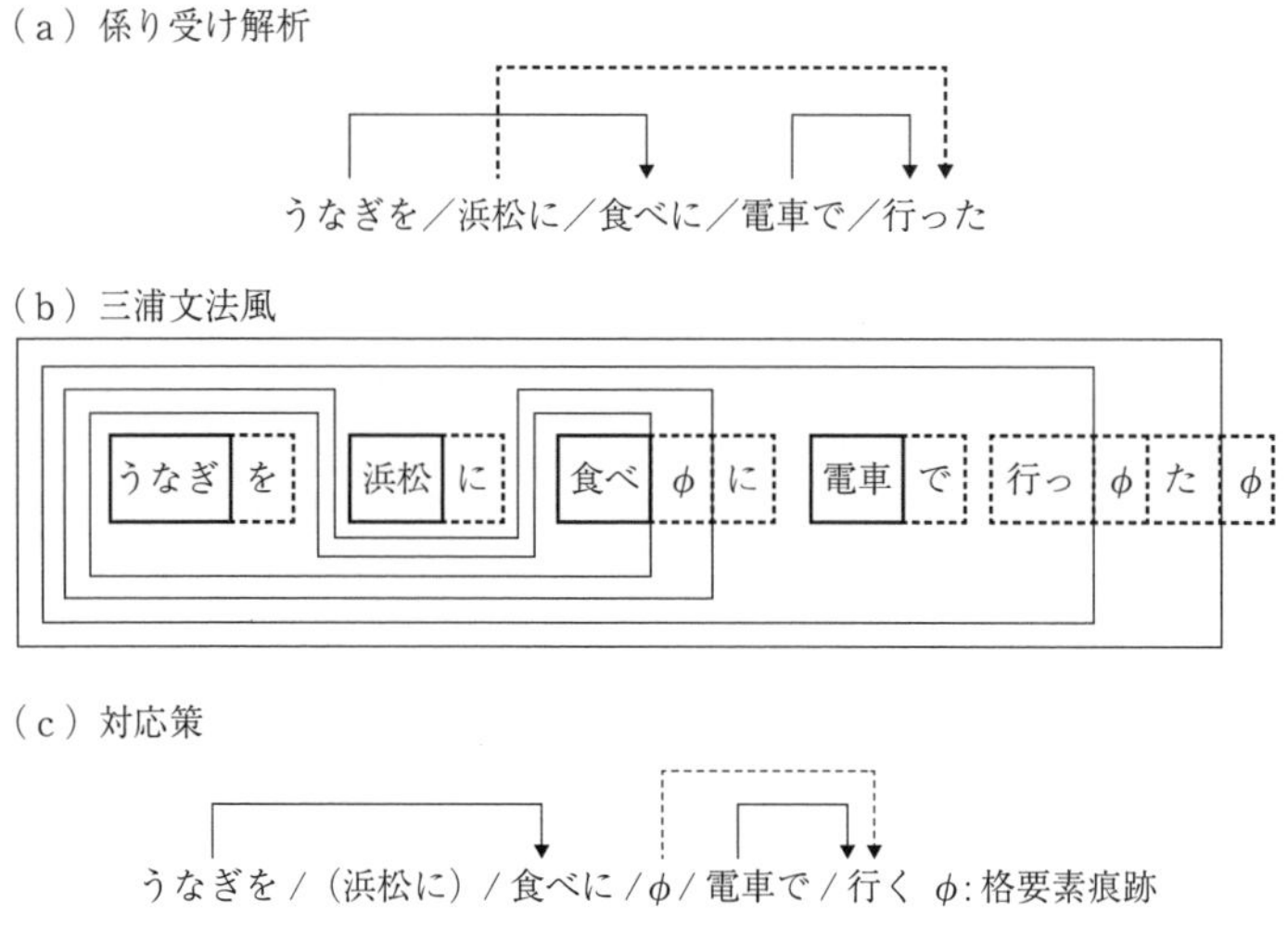

まない」のように、主体表現である陳述副詞「決して」と否定の助動詞「ない」との呼応では、図18(a)(b)のような入れ子破りが生じる。ここで、陳述副詞「決して」はその係り先である助動詞「ない」の直前に痕跡（陳述副詞に係わる痕跡として副辞痕跡と呼ぶ）を残し、そこから移動してきたと考える。解析では、陳述副詞をその本来の位置である副辞痕跡にあるものとして、図18(c)のような、係り受けの交差しない、入れ子構造の解析木が得られる。

(2) 単文スコープ外への格要素の移動

「うなぎを浜松に食べに電車で行った」でも図19(a)(b)のように入れ子破りが生じる。これは本来、動詞「行く」に係る格要素「浜松に」が動詞「行く」の単文スコープの外である、動詞「食べる」の単文スコープ内に移動してきたことによって生じたものである。見かけ上、動詞「食べる」の単文スコープ内にあるため、統語的には「食べる」に係るように見えるが、意味的には、格要素「浜松に」は直近の動詞「食べる」に係らず、後方の動詞「行く」に係る。このような単文スコープ外への格要素の移動も入れ子破りの原因となる。このような場合、(1)と同様に本来、格要素があった単文スコープ内に痕跡(格要素に係わる痕跡として格要素痕跡と呼ぶ)を残し、そこから単文スコープ外に移動してきたものと考える。解析では、格要素をその本来の位置である格要素痕跡にあるものとして、図19(c)のような、係り受けの交差しない、入れ子構造の解析木が得られる。なお、すべての格要素は直近の用言の単文スコープ内にあるものとして、格要素－用言間の係り受けの可否を用言の格パターン[池原他 1997b]などを参照してチェックする。格要素－用言間の係り受け可の場合、当該格要素は当該用言の単文スコープ内にあると判断する。格要素－用言間の係り受け不可の場合、当該格要素は当該用言より後方にある用言の単文スコープ内にあると判断し、当該格要素とできるだけ近い用言の単文スコープ内で当該格要素と係り受け可となる用言を見つけ、その単文スコープ内に格要素痕跡を設定する。

第五項　連続した辞が付加されている述語構造

連続した辞が付加されている述語の構造を考える。「読みませんでした」と「読まなかったです」を例にとり両者の構造を比較する。ただし、「読む」はその否定形「読まない」と比べ肯定と見ることができるので、このような肯定をφ判断辞で表現し、また「なかっ」は「ない＋ある」と分けて考える。このうえで、三浦が指摘した観念的世界の多重化に基づいて述語構造を考察すると図20のようになる。すなわち、「読む」の後に、肯定・否定・肯定・既定・肯定の順に話者の判断が重畳されている点ではまったく同じ構造となっている。ただし、陽に表現された語とφ判断辞の違いから、丁寧さと断定の度合いに微妙な差が生じていると考えられる。

このように、三浦文法の品詞体系やそれに基づく入れ子構造により、連続した辞によって表現される微妙なニュアンスの違いを解析できるようになる。

図20　連続した辞が付加された述語の入れ子構造

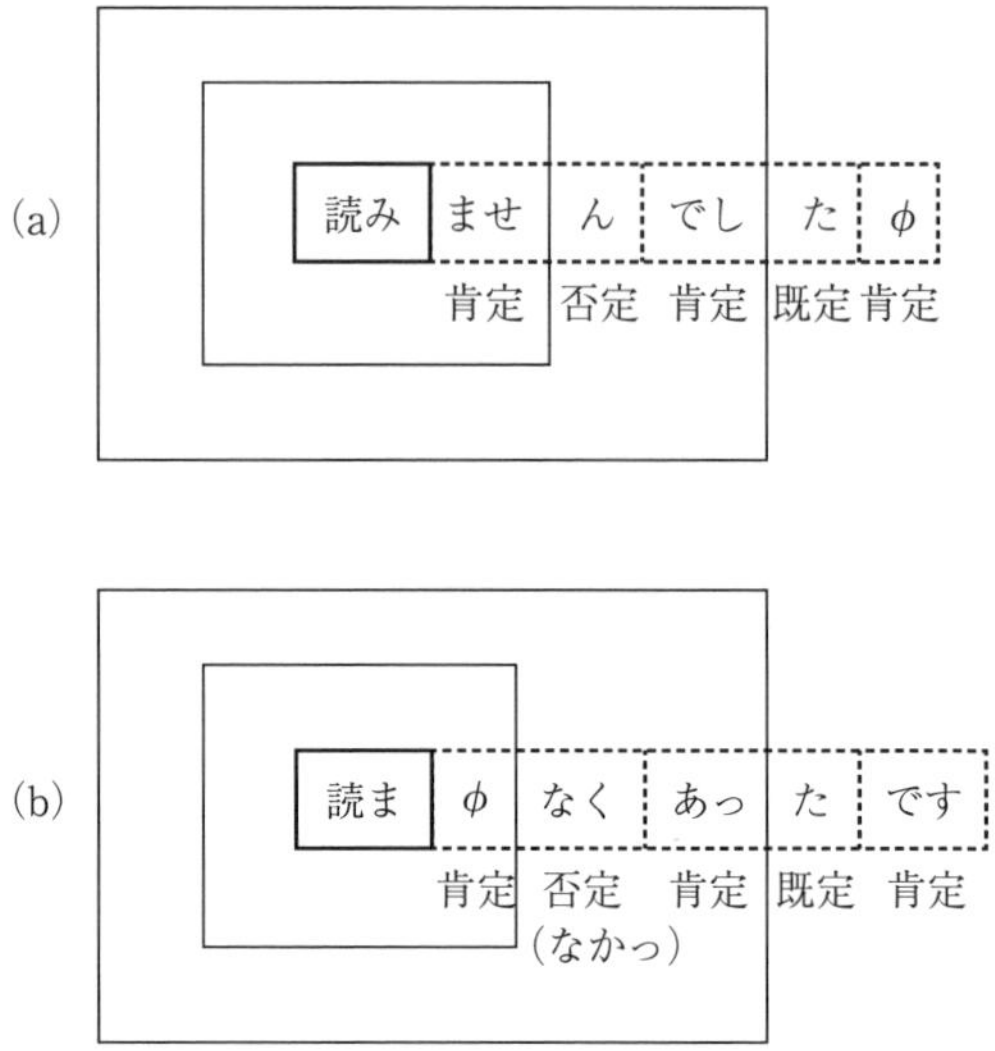

第六項　意味の単位としてのフレーズの扱い

統語構造と意味は一体化したものであり、これを独立に扱おうとすれば、構造の持つ意味が欠落する。各部分はそれを含む上位の構造の中に位置づけられて始めて意味を持つ。従って、部分を全体の中で位置づけて解析を進めることが必要である。三浦の入れ子構造では、内側の入れ子はそれを包含するより大きな入れ子の部分となっており、上位の構造の中に自然に位置づけられている。そこで、このような入れ子を意味のまとまった単位（フレーズや慣用表現）に翻訳しようとするフレーズ翻訳方式や多段翻訳方式［池原他 1987, 1992］などにおける意味の単位とすることができる。

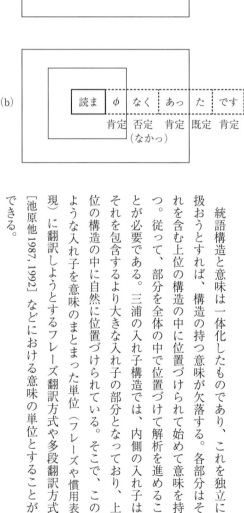

第二節　大域的な構造を持つ複雑な日本語長文の構文・意味解析

単純な格要素と単一の述語で構成される単文に比べ、複数の述語で構成される複文（連体修飾節が名詞を修飾するものとして他の文に埋め込まれる埋め込み構造を持つ）や重文（連用修飾節が連用中止や接続助詞などを介して、他の節の述語を修飾する接続構造や他の節と並立する並列構造を持つ）、複雑な構造を持つ名詞句や複合名詞を格要素

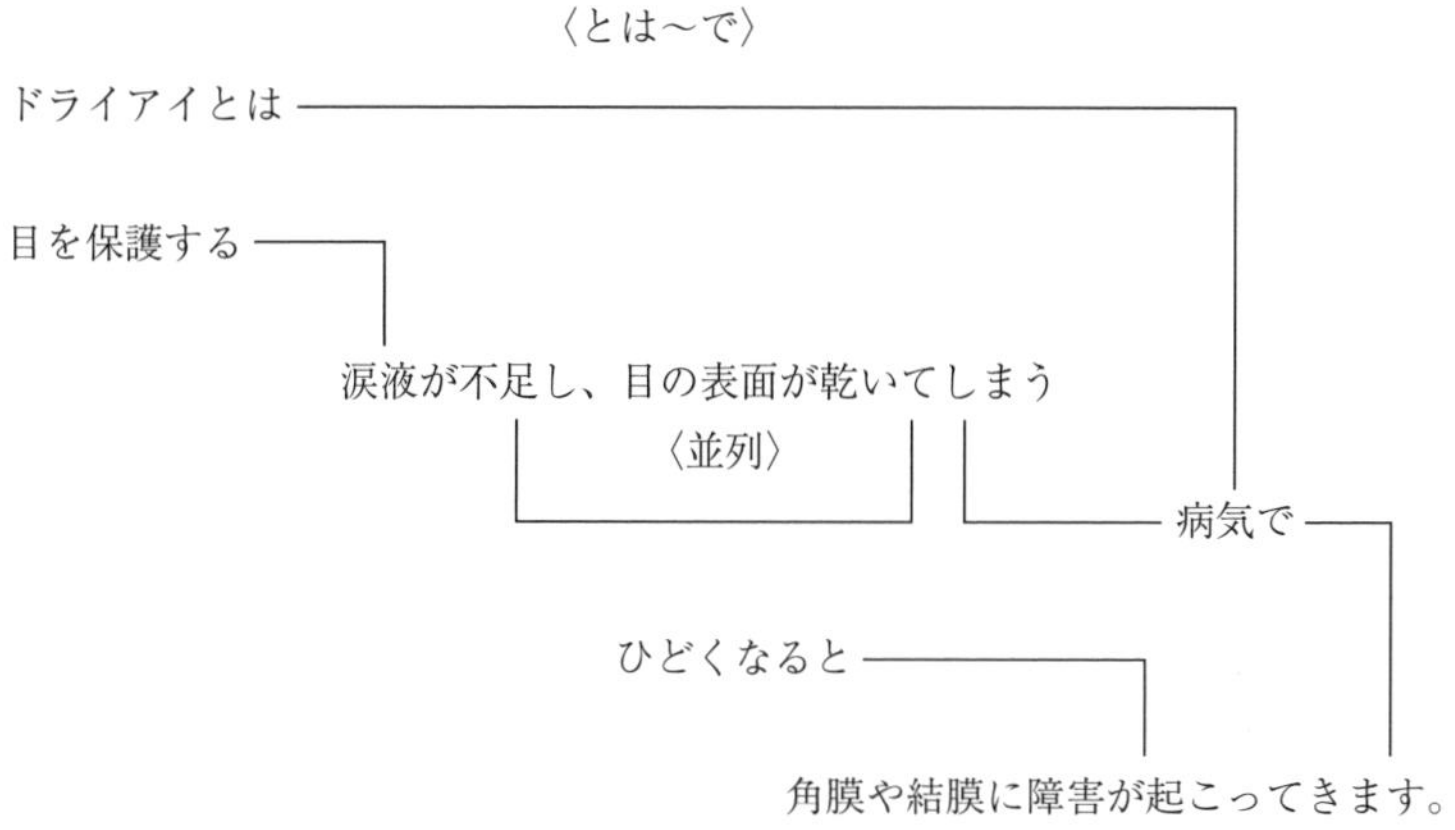

図21 複雑な日本語文の大域的分析例（1）

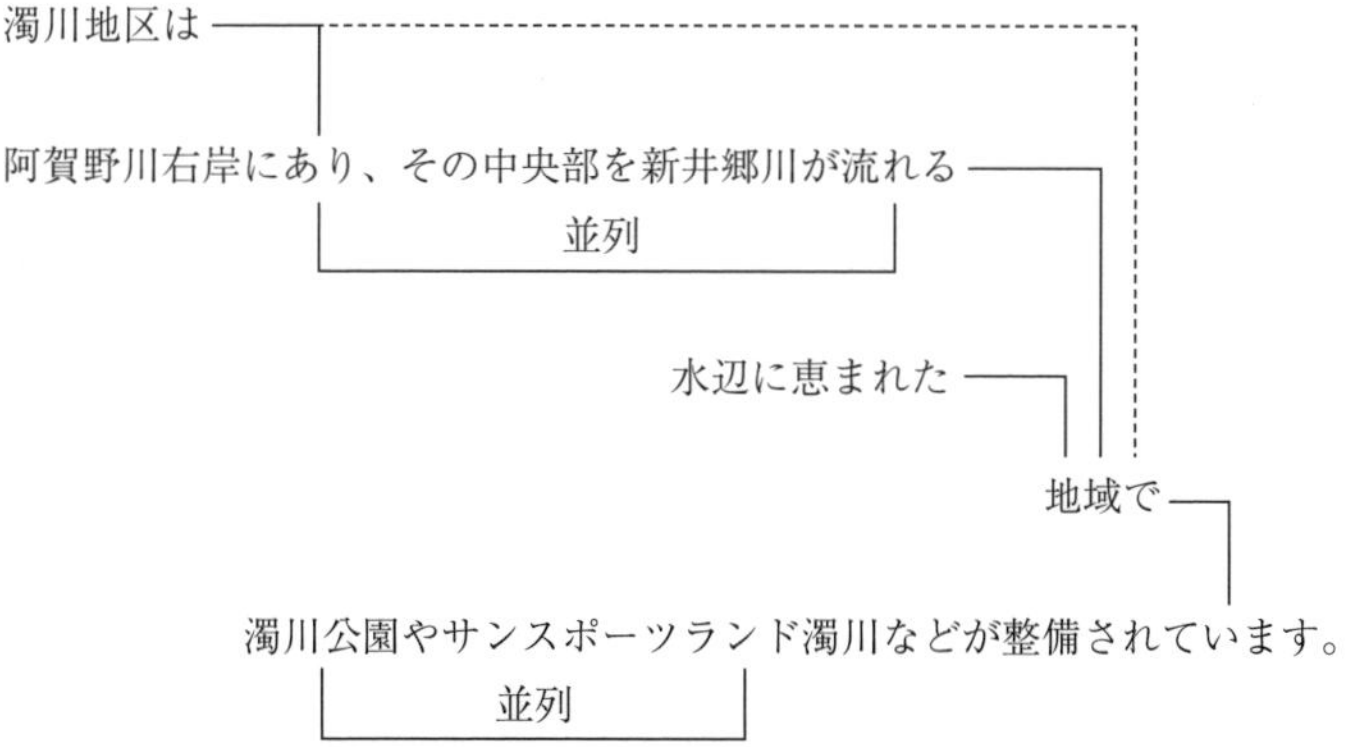

図22 複雑な日本語文の大域的分析例（2）

に持つ文は、一般に構造が複雑な長文となり、構文解析を困難なものにしてきた。本節では、まずこれまで提案されてきた複雑な構造を持つ日本語長文を対象とする種々の解析手法を概観すると共に、その問題点を実際の複雑な構造を持つ日本語長文の人手による構造分析より明らかにし、その解決策を探る。なお、複雑な日本語文の大域構造の分析例を図21、図22に示す。

文の構造を複雑にする要因である、名詞句、複合名詞、埋め込み文、連用中止や接続助詞（接続助詞相当の形式名詞などを含む）などによる接続構造・並列構造などについては、従来それぞれ個別に種々の解析手法が提案され実際の解析に用いられている。その中で特に注目すべきは、大局的に文構造を把握する立場から、並列構造の類似性に着目した並列構造解析法［黒崎他 1992, 1994］、階層的認識構造に着目した従属節間の係り受け解析法［白井他 1995］、意味解析を行わなければ曖昧性を解消できない部分は曖昧なまま残しておき、文の骨格構造のみ抽出しようとする解析法［兵藤他 1995］などが提案され、あまり意味に深入りすることなく表層や統語レベルの情報で接続構造や並列構造の解析がかなりの精度で可能となったことである。これに対し、文を圧縮した表現である名詞句や、名詞句を圧縮した表現である複合名詞は、表層や統語レベルの情報が少なく意味に深く立ち入った解析が必要である。このような解析法として、名詞句や複合名詞の構成要素間の意味的係り受けを係り受け規則や用例を用いて解析する方法［宮崎他 1993；太田他 1997；高橋充彦他 2003；宮崎他 2008；宍倉他 1995；中井他 1998；武本他 2004］などが提案されている。

このような個別の要素技術は、複雑な構造を持つ日本語長文の解析にかなり有効であることが示されている。しかし、実際の文には、「計算機の性能評価結果」などのように名詞句と複合名詞が複雑にからみあった表現、「測定した銅の質量と体積」「阿賀野川右岸にあり、その中央部を新井郷川が流れる水辺に恵まれた地域で、…」などのように埋め込み文の被修飾名詞が複雑な構造の名詞句や他の埋め込み文の被修飾名詞となる表現、「ドライアイとは目を保護する涙液が不足し、目の表現が乾いてしまう病気で、…」のように接続構造と並列構造が複雑にからみあった表現などがある。このような表現は、部分を全体の中で位置づけて、すなわち局所的な構造だけでなく、より大きな構造として文中の他の要素と関連づけて解析する必要がある。ここで読点「、」は、それを伴う句や節が遠くに係ることを表す場合だけでなく、並列句の並立要素間の区切りを表すこともあるため、その判別を正しく行わなければ、文の大域的構造を把握することができない。

また、「～とは…で（肯定）」のような係助詞相当語による呼応表現は、「決して…ない（否定）」のような陳述副詞による呼応［水谷他1983］ほどには明確でないが、文の大域的構造を決定する重要な要素となる。実際、「ドライアイとは目を保護する涙液が不足し、目の表現が乾いてしまう病気で、…」のような文では、「～とは…で（肯定）」が呼応しやすいとの知識がないと、意味に深入りしない限り文の大域的構造を正しく把握することは困難である。このような呼応関係は［森田他1989］にも紹介されているが、今後、このような表現を網羅的に収集／整理する必要がある。

以上の他に、日本語文に頻出する、「によって」「をめぐる」などのような〝格助詞＋動詞連用形＋（て）〟、または〝格助詞＋動詞連体形〟の形態の連語で、格助詞相当語としての機能を持つ表現を、正しく把握することも文の大域的構造を正しく把握するうえで重要な点となっている。このような表現は、既にかなり網羅的な収集／整理が行われているが［吉田1983］、格助詞相当語か否かの判別は必ずしも正しく行えない。格助詞相当語を正しく認定する方法の確立が望まれる。また、日本語では文脈や状況から明らかな場合、格要素や述語が省略される。省略された要素を復元することも、文解析では重要な点の一つとなっている。省略要素の復元は、複数の単文より構成される複文や重文において、単文間の関連から文内文脈として解決できる場合もあるが、通常、前後の複数の文との関連から主題や焦点の推移を抽出するなど文間文脈として解決しなければならない［中岩他1993,

1996, 1997]。

以上、述べた点をまとめると以下の2点に要約できる。

1）文の構造を複雑にする要因である、名詞句、複合名詞、埋め込み文、連用中止や接続助詞（接続助詞相当の形式名詞などを含む）などによる接続構造／並列構造が複雑にからみあった文を、部分を全体の中で位置づけて、すなわち局所的な構造だけでなく、より大きな構造として文中の他の要素と関連づけて解析する手法を確立する必要がある。

2）文の大域的構造を把握するために必要な、以下のような大域構造パターン等を種々の文献や実際の文から収集／整理する必要がある。

・陳述副詞型呼応パターン

　例　［ADV：決して］［aux：ない/ぬ/まい］

・係助詞相当語型呼応パターン

例　{S}のは{S}からである

　{NP}とは{NP}［aux：だ/です］

・並列構造パターン

例　{S/NP}だけでなく{S/NP}も

　{S}他に{S,…}など

{NP}の他（に）{NP,…}など
{S/NP,…}など

・接続構造パターン
連用中止型／例　{VP：連用形}、{VP}
埋め込み型／例　{VP：連体形}{NP}
接続助詞（接続助詞相当語を含む）型／例　{VP}{conj}、{VP}
接続詞型／例　{S}{conj}{S}

・格助詞相当語パターン（判別情報も含む）
連用修飾型／例　{NP}によって{VP}
連体修飾型／例　{NP}による{NP}

凡例：S：文、VP：動詞句、NP：名詞句、ADV：副詞、conj：接続語、aux：助動詞
＊長さ0以上の文字列

第三節　微妙な助詞のニュアンスの違いを解析できる構文・意味解析

助詞の使い分けによって生じる微妙なニュアンスの違いは、格助詞を用言に対する実体の関係（格関係）とし

て捉えている限り解析できない。本節では、格助詞「が」、係助詞・副助詞「は」に的を絞り、その核となる概念（コア概念）を明らかにし、構文・意味解析に適用できるような意味規則化を試みる［沼崎他 1995］。

第一項　従来の学説による助詞「が」「は」の意味解釈

日本語の格助詞「が」と係助詞・副助詞「は」の意味解釈については、多くの国語学者・言語学者により論じられており、既に種々の学説が提案されている。例えば、久野は以下に示すように、「は」を主題と対照に、「が」を中立叙述と総記と目的格に分け、新情報／旧情報という観点から「が」と「は」の違いを論じている［久野 1973］。

「は」の用法
・主題（総称）：鯨は|ほ乳類です。
・主題（文脈指示）：太郎は|学生です。
・対照：雨は|降っていますが、雪は|降っていません。

「が」の用法
・中立叙述：雨が|降っています。
・総記：太郎が|学生です。
・目的格：僕は花子が|好きだ。

しかし、従来の学説の主な論点は、主題／主格、新情報／旧情報などといった点にとどまっており、話者の対象認識過程まで踏み込んだ議論はほとんどされていない。池田は、認知的な観点から、「は」が「その発話の対象世界が何であるかを指し示すもの」のに対して、「が」は「対象世界について叙述する際の注目対象を指すもの」と説明している［池田 1989］。時枝の言語過程説［時枝 1941, 1950］を発展的に継承した三浦の助詞論［三浦 1967a, 1967b, 1972, 1975, 1976］によれば、助詞は用言に対する実体の関係（格関係など）を示すだけでなく、実体に対する話者の捉え方をも示す。助詞のうち、実体のあり方の認識を表すのが格助詞、認識に対する陳述の要求を表すのが係助詞、実体や認識に対する観念的前提の付加を表すのが副助詞である。格助詞「が」は実体の個別性、係助詞「は」は実体の普遍性、副助詞「は」は実体の特殊性を表す。

第二項　助詞「が」「は」のコア概念

一般に対象は複雑な構造と多様な属性を持ち、その数は数えきれない。このような性質を持つ対象を有限な能力で認識するには、種々の捨象が行われる。すべての対象はそれ自身を他と区別する特徴（個別性）を持つと同時に何らかの共通性（普遍性）を持つ。この個別性と普遍性は相対的なものであり、認識者の視点によって相互に入れ替わる。ここで、対象の個別性に着目すれば対象は具体的に取り上げられ、対象の普遍性に着目すれば対象の個別的側面は捨象されて抽象化が行われる。

以下、本項では三浦の助詞論をベースに日本語の格助詞「が」と係助詞・副助詞「は」を対象に話者の対象認識過程から見た意味分析を行い、コア概念を明らかにする。

（1）格助詞「が」のコア概念

格助詞「が」は、対象（実体）の個別的側面に着目して、その時その時の実体のあり方を個別的・具体的に取り上げることを表す。例えば、「鳥が飛んでいる」においては、認識者の目前にいる「鳥」という種（クラス）に属する個体（インスタンス）としての「鳥」を取り上げている。久野の中立叙述は、この用法にあたる。また、クラスとしての「鳥」も、より抽象化された上位概念であるクラスとしての「動物」から見れば、個別的・具体的に取り上げたことになる。特殊な文脈において、今話題にのぼっている「動物」の中で、「鳥だけ飛ぶ」という意味で、「鳥が飛ぶ」と表現する場合にも、実体の個別性を表す格助詞「が」が使われる。この場合、個別性が強調され、実体の限定性・排他性を表すようになる。久野の総記や目的格は、このような用法にあたる。

格助詞「が」は、本来、新情報や主格を表すと言われている。しかし、新情報は性質上個別に取り上げる必要があるから、また、主格は用言に必須のものとしてやはり個別的に取り上げる必要があるから、それぞれ「が」が使われると考えるべきである。また、「が」は主格以外にも使われることは、久野が「が」の用法として目的格をあげていることからも明らかである。さらに、池田の「対象世界の中で着目するもの」は、当然個別に取り上げる必要があるため、「が」が使われると考えられる。

（2）係助詞・副助詞「は」のコア概念

係助詞「は」は、対象の普遍的側面に着目して、いつも変わらない実体のあり方を普遍的・抽象的に取り上げることを表す。例えば、「鳥は飛ぶ」においては、インスタンスとしての「鳥」ではなく、クラスとしての「鳥」を取り上げている。久野の主題（総称）は、このような用法にあたる。

副助詞「は」は、対象を他の実体と比較してその特別なあり方、すなわち実体の特殊性を取り上げることを表す。通常、ある観念的前提が存在する。例えば、「昨日は遅刻した」においては、「いつもは遅刻しない」という観念的前提が存在しており、「遅刻する」という観点から見た「今日、一昨日、…」と比較した「昨日」の特殊性を取り上げている。また、特殊な文脈において、今話題にのぼっている「動物」の中で、「他のものと異なり鳥こそ飛ぶ」という意味で「鳥は飛ぶ」と表現する場合にも、実体の特殊性を表す副助詞「は」が使われる。この場合、実体の限定性・排他性を表す「鳥が飛ぶ」と類似な表現であるが、「が」を用いた場合に比べて、排他性はあまりない。久野の主題（文脈指示）は上記のような用法にあたる。さらに、「雨が降っているが、雪は降っていない」では、「雨」の時は「雪などそれ以外の天候」でなく、「雪」の時は「雨などそれ以外の天候」でないことを意識して、相互前提において両者（「雨」と「雪」）の特殊性を取り上げている。この相互前提から対照の意味が生ずる。久野の対照は、このような用法にあたる。

係助詞・副助詞「は」は、従来、旧情報や主題を表すと言われている。しかし、実体の普遍的側面（例えば、クラスとしての「鳥」の概念）は、誰でもが共通の知識として持っている既知の情報、すなわち旧情報である。また、実体の特殊的側面は、話者と聞き手の間で比較対象となる実体や観念的前提とともに知識を共有していて初めて理解できる旧情報である。このような旧情報を「は」で取り上げ、それらについて叙述する。すなわち、新情報を付加することにより主題の意味を生ずるのである。さらに、池田の「対象が何であるか指し示すもの」は「は」が主題を示すことを別な表現で述べたものである。

第三項　助詞「が」「は」の意味規則化

助詞「が」「は」に前接する名詞の範疇を以下のように定める。

N1：インスタンスとクラス
N2：インスタンス
N3：クラス

格助詞「が」の意味解釈：個別性、または限定性
係助詞・副助詞「は」の意味解釈：普遍性、または特殊性

助詞「が」「は」の意味規則は以下の通りである。

［N1＋が］
・N1が目的格の場合、N1をN3とし限定性
　例　酒が好きだ。／水が飲みたい。
・総記用法の場合、N1をN3とし限定性
　例　燕が鳥だ。／子供がかかりやすい。
・その他の場合、N1をN2とし個別性
　例　鳥が飛ぶ。／雪が白い。／犬がいる。
［N1＋は］
・存在文の場合、N1をN3とし特殊性
　例　犬はいる。／本はある。

・対照用法の場合、N1をN3とし特殊性
例　月は東に日は西に
・N1が目的格の場合、N1をN3とし特殊性
例　酒は好きだ。／水は飲みたい。
・その他の場合、N1をN3とし普遍性
例　鳥は飛ぶ。／雪は白い。／燕は鳥だ。
[N2＋が]　限定性
例　太郎が学生です。
[N2＋は]　特殊性
例　太郎は学生です。
[N3＋が]　限定性
例　鳥類が爬虫類から進化した。
[N3＋は]　普遍性
例　鳥類は爬虫類から進化した。

第四節　話者の対象認識構造の枠組み

言語の生成において、話者は対象の客観的姿を概念として捉える（客体認識）とともに、対象に対する主体判断（主体認識）を重ね合わせる。それにより、話者は頭の中で対象のイメージ（認識）を作り上げる。このよう

な認識を構造化したものが認識構造である。

認識構造は客体表現と主体表現から構成されている。認識構造が各言語で共通であるとすれば、機械翻訳にとって都合がよい。しかし、実際には対象の捉え方が各言語で異なっている。特に、客体的表現はそれぞれの言語が様々な固有な表現を持ち、その内容も実に多様である。一方、主体的表現は表層的表現は多様であるが、その内容は話者の主観的判断や感情に関する情報であり、極めて限定されている。従って、認識構造では主体表現の方が客体的表現よりも各言語の言語規範の影響が比較的大きくないので、形式の統一を図りやすい。

第一項　主体表現の記述の枠組み

言語に依存した主体表現の多様な表層的表現の違いを吸収する高いレベルの抽象化を行い、話者の意志や感情を直接表現する言語共通の素性のセットを設定する。これにより主体表現を、抽象化された素性を1個以上組み合わせることによって、形式的に記述する。主体表現は言語共通のものと定義し、かつ機械翻訳に必要不可欠な情報をできるかぎり単純な素性のセットにおさえることによって、解析・生成処理への利便性を図る［柴田他2001］。

主体表現を、判断、態、時制、相、様相の5つに大分類する。この中で、時枝・三浦の文法理論では、態と相は客体表現に分類されているが、これらは言語に共通なごく少数の素性のセットで表されることから、判断、時制、様相と同様に主体表現に含めて扱うこととした。

○判断：客体認識に対する話者の直接的認識を表す。

○態：主体と何らかの作用との関係を表す。

○時制：話者が表現の焦点をどの時間においているかを表す。
○相：動作や状態のあり方を表す。
○様相：客体認識世界に対する話者の主観を表す。

主体表現の素性のセットを用いて、主体表現を以下のような形式で記述する。

（主体判断（判断〈素性1〉）（態〈素性21〉…〈素性2k〉）（時制〈素性3〉）
（相〈素性41〉…〈素性4m〉）（様相（〈素性51〉…〈素性5n〉）））

ここで、判断、時制は一つの素性を必ず記述し、態は1個以上、相、または様相は0個以上の素性を記述する。ただし、相、様相の素性が0個の場合には、（相〈素性41〉…〈素性4m〉）、（〈素性51〉…〈素性5n〉）の部分を（）とする。

第二項　客体表現の記述の枠組み

客体的表現は、対象の客観的な姿を概念化したものを表し、各言語で異なる形式で表される。また、日本語ならば助詞、英語ならば冠詞、前置詞といった実体に対する話者の捉え方、つまり主体表現を表す語も客体的表現の構成要素となる。認識構造を構成する客体表現部分の記述の枠組みを言語に共通のものとするために、上記のような言語固有の様々な表現形式を背後で支える単文とその格情報に着目する。

単一の述部（日本語では動詞、形容詞・名詞＋断定の助動詞「だ・です」が述部となる）とその格要素で構成された文が単文であり、複雑な文も複数の単文（節）が以下の形態で組み合わされて構成される。

・埋め込み構造：埋め込み文と呼ばれる節が名詞を修飾する構造
・接続構造：節同士が主従関係を持ち、従属節が主節を修飾する構造
・並列構造：節同士が対等な関係で並立する構造

単文内で意味的な中核となっている述部とその修飾要素である格要素との関係を表すのが格関係であり、個別の言語に依存した表層格と個別の言語に依存しない深層格がある。英語では主格、対格、与格といった文型情報や前置詞句によって表層格が表されるのに対し、日本語では、が格、を格、に格、φ格（時・数量などの名詞、副詞は助詞なしで格要素となる）などといった後置詞句によって表層格が表される。このように表層格は言語に固有なものである。これに対して、深層格は述語と格要素の抽象的な意味関係を表すので、言語に依存しない。ただし、文の意味解析において、格要素の深層格を一意に決定する必要がある。また、深層格のセットとしてどのようなものを設定すべきかという点でも研究者によって意見の相違がある。今後、意味解析を深めるには、深層格を一意に決定する手法が必要とされること、および深層格のセットとして様々なものが提案されているが、共通する部分も案外多いことなどに着目して、深層格を採用することとする。ここでは、述語と格要素の間の様々な関係を表現できる点に着目して、ＥＤＲ概念記述の抽象化による動詞のパターン化の研究［荻野他 2000］における深層格のセット、Mu プロジェクトにおける深層格のセット［長尾 1989］などを参考に新たに作成したものを用いる。なお、事象を生起せしめる動作主を中心とする記述の枠組みよりは、観察者の視線が注がれた焦点を中心に記述する枠組みの方が三浦の言語モデルにおける話者の対象認識過程と親和性があることを考慮し、後者

の記述の枠組みを採用することとした〔岡田 1991〕。

英語の冠詞、前置詞などは実体に対する話者の捉え方を表している。英語では"There is a house on the hill"のように、定冠詞"the"は実体が話者・聞き手にとって既知（特定）のインスタンスであることを表し、不定冠詞"a/an"は実体が話者にとって既知だが聞き手にとって未知（不定）のインスタンス（個体）であることを表す。実体をクラス（総称）として捉えるには、"Dogs are faithful animals"のように、通常、可算名詞の場合、名詞の複数形で表すが、"The dog is a faithful animal"、"A dog is a faithful animal"のように、名詞に定冠詞や不定冠詞を付加する場合もある。これは、クラスとしての実体を話者・聞き手にとって既知（特定）のインスタンスで代表したり、クラスとしての実体を話者にとって既知だが聞き手にとって未知（不定）のインスタンス（個体）で代表したりするためと考えている。

第三節で述べたように、日本語の助詞は実体に対する話者の捉え方を表している。日本語の副助詞・係助詞は実体に対するよりきめ細かい捉え方を表している。「鳥は飛ぶ」の「鳥」は実体としての「鳥」の普遍性を表しており、クラスとしての「鳥」を表している。「酒は飲みます」の「酒」は「飲む」という観点から見た実体としての「酒」の特殊性を表しており、「他の飲み物は飲まない」という暗黙の前提がある。格助詞は単に述語に対する格関係を表すだけでなく、実体に対する捉え方をも表している。「鳥が飛んでいる」の「が」は実体としての「鳥」を個別的に捉えている。話者の視点がクラス（総称）としての「鳥」にあり、インスタンス（個体）としての「鳥」はクラスとしての「鳥」から見れば個別的に捉えたことになるので、話者にとって既知だが、聞き手にとって未知（不定）のインスタンス（個体）としての「鳥」を表している。「獣、魚、鳥の中で鳥が飛ぶ」の「が」は実体としての「鳥」を個別性の強調である排他的に捉えている。また、話者の視点が「動物」にあり、クラスとしての「鳥」は「動物」から見れば個別的に捉えたことになるので、話者・聞き手にとって既知のクラスとしての「鳥」を表している。

客体表現を構成する名詞、動詞、形容詞、副詞などの単語・複合語・句の表記は、言語に依存するものであるため、その語義に対応する概念で記述する必要がある。そのため、意味解析で単語の多義を解消し、言語に依存しない中間概念で記述する必要がある。

上記の議論に基づき、単文や文の客体表現を第一項で述べた主体表現と併せて、以下のような形式で記述する。

[単文の記述]

（単文 <i>（客体認識（<概念0>（（<深層格><概念1><実体把握><付加属性>）…
（<深層格><概念J><実体把握><付加属性>））））
（主体認識（判断<素性1>）（態<素性21>…<素性2k>）（時制<素性3>）
（相<素性41>…<素性4m>）（様相（<素性51>…<素性5n>））））．

・<i>：単文番号
・概念0：述語となる単語、複合語、句の中間概念（実体<N>、時間<Tim>、場<Loc>、動的属性<V>、静的属性<Adj>、属性の属性<Adv>）を記述する。
・概念j（j=1,…J）：格要素となる単語、複合語、句の中間概念（実体<N>、時間<Tim>、場<Loc>、動的属性<V>、静的属性<Adj>、属性の属性<Adv>）を記述する。
・深層格：深層格を表示する英語略称（3文字）を記述。
・実体把握：実体把握の素性を記述する。
・付加属性：深層格となる単語、複合語、句への修飾要素を記述する。

［単文同士の組み合わせの記述］

○単文i中の格要素となる名詞、複合名詞、名詞句への埋め込み文（単文）があるもの（複文）は該当格要素の付加属性に（〈埋め込み型〉（単文〈i'〉））を記述する。

（単文〈i〉（客体認識（〈概念0〉（…（〈深層格〉〈概念J〉〈実体把握〉（〈埋め込み型〉（単文〈i'〉）））…））
（主体認識（判断〈素性1〉）（態〈素性21〉…〈素性2k〉）（時制〈素性3〉）
（相〈素性41〉…〈素性4m〉）（様相（〈素性51〉…〈素性5n〉））））．

埋め込み文が重文、並列文の場合、（〈埋め込み型〉（単文〈i'〉））の代わりに、

（〈埋め込み型〉（〈接続型〉（単文〈i'〉）（単文〈i〉）））、または

（〈埋め込み型〉（並列（単文〈i1〉）…（単文〈ip〉））））を記述する。

・埋め込み型：以下の4種の埋め込み型を記述する。

第1種　被修飾名詞が埋め込み文の格要素（例：彼が書いた手紙）

第2種　被修飾名詞が埋め込み文の格要素の修飾語（例：窓が壊れた車）

第3種　埋め込み文が被修飾名詞の具体的内容を示す同格節（例：光が反射する現象）

第4種　上記以外（例：魚を焼く煙、理論値を実験値と比較した結果）

○単文i'（従属節）が単文i（主節）に接続型で接続（重文）

（〈接続型〉（単文〈i'〉）（単文〈i〉））．

（単文〈i〉）、（単文〈i'〉）には、格要素となる名詞、複合名詞、名詞句への埋め込み文があるもの（複文）を

含む。

・接続型：接続型の素性を記述する。

○単文i1、…、単文ipが対等に並立（並列文）

（並列（単文〈i1〉）…（単文〈ip〉）））.

（単文〈i1〉）、（単文〈ip〉）には、格要素となる名詞、複合名詞、名詞句への埋め込み文があるもの（複文）を含む。

・並列を示す接続語には、以下のようなものがある。
し、たり、だり、て、で、〈連用中止〉、が、けれども、ば、やら、ところ、たまま

［文の記述］

・単文／複文　（文（単文〈i〉））

・重文　（文（〈接続型〉（単文〈i〉）（単文〈i'〉））））.

・並列文　（文（並列（単文〈i1〉）…（単文〈ip〉）））.

（単文〈i〉）、（単文〈i'〉）、（単文〈i1〉）、（単文〈ip〉）には、格要素となる名詞、複合名詞、名詞句への埋め込み文があるもの（複文）を含む。

［文の記述例］

例文1「彼は落ちている缶を拾った」

（文（単文1（客体認識（$拾う（（SUB $彼 特殊性）（OBJ $缶_（第1種

（単文2（客体認識（$落ちる（（SUB *））））

（主体認識（判断 単純断定）（態 能動）（時制 過去）（相 完了状態）（様相（））））））））

（主体認識（判断 単純断定）（態 能動）（時制 過去）（相（））（様相（））））．

なお、"$拾う""$落ちる""$彼""$缶"は「拾う」「落ちる」「彼」「缶」の中間概念を表示。また、"_"は指定なしを表示（"_"以外の要素が"_"の後方にない場合、当該"_"は省略可能）、"*"は埋め込み文の被修飾名詞と同じ中間概念であることを表示している。

例文2 「彼は山を下り、村に着いた」

（文（時間後（単文1（客体認識（$下る（（SUB $彼 特殊性）（LOC $山））））

（主体認識（判断 単純断定）（態 能動）（時制 過去）（相（））（様相（）））

（単文2（客体認識（$着く（（SUB $彼 特殊性）（LTO $村））））

（主体認識（判断 単純断定）（態 能動）（時制 過去）（相（））（様相（））））））．

例文3 「ドライアイとは、涙液が不足し、目の表面が乾いてしまう病気です」

（文（単文1（客体認識（$BE（TOP $ドライアイ）

（PRE $病気_（第3種（単純並列

（単文2（客体認識（$不足する（（SUB $涙液））））

（主体認識（判断 単純断定）（態 能動）（時制 不定時）（相（完了））（様相（）））

（単文3（客体認識（$乾く（（SUB $表面（（POF $目））））））

（主体認識（判断 単純断定）（態 能動）（時制 不定時）（相（完了））（様相（））））））

（主体認識（判断単純断定）（態能動）（時制不定時）（相（））（様相（））））・

なお、"$BE"は繫辞（copula）の中間概念で、"N１はN２だ/です""N1 is N2"のような名詞述語（日本語のダ文）にのみ適用し、"N1 is Adj1"のような文は形容詞述語として扱う。また、"POF"は部分を表す名詞の格ラベル（深層格）で、"$N1（（POF $N2））"は"$N1がN2"の部分であることを表示している。

［複合名詞や名詞句の扱い］

複合名詞や名詞句は単一の中間概念を組み合わせた複合的な中間概念として扱う。そのため、動詞の格ラベル（深層格）に相当する名詞の格ラベルを導入し、これを用いて複合名詞や名詞句の複合概念を形式的に記述するための枠組みによって記述する。複合名詞、名詞句の複合概念としての記述例を以下に示す。

例１：篠田新潟市長

$市長（（ORG $市（新潟））（PLN 篠田））

例２：太郎の２匹の犬

$犬（（NUM ２）（POS 太郎））

ここで、"$市長""$市""$犬"はそれぞれ「市長」「市」「犬」の中間概念を表す。なお、固有名詞や数には、"$"を付けないで概念を表す。ORG、PLN、NUM、POSはそれぞれ組織、人名（姓）、数、所有者を表す名詞の格ラベルである。

今後、名詞の深層格の格ラベルのセットの構築、複合名詞・名詞句を複合概念として形式的に記述する枠組みの検討が必要である。

図23　日本語文パーザSGLR-plus／Jの出力例

認識構造

```
└認識世界
  客体認識
   ├動的属性
   │└概念-< 食べる >
   ├が格
   │└対象
   │  ├概念-< 彼 >
   │  ├深層格-< 主体 >
   │  └実体把握-< 普遍性¦特殊性 >
   ├を格
   │└対象
   │  ├概念-< みかん >
   │  ├深層格-< 対象 >
   │  └実体把握-< 対象 >
   └φ格
     ├概念-< 昨日 >
     └深層格-< 時間 >
  └主体判断
   ├判断-< 肯定 >
   ├時制-< 過去 >
   ├態-< 能動 >
   ├様相-< φ >
   └相-< φ >
```

表現構造

```
└文
  ├文
  │├文
  ││├動詞句
  │││├後置詞句
  ││││├名詞-< 彼 >
  ││││└係助詞-< は >
  │││└動詞句
  │││  ├副詞-< 昨日 >
  │││  └動詞句
  │││    ├後置詞句
  │││    │├名詞-< みかん >
  │││    │└格助詞-< を >
  │││    └動詞-< 食べ >
  ││└肯定-< φ >
  │└動辞
  │  ├既定判断辞-< た >
  │  └肯定-< φ >
  └句点相当-< 。 >
```

第三項　認識構造の抽出

三浦文法によれば、一つの文は主体的表現と客体的表現から構成される。主体的表現は話者の感情、意志など主観的表現を直接表現したものであり、客体的表現は対象を概念として捉えて表現したものである。日本語では主体的表現の語（辞：助詞、助動詞、感動詞、接続詞など）と客体的表現の語（詞：体言、用言、副詞、連体詞など）がそれぞれ別の単語になっているため、主体的表現と客体的表現を簡単に分離できる。

このような考えに基づいて、隣接した2項関係をベースとした従来型の日本語形態素解析システム［高橋大和他 1993］のプロトタイプシステムを試作すると共に、構造化チャート法［川辺他 2005］という構文解析の手法に基づく新しい日本語構文解析器Schart-J［宮崎他 2007b］、日本語形態素解析器Jampar［宮崎他 2007a］や日本語複合名詞構造解析器Schrat-JCN［宮崎他 2008］を開発している。また、一般化LR法（富田法）［Tomita 1991］をProlog上に実現した拡張型のSGLRパーザ［沼

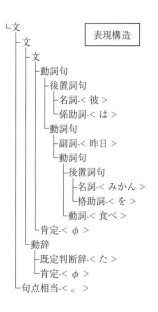

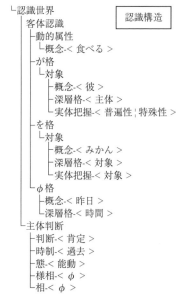

崎他1991］であるSGLR-plus上［五百川他2000］に、三浦文法による日本語文法を補強項付きDCG形式で記述することにより、日本語文パーザSGLR-plus/J［藪他1997］のプロトタイプを試作している。このパーザでは、日本語文を構文解析し、統語構造である表現構造を出力すると共に認識構造も抽出することができる。

図23に日本語文パーザSGLR-plus/Jが出力する表現構造と認識構造を示す。現在、パーザが出力する認識構造では、主体表現に関しては言語共通な素性のセットによって記述されているが、客体表現に関しては言語に固有な表層格ベースで記述されている。例えば、日本語では、が格、を格、に格、φ格（時・数量などの名詞、副詞は助詞なしで格要素となる）などといった後置詞句ベースの表層格で記述されている。

ただし、各表層格中に概念、深層格、実体把握のような言語共通な素性のセットで記述するフレームが用意されているので、パーザが出力する認識構造の客体表現部分を、第二項で述べた言語共通な客体表現の記述の枠組みに変換し、言語に依存しない認識構造が得られる。

なお、単語・複合語・句の概念、深層格、接続型、埋め込み型を一意に定めると共に、日本語の助詞・助動詞またはそれらの相当語が表す実体把握や主体表現を表す素性のセットを決定するためのより深い意味解析の実現が必要である。また、原言語固有の慣用的言い回しをより中立的な言語表現に言い換える（例：「油を売る」を「怠ける」に変換）ことなども機械翻訳などにとって有効であろう。

あとがき

従来の言語理論と実際の自然言語との間のギャップを埋め、計算言語学的な手法に基づく自然言語処理の限界を克服するものとして、時枝誠記の言語過程説、およびそれに基づく日本語文法（時枝文法）を発展的に継承した三浦の言語モデル（関係意味論がその中核）とそれに基づく日本語文法（三浦文法）をベースにした新しい視点からの日本語解析の方法論について述べ、その有効性について論じた。

今後、本稿で紹介した研究を発展させて、より高度な自然言語処理基盤技術を確立すると共に、高度な日本語処理技術を組み込んだ様々な自然言語処理応用システム（日本語ワープロ、日本語音声入出力システム、情報検索システム、機械翻訳システムなど）を人々に役立つ実用システムとして世に送り出していきたい。

［謝辞］本稿で述べた自然言語処理研究の進め方については、筆者がＮＴＴ・電気通信研究所に在職中に、日英機械翻訳システムＡＬＴ－Ｊ／Ｅの研究において、故池原悟氏（元：鳥取大学工学部知能情報工学科教授）や故白井諭氏［元：ＮＴＴアドバンステクノロジ（株）］らと議論しながら試行錯誤を重ねた経験に負うところが大きい。ここに両氏に謝意を表したい。また、本シリーズの編者である佐良木昌氏（人工知能研究室・主宰）には本稿をまとめるにあたり種々のコメントをいただいた。ここに謝意を表したい。さらに、本稿で紹介した研究は、新潟

大学工学部・宮崎研究室において、研究室に所属する大学院生、学部生の協力を得て行われたものである。ここに関連した学生諸君に感謝する。

注

＊1　形態素（語を構成する最小の意味のある単位）を収録した単語辞書と形態素間の文法的接続規則を用い、入力文字列から形態素を抽出し、形態素の品詞、活用形、語構成などの形態素情報を決定する処理である。単語間に空白を置く欧米語と違い、べた書きされる日本語では、文解析の入口の処理として、重要な位置を占めている。

＊2　構文解析

文要素（語・句・節）間の関係を表した構文規則を用いて、文中の各語（形態素）がどのように結合して、句、節、文というより大きな構造を作っているかを明らかにし、句や節が節や文において果たす役割（述語、主語、目的語、修飾語など）を定める処理である。

構文解析については、現在までに種々の手法が提案されているが、〝名詞句↓形容詞＋名詞〟のような書換え規則の形で記述された、句構造文法による解析を行って構文木を作成する方法と、〝名詞＋格助詞が動詞に係る〟のような形で記述された、依存文法（格文法など）を用いた解析を行って文要素間の係り受け関係を明らかにする方法に大別される。

＊3　意味解析

用言の格パターン［日本語の場合、各用言に対して、どんな意味属性を持つ名詞が、どんな格助詞などと結合して、どんな格要素（動作主格、対象格など）となるかを記述したもの］、単語の語義（概念の記述）情報、シソーラス、世界知識の知識ベースなどを用いて、意味的に正しい解釈の行える入力文の意味構造を抽出する処理であり、この過程で同形語や多義語における曖昧さ、構文解析における構造的曖昧さの解消を行う。

参考文献

J. BARWISE, J. PERRY, 1983.（邦訳、『状況と態度』土屋・鈴木・白井・片桐・向井訳、産業図書、一九九二年）

C. J. FILMORE, 1968.（邦訳、『格文法の原理—言語の意味と構造—』田中・船城訳、三省堂、四九～一五七頁、一九七五年）
兵藤・池田「表層的情報とN近傍ブロック化手法による日本語長文の骨格構造解析」（『情処論』誌、36（9）、二〇九一～二一〇一頁、一九九五年）
池田尚志「助詞「が」の働きについて—認知的なレベルからの考察—」（『電子情報通信学会論文誌』J-72-D-II（11）、一九〇四～一九〇九頁、一九八九年）
池原・宮崎・白井・林「言語における話者の認識と多段翻訳方式」（『情処論』28（12）、一二六九～一二七九頁、一九八七年）
池原・白井「日英機械翻訳機能試験項目の体系化」（『信学技報』NLC90-43、一七～二四頁、一九九〇年）
池原悟「言語表現の意味」（『人工知能学会誌』6（2）、二九〇～二九一頁、一九九一年）
池原・宮崎・白井「言語過程説から見た多段翻訳方式の意義」（『自然言語処理の新しい応用シンポジウム論文集』ソフトウェア科学会／電子情報通信学会、一三九～一四〇頁、一九九二年）
池原・宮崎・白井・横尾・小倉・中岩・大山・林『日本語語彙大系・第1巻・意味体系』岩波書店、一九九七a年
池原・宮崎・白井・横尾・小倉・中岩・大山・林『日本語語彙大系・第5巻・構文体系』岩波書店、一九九七b年
五百川・宮崎「痕跡処理のためのGLR法の拡張」（『自然言語処理』7（3）3、三～二一頁、二〇〇〇年）
川辺・宮崎「構造を含む生成規則を扱える拡張型チャートパーザ—Schartパーザの実装—」（『言語処理学会第11回年次大会論文集』九一一～九一四頁、二〇〇五年）
久野暲『日本文法研究』大修館書店、一九七三年
黒橋・長尾「長い日本語文における並列構造の推定」（『情処論』33（8）、一〇二二～一〇三一頁、一九九二年）
黒橋・長尾「並列構造の検出に基づく日本語文の構文解析」（『自然言語処理』1（1）、三五～五七頁、一九九四年）
南不二男『現代日本語の構造』大修館書店、一九七四年
南不二男『現代日本語文法の輪郭』大修館書店、一九九三年
三浦つとむ『認識と言語の理論　第一部』勁草書房、一九六七a年
三浦つとむ『認識と言語の理論　第二部』勁草書房、一九六七b年
三浦つとむ『認識と言語の理論　第三部』勁草書房、一九七二年
三浦つとむ『日本語の文法』勁草書房、一九七五年
三浦つとむ『日本語とはどういう言語か』講談社、一九七六年
三浦つとむ『言語学と記号学』勁草書房、一九七七年
宮崎正弘「言語を理解するコンピュータ　自然言語技術の展望」（『コンピュートロール』コロナ社、（37）、七五～八一頁、一九九二年）

宮崎・池原・白井「言語の過程的構造と自然言語処理」（『自然言語処理の新しい応用シンポジウム論文集』ソフトウェア科学会・電子情報通信学会、六〇～六九頁、一九九二年）
宮崎・池原・横尾「複合語の構造化に基づく対訳辞書の単語結合型辞書引き」（『情処論』34（4）、七四三～七五四頁、一九九三年）
宮崎・白井・池原「言語過程説に基づく日本語品詞の体系化とその効用」（『自然言語処理』2（3）、三～二五頁、一九九五年）
宮崎正弘・代表「意味的類型化された表現構造対を介した機械翻訳方式に関する研究」平成13年度～平成15年度科学研究補助金基盤研究（B）(1)研究報告、二〇〇四年
宮崎・川辺・武本「構造化チャート法に基づく日本語形態素解析器jampar」（『言語処理学会第13回年次大会論文集』一七一～一七四頁、二〇〇七a年）
宮崎・川辺・武本「構造化チャート法に基づく日本語構文解析器schart」（『言語処理学会第13回年次大会論文集』一七五～一七八頁、二〇〇七b年）
宮崎・五百川・川辺「構造化チャートパーザを用いた日本語複合名詞構造解析器」（『言語処理学会第14回年次大会論文集』二二九～二三二頁、二〇〇八年）
宮崎正弘「Laurel日常語日英翻訳ソフト」http://www.languetech.co.jp/参照
水谷・石綿・荻野・賀来・草薙『朝倉日本語新講座 文法と意味Ⅰ』朝倉書店、一九八三年
水谷静夫「意味・構文の関係を考へる九十例」（『計量国語学』19（1）、一～一四頁、一九九三年）
森田・松本『日本語表現文型 用例中心・複合辞の意味と用法』アルク、一九八九年
長尾真『画像と言語の認識工学』コロナ社、一九八九年
中井・池原・白井「「の」型名詞句の名詞間の意味的係り受け規則の自動生成」（『言語処理第4回年次大会論文集』二二一～二二四頁、一九九八年）
中岩・池原「日英翻訳システムにおける用言意味属性を用いたゼロ代名詞照応解析」（『情処論』34（8）、一七〇五～一七一五頁、一九九三年）
中岩・池原「語用論的・意味的制約を用いた日本語ゼロ代名詞の文内照応解析」（『自然言語処理』3（4）、四九～六五頁、一九九六年）
中岩・白井・池原「日英機械翻訳における語用論的・意味的制約を用いたゼロ代名詞の文章外照応解析」（『情処論』38（11）、二二一六七～二二一七八頁、一九九七年）
野村雅昭「接辞性字音語基の性格」（『国立国語研究所報告』(61)、一〇二～一三八頁、一九七八年）
沼崎・田中「SGLR：逐次型一般化LRパーザのPrologによる実現」（『情処論』32（3）、三九六～四〇三頁、一九九一年）
沼崎・宮崎「話者の対象認識過程に基づく日本語助詞「が」と「は」の意味分析とパーザへの実装」（『自然言語処理』2（4）、六七～八

一頁、一九九五年）
荻野・小林「ＥＤＲ概念記述の抽象化による動詞パターンについて」（『信学技報』NLC2000-15、三九〜四六頁、二〇〇〇年）
岡田直之『語の概念の表現と蓄積』電子情報通信学会、一九九一年
太田・前川・宮崎「規則・用例融合型の日本語複合名詞構造解析法」（『言語処理第3回年次大会論文集』三一三〜三一六頁、一九九七年）
佐伯哲夫「語順と意味」（『日本語学』2（12）、三〇〜三八頁、一九八三年）
F. de SAUSSURE, 1916.（邦訳、『一般言語学講義』小林秀夫訳、岩波書店、一九四〇年、一九七二年改版）
柴田・宮崎「機械翻訳における中間表現としての認識構造の枠組み」（『情報処理学会第68回全国大会』6Y-1、二〇〇一年）
R. C. SCHANK, *Conceptual Information Processing*, North Holland, 1975.
白井・宮崎・池原「言語過程説から見た日本語述語の構造」（『自然言語処理の新しい応用シンポジウム論文集』ソフトウェア科学会／電子情報通信学会、一四一〜一四二頁、一九九二年）
白井・池原・横尾・木村「階層的認識構造に着目した日本語従属節間の係り受け解析の方法とその精度」（『情処論』3（10）、二三五三〜二三六一頁、一九九五年）
宍倉・宮崎「構成要素の統語・意味的制約を利用した日本語名詞句解析」（『信学技報』NLC94-49、四一〜四八頁、一九九五年）
高橋大和・佐野・宍倉・前川・宮崎「頑健性を目指した日本語形態素解析システムの試作」（『自然言語処理における実働シンポジウム論文集』電子情報通信学会／ソフトウェア科学会、一〜八頁、一九九三年）
高橋充彦・川辺・宮崎「構造化規則を用いた日本語複合名詞解析」（『言語処理学会第9回年次大会論文集』二〇八〜二一一頁、二〇〇三年）
武本・宮崎「名詞間の接続強度と用例の係り受け情報を用いた「の」型名詞句構造解析」（『言語処理学会第10回年次大会論文集』五九六〜五九九頁、二〇〇四年）
武本・宮崎「意味と親和性のある統語構造を出力する日本語文パーザ」（『自然言語処理』14（1）、一九〜四二頁、二〇〇七年）
時枝誠記『国語学原論』岩波書店、一九四一年
時枝誠記『日本文法 口語篇』岩波書店、一九五〇年
Masaru TOMITA, *Generalized LR Parsing*, Kluwer Academic Publishers, 1991.
藪・藤石・宮崎「表現構造と話者の認識構造を抽出する日本語文パーザの試作」（『言語処理学会第3回年次大会』二〇五〜二〇八頁、一九九七年）
吉田將・代表「日本語規格化に関する基礎研究」昭和58年度科学研究補助金研究成果報告、一九八三年

日英機械翻訳のための言語知識の構築と記述に関する研究

白井　諭

第一章　序論

1.1　本研究の背景

日本における機械翻訳の研究は1955年に九州大学の栗原らにより開始された[1,2]。その後、京都大学[3,4]を始め多くの機関で研究されるようになり、1980年代の半ばからは製品も発売されるようになった。初期の機械翻訳は、人間により記述されたルールと辞書を用いて翻訳を行なうルール型の方式により実現された。しかし、言語表現には例外的現象が頻発するとともに、日本語と英語間の翻訳では双方の言語特性が大きく異なることから、実用レベルの翻訳品質を達成するため、ルールの精緻化を志向した様々な提案が行なわれた[5]。しかしながら、比較的小規模の語彙数に対しては効果があっても、語彙数の増大に伴って副作用が生じることも少なくなく、副作用を回避しながら大規模なルール集を完成させることは容易ではないことから、次第に行き詰まりを見せるようになった。

一方、1984年に長尾は対訳用例を利用して翻訳を行なう用例型の方式を提唱した[6]が、ルール型の方式が全盛の時期にはほとんど顧みられなかった。ルール型の行き詰まりの中で、1989年に佐藤らが具体的なシステムを提案した[7]ことがきっかけとなって用例型の方式に注目が集まり始め、今度は用例型翻訳一辺倒の時期が現れた。用例型の方法は、対訳用例を追加することにより翻訳品質を向上させることができるというのが利点とされている。しかし、対訳用例の必要量が明らかではなく翻訳品質の目標が定めにくいこと、単に対訳データを追加しただけでは翻訳品質の低下を招くことも多いため目的に応じた対訳データの収集が必要であること、また、その収集自体がルール型の辞書構築と同様に、あるいは、それ以上にコストがかかること、収集したデータに均質な言語情報付与を行なうのは容易ではないことなどから、実用レベルには至っていない。

統計型の方式としては、１９９０年に英仏翻訳を対象とした基本モデルが提案されたが[8]、言語特性が類似する言語間の翻訳への適用に限定され、言語性質の異なる日英翻訳への適用は困難であると考えられていた。音声認識におけるパラダイムシフト、すなわち、ルール型の手法から隠れマルコフ型言語モデルを用いる手法への転換が機械翻訳にも波及し、日英翻訳にも適用されるようになってきた[9]。対訳データの収集には課題が残るものの、利用可能な対訳データ量が増えつつあることと、用例型のようにデータへの詳細な言語情報付与が必要でないこと、翻訳を行なうための言語モデルの再構築が容易であることから、盛んに行なわれるようになっている。ところで、日本語の1文字当たりの情報量は約4・3 bitであると推定されている[10]。このことから、記述文としては比較的短い20文字程度の文を対象として考える場合、そのバリエーションは4億文程度と推計される。新聞記事のように平均40文字の文では統計的に有意な効果を発揮するだけのデータ量を確保するのは極めて困難であると考えられる。したがって、現在の状況では限定的なタスクへの適用に限られると考えられる。また、データ量が確保されたとしても、現在の計算機速度では言語モデルの再構築は現実的ではない。

以上の方式は実現形態は大きく異なるが、翻訳のための言語知識の構築方法の違いであり、また、その利用方法の違いであると考えられる。すなわち、規則型は、主として経験的には整理されてきた伝統文法や辞書を電子化し、実験により不足する文法や辞書を補完することにより、言語知識として明示的に構築して利用する方式である。用例型は、言語表現を、文法や語彙の複合体として捉え、そのバリエーションを可能な限り収集しておくことにより、直接利用しようとする方法である。統計型は、文法や語彙に相当する情報を統計処理により言語モデルとして対訳データから抽出し利用する方法である。上述した表現のバリエーションの推計値から考えると、利用可能なデータ量は極めて少ないことが明らかであるから、すべてを言語データに頼って言語知識を得るのではなく、人間の言語知識を的確に投入することが、実用的な翻訳システムを実現するうえで有効であることが予想される。

1．2 本研究の目的

計算言語学は理論的モデルで言語を表現し、統一的に処理することを追求してきた。しかし、自然言語は人間社会において自然発生的に成長してきた慣習であり、それぞれの言語が成長してきた社会背景を反映している。人間の社会には様々な歪みや矛盾が存在し、それを見る見方や捉え方は様々である。このため、言語ごとに表現の枠組みには違いがあるのは当然であり、それを統一的手法で処理することは困難である。すべての実用科学がそうであったように、言語においても、汎用的な理論を考える前に、個別の言語の科学を打ち立てることが望まれる。それには、人間による言語活動を検討するところから始める必要がある。

翻訳は人間による高度な言語活動であり、その実行過程においては、「英借文」と言われる対訳そのものを流用したり表現形式をまねる翻訳のほか、表現の分析、理解、言い換えを行なってから表現を組み立てる翻訳が臨機に選択されるとともに、多種多様な言語知識が使用されると考えられる。人間の場合、個人差はあるにせよ、多くの対訳用例に一定の抽象化を行なったうえで記憶していると考えられる。また、著者が翻訳者や通訳者にインタビューした限りでは、内容が理解できない場合にもそれなりに翻訳することがある程度は可能だということであった。

計算機の場合、大量の対訳用例をそのまま蓄積することは容易であるが、自動的に抽象化することは困難である。大量の対訳用例を収集することは容易ではないが、人間に一例を提示するとそれが手がかりとなって用例を増すことができる。また、理解のような高度な言語処理をモデル化することは困難であるが、その必要性が比較的低いこと、用例が文法や辞書が複合化されたものと捉えれば、対訳用例の蓄積により代替できると考えられる。

これらのことから、可能な限り大量の対訳用例を収集すること、それらを人間が注意深く抽象化することにより言語知識として記述し利用することを考える。また、抽象化に当たっては、人間の言語活動に可能な限り配慮することとする。[11]

日英翻訳の場合、日本語と英語の言語的な性質が大きく異なることから、結合価の考え方[12]に基づいて、述語を中心として複数の格要素が組み合わさったまとまりを表現単位として翻訳する方法を考える。この方法を実現するうえで表現単位の日英対訳の記述方法が問題となるが、述語の異なりは1万語程度であるのに対し、格要素の中心となる名詞の異なりは数十万語となることから、述語は表記そのものを用い、名詞は原則として意味属性を用いて抽象化することにより、対訳用例としての側面を残しながら被覆率の向上を狙う。

日英翻訳の表現単位を抽出するには、日本語の形態素解析、構文解析が必要である。形態素解析は宮崎により高精度の処理が実現されている。[13] 構文解析は、日本語は語順が比較的自由であることから係り受け解析が適しているとされているが、長文の解析精度の低さが問題であった。[14] 並列関係に伴う長文解析の精度向上は黒橋らにより解決されている。そこで、本論文では、従属節の階層性に着目することにより、節の関係の解析精度の向上を検討する。

次に、日英の言語的な性質の異なりについて考える。日本語は用言中心の表現が多用されるのに対し、英語は名詞中心の表現が自然である。例えば、「彼は歩いて学校へ行った。」という日本語に対応する最も自然な英語は"He walked to school."である。日本語の2動詞が英語の1動詞に対応するため、英語を意識して「彼は学校へ歩く。」のように書き改めることにより、目的の英語表現を得る前編集がしばしば行なわれる。しかし、この作業は一般の利用者には大きな負担であるため、その自動化について検討する。

以上により、対訳用例を分割したうえで抽象化して利用することから被覆率の高い日英翻訳の実現が期待されるが、その反面、分割や抽象化により予定外の適用が発生し翻訳精度が低下する恐れが生じている。翻訳メモリのように対訳用例をそのまま利用する方法を志向した方式検討の一環として、本論文ではテンプレート翻訳と用例型の翻訳を取り上げ、実現可能性の観点から、意味的に対応する日英の文が対応付けられている対訳データを対象として検討する。すなわち、従来の用例型の翻訳のように、文対文が一意に対応し、さらに、単語や句の対応関係、文法情報や語彙情報の付与を前提とした対訳データの存在は前提としない。

テンプレート翻訳は、対訳用例の一部を変数化し、変数に代入可能な単語や句を条件指定した翻訳テンプレートを利用して翻訳する方法である。テンプレート翻訳は被覆率は高くないが、実用レベルの翻訳品質が期待できる。翻訳テンプレートの作成は人手によって行なわれてきたが、本論文ではn-gram統計の手法[15]を用いて自動抽出を行なうための方法について検討する。このテンプレート翻訳は変数箇所が固定されているが、それを動的に決定して利用することができればさらに被覆率を向上させることが期待される。日英の文が緩い対応付けである場合にでも適用可能な用例型の方法について、今後の課題として検討する。

１・３　本論文の構成

本論文の構成は以下のとおりである。

第二章では、日本語の認識構造を考慮することにより、従属節の関係をルールとして記述し、それを利用することにより長文の係り受け解析精度を向上させる方法を提案する。

第三章では、日英の言語変換精度を向上させるために行なわれる日本語の表現を英語的な表現に書き改める前編集をルール化することにより自動化する方法を提案する。

第四章では、述語を中心とする表現単位を結合価パターンとして日英を対にして辞書記述し、それを利用することにより、一般的な表現から慣用的な表現まで同じ処理の枠組みで日英変換可能とする方法を検討する。この辞書に基づいて、日本語語彙大系の構文体系は作成された。

第五章では、対訳データから翻訳テンプレートを発見する手がかりを与えるn-gram統計分析手法を提案する。

最後に、第六章において本研究を総括し、結論を述べる。また、今後の課題として、日英の文が緩い対応付けである場合にでも適用可能な用例利用型翻訳の構想について述べる。

第二章　日本語の階層的認識構造と係り受け解析

2・1　緒言

自然言語の構文解析の方法として、従来から多くの研究が行なわれ、様々な方法が提案されている。それらの中で、比較的自由な語順を取る日本語の構文解析としては、省略などに強い係り受け解析の方法が適していると考えられる[16]が、長い文になると、この方法も必ずしも良い成績が得られているとは言えない。

長文に対する係り受け解析で失敗する原因は、おおよそ、並列を伴う名詞句および名詞句間の解析の曖昧さと、述語間の関係の認定の曖昧さにあると考えられる。このうち、並列名詞句の扱いについては、文節列の類似性に着目した方法が提案され[17,18,19]たほか、これを省略を含む部分的並列関係に拡張し、省略を補って並列構造を抽出する方法[23]が提案され、解析精度が向上している。多少異なる角度からは、呼応関係等の文構造を決定する要因に着目して、係り受け関係解析を局所化する方法[24]も提案されている。また、格要素と述語間の関係の曖昧さを絞り込む方法としては、意味解析段階で動詞の結合価を使用する方法等[25,26,27]があり、かなりの効果が得られている。これらに対し、述語間の係り受けに対しては効果的な方法が知られていなかった。

最近の研究結果からも分かるように、従来の日本語の構文解析では、日本語の表層的特徴を、まだ、十分には使いきってはいないと考えられる。[16] 表現内容と表現構造の関係が明らかになれば、表層上の特徴に着目するだけでも、今まで以上に精度の良い構文解析が実現できると期待される。特に、述語間の関係は、文全体の構造を決める重要な関係であるが、言語過程説*1によれば、このような文の構造には、書き手が対象を捉えて、表現していく階層的な過程が反映していると考えられる。[11]

そこで、本章では、日本語の階層的な表現過程に着目して提案された、南の3段階の従属節分類[14]を、さらに、従属節の意味と形式に着目して、係り述節、受け述節ともに、基本分類13種、細分類4種に分類し、それらの相互関係を整理することにより、述語間の係り受け関係を決定する方法を提案する。また、新聞記事972文を対象とした係り受け解析において、係り先の曖昧な述語の係り先を無作為に決定する方法、直近の述語にかける方法、従来のALT－J／Eの方法[28]、本章の方法の解析精度を比較する。

2．2　日本語の階層的認識構造

(1) 日本語の4段階認識構造

日本語の文構造については、古くから多くの研究が行なわれており、書き手の対象に対する認識とその表現過程が、日本文の階層的な構造に反映していることが指摘されている。

山田は、日本語文では、観念的内容は先頭に、陳述に関する部分は後方に配列された階層性を持つことを指摘した。[29] 時枝は、客体に対して概念化された書き手の認識の表現（客体的表現）と主体の概念化されない判断、感情の表現（主体的表現）が入れ子構造を形成することを指摘した。[30] その後、渡辺、芳賀、服部等によって、述語の構成に関する詳細な研究が行なわれた。[31,32,33] これらの研究成果に基づき、林は、描叙の段階、判断の段階、表出の段階、伝達の段階の4段階からなる入れ子型の階層構造を提案した。[34]これは、入れ子の内側ほど客観性の高い認識が表現され、入れ子の外側ほど主観性の強い内容が表現されることを4段階の階層構造として整理したものである。

(2) 従属節の種類と性質

南は、従属節を考える立場から、林の4段階の階層構造を描叙、判断、提出、表出の4段階に変更した。[35]そして、日本語の動詞、助動詞を中心に構成される述語は複雑な構造が持てること、その部分に表現の段階を示す要素の多くが含まれていることに着目して、日本語の節を入れ子の各段階に対応させて、4種類に分類した。そのうえで、南は、表出段階の表現（呼びかけ、働きかけなど）は、主節には現れても、従属節には現れないことに着目して、従属節を次の3種類（3段階の階層）に分類した。[36]

A類：「～ながら」等。ほぼ林の描叙段階に相当。
B類：「～たら、～と、～なら、～ので、～のに、～ば、～て（従属的用法）」等。ほぼ林の判断段階に相当。
C類：「～が（順接）、～から、～けれど、～し、～て（独立した用法）」等。ほぼ林の表出段階に相当。

(3) 従属節間の依存関係

南は、さらに、上記の3種類の従属節間に、次の強い傾向があることを明らかにした。

A類：他のA類、B類、C類の一部となることができる。

B類：他のB類、C類の一部となれるが、A類の一部とはなれない。
C類：他のC類の一部とはなれるが、A類、B類の一部とはなれない。

2．3　日本語従属節の階層的分類と順序関係

2．3．1　問題となる日本語の従属節の種類

言語処理の立場から、節をその形態に着目して分類すると、主節のほか、連用節、連体節、引用節の3種の従属節に分けられる。このうち主節は、他の節の係り先にはなるが係り元にはなり得ない。また、連体節は述語の活用形などの文法的性質によって係り先が明確に決まる。引用節は、引用の助詞等を伴うことが多く、係られる側の動詞のタイプが限定されるなど、形態的にその係り先がほぼ明確である。したがって、述語間の係り受け解析で問題となるのは、係り元が連用節である場合、すなわち、連用節から連用節へ、連用節から連体節へ、連用節から引用節への3つの係り受け関係である。

2．3．2　従属節の基本分類

(1) 従属節の基本的階層関係

本節では、まず、出現頻度が高く、係り受けが曖昧となりやすい連用節同士の係り受け関係について考える。この問題に対して、前節で述べた南の従属節3分類の応用を考える。2．2節（3）の結果を従属節の包含関係から見ると、A＜B＜Cの関係が成り立つ。ただし、記号〝＜〟は左辺が右辺に含まれる（左辺は右辺より優先度が低い）ことを意味する。また、ある節Xが他の節Yの一部となれるということは、係り受け関係から見ると、

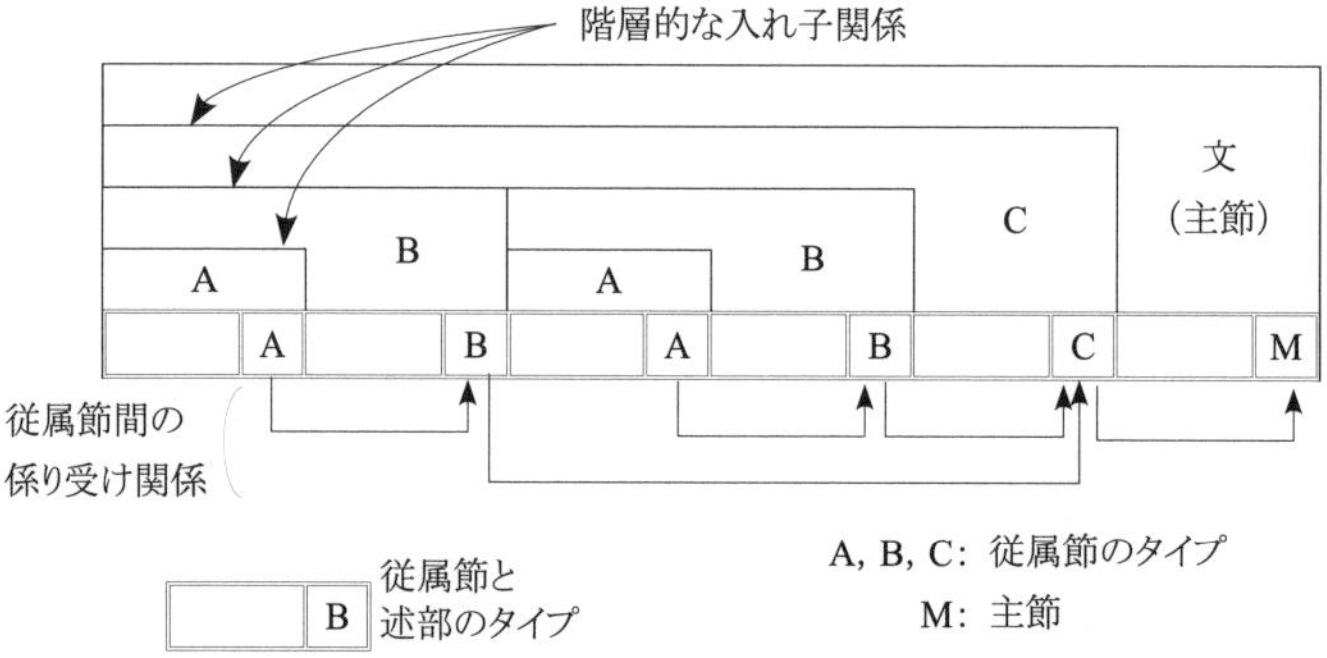

図2.1　日本語述節間の階層的入れ子構造と係り受け関係

XはYに係ることができるということである。逆に、ある節Xが他の節Yの一部となれないということは、XはYに係れない、すなわち、XはYを飛び越えて、より後方の節に係るということである。したがって、図2.1に示すように、包含関係の内側にある述語は、外側の述語に係れるが、外側にある述語は、内側にある述語には係れないことになる。

(2) 従属節再分類

上記の関係は述語間の係り受け決定に利用できると考えられるが、南の分類では、接続が順接か逆接かなど、意味的な判断が必要であるため、構文解析段階でそれを判断し、分類するのは困難である。そこで、南の分類の趣旨を生かしながら、語尾表現をより長単位で分類すること、意味的判断の困難な表記はデフォルトの解釈で分類することなどにより、従属節を次のとおり再分類する。

A類：「同時」の表現。
B類：「原因」、「中止」の表現。
C類：「独立」の表現。

この分類では、表層的に明らかにA類またはC類と判定できるもの以外

表2.1　新聞記事標本に現れた従属節（述部）の分類

分類	新聞記事972文に現れた述部[(n):nは出現回数]
A類	～とともに(7), ～ながら(2), ～と同時に(2), ～ことに加えて(1), ～つつ(1), ～ことを含め(1), ～のをはじめ(1) 合計7種類, 延べ度数15回
B類	～(連用形単独)(159), ～て(含,「連用形+で」)(148), ～(サ変動詞の語尾省略)(94), ～で(「名詞+で」)(47), ～ため(28), ～ており(25), ～(体言止め「名詞+読点」)(20), ～ほか(16), ～ば(9), ～もので(9), ～ても(9), ～ことで(8), ～ので(4), ～と(4), ～ず(4), ～たり(3), ～ために(3), ～うえで(3), ～後(2), ～のに対応(2), ～のに続き(2), ～ためで(2), ～そうで(2), ～上で(1), ～時や(1), ～時に(1), ～際に(1), ～際(1), ～結果(1), ～以上(1), ～よう(1), ～ものの(1), ～のを手始めに(1), ～のを機に(1), ～のに応じて(1), ～ところ(1), ～ておいて(1), ～だけに(1), ～だけでなく(1), ～たら(1), ～たびに(1), ～ずに(1), ～こともあって(1), ～うえ(1), ～のに対し(1), ～なら(1) 合計46種類, 延べ度数626回
C類	～が(42) 合計1種類, 延べ度数42回

～:用言(動詞, 形容詞)の部分を表す

は、B類に分類した。したがって、南の分類に比べると、B類の範囲が広くなっているが、分類相互の包含関係の傾向は保存されていると期待される。この基準で、日経産業新聞の300記事のリード（要約または第1段落、計972文）に現れた従属節を分類した例を表2．1に示す。

(3) 読点の有無による分類

さて、述語間の係り受けに曖昧さが生じるのは、2つ以上の従属節がある場合である。そこで、前述の新聞記事からそのような文を抽出して、各従属節の出現頻度を調べたところ、A類5%、B類86%あまり、C類9%あまりで、圧倒的にB類が多いことが分かった。[*2]

そこで、書き手の習性として、解釈しにくい曖昧さのある文では、書き手自身が読点〝、〟を入れる傾向があること、特に、従属節を含む長文ではその傾向が強いこと、に着目して、従属節A、B、Cの分類に、さらに、読点の有無を加えた6種類の分類を考える。書き手が読点を付与した従属節は、それだけ、遠くに係る可能性が強い、すなわち、独立性が強いと考えられるから、それぞれの従属節の包含関係は、A∧「A＋読点」∧

B＜「B＋読点」＜C＜「C＋読点」となることが予想される。

新聞記事の例では、B類の従属節のうち、読点を持つものと持たないものとが、ほぼ同数見られる。したがって、読点を考慮したことにより、B類同士の係り受けの約半数は、曖昧なく決定できると期待される。

2．3．3 従属節の派生的な分類

(1) 連用節の中止性

上記の方法では、B類同士、「B＋読点」類同士の係り受け関係は決定できない。そこで、このタイプの述語について、より詳細に分類することが必要である。

そこで、B類の述語表現を、表現の意味的な流れの中止性の強さに着目して分類することを考える。この観点から、B類の述部を分類すると、以下のようになる。

中止性の弱いもの
〜（用言連用形）、〜て、〜（サ変動詞語尾省略）、〜ため、〜ほか、〜ば、〜ても

中止性の強いもの
（名詞）で、〜ており、〜もので、〜ことで

前者のタイプは、行為の継続、並行、順序等の意味に使用される表現であり、中止性が弱い傾向を持つのに対して、後者のタイプは、前置き的な内容を表すなど、主題の変わり目に使用される表現で、中止性が強いと考えられる。*3

中止性の強い述語ほど遠くに係る傾向があると推定されるから、次のヒューリスティックスを導入する。

①連用節述語のうち、中止性の強いB類の述語は、他の連用節述語を飛び越える。逆に、他の述語は、次に現れた連用節述語に係る。

②連用形が単独で述語となっている場合は、別の単独で述語となっている連用形を飛び越えないで、それに係る。

(2) 述語の状態性と動作性

連用節のうち、B類同士、「B+読点」類同士の係り受けを決めるため、次に、述語の状態性もしくは動作性に着目する。述語は、その動作性から見ると、動作性の強い順（状態性の弱い順）に、他動詞性、自動詞性、形容詞性、名詞性の4種の述語に分類することができる。ただし、使役系の表現は他動詞性、受身系の表現は自動詞性とする。

ここで、言語の表現過程を考察すると、読者に分かりやすくするため、書き手は主題や動作主体を統一的に捉えて表現する傾向がある。このため、動作性の述語と状態性の述語が同一レベルで表現されることは少ないと考えられる。また、状態性の強い述語は、動作性の強い述語に包み込まれる傾向を持つ。これらの傾向に着目して、次のヒューリスティックスを設ける。

○動作性の強い述語は、動作性の弱い述語を飛び越し、動作性の弱い述語は、動作性の強い述語に係る。

ところで、連用節の中には、用言が格助詞相当語の一部として使用される「〜と比べ（〜より）高い値段」のようなものがある。このタイプの連用節は、他の述語の格要素として使用されたものである。そのため、述語間の係り受けとしてではなく、用言と体言の格係り関係の一部として扱う必要がある。

2．3．4　引用節と連体節の扱い

2．3．2項、2．3．3項において、2．3．1項で示した述語間係り受けの3種類の問題のうち、連用述語間の係り受けについて検討した。ここでは、残された「連用節から引用節へ」、「連用節から連体節へ」の2種類の係り受けについて検討する。

まず、連用節と引用節の関係を見ると、「〜すると（発表する）」などの引用節は独立性が高いため、連用節が引用節を飛び越えて他の節に係ることは考えにくい。しかし、「〜するよう（依頼する）」など、様態化し独立性が弱められた引用相当節の場合は、飛び越えられる可能性もある。そこで、次のように処理することとする。

①引用節述語は、連用節述語の「C＋読点」に準ずる。
②引用相当節述語は、「B＋読点」に準ずる。

次に、連用節と連体節の関係を見る。連体節を形式名詞「もの、こと、の」を伴うもの（〜したものが、〜することを、等）とその他の名詞性のものに分けて考えると、形式名詞を伴う連体節は、対象を捉え直すために[37]形式名詞が使用されたとも考えられるので、連用節がこれを越えて他の述語に係ることは考えにくい。一方、普通の名詞性の連体節の場合は、必ずしもそれが係り先になるとは言えない。

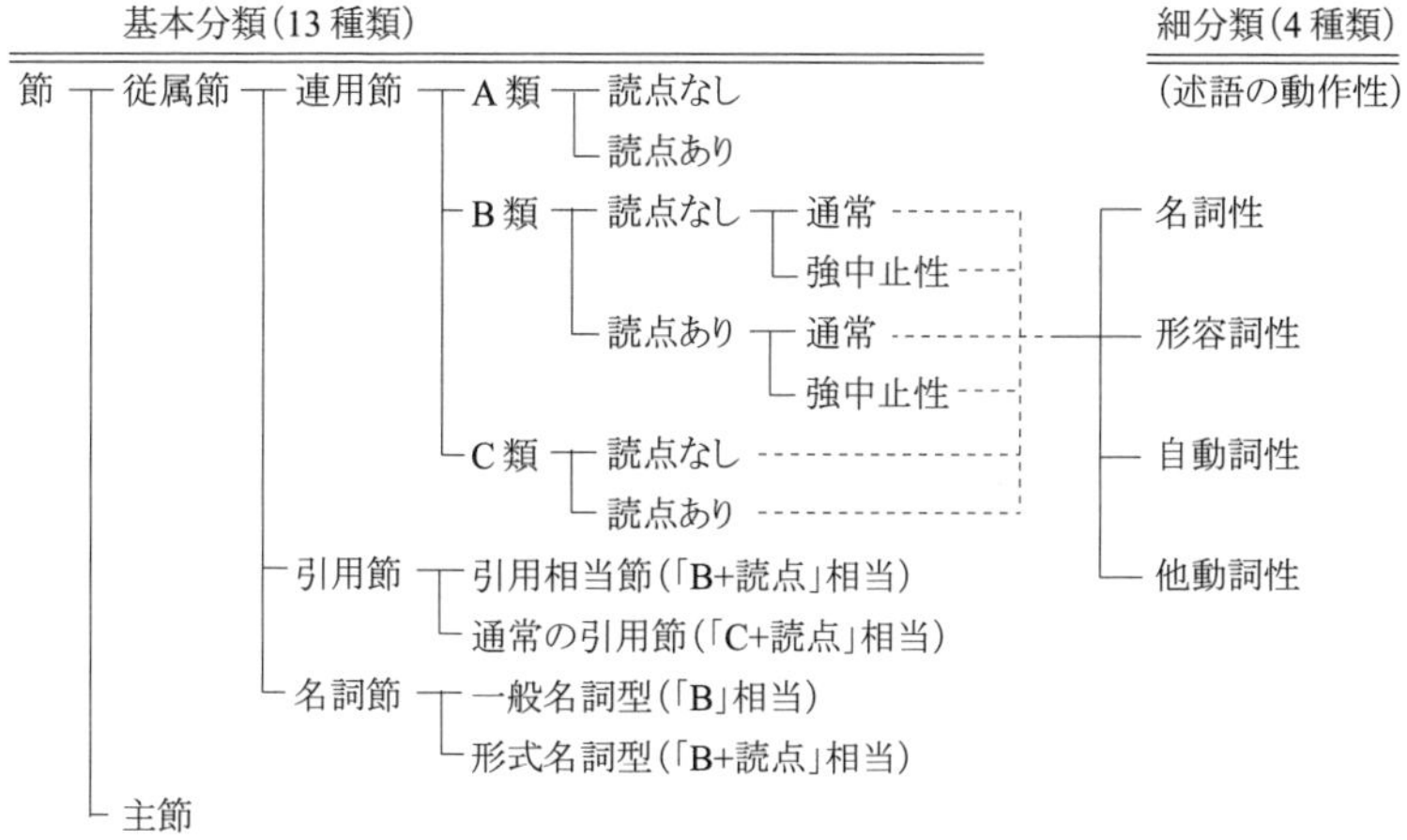

図2.2　係り受け関係に着目した日本語述節の分類

以上から、連体節述語の扱いは、次のとおりとする。

①形式名詞に係る連体節述語は、連用節の「B＋読点」に準ずる。

②通常の連体節述語は、Bに準ずる。

2．4　従属節依存関係の決定規則

2．4．1　述語種別判定

前節の結果をまとめると、表現の形態的特徴、表出過程および意味的特徴から見た日本語の従属節は、図2．2のとおり分類される。

まず、連用節は、A、B、C分類と読点の有無により、6種類に分類し、その中の使用頻度の高いB類関連は、さらに、中止性の強さで2種類に分類した。引用節、連体節は、従属節の強さに応じて、連用節のいずれかの分類に畳み込むように分類した。係り受け関係を決定するうえで、以上の基本分類では足りないと見られるB類、C類では、細分類として、述語の動作性の強さに応じた4種類の分類を加えた。

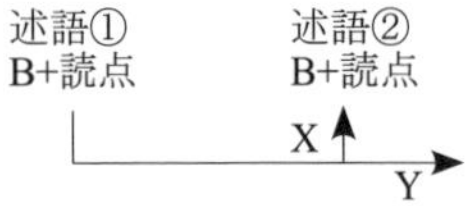

X＝

場合	述語①	述語②
場合1	連用述語一般	中止型
場合2	自動詞型	他動詞型

Y＝

場合	述語①	述語②
場合1	中止型	連用述語一般
場合2	他動詞型	自動詞型

図2.3　係り受け派生規則の例

2・4・2　係り受け判定規則

係り受け関係を判定する規則は、次に示す基本規則と派生規則から構成される。

[係り受け基本規則]

従属節6分類の優先順位（包含関係）に基づく規則で、次の基準で係り受け関係を絞り込む。

①優先度の低いものは、高いものに係る。

②優先度の高いものは、低いものに係らない。

[係り受け派生規則]

従属節6分類で同一の優先度の関係にある節間の係り受け関係を判定する規則で、図2．3に示すように、係る条件（X）、係らない条件（Y）またはその双方が記述される。述語①、②がX、Yの条件に適合しないときは、この規則は適用されない。すなわち、絞り込まれない。最終的に絞り込めない曖昧さが残ったときは、複数の候補を生成する。

付図（一三四頁）に係り受け解析の例を示す。この例では、主節のほかに、4つの従属節があるが、それらの係り受け関係は、本章の方法によって一意に決定される。

表2.2　日経産業新聞記事における述語数の分布

述部の数	1	2	3	4	5	6	7	8	9	合計
文の数	278	320	204	100	40	18	8	3	1	972
文の割合	28.6%	32.9%	21.0%	10.3%	4.1%	1.9%	0.8%	0.3%	0.1%	100%
平均文字数	30.0	43.8	53.2	61.5	68.0	83.6	86.8	83.3	75.0	45.9

２．５　従来方式との精度比較

２．５．１　評価対象試験文

日経産業新聞からランダムに選んだ新聞記事３００件のリード（要約または第1段落、計９７２文）に含まれる述語を対象に、本章の方法の効果を評価する。対象とする文における述語数の分布を表２．２に示す。この表より、９７２文の標本に含まれる述語数は合計２３２７件である。係り先に曖昧さの生じる述語は、述語数が3以上の文の場合で、文中の後ろ側の２つの述語を除く述語に限られる。このことより、表２．２から係り先の曖昧な述語数を求めると、全体で６６１述語である。

以下では、上記の新聞記事文を対象とした係り受け解析において、係り先の曖昧な述語の係り先を無作為に決定する方式、直近の述語にかける方式、従来のＡＬＴ－Ｊ／Ｅの方式、本章の方式の解析精度を比較する。

２．５．２　無作為選択方式と直近係り先方式の場合

（1）完全な無作為方式の場合

上記の係り先の曖昧な６６１件の述語の係り先を、無作為に決定したとしたときの正解率を考える。例えば、述語数が5の文の場合、無作為方式では、図２．４のように、平均的に見て、係り先の曖昧な述語3件中、1/4+1/3+1/2 = 1.083件は、係り先が正しく決定できると考えられる。同様にして、述語数３以上の文の場合について計算すると、６６１件

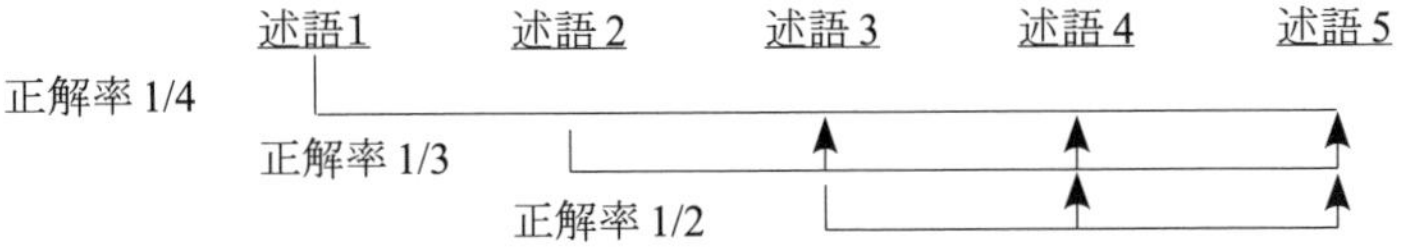

図2.4　述語ごとに見た係り先の数と正解率

中、269・8件（40・8%）の述語は正しく決まる。逆に、それ以外の391件は、係り受け関係の決定に失敗することになる。以上から、無作為方式の場合、2327述語中、係り受けに失敗する述語の割合は、16・8%である。

同様に、無作為方式で係り先を決めた場合について、文単位の述語係り受け正解率を求める。述語数kの文の数を$n(k)$とする。述語数kの文の場合、述語間の係り受けの組み合わせ（係り受け候補）の数Lは、$L=(k-2)!$である。すべての候補の正解率が等しいとすると、無作為に係り先を決めたときの文単位の係り受け誤り率は、$(1-1/L)$である。[*4] この方法で、972文の述語間の係り受けの誤り文数を求めると、236文となる。

(2) 係り受け交差を考慮した無作為方式の場合

特殊な場合を除いて、係り受け関係は交差しないことが知られているので、係り受け交差を禁止するという条件下で、係り先を無作為に選択した場合について、係り先選択に失敗する述語の数と係り先の誤った述語を含む文の数を求めると、それぞれ、222述語、151文となる。

(3) 直近係り方式の場合

経験的に、係り受け解析では、係り先が2つ以上あって曖昧なときは、直近に現れる述語候補を係り先とするのがよいと言われている。そこで、上記（2）の方法にさらに、この考えを加えた方法で係り先を決めたときの係り受け決定結果を正解と比較する。前と同様にして、972文を対象に評価した結果によれば、述語単位の係り受け失敗数と文単位の係り受け失敗数は、それぞれ、189述語、185文であった。

(4) 読点を考慮した直近係り方式の場合

読点を持つ述語の場合は、直近の述語よりもむしろ遠くの述語に係る場合が多いことが知られている。そこで、ここでは、(3)で、読点を持つ述語は、むしろ、直近の述語に係らないとした場合について評価する。前と同様にして、972文を対象に評価した結果によれば、述語単位の係り受け失敗数と文単位の係り受け失敗数は、それぞれ、112述語、88文であった。

2．5．3 係り受け解析精度の比較

述語間の係り受け精度を、上記の4方式と従来のALT-J／Eの係り受け解析方式および本章の方式の6者で比較した結果[*5]を表2．3に示す。これより、従来方式と本章の方式の関係では、次のことが分かる。

①従来方式に比べ、本章の方式では、係り先の曖昧な述部の数が15・3％から2・3％に減少し、その結果、文単位に見て述語間係り受けが一意に決定できる文の割合は、73・2％から94・4％に向上した。

②述語係り先の候補として得られた第1位の述語が係り先として正しくない割合は、従来方式では、3・9％であったが、新方式では、0・7％に減少した。その結果、文の単位で見れば、第1位の文解釈候補の正解率は、91・8％から98・4％に向上した。

表2.3　述語間係り受けの精度比較（標本：日経産業新聞）

係り受け決定方式＼集計の種別		述語単位の集計（述語数合計:2,327 述部）曖昧さあり	述語単位の集計 誤り(注 1)	文単位の集計（候補文数合計:972 文）曖昧さあり	文単位の集計 誤り(注 1)
1	無作為選択方式 1*1	661 件 28.4%	391 件 16.8%	372 文 38.4%	236 文 24.3%
2	無作為選択方式 2*2	356 件 15.3%	222 件 9.5%	260 文 26.8%	151 文 15.6%
3	直近係り選択方式 1*3		189 件 8.1%		185 文 18.8%
4	直近係り選択方式 2*4		112 件 4.8%		88 文 9.1%
5	従来の係り受け方式*5		92 件 3.9%		80 文 8.2%
6	本章の方式*6	54 件 2.3%	16 件 0.7%	54 文 5.6%	16 文 1.6%

*1　述語種別を一切考慮しない無作為方式。
*2　連用，連体，引用の述語種別を区別して，その性質を考慮した場合。また，係り受け交差を排除。その後，複数係り先候補は無作為に選択。
*3　*2 で，複数係り先候補は直近を選択。
*4　*3 で，さらに読点を考慮した場合。
*5　従来の日英機械翻訳システム ALT-J/E の方式。
*6　本章の方式。ただし，曖昧さの残った係り受けでは，直近係り選択方式 2 を採用した場合。
(注 1) 文単位に出力された正解候補のうち，第 1 位の候補を対象に集計した値。

また、従来言われてきたヒューリスティックスに関しても、

③無作為方式と直近係り先方式では、直近係り先方式の方がよいと言われているが、必ずしもそうとは言えない（表2.3の第2、第3の方式参照）。文頭に、独立した前提文のような従属節を持つことの多い新聞記事リード文のような場合は、直近係り方式はむしろ精度が悪い。

④係り受け解析精度から見れば、直近かどうかよりも、読点の扱いの方が大切と考えられる。

等が、観察される。

2・6 結言

長文解析の精度を低下させる大きな要因であった述語間の係り受け関係の曖昧さを解決するため、日本語の意味的な階層的表現構造に着目した、従属節間の係り受け解析方式を提案した。

具体的には、日本語表出過程に着目した南の3段階の階層的な従属節分類を見直すとともに、さらに、その意味と形式に着目して基本分類13種、細分類4種に詳細化し、それらの係り述節、受け述節としての関係を分類整理することにより、述語間の係り受け関係を決定する方法を提案した。また、新聞記事972文（述語数合計2327件、そのうち係り受け曖昧述語661件）を対象に、係り先の曖昧な述語の係り先を無作為に決定する方法、直近の述語にかける方式などと、従来の方法、本章の方法の解析精度を比較評価した。

その結果によれば、従来の方法では、係り先の曖昧な述語が356件残ったのに対して、本章の方法では、54件に減少することが分かった。文単位に見れば、述語間の関係が一意に決定できる文の割合は、73・2％から94・4％に向上した。係り受け関係が一意に決定できない述語に対しては、複数の係り先候補が生成され、それを組み合わせて文単位の解析候補が出力されるが、そのとき生成された文単位の第1候補の正解率は、91・8％から98・4％に向上した。

並列構造解析については、黒橋ら[17,18]によりすでに解決の見込みであることを考えあわせると、本方式によって、係り受け解析の2大問題（並列構造の解析、述語間の関係解析）が共に解決される見込みとなった。[*6]

［入力文］
旧モデルは五インチのFD二台分のドライブを装備していただけだったが、今回のモデルはこれに加えて大容量のHDDを内部に組み込んだもので、アクセス時間を短縮し、記憶容量に余裕を持たせた。（51 単語）

番号　　文節　　係り受け関係

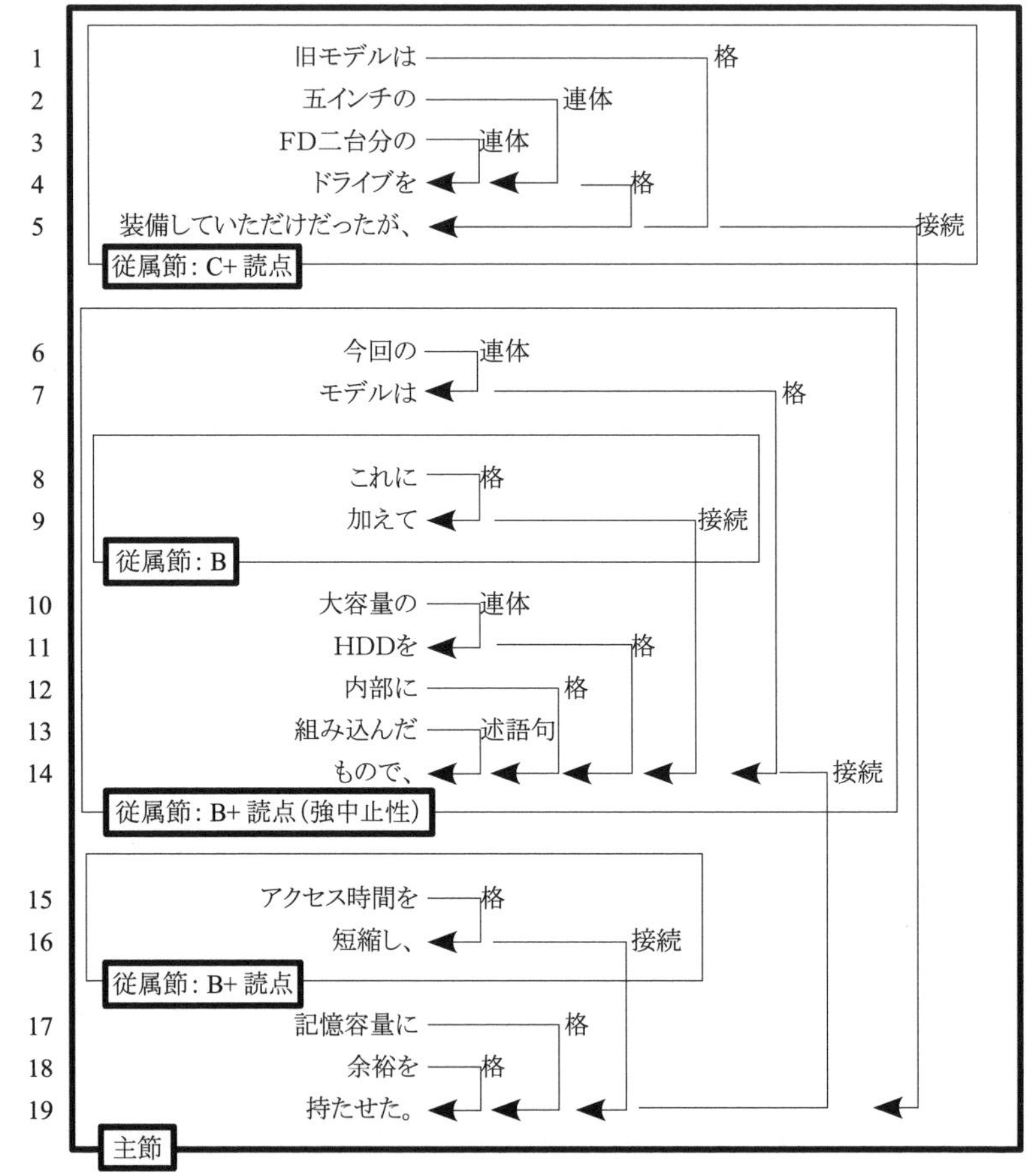

付図　述語間係り受け解析の例

第三章

係り受け制約を利用した日本文書き替え

3．1　緒言

従来、機械翻訳において数多くの研究開発が行なわれ、翻訳業務への適用も行なわれるようになってきた[38]。しかし、依然として訳文の品質が問題となっており、新しい理論や方式の提案が期待されている[5]。

訳文品質の向上を狙って、多くの研究が行なわれてきたが[39,40]、言語が話者の対象に対する見方、捉え方をも表現する手段であることを考えると、異なる言語族間の翻訳においては、特にこの違いを克服することが重要と考えられる[41,42]。

言語間の発想の違いに着目し、元の意味を失わないように翻訳する方法としては、第1に、「原文の表現や構造を分解し過ぎないよう、目的言語内で、なるべく全体の意味に該当する表現を探して置き替える方法」、第2に、「システムが原文の意味を変えない範囲で翻訳しやすい表現に書き替えて翻訳する方法」が考えられる。

第1のアプローチの例としては、言語による話者の認識の違いに着目した多段翻訳方式[43,44]などがあげられる。この方法では話者の意志や判断を示す主体的表現と対象の姿を示す客体的表現を分離して翻訳するが、客体的表現に対して、構造の持つ意味を失わないよう、構造の抽象化のレベルを設けて、段階的に翻訳している。

また、合理主義的（theoretical）なアプローチに加えて、経験主義的（empirical）なアプローチも始められ、知識ベース型の翻訳[46,47]や用例翻訳[48,49]等の研究が行なわれ、その効果が期待されている。用例翻訳の方法は、原文の表現を直接的に目的言語に対応させることを狙っており、やはり第1のアプローチの例と考えられる。

これに対して、第2のアプローチとしては、従来から行なわれている人手による前編集をあげることができる。前編集作業を支援するため、翻訳しやすいように言語を制限、原文をチェックするための支援プログラムを開発する試みが行なわれている[50,51]。また、変換過程を日日変換、日英変換、英英変換で構成することにより、言語間の違いを吸収する試みも行なわれている[52,53]。

言語による発想の違いは、機械翻訳しにくいところに端的に現れていると考えられるから、従来、人手による前編集の対象となっているような表現を自動的な翻訳の対象とすることができれば、訳文品質は向上すると期待できる。しかし、前編集の自動化は、無視できない副作用を生じるため、実現困難であった[*7]。副作用の原因は、いわゆる同形式異内容の現象のためで、字面上は同じ表現であっても、書き替えてよい場合と書き替えてはいけない場合、または、意味によって書き替え方の異なる場合があり、自動的にその区別をすることが困難であったためである。例えば、「私は電車に乗って学校へ行く。」を「私は電車で学校へ行く。」と書き替えれば“I go to school by train.”という簡潔な英訳文が得られる。しかし、単純に「に乗って」を「で」に書き替えるなら、「半数は電車に乗って半数は歩いて行く。」なども書き替えられてしまい、かえって訳文品質の低下を招く。

そこで、本章では、書き替えの必要な現象の性質に着目し、（1）単語の詳細な文法的、意味的属性を使用して書き替え規則の適用条件を記述すること、（2）原文の解析が進行し、書き替え規則の適用条件の判定に必要な情報が得られた時点で書き替えを実行すること、の2点によって、副作用の無視できる自動書き替えが実現できることを示す。

すなわち、本章では、第1のアプローチの立場から提案されている「多段翻訳方式」のうえに、第2のアプローチの立場から、従来前編集の対象となっているような機械翻訳困難な表現や構文を自動的に書き替える方法を追加した「原文自動書き替え型翻訳方式」を提案する。具体的には、日英機械翻訳において原文自動書き替えの対象となる表現や構文の種類と性質を調べ、全体を原言語内で書き替える項目と、原言語内書き替えが困難であるため目的言語の表現に部分的に書き替えるべき項目に分け、書き替え方式と書き替え規則形式を提案する。

この方法は、訳文品質の向上を狙ったものであるが、併せて、「書き替え対象となる表現に対して、既存の翻訳機能がそのまま利用できるため、新たな翻訳アルゴリズムを作成しなくてもよいこと」、「一定の表現構造を固定的に捉えることにより、構文意味解析の曖昧性が減少するため、処理速度が向上すること」などの効果も期待できる。[54] そこで、新聞記事翻訳への適用実験結果に基づき、これらの効果も示す。[*8]

3．2 書き替えの対象

3．2．1 自動書き替えの対象範囲

原文自動書き替えの対象となる表現は、以下の条件を満たす表現と考えられる。

条件1：そのままでは適切な翻訳ができない。
条件2：意味を変えないような書き替え方法がある。
条件3：その書き替えを行なえば、翻訳可能となる。
条件4：既存の翻訳機能に対して、悪い副作用を生じない。

これらのうち、条件1〜3は、人手による前編集の場合と同様であるが、条件4は異なる。[*9]

(1) 機械翻訳不能の原因

まず、第1の条件について考える。実際の文書で適切な機械翻訳ができない表現を分類すると、おおよそ以下のとおりとなる。

(i) 原文が間違っている。

①原言語の表現の約束を守っていない。(誤字、脱字、構文誤り等)

②表現または内容が曖昧。(解析不能)

③内容が間違っている。

(ii) 既存の翻訳技術で翻訳できる範囲であるが、使用しているシステムでは能力が足りない。

①システム(辞書、規則)のバグ。

②該当する表現を翻訳する機能(アルゴリズム)がインプリメントされていない。

(iii) 高度な意訳等が必要で現状では翻訳困難である。

①原言語の表現に直接対応する目的言語の表現がないため、話者の意図を判断して、言い直さなければならないもの。

②慣習の違いなどにより、訳す必要のないもの。

これらのうち、(i)は③を除き、文章校正の対象範囲であり、従来から多くの研究が行なわれている。[*10] 日英機械翻訳で問題となるのは、(ii)と(iii)である。

(2) 意味を変えない書き替え

次に、第2の条件について考える。人手による前編集の場合は、原言語内に意味を変えない別の表現が存在しなければ、書き替えはできない。これに対して、翻訳システム内部で書き替える場合は、原言語内に別の表現がなくても、目的言語に適切な表現があれば、それを直接指示することで救済することができる。そこで、原文自動書き替えの対象を以下の2とおりに分類する。

(A) 着目する表現に対して、当システムで翻訳可能な別の原言語表現のある場合。(原言語内書き替え)

(B) 別の原言語表現はないが、部分的に対応する目的言語表現のある場合。(疑似的原言語への書き替え)

このうち(A)は、原言語内での書き替えであるため、書き替え後の文は、原言語の文としても意味の分かる文となるが、[*11](B)の書き替えは、目的言語固有の表現に対応付ける書き替えであり、書き替えた後の文は、必ずしも原言語の文として意味が通じる必要はない。

(3) 書き替え後の翻訳の可否

第3の条件であるが、書き替えた後、翻訳可能となるか否かは、人手による前編集の場合と同様であり、実験的に確認する。

（4）副作用のない書き替え

人手による原文書き替えでは、書き替えられる文は特定されており、他の文への副作用はない。これに対して、自動書き替えの場合は、登録した書き替え規則は該当する表現のすべてに適用されるため、書き替えてはならないものまで書き替えてしまう可能性がある。特に、原文の段階での書き替えでは、書き替え対象は字面表記で指定されることになるため、字面が一致した表現はすべて書き替えられてしまう。

これらの問題を解決するには、書き替え規則は、その適用条件を精密に記述すること、また、書き替え規則は、それぞれの規則の適用条件が判定できる情報が得られた段階で適用することが必要である。

前者の問題は、ＡＬＴ－Ｊ／Ｅの単語意味属性を使用することによって解決できると期待される。[*12] また、後者の問題を解決する方法としては、構文解析の候補が出そろった時点で、書き替え規則を適用することとする。

3．2．2　書き替え対象表現の分類

既存のシステムで翻訳に失敗した表現が自動書き替えの対象候補となる。原文書き替えの規則を収集するには、翻訳に失敗した表現に対する解析結果を追跡して失敗する表現のパターンを抽出し、それに対応する翻訳可能な表現パターンを実験的に求めればよい。[*13]

ここでは、機能試験文（３７００文）と新聞記事文（５００文）の翻訳実験の過程で得られた経験に基づき、書き替えによって効果の期待できる表現の種類と書き替えの方法について考察する。[*14]

3.2.2.1 日本語内書き替え

原言語内書き替えの対象となる項目を以下の3種に分類する。ただし、日本語内書き替えが可能であっても、書き替えた後の表現が意味的に曖昧になるものは、直接英語を意識した疑似的日本語に書き替えることとし、この分類から外して次項に加えた。

(1) 縮約展開型の書き替え

動詞を共有する複数の文では、前方の動詞が省略される場合が多い。例えば、1)では、動詞の「担当する」だけでなく、助詞の「を」まで省略されているため、「米国」と「副社長」が並列に見え、助詞「は」の認定に支障が生じる。このような場合、格要素の対応関係を見て、省略された述語を補完すれば、意味解析は容易になる。

1) 社長は米国、副社長は欧州を担当する。

1') 社長は米国を担当し、副社長は欧州を担当する。

また、動詞が並列に並べられると、活用語尾が省略され、見かけ上、名詞解釈される現象が発生する。例えば、2)では、動詞「追加する」の語尾「する」か省かれているため、名詞の「追加」と解釈され、文全体の意味解析に失敗する。このような失敗を防ぐため、活用語尾を補い2')のように原文を書き替える。

2) システムが追加および削除するデータ～

2') システムが追加しそして削除するデータ～

（2）冗長除去型の書き替え

もって回った言い方など、翻訳する必要のない表現を削除する。例えば、仕様書などでは、3)のような表現が用いられる場合が多いが、「ものである」の表現は翻訳を困難にするだけでなく、英語としてほとんど意味をなさないから削除する。

3)　既存機能を拡張することによって、システム全体の能力を高めるものである。

3')　既存機能を拡張することによって、システム全体の能力を高める。

例の4)も同様である。通常、接続助詞「ば」は、条件接続の意味のほか、この例のように名詞の列挙を表す場合がある。条件接続か名詞列挙かを区別するには、周辺の構造と意味を広く見る必要があるため、条件接続の意味に解釈しているシステムが多いと思われる。そのような場合、例えば4)の文も内容的に同等の表現4')に書き替えれば問題は解決する。

4)　男もいれば、女もいる。

4')　男も女もいる。

（3）構文組み替え型の書き替え

日本語の構文に直接対応する英語構文がない場合、英語に対応するよう、日本文全体の構造を書き替えてしまうもので[54]、原文からは想像のつかないような英文を生成することができる。文脈処理でも省略された主語や目的語が補完できないような場合、または、補完できたとしても適切な英文にならないような場合などに適用される。例えば、5)の文は、「合わせる」、「生産する」の主語、目的語の双方がないため、そのままでは翻訳できない。文脈から主語、目的語を補完して訳す方法もあるが、冗長な訳文になってしまう嫌いがある。そこで、原文中のキーワード的な言葉を英語構文に対応するように組み直して、5')の形に書き替える。

5) 二機種合わせて月五百台生産する。

5') 二機種の合計月産は五百台だ。

3.2.2 疑似的日本語表現への書き替え

疑似的原言語への書き替え対象となる項目を以下の3種に分類する。

(1) 独立句的表現の書き替え

日本語の動詞性の副詞句には、英語側では単純な前置詞句に訳せるにもかかわらず、直訳すれば動詞句になり、訳文の品質が低下するものが多い。6)では「乗る」は動詞であるが、「に乗って」は手段を表す〝by〟に対応する意味であるので、疑似的な日本語〝ニノッテ〟を設け、それに書き替える。手段を表す〝by〟に相当する日本語として、助詞「で」があるが、「で」は多数の解析困難な多義を発生させるため使用を避け、疑似的日本語への書き替えとする。

6) 私は電車に乗って学校へ行く。

6')　私は電車〝ニノッテ〟学校へ行く。

なお、7)の場合も、「に乗って」が使用されているが、この場合は本動詞であるため、書き替えの対象にならない。そのため、「半数は電車に乗る。」、「残りは歩いて行く。」と別々に解釈される。「乗って」と「歩いて」を共に手段として解釈させるには、すでに3．2．2．1節の（1）で示した縮約展開型の書き替えを適用した後、本項の書き替えを適用すればよい。

7)　半数は電車に乗って残りは歩いて行く。

（2）様相・時制表現の書き替え

様相や時制は通常、助詞、自動詞の組み合わせ（主体的表現）によって表現されるが、名詞、動詞等によって客体化された表現で表される場合がある。例えば、8)では名詞述語「予定だ」によって「計画の意志」が示されている。また、10)は名詞述語「ところだ」によって、完了直後の状態を表している。このような表現は、8')、10')のように客体的表現から分離し、疑似的に主体的な表現として処理するよう書き替える。

8)　山谷電気は東京に本社を移す予定だ。

8')　山谷電気は東京に本社を移す（＋plan to 変形）。

9)　これは私が出した予定だ。

10)　バスは出発したところだ。

10')　バスは出発する（＋完結直後状態）。
11)　古戦場は武士が戦ったところだ。

なお、同じ名詞述語でも、9)と11)は、共に全体が「A is B」の英語構文に対応する表現であるため、書き替えの対象とならない。この区別は以下のようにして行なうことができる。すなわち、8)〜11)の文はいずれも、「AはBだ」の日本語構文であるが、名詞AとBの意味的関係を見ると、8)と10)は、AとB（「山谷電気」と「予定」および「バス」と「ところ」）が意味的につながらないが、9)と11)は、AとB（「これ」と「予定」および「古戦場」と「ところ」）の意味が意味属性体系上、上下関係にあるため、書き替えは適用せず、「A is B」の構文に訳せばよいことが分かる。*15

（3）接続表現の書き替え

文間の接続を表す語の中には、英語にした場合あまり意味を持たず、かえって意味不明となるような表現がある。例えば12)では、「のに続き」は行為の順序を示すだけであるので、内部表現上、接続属性として「順序接続」を付加し、原文から削除する。

12)　高機能を追加するのに続き、改良型を導入する。
12')　高機能を追加する（順序接続）、改良型を導入する。

表3.1　日本語書き替えルールの構成

キー単語	構文木内の位置	書き替えの対象表現			書き替え後の表現		
		構成	受け	係り	構成	受け	係り
乗る	B1	［乗り物］+に（助詞）	任意	B2（格関係）	［乗り物］+“ニノッテ”（助詞相当語）	＊	B3（格関係）
	B2	乗る（音便）+て（助詞）	B1	B3（接続関係）	＜削除＞		
	B3	行く［+＊］	B2	＜任意＞	＜変更無し＞	B1	＜変更無し＞

［凡例］B*n*: 部分表現（文節）の対応関係を示す。

３．３　自動書き替え方式

(1) 書き替え規則の形式

書き替え規則[*16]の形式を表３．１に示す。本規則では、書き替えの予期しない副作用を排除するため、書き替え対象となる表現は、原文中の単語の品詞、意味属性、字面のほか文字間の係り受け関係をも使って記述される。例えば、表３．１の規則を構文木で示すと図３．１の上段のとおりとなる。書き替え側では、「乗り物（意味属性指定）」が「乗る（字面指定）」に対して格関係にあること、「乗る」が「行く（字面指定）」に対して接続関係にあることが条件であるが、同時に、「行く」に対しては、任意の数の要素との係り受け関係を持ってもよいが、「乗る」に対しては、「乗り物」以外の係り受けを持ってはならないことが示されている。これによって、「～に乗って～行く」の表現でも、図３．１の中下段の例に示すように、書き替えてよい場合と書き替えてはならない場合が識別される。

(2) 規則起動のフェーズ

翻訳処理は形態素解析、構文解析、意味解析などいくつかのフェーズから構成されるが、あまり早い段階での書き替えは、解析情報が不足しているため、規則の適用対象を精密に指定することが困難で、３．２．１（４）で述べたような悪い副作用が生じやすい。逆に、解析が深く進行した後では、後に述べるような解析多義削

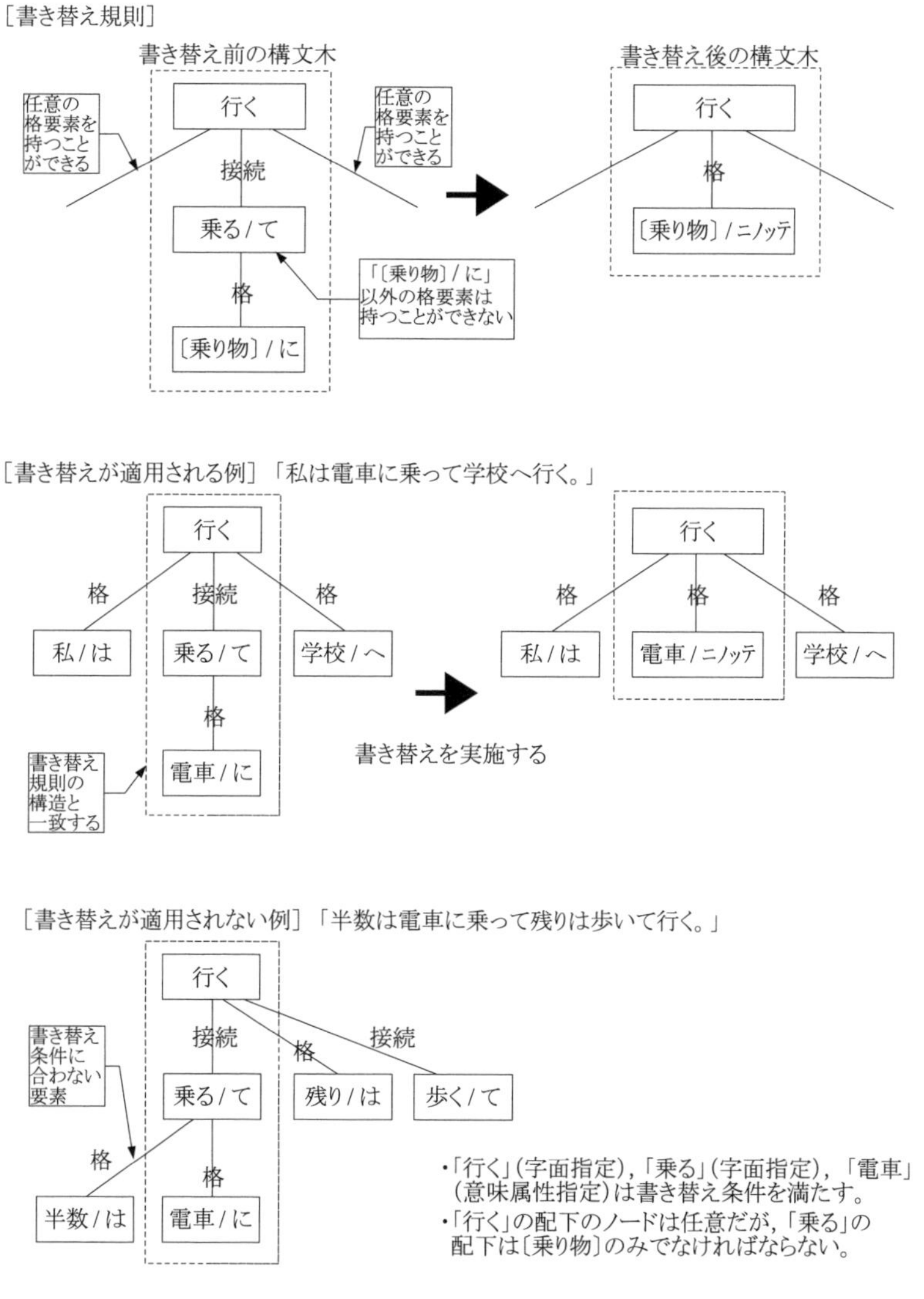

図3.1　書き替え規則が適用される場合と適用されない場合

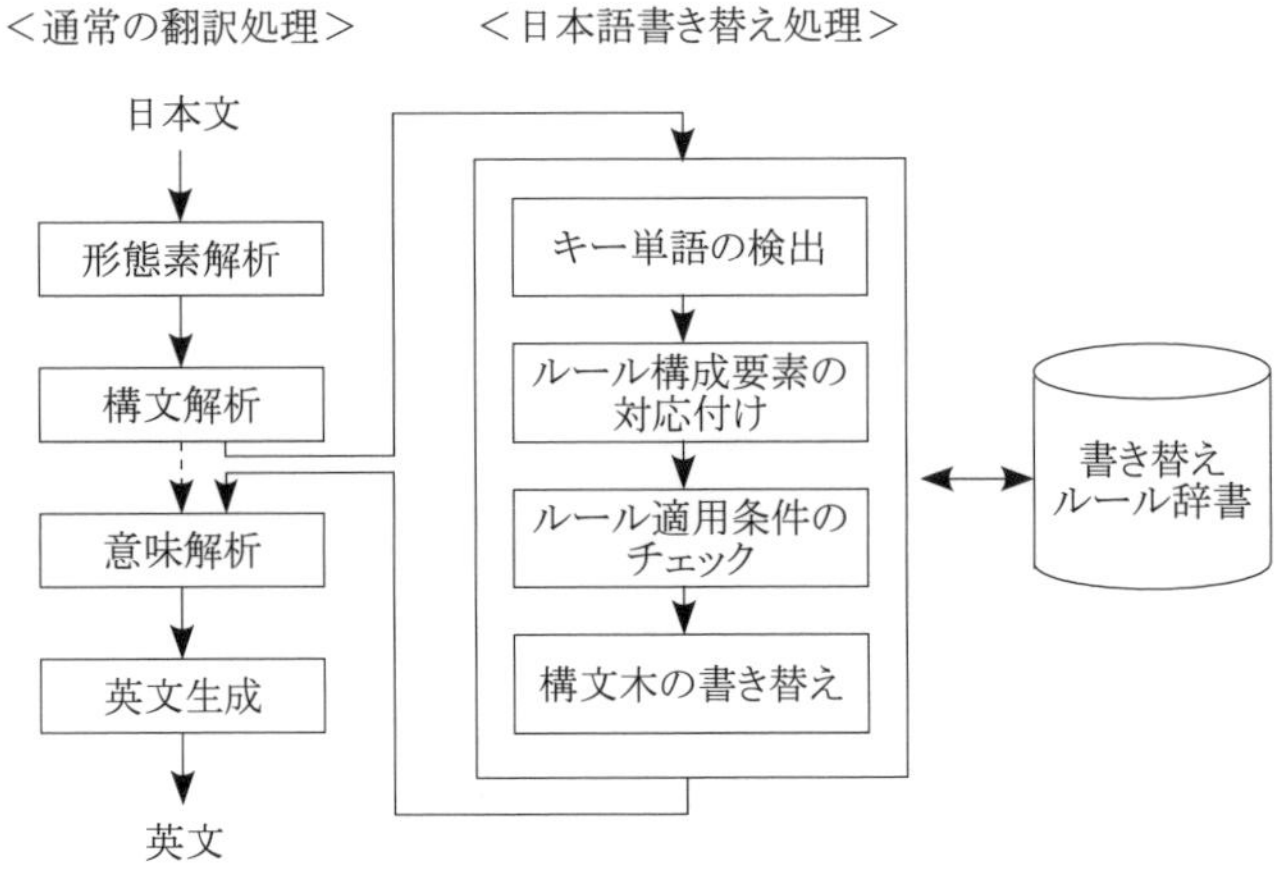

図3.2　日本語書き替え型翻訳方式の構成

減効果が減少する恐れがある。

そこで、ここでは前述の規則の適用条件がチェック可能になる時点、すなわち、構文解析の直後に書き替え規則を起動することとする。図3．2に、書き替え処理の位置と書き替え処理の構成を示す。

(3) 構文多義の扱い

構文解析では、構文上の多義は解消せず、いくつかの解析候補が残ることが多い。したがって、同一の原文に対する解析結果でも、書き替え規則が適用可能なものと適用不可能なものが生じることがある。その場合、両者を比べると、適用する知識内容の違いから、以下の理由で、書き替え規則の適用できる解釈候補の方が、相対的に正しい解釈になっていることが推定される。

①構文解析では、単語の品詞や文節の種類などの文法的知識が使用されるのに対して、書き替え規則では（1）で述べたように、単語の意味属性等の意味的知識などが使用される[*17]。

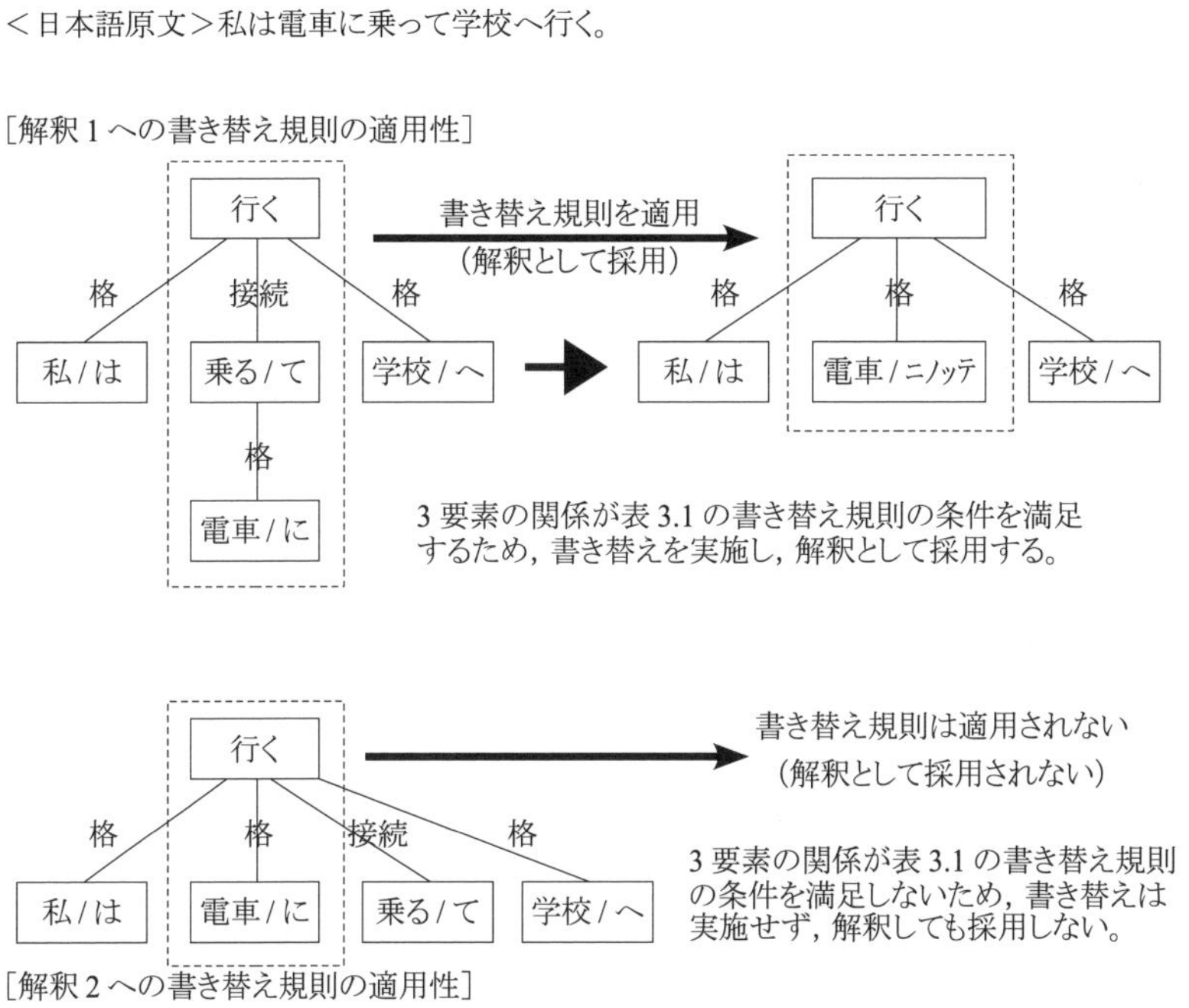

図3.3　書き替えによる多義削減の例

②構文解析では、文節間の関係が２項関係を基本に解析されるのに対して、書き替え規則では、多項関係で捉えられるため、表現構造の持つ意味が捉えやすい。*18

例えば、３．２．２（１）の例文6)では、構文解析の結果は、図３．３に示すような２つの解析多義を持つが、［解釈１］には表３．１の規則が適用できるのに対して、［解釈２］には適用できない。この場合、適用できない解釈の方を単に削除することにより、解釈は一意に定まる。

３．４　実験と評価

３．４．１　実験と評価の条件

３．２節、３．３節で述べた日本文書き替え方式を、日英機械翻訳システムＡＬＴ

－J／Eのうえにインプリメントし、日本文自動書き替えを実施した場合としない場合について、比較評価を行なった。

(1) 対象試験文と実装した規則数

日経産業新聞の32記事のリード文102文を翻訳対象とした。原文の文平均の文字数は40・2文字／文、単語数は21・2単語／文である。各記事のリード文は3・5文から構成されており、文脈を持っているため、記事単位に翻訳するが、評価は文単位に行なう。*19

また、書き替え規則は、上記の試験文を含む新聞記事500文と日英翻訳システム用の機能試験文（第2版3700文）[41]の翻訳実験に基づいて作成した940規則を実装した。

(2) 訳文品質の採点基準

訳文品質の採点基準は、ALPAC[57]の9段階採点基準を以下の観点で見直した10点満点法を使用した。

①訳文だけで原文の意味が理解できるものを6点以上とし、合格とする。
②簡単な後修正で使える英語となる文を8点以上とし、秀訳とする。

なお、採点は、翻訳会社の3名の日英翻訳家がお互いに独立に行ない、その平均点の小数点以下を四捨五入した整数値を訳文の得点とした。

3．4．2　実験結果と考察

日本文自動書き替え実験の結果を表3．2、表3．3に示す。試験に使用した102文に対して、書き替え規則の適用された文は、44文（43％）で、延べ適用箇所は52箇所であった。付表に、自動書き替えを適用しない場合と適用した場合の翻訳結果の例を示す。

以下、規則の適用された文における訳文品質の変化と意味解析多義の変化について考察する。

（1）訳文品質向上効果

規則の適用された44文のうち、33文（全体の32％）において訳文品質向上効果が見られた。全体の訳文合格率は55％から79％に向上した。本方式適用前後の得点分布を図3．4に示す。

102文全体の平均点は適用前の5・7点から6・6点に向上したのに対して、規則の適用された44文の平均点は、適用前の4・3点から適用後は6・7点となり、平均2点以上向上した。

特に、書き替え前の翻訳結果が4・5点の文の場合、その多く（15／19＝79％）が、6点以上の合格点となった。元の点が3点以下の文では、書き替え対象外の誤りの影響が大きいが、それでも合格点まで向上した例（9／16＝56％）はかなりあった。

規則適用によって不合格（5点以下）から合格（6点以上）に変化した例文は24文であるが、その内訳は、日本語内の書き替えによるもの（5文）、疑似的日本語への書き替えによるもの（18文）、それらの両者によるもの（1文）であり、疑似的日本語への書き替えの方が効果が大きい。

疑似的日本語への書き替えは、後の英文生成処理への負担が減少し、書き替え後の翻訳誤りの発生を防ぎやす

表3.2　書き替え前後の得点変化

:品質低下領域

前＼後		点	0	1	2	3	4	5	6	7	8	9	10	平均 4.3 点	
			書き替え後の得点												
			不合格点						合格点						
書き替え前の得点	不合格点	0													35文 80%
		1									1			1	
		2								1	1			2	
		3				4	1	2	5			1		13	
		4					1	2	2	3		1		9	
		5						1	3	4	1	1		10	
	合格点	6							3	1	2			6	9文 20%
		7								2				2	
		8											1	1	
		9													
		10													
	平均 6.7 点					4	2	5	13	11	5	3	1	合計 44 文	
			11 文 25%						33 文 75%						

［備考］対象試験文は新聞記事 102 文（32 記事）で，
文平均の文字数は 40.2 文字/文（21.2 単語/文）。

表3.3　書き替えルールの適用箇所と訳文品質向上効果

書き替え種別	番号	書き替えのタイプ	ルール適用箇所	訳文品質向上効果	合格文数の増加	訳文コンパクト効果
日本語内書き替え	1	縮約展開	7 箇所（7 文）	1.7 点	1 → 5	+ 1.3 語
	2	冗長除去	2 箇所（2 文）	3.5 点	0 → 2	- 0.9 語
	3	構文変換	12 箇所（11 文）	1.6 点	3 → 5	- 0.1 語
疑似的日本語表現の書き替え	1	独立句的表現	21 箇所（19 文）	2.3 点	3 → 15	- 1.6 語
	2	様相時制表現	7 箇所（7 文）	2.0 点	2 → 6	- 2.3 語
	3	接続表現	3 箇所（3 文）	1.7 点	1 → 3	±0.0 語
計又は平均	-	----	52 箇所（44 文）	2.0 点	9 → 33	- 0.8 語

［備考］(1) 対象試験文は 102 文で、文平均の文字数は 40.2 文字/文（21.2 単語/文）。
(2) 複数の書き替えルールの適用された文が 10 文あるが、書き替え効果は、適用されたルールごとに調べて集計した。

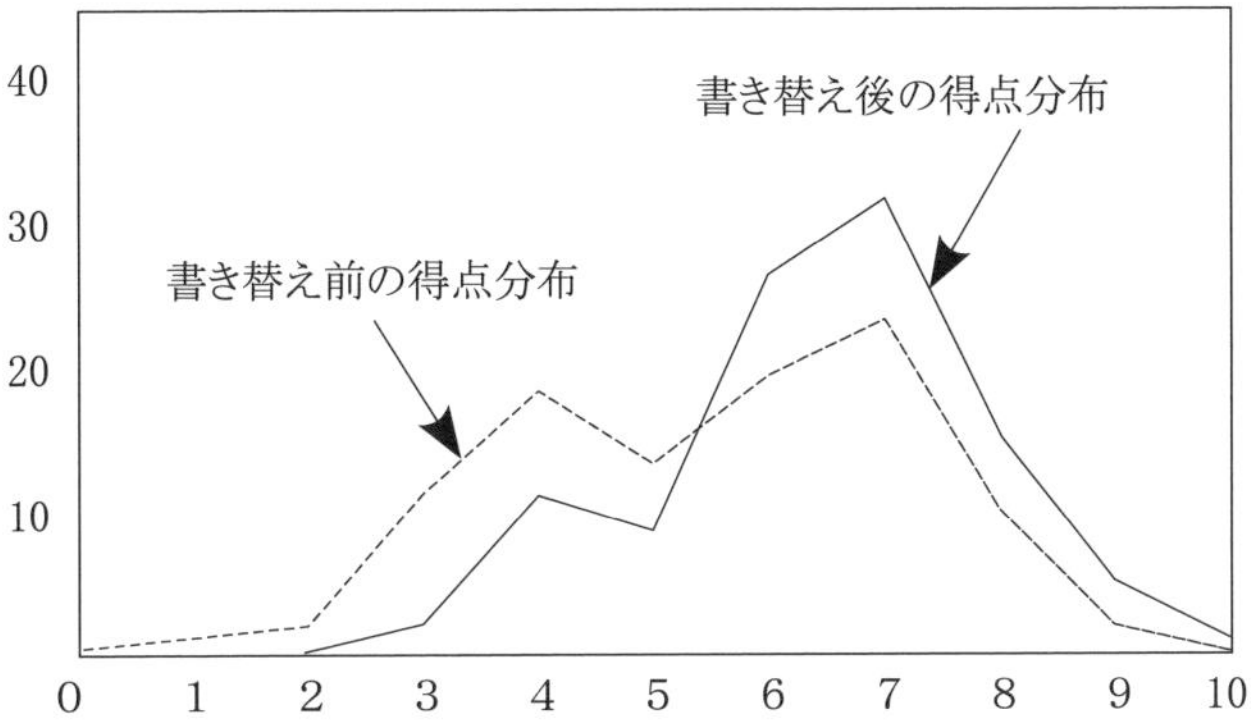

図3.4　書き替え方式による訳文品質向上効果

い等の利点もある。今後、さらに強化していきたい。

書き替え規則のタイプとその効果の関係を見ると、独立句的表現の書き替え規則の適用例が最も多く、訳文品質向上効果も大きい。

(2) 訳文コンパクト化の効果

訳文のコンパクト化の観点から見ると、縮約展開型書き替えでは、必然的に訳文の単語数が増加する（平均4・3語増）が、その他の書き替えでは減少している（平均1・8語減）。全体としてみれば、訳文の単語数の減少は、文平均0・8語程度にとどまっており、訳文コンパクト化の効果はあまり期待できない。

(3) 解析多義削減効果

規則が適用された44文の意味解析の多義は、平均5・4から1・3に減少した。この現象は、上記の訳文品質向上効果を生んでいると同時に、意味解析処理の高速化にも役立っている。

3・5　結言

機械翻訳の品質を向上させるための1つの方法として、（1）精密な単語意味属性を使用して書き替え規則を記述すること、（2）書き替え規則適用条件の判定可能な情報が得られる構文解析結果に規則を適用すること、によって副作用の少ない原文自動書き替え型の翻訳方式を実現した。

書き替える原文対象は、①着目する表現に対して、当システムで翻訳可能な別の原言語表現のある場合（原言語内書き替え方式）と、②別の原言語表現はないが、部分的に対応する目的言語表現のある場合（疑似的原言語への書き替え方式）の2つに分け、合わせて6種類の自動書き替え項目を実現した。

新聞記事を使用した翻訳実験結果によれば、書き替え規則の適用された箇所は102文中、44文、延べ52箇所であった。そのうち訳文品質向上効果のあった文は33文である。また、適用された文の構文意味解析の多義の数が平均5・4／文から1・3／文まで減少した。実験の結果、本方式は、翻訳品質向上、多義解消の双方において大きな効果があることが分かった。

また、本方式はインプリメントの観点から見ても、「翻訳困難な表現の翻訳に、既存の翻訳機能がそのまま利用できる」点で、大きな利点があり、今後の訳文品質向上策として有望であると判断できる。

今後の課題としては、節や構文全体の書き替えへの拡張が考えられる。その際、本章で示した疑似的日本語への書き替えによって入力文を目的言語の表現に接近させれば、一種の翻訳バイパスができることになるので、ハイブリッド型の翻訳方式になる。また、書き替えのタイミングの問題では、本章は構文解析の後の書き替えを示したが、形態解析後の解析誤りを回復するための書き替えなどについても適用可能であり[58,59]、翻訳品質の向上には有効である。

付表　原文自動書き替えによる訳文変化の例

種別	番号	原文	書き替え対象部分	自動書き替えを適用しないときの翻訳結果	自動書き替えを適用したときの翻訳結果
日本語内書き替え	1	二階にショールーム、三階に商談室、会議室、セミナー室を開設し、事務室は四階以上になる。	[縮約展開]ショールームを開設し、	*C.Ito Techno-Science Corp.* will set up conference room, a meeting room and a seminar room in the second floor to a show room and the third floor and an office will reach the fourth and higher floors. ＜評価＝3点＞	*C.Itoh Techno-Science Corp.* will set up a show room in the second floor and will set up conference room, a meeting room, and a seminar room in the third floor and an office will reach the fourth and higher floors. ＜評価＝6点＞
	2	同社がこの二十五年間で蓄積してきた自治体向けのアプリケーションプログラムを集大成するもの。	[冗長除去型]集大成するもの。→ 集大成する。	Sales of local government specialized system with an office computer is the thing which the application program of the aimed at local governments that this company has stored in these 25 years is compiled. ＜評価＝2点＞	It will compile the application program for the local government that this company has stored in these 25 years. ＜評価＝7点＞
	3	二機種合わせて月四百台生産する。	[構文組み替え]→ 二機種の合計月産は*400*台だ。	It produces *Midori Denki* 合わせて in 2 models in 400 units per month. ＜評価＝2点＞	The monthly output of 2 models is 400 units. ＜評価＝8点＞

注）翻訳結果の斜体字：文脈処理で，記事内の他の文から補完された要素を示す。

種別	番号	原文	書き替え対象部分	自動書き替えを適用しないときの翻訳結果	自動書き替えを適用したときの翻訳結果
疑似的日本語表現の書き替え	1	ソフト会社、N&Cソフトウエアはシステムハウスの ユニコムオートメーションと共同でパソコンを使った カラー印刷システムアトリエ・ビットを開発した。	[独立句書き替え]と共同で→ jointly withを使った→ using	N&C Software Corp., a software company, developed Atlier Bit, the system of color printing that used a personal computer by Unicom Automation Corp. and the synergic of a system house. ＜評価＝4点＞	N&C Software Corp., a software company, developed Atlier Bit, the color printing system using a personal computer, jointly with Unicom Automation Corp., a system house. ＜評価＝9点＞
	2	富山センターはソフト開発要員五十人でスタート、百五十人に増やす計画。	[様相時制書き替え]計画。→ be planning to ～	The Toyama Center is a start in a development staff of 50 and is a plan increased in 150 person. ＜評価＝4点＞	The Toyama Center starts in a development staff of 50 and is planning to increase the Toyama system Center to 150 people. ＜評価＝7点＞
	3	出版取次はもともと利益率が低いことに加えて、出版物も需要が鈍化しているため苦しい経営を余儀なくされている。	[接続表現書き替え]ことに加えて、→ not only ～ but also ～	Because it adds a publication agency to that a profit rate is low originally and the demand for publication is slackening, tight management is made to be unavoidable. ＜評価＝4点＞	Because not only the profit rate of a publication agency is low originally, but also the demand for publication is slackening, tight management is made to be unavoidable. ＜評価＝7点＞

第四章

日英機械翻訳に必要な結合価パターン対

4.1 緒言

機械翻訳において意味解析の重要性が指摘されている。意味解析の方法としては、単語の共起関係に着目して単語相互の意味を決定する方法が研究されているが、中でも、動詞の意味解析においては、動詞と名詞の意味的な共起関係に着目した結合価パターンを使用する方法が有効であることが知られている。この方法を実現するには、パターンの記述精度の問題とパターン対収集方法の問題がある。

パターン記述精度の問題については、日英機械翻訳の場合、格要素となる名詞の意味属性を約2000種類以上の分解精度で分類すれば、慣用表現を除き、日本語の動詞を訳し分けられるようなパターン対が記述できることが知られている。[47]

これに対して、パターン対収集の問題についても、すでに、種々のヒューリスティックスや学習技術を応用した方法が提案されている。しかし、どれだけのパターン対を作成すればよいか不明であること、網羅的にパターン対を作成するのに必要な用例を実際の文書から収集するのは困難なことなど、様々な問題があり、実用化できるレベルにない。例えば、黒橋らは例文とシソーラスを用いて文型を同定する方法を提案した。[60] また、アルモアリムらは自動学習の手法を用いた翻訳ルールの自動抽出方法を提案し、6動詞に対し各27〜80の対訳用例を用いた抽出実験に成功している[61,62]。しかし、これらの方法を使用するには、学習に必要なだけの種類と量の例文を入手できることが前提となる[*20]。例えば、日英翻訳の場合、使用頻度の高い和語動詞のパターン対をほぼ網羅的に学習させるには1000万ペアの日英対訳文が必要であると言われている[63]。しかも、その対訳文は動詞と名詞を組み合わせた単純な文形式で与えられなければならない。実際の文書から得られた例文は通常、複雑な構造を持つ場合が多いので、目的に合わせて単純化する作業が必要となる。このように、膨大な量の単純化された用例を実際の文書から機械的に収集することは、事実上、不可能である。

これに対して機械翻訳では、一度網羅的なパターン対が完成すれば[*21]、繰り返しパターン対を作成する必要はない[*22]。また、訓練されたアナリストによれば、適切な対訳用例があれば、類推能力によって、1用例から1パターン作成することができると推定される。これらの点を考えれば、現状では、パターン対作成作業はむしろ人手を中心に進め、計算機はあくまで作業支援に使用するのが現実的と考えられる[*23]。

そこで、本章では、人手によるいくつかのパターン対作成の方法について部分的な作業実験をし、その結果から、日英機械翻訳ではどれだけの数のパターン対が必要か、また、それは実際にはどのような方法によれば作成できるかを明らかにする。

具体的には、単語当たりの語義数が多いためパターン対の相互関係が問題となる和語動詞約1000語の中の代表的な動詞を対象に、（1）人間用の和英辞書に記載された語義に着目する方法、（2）日本語の語義に着目する方法、（3）人間の知識を内省して用例を作成し、その用例からパターン対を作成する方法の3種類の方法を示し、それらの方法でどれだけのパターン対が収集できるかを検討する。また、得られたパターン対の数から、和語動詞全体では最終的にどれだけの数のパターン対を作成すればよいかを推定し、その作成方法について議論する。

最後に、漢語動詞、形容詞系述語、名詞述語のほか、用言性の慣用表現を含むパターン対全体で必要なパターン対の数についても考察する。

4．2　前提条件

4．2．1　パターン対記述の枠組み

機械翻訳において用言と名詞の共起関係の知識を結合価パターンにまとめるには、対象となる用言の種類、名詞の意味分類の方法等が問題となる。特に、名詞の意味分類では、翻訳する言語ペアによって必要とされる分解能に差が生じる。日英機械翻訳の場合は、日本語の用言と英語の用言の意味的な対応関係が記述できる程度の分解能を得るため、日本語の名詞の意味を２０００種程度以上に分解整理することが必要とされている。[47] 本章では、この条件を満たしていると見られる日英機械翻訳システムＡＬＴ－Ｊ／Ｅ[44]の枠組みを用いてパターン対の作成方法を検討する。以下では、ＡＬＴ－Ｊ／Ｅのパターン記述の枠組みを示す。

ＡＬＴ－Ｊ／Ｅの結合価パターン記述の枠組みは、図4．1に示すように、日本語名詞に対する単語意味属性体系と2つの意味辞書（単語意味辞書、構文意味辞書）から構成される。単語意味属性体系は、2種類の意味属性体系から構成されるが、結合価パターンの記述には、そのうちの一般名詞意味属性体系が使用される。これは、日本語名詞の意味的な用法を約２８００種の属性名で表現し、それらの相互の意味的関係を12段の木構造に整理したものである。単語意味辞書では、単語約40万語の持つ意味（1単語1つ以上）が単語意味属性を用いて記述されている。また、構文意味辞書は日本語の結合価パターンとそれに対応する英語の構文パターンをペアとして

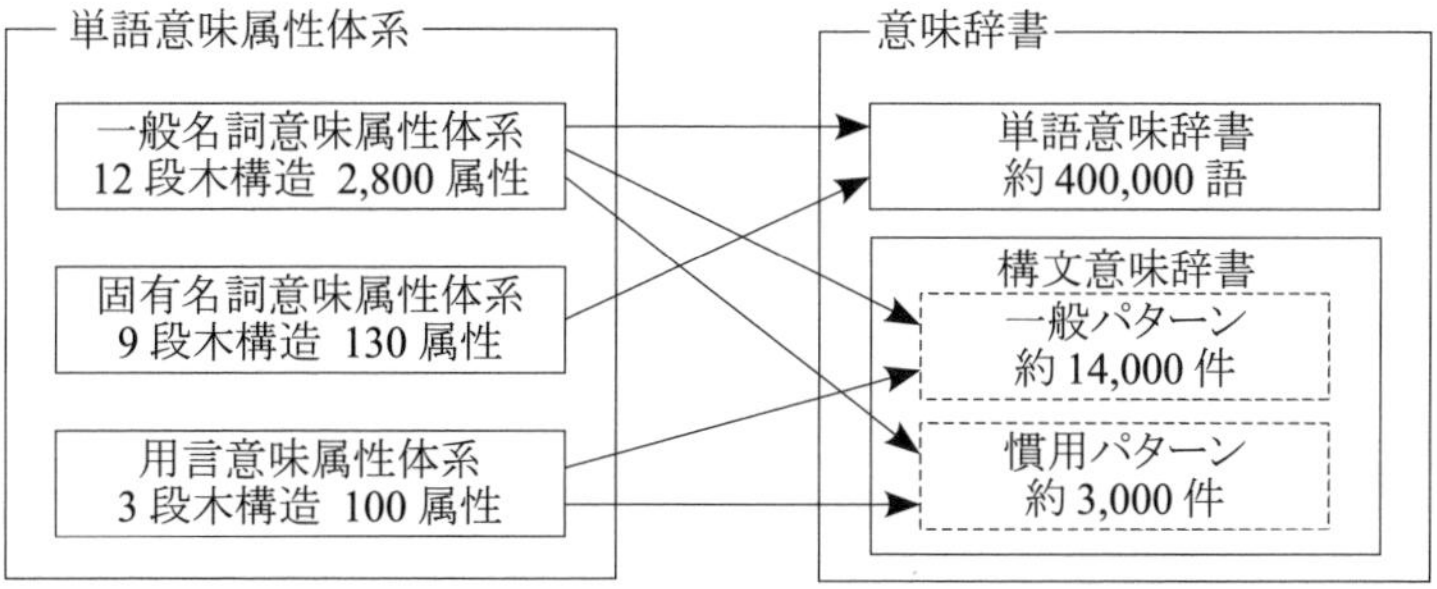

図4.1　ALT-J/Eにおけるパターン対記述の枠組み

持つ。これらの辞書は、構文解析結果の絞り込み、動詞の訳語の選択、名詞訳語の選択等の意味解析に使用される。

ＡＬＴ－Ｊ／Ｅの結合価パターンは、用言（動詞、形容詞）、格要素（主名詞＋助詞）、副詞要素、様相情報から構成される。主名詞は、通常、日英の動詞が訳し分けられる最小限の深さの意味属性を用いて記述される[47]。意味属性で代表できないような名詞の場合は、名詞そのものが使用される。格要素の主名詞が意味属性によって指定されたパターンを一般パターン、1つ以上の格要素の主名詞が名詞そのものによって特定されたパターンを慣用パターンと呼ぶ*24。慣用パターンは、慣用表現や固定化した比喩的な表現に対する日英間の対応付けのために使用される。本章では、一般パターン対の収集を対象とする。

結合価パターンは、述語となる用言（動詞、形容詞）ごとに作成される。日本語では名詞が述語になる場合があり、この「名詞＋だ（です）」型の述語は一般に英語では名詞補語として訳出されるが、名詞補語には訳出できないものに対し名詞を述語とするパターンが作成される。例えば、「今日は晴れだ。→It is fine today.」や「あなたに質問です。→I ask you a question.」などである。また、述語が複合語の場合、例えば、「成功は努力次第だ。→Success depends on one's efforts.」に対しても同様にパターン対が作成される。

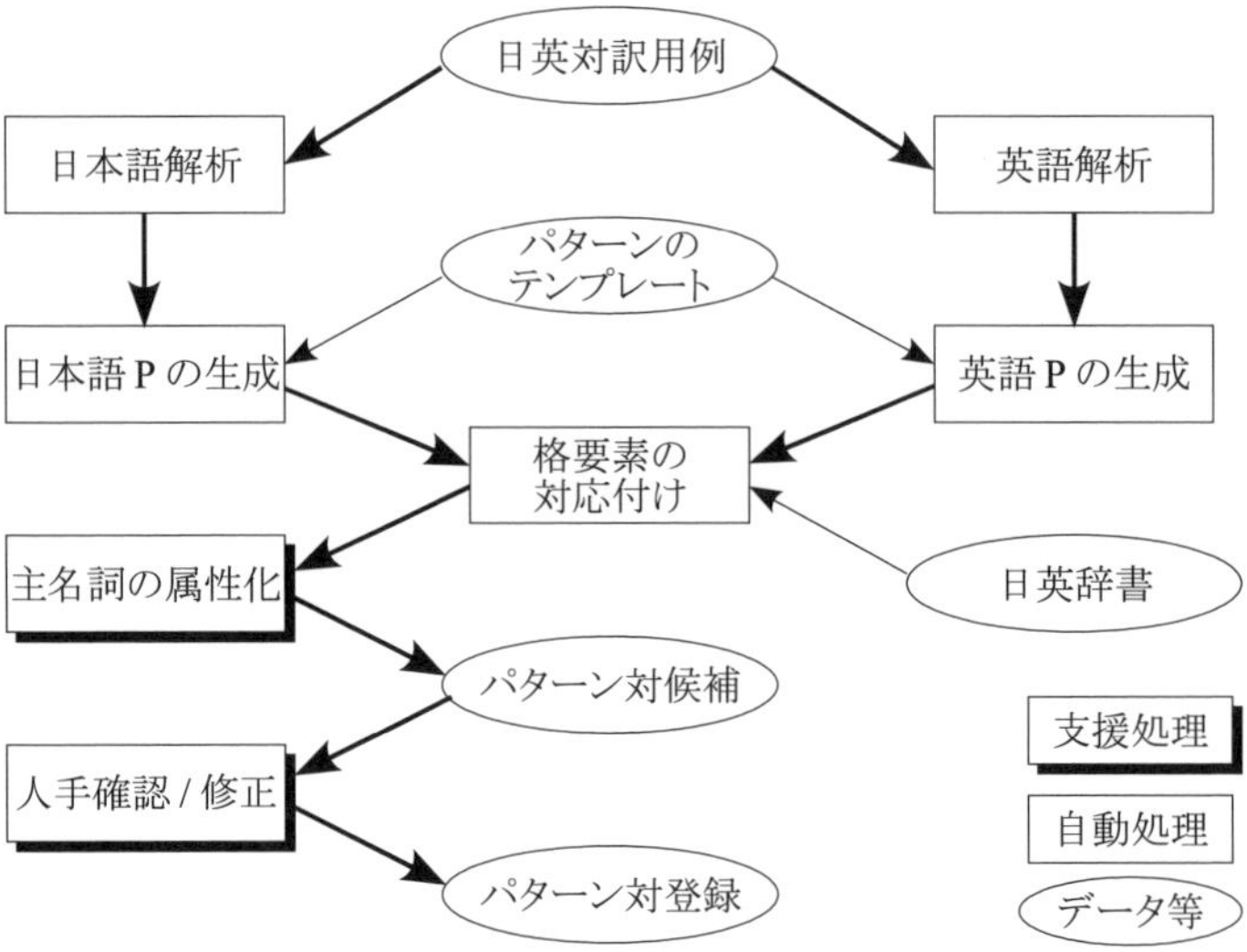

図4.2　ALT-J/Eにおけるパターン対作成支援の仕組み

4・2・2　パターン対作成の方法

精度の良いパターン対を効率的に作成するには、対訳用例からパターン化すべきものを発見しパターン対の作成を支援する仕組みと、作成したパターンと既存のパターンとの間の無矛盾性を検証する仕組みが大切である。ＡＬＴ－Ｊ／Ｅでは、パターン対作成の過程を支援するために図４．２に示すような仕組みを実現した。

(1) パターン対作成支援の方法

日英機械翻訳用のパターン対の構造はその大半が約10種類のテンプレートで記述できることが知られている。[64] したがって、これを使用して与えられた日英対訳用例の中から日本語側、英語側のパターン要素を指定すれば、最低限のパターンは容易に作成できる。しかし、質が良く汎用性の高いパターン対を作成するには、パターンの適用範囲を決定する名詞要素の記述が大きな問題となる。この作業を支援するため、ＡＬＴ－Ｊ／Ｅでは以下のコンピュータ支援処理を実現した。

例えば、用例「彼は電話を引いた。→He installed a telephone.」に対して、まず「X〔主体〕が／〝電話〟を／引く→X install a telephone」というパターンが作成される。支援処理は単語意味辞書を見て名詞〝電話〟の意味属性とその上位の意味属性を表示するので、アナリストはこれを見て〝電話〟の部分を汎用的な意味属性に置き換えてパターンを作成するか、そのまま辞書に登録するかする。そのまま登録した場合、その後、日本語動詞〝引く〟、英語動詞〝install〟である用例が追加されたとき、支援処理が再度、ヲ格の名詞（複数）に共通する意味属性を表示するから、それを見てアナリストはパターンを汎用化できる。用例が増加すれば意味属性候補の判断はより正確になる。

(2) パターン対相互チェック支援の方法

結合価パターンは述語を見出し語として登録されるから、見出し語が異なるパターンの間で相互に干渉することはない。したがって、パターン相互の無矛盾性をチェックするには、同一の見出し語を持つ用例を対象に翻訳実験を行なえばよい。そこでALT-J／Eでは、パターン相互の無矛盾性チェックを支援するため、以下の手順を半自動的に実施する仕組みを実現した。まず、前述の（1）の処理の後、パターン作成に使用した用例とそれに対する機械翻訳の結果を保存する。再び（1）の手順で新パターンを作成したときは、新パターンを暫定的に登録した後、同一の見出し語を持つ既存の用例を対象に翻訳実験を行なう。その結果を過去の翻訳結果と比較して、差分の生じた用例とその翻訳に使用されたパターン対を出力する。アナリストはそれを見て、新パターンの最終的な登録の可否を判断する。無矛盾性チェックの結果によっては、新パターンの作成だけでなく、既存パターンの修正が必要な場合もある。パターンの修正はまた（1）に戻って実行される。

4．3　パターン対収集の方法

上記の支援システムはあくまで人手作業を支援するものであり、すべての知的判断は人手で行なわれる。そして、判断に使用される基本情報は日本語用言の語義もしくはその用例である。そこで、用言の語義および用例の入手方法に着目して、パターン対収集の手順を3段階に分けて考える。すなわち、(1) 和英辞書の語義を参照する方法、(2) 日本語の語義に基づく方法、(3) 人の知識を内省する方法の3種類の方法を順に適用してパターン対を作成するものとする。

4．3．1　和英辞書の語義分類に基づく方法

(1) パターン対収集の方法

パターン対を収集する第1の方法として和英辞書の情報を参照する方法を考える。人間用の和英辞書には、日本語の用言に対して、語義とそれに対応する英語の動詞や語法、例文などが記載されている。したがって、これらの辞書に記載された語法や例文を分析し、格要素、副詞要素などの日本語側の制約条件を整理すれば、日本語動詞と英語動詞のペアに対してパターン対を作成することができる。例えば、『ライトハウス和英辞典』[65]には、動詞「上がる」に対して5つの語義が示され、第2の語義の例文として次の文がある。

彼の学校の成績が上がった。

His school record *has improved.*

X〔成績, 能力〕/が　　　SUBJ …… X
Y〔数量〕/から　　　VP …… improve
Z〔数量〕/まで　　　PP …… from Y
上がる　　　　　　　PP …… to Z

図4.3　人間用の辞書を使用したパターン対作成の例

この例文の文要素を分析し、若干の情報追加を行なえば、図４．３のようなパターン対が得られる。

本章では、何冊かの和英辞書[*25]を使用してパターン対を作成した。

（２）収集されたパターン対の数

和英辞書に含まれる主な用言５６００語に対して上記の方法でパターン対を作成した。得られたパターン対は、当初、一般パターン１万件、慣用パターン５０００件であった。その後の見直しにより、一般パターンの中に統合できるものが含まれていること、また、慣用パターンの中にも汎用化できるものがあることなどが分かり、辞書から収集したパターン対は一般パターン１万件と慣用パターン３０００件となった。

（３）翻訳実験での充足性

上記で得られたパターン対を使用して、情報処理装置関連の仕様書（１３６１文）の翻訳実験を行なった。その結果によれば、試験文中に現れた用言の種類は１４２件、翻訳に必要なパターンは２０１件であるのに対して、本節の方法であらかじめ準備できていたパターン対は１２０用言に対する１５４件であった。試験文中の22の用言（22パターン）はパターン対が登録されていないこと、また、23の用言に対しては合計25のパターンが不足していることが分かった。

この例から見れば、用言数で15％（22／142）、パターン数で23％（22＋25／201）が不足していることになる。中でも、パターン対が不足している用言は、単語当たりの語義の多い和語動詞が多い。

4．3．2　日本語辞書の語義分類に基づく方法

(1) パターン対用例収集の方法

前節で見たように、和語動詞は語義が多いため、通常の和英辞書の語義分類だけでは翻訳パターンを網羅的に収集することは困難である。これに対して、和語動詞については、かねてより日本の言語学者（20名あまり）を中心にその語義と対応する用例を収集分析する研究が進められており、すでに861動詞に対して語義と語義ごとの用例（ただし、日本語用例のみ）がIPAL動詞辞書[66]*26としてまとめられている。そこで、本節では、第2の方法として、日本語の語義をより詳細に分類する立場から、この辞書の用例を使用したパターン対の収集を考える。具体的には、IPAL動詞辞書の各語義に示されている用例に対して、日本語原文に忠実で、かつ、英語としても十分通用する英訳文を翻訳家に作成してもらい、その対訳データからアナリストがパターン対を作成する方法でパターン対の収集を試みる。

(2) 収集されたパターン対の数

上記の方法では、861の和語動詞に対して、5243文（和文7・5万字、英文4万語）の対訳例文が得られた。これらの対訳用例を使用したパターン対作成作業では1399パターン対が新規に作成され、既存のパターン対のうち414件が修正された。

表4.1　IPAL語義と文型の対応

動詞＼分類	「語義」対「パターン」の関係					合計
	1対1	1対n	m対1	m対n	保留	
あがる	8	5	1	3	1	18
あげる	14	2	1	1	3	21
だす	8	9	5	4	1	27
でる	13	3	10	4	2	32
合計	43 43.9%	19 19.4%	17 17.3%	12 12.2%	7 7.1%	98 100%

（3）追加拡充の程度

ＩＰＡＬ動詞辞書は、日本語動詞の語義分類に基づいて用例が作成されている。したがって、日英翻訳用のパターン対の観点から見ると、日本語動詞の語義とパターン対との対応関係（1語義が1パターンに対応するか）が問題となる。そこで、日本語の語義の多い4動詞について、語義とパターン対の対応関係を調査した。その結果を表4．1に示す。この表から、日本語用言の語義とパターン対が1対1に対応するものは4割にとどまり、両者は必ずしも対応しないことが分かった。このことは、日英機械翻訳から見れば、ＩＰＡＬ辞書の語義分類は、英語に訳出するうえで、必ずしも適切ではないことを意味している。すなわち、日英翻訳では、日本語と英語の意味的対応関係に即して、日本語の語義分類をする必要のあることが分かる。

4．3．3　人の知識を内省する方法

（1）パターン用例収集の方法

前節までの結果から、人間用の和英辞書、日本語辞書の双方から用例を収集しても十分なパターン対が作成できないことが分かった。日本語例文とパターン対の関係を観察すれば、同じ動詞を使用していても、動詞の使われ方のニュアンスが異なるときに新たな英語パターンが必要となる場合が多いことに気がつく。そ

こで、第3の方法として、英語の理解できる日本人が辞書等を参考にしながら自分の知識を引き出し、日本語としてニュアンスの異なる用法を可能な限り列挙するという方法で用例の収集を試みる。

列挙する用例は、作業にかける時間にもよるが、ある程度の時間以上考えても用例が思い浮かばなくなるまで抽出することとした。[*27] 用例数としては、いくつかの動詞について思考実験した結果に従い、IPAL動詞辞書の語義数の2~3倍を目標とした。また、これらの日本語用例に対する英訳は翻訳専門家に依頼し、対訳用例集を作成することとした。

(2) 収集されたパターン対の数

上記の方法による作業結果では、約1.5人年の作業により、861動詞[*28]に対し用例1万500文（和文13万字、英文6.8万語）が収集された。[*29]

また、収集した用例から、語義数の多い動詞と少ない動詞が混合するように36動詞（1100用例文）を選び、パターン対の抽出を試行したところ、新たに300パターンが抽出された。第1ならびに第2の方法で得られなかったパターン対が1動詞当たり平均10パターン見つかったことになる。

4.4 収集された用例とパターン対の数の比較推定

4.4.1 収集された用例の数とパターン対の数の比較

前述の36の和語動詞について、3章で述べた3つの方法によって得られた用例数とパターン対の数を比較して表4.2に示す。参考のため、この表のほぼ中間位置にある動詞「上がる」について、3種の方法で得られた動

表4.2　収集されたパターン対の数の比較（和語動詞の例）

	収集方法	第1	第2			第3		一般P数	［参考］
IPAL表記	漢字表記	P数	語義数	例文数	追加P	用例数	新規P	数合計	慣用P数
でる	出る	22	32	49	5	145	38	65	18
だす	出す	16	27	53	15	95	22	53	21
あける	空ける 明ける 開ける	4 4 3	11	17	1 0 1	14 9 9	5 2 2	10 6 6	0 1 1
たつ	立つ 発つ 建つ 経つ	5 2 1 2	13	24	4 0 0 0	75 6 5 3	30 1 0 0	39 3 1 2	11 0 0 0
あく	空く 開く	4 5	10	12	4 2	13 12	4 4	12 11	1 0
たてる	立てる 建てる	8 1	9 1	17	7 0	69 5	29 0	44 1	7 0
あげる	上げる	8	21	31	13	98	16	37	14
おちる	落ちる	8	11	21	7	53	23	38	1
たつ	断つ 絶つ	4 4	1 3		0 0	6 6	1 2	5 6	0 0
あがる	上がる	7	18	31	16	90	16	39	12
はいる	入る	7	23	34	11	105	31	49	5
おとす	落とす	6	14	19	5	53	15	26	3
くずす	崩す	6	4	4	2	8	2	10	0
いれる	入れる	5	19	30	12	113	28	45	10
くずれる	崩れる	5	4	6	2	13	4	11	0
きめる	決める	3	14	20	4	28	5	12	0
さける	避ける	3	6	11	0	9	2	5	0
きまる	決まる	3	8	17	2	32	10	15	2
うめる	埋める (うめる) (うずめる)	3	 4 4	 5 4	1	9	0	4	1
さく	割く 裂く	2 1	5	7	0 5	4 3	2 0	4 6	0 0
うまる	埋まる (うまる) (うずまる)	2	 5 3	 6 4	2	5	1	5	0
さける	裂ける	1	1	3	2	4	1	4	0
さく	咲く	1	1	1	0	3	2	3	0
	合計	156	271	426	123	1102	298	577	108

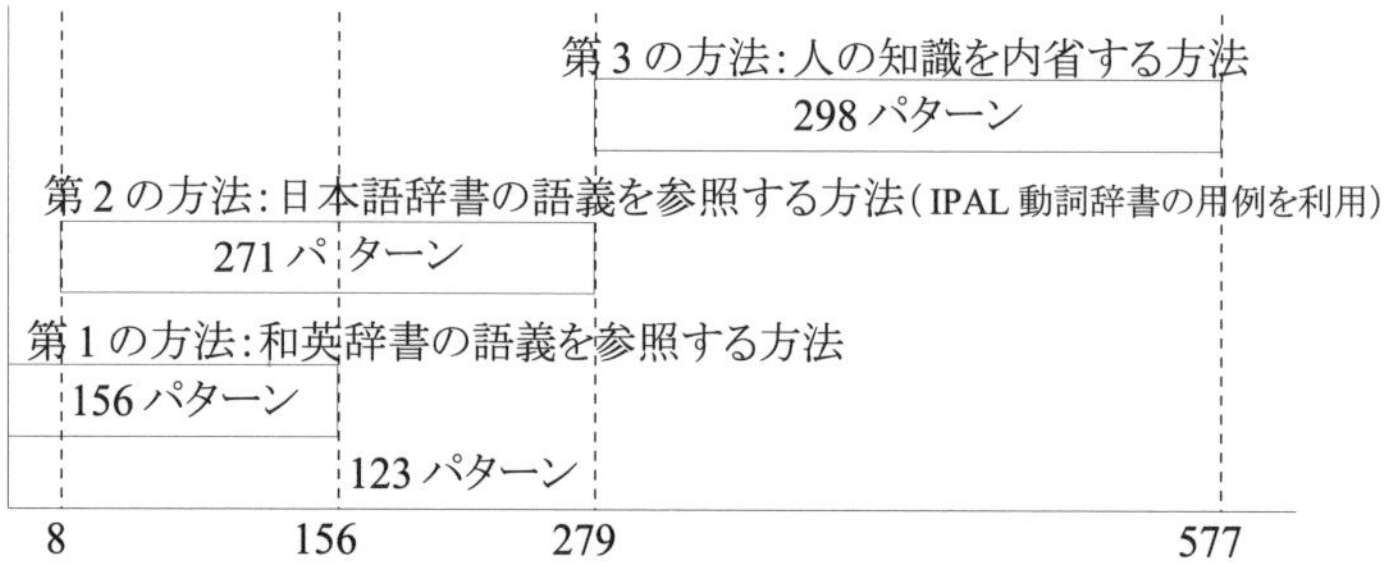

図4.4　3種の方法で得られたパターン対の種類の関係

詞用例とそれらの用例から得られたパターン対の関係を付表4．1～4．3に示す。

表4．2から、各手法で得られたパターン対の数の関係を示すと図4．4のとおりとなる。これらの図表より、以下のことが分かる。

①第1の方法に加えて第2の方法を実施すれば、第1で得られるパターン対の数の約2倍のパターン対が収集できる。

②第1、第2の方法に加えて第3の方法を実施すれば、第1、第2で得られるパターン対の数のさらに2倍以上のパターン対が収集できる。

これらの結果から、和語動詞について見れば、和英辞書から収集されるパターン対の約4倍が人間の知識の内省によって得られることになる。

4．4．2　必要なパターン数と用例数の見積もり

(1) 和語動詞の場合

第3の方法で得られるパターン対の網羅性を調べるために、アナリストを代えて用例作成を行ない、その用例から得られたパターン対を比較した。その結果、各アナリストの作成した用例から得られたパターン対はほぼ一致することが分かった。[*30] したがって、前項で取り上げた個々の動詞のパターン対

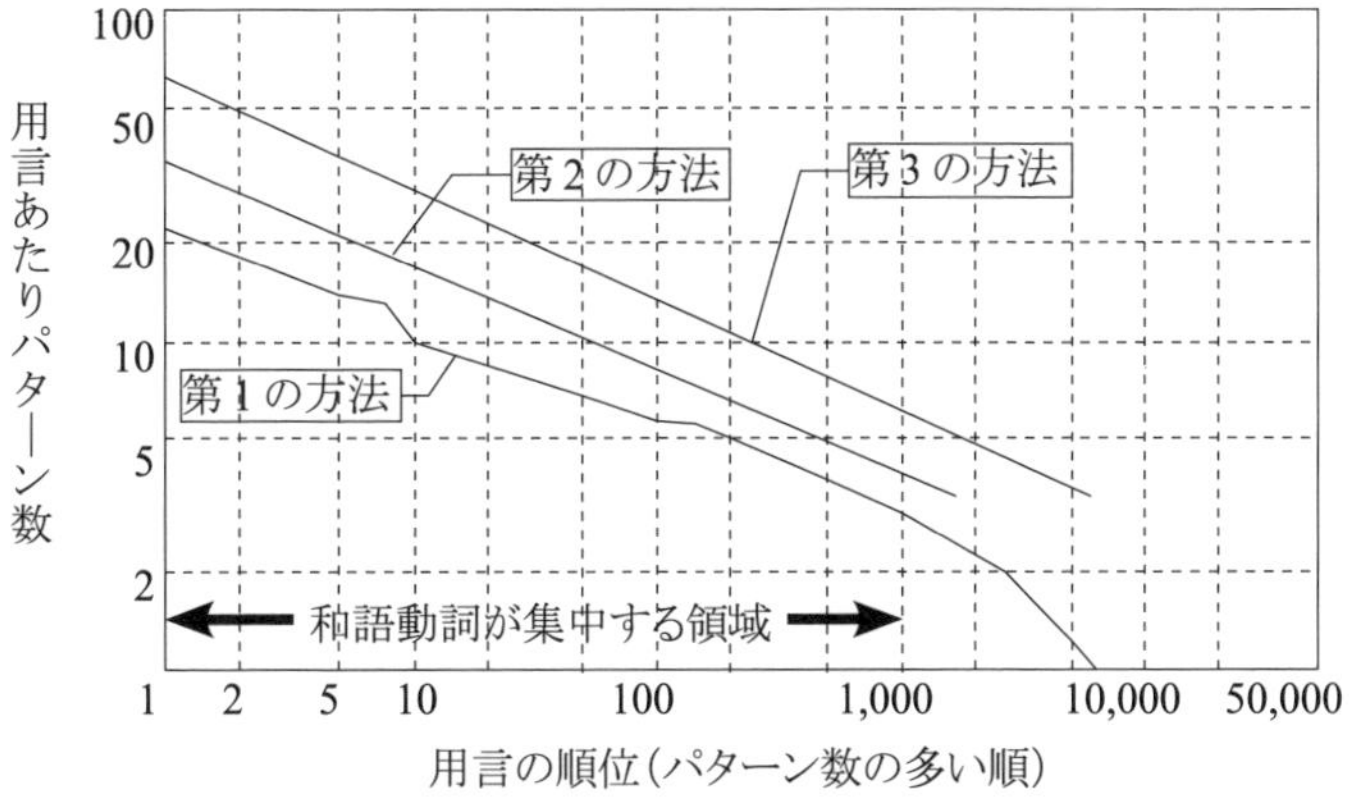

図4.5　日本語用言に対するパターン対の数の分布

の数は、ほぼ、それぞれの動詞に必要なパターン対の数とみなせる。この結果に基づき、和語動詞に対して日英機械翻訳でどれだけの数のパターン対が必要とされるかを予測する。

まず、第1の方法で得られたパターン対の数を図4．5の実線で示す。次に、前節で取り上げた動詞に対して第2、第3の方法で得られたパターン対の数をプロットし、それらの点をなめらかに結べば、それぞれ実線で示す結果が得られる。

この図から、和語動詞に対して必要となるパターン対の数はおおよそ9000件と推定される。

(2) 最終的な規模予測

日英機械翻訳システムにおいて、パターン対に整理することが適切と見られる述語としては、和語動詞のほかに漢語動詞、形容詞系の述語等がある。また、前章までは一般パターンについて述べたが、用言性の慣用表現もパターン対とすることが適切と考えられる。

これらのうち、形容詞系の述語は和語動詞と同様の性質を持っため、本章と同様の方法が適切と考えられる。慣用パターンも同様である。漢語動詞は、通常、1単語当たりのパターン対数はほぼ1～2件であるため、用例が得られれば比較的容易に収集可能である。*31

表4.3　日英機械翻訳で必要なパターン対の数と
その収集に必要な用例の数の見積もり

パターンの種類＼比較項目		必要量見込み		第1の方法		第2の方法(追加見込み)			第3の方法(追加見込み)		
		用言数	パターン対数	用言数	パターン対数	*対象用言数	用例数	パターン見込	対象用言数	見込み用例数	パターン見込
一般パターン	和語動詞	1,500	9,000	1,500	4,000	1,000	5,200	1,500	1,200	15,000	3,500
	サ変動詞	6,500	8,000	3,000	4,000	(50)	(141)	(9)	4,000	8,000	4,000
	形容詞系	2,000	3,000	1,100	2,000	200	2,400	500	500	2,000	500
	小計	10,000	20,000	5,600	10,000	1,200	7,600	2,000	5,700	25,000	8,000
慣用パターン		---	5,000	---	3,000	---	---	---	---	不明	不明
合計		10,000	25,000	5,600	13,000	1,200	7,600	2,000	5,700	25,000	8,000

(* 漢字表記による異なり数)

そこで、これらの語を含む用言全体として必要と見られるパターン対の数を推定すると表4．3を得る。表4．3では、推定されたパターン対の数に対して、本章の方法でどれだけ収集できる見込みかについても示す。この表から、日英機械翻訳では、一般パターン、慣用パターンを含め、約2万5000のパターン対が必要と推定される。

4．5　用例の収集方法

4．5．1　用例の網羅的収集

一般パターン対の網羅的の向上を考えたとき、抽象化した状態の文型を収集するのは容易ではないため、まず様々な用法を例文という形で内省により網羅し、例文を抽象化する2段階で考える。例文作成の対象とする用言の選択として、現代語の用言として相応しいかどうかは個別に判定するが、1つの辞書を選択して大まかな基準として利用する方針とした。また、生成された例文が自然な表現かどうかが問題となる場合はあった。これについては、同じ作業者がある程度時間が経ってから見直すか、別の作業者と相互検査することにより排除に努めた。一連の作業経験を踏まえ、次の条件を設定した。

①『現代国語例解辞典』[68,69] 所収の用言性の語を対象とし、語釈や例文を参照

し、または類推することにより例文を作成する。

〈備考〉自然な例文を作成できる語を対象とした。収録語のうち現代語として不適当と思われる語を除外した。例文の作成を進めながら、例文作成が困難なものを、例文作成者同士の協議により除外した。

②例文作成者の主観で、用言のニュアンスが異なると感じられるものを広く例文化し、可能な限り「一般的で単純な名詞を格要素とする単文」とする。

〈備考〉日本語表現の作成作業として位置付ける。すなわち、対応する英訳が異なるところまでは要求しない。結果的に訳語が同じになっても許容する。

③用言が終止形で終わる例文だけでなく、連用形や連体形の用法のニュアンスの違いにも留意して例文を作成する。

〈備考〉連用形の副詞用法や連体形の限定用法には慣用的なものがあり、それらの収集も対象とした。

④用言1語当たりの2例文を最低目標とする。ただし、ある程度考えても例文が思いつかなくなるまで作成を行なう。

〈備考〉これまでの経験では、n文の作成時間をtとして、おおよそtはn^2に比例する。10～15分考えても新たな用法が思いつかなければその用言に対する作業を打ち切ることにした。

⑤収集された例文に対して、可能な限り原文に忠実で、かつ、英語として十分通用するように、翻訳家に英訳してもらう。（最低限度の意訳は許容する）

〈備考〉経験を踏まえ、英語を母語とする翻訳家と日本語を母語とする翻訳家の共同作業に委ねた。

4.5.2　多様な表現の収集

最も直接的な動機は、1つの日本語表現に対する複数の英訳を得ることである。これは見方を変えれば英語表現を換言しているとも言える。一方、ある英語表現が必ず特定の日本語表現から生成されなければならないわけでもない。そこで、日本語の換言と英語の換言を並行して実施することにした。

換言事例の収集という課題は、元来は同一言語内で何らかの観点で同義の表現を収集するべきかもしれない。しかし、例文が提示されるとそれに眩惑されて他の表現がなかなか思いつかない場合も少なくないし、観点の種類をあらかじめ列挙しておくことも難しい。そこでここでは日英の対訳対の存在を前提として、その日英の文対を制約として利用しながら、いわば多様な翻訳例文の作成として、換言事例を収集することとした。

ここで言う換言は、例えば英作文の際、和英辞書に載っていない語や表現に出会ったとき、日本語の別の類義表現を生成し、和英辞書を引き直すことを模したものである。したがって、翻訳対象言語に精通していない単言語話者にも作業可能であると考えられる。しかし実際問題として、考えついた別の表現が和英辞書に未集録であるという状態が連続して発生すると、同義性の制約が徐々に甘くなっていく、すなわち意味のずれが拡大していく恐れがある。そこで、今回は試行ということもあり、網羅的な用例収集の作業担当者とその例文の翻訳担当者に依頼した。これは網羅性の確保の際に微妙な日英対応の判定が容易でなかった経験に基づく。また、以下の条件設定は今回の問題点の分析を踏まえて改善していきたいと考えている。

①前節で述べた日本語の用言に対する日英の対訳例文対を対象とする。
②日本語の換言は、英文に多様な和訳をつけるつもりで行なう。逆に、英語の換言は、日本語例文に多様な

表4.4　用言の種類と例文数

用言種別	該当用言数	作成例文数	換言例文数		換言文なし		備　考（作業内容）
			日本文	英文	日本語	英語	
和語動詞/IPAL	849	16,713	7,043	4,096	12,020	13,748	追加後に換言済み
和語動詞/他	936	1,883	0	0	1,883	1,883	収集済み（未換言）
複合和語動詞	2,101	3,701	1,212	480	2,487	3,220	収集後に換言済み
イ型形容詞/IPAL	136	2,156	530	219	1,626	1,937	追加後に換言済み
イ型形容詞/他	522	830	1,561	1,584	1	0	収集後に換言済み
ナ型形容詞	1,296	2,356	621	440	1,735	1,915	収集後に換言済み
（サ変動詞=途中）	(885)	(1,550)	(4,448)	(4,245)	(6)	(3)	収集・換言を並行中
合計	5,840	27,639	10,967	6,819	17,869	20,820	（注）サ変動詞を除く

英訳をつけるつもりで行なう。

③原則として、特殊な場面設定を必要としない中立的な表現を作成する。

4．5．3　収集の経過と結果

用言ごとの様々な用法が例文として収録されているＩＰＡＬ辞書[66,70]に着目し、ニュアンスの異なる用言の用法を例文として追加した。次いで、国語辞書に基づいて用言の網羅性を高めることとし、用言選択の基準を『現代国語例解辞典』[68,69]に置いた。ＩＰＡＬ辞書に収録されていない用言を対象にして例文作成を継続中（現在はサ変動詞）である。また、途中から換言作業も並行して進めている。

表４．４に収集状況を示す。ただし「和語動詞／ＩＰＡＬ」は和語動詞のうちＩＰＡＬ動詞辞書に収録されている語、「和語動詞／他」はそれ以外の語を対象としたことを示す。なお、備考に作業順と作業内容を示す。各項目は１〜３人年の作業量であった。ただし、一部並行して実施したものもある。サ変動詞に対する換言は、他との比較では比較的容易であると言える。付表４－Ａ〜４－Ｅに例文を示す。

4．6 結言

日英機械翻訳において、用言（動詞、形容詞）の意味を訳し分けるのに必要な結合価パターン対の数とそれを収集する手段について検討した。

具体的には、単語当たりの語義が多いためパターン対作成が最も困難な和語動詞の場合を取り上げ、（1）和英辞書から収集する方法、（2）日本語動詞の語義対応の用例を使用する方法、（3）それらを参考に、人の知識に基づいて用例を作成して使用する方法の3種のパターン対の収集方法を比較した。その結果、主要な約1000の和語動詞を意味によって訳し分けるには7500件の結合価パターンが必要であることが分かった。これに対して、従来の和英辞書から収集できるパターン対の数は約1／4、和英辞書と日本語辞書の語義分類知識を使用する場合は約1／2であること、必要なパターン対を網羅的に収集するには、作業工数の面でも、和英辞書と日本語辞書の語義を参考に人の知識を内省して用例を作成する方法が適していることなどが分かった。

また、上記の結果から推定すると、漢語動詞、形容詞系の述語、用言性慣用表現などを含むパターン対全体では約2万5000パターンが必要なこと、それらのパターンも辞書等を参考に人の知識を内省する方法で抽出された用例から比較的容易に収集できる見込みであることが分かった。

なお、現在、第1の方法で得られたパターン対を拡充するため、第2、第3の方法を並行して実施中であり、和語動詞、漢語動詞、形容詞系述語に対してそれぞれ、5500件、4000件、2000件（合計1万1500件）のパターン対を収集済みである。また、慣用表現では約3000のパターンが収集されている。今後は、残されたパターン対（一般パターン約8500件、慣用パターン約2000件）を整備していく予定である。

付表4.1　最終的に得られたパターン対（「上がる」の場合）

パターン番号	方法	パターン対(意味属性などの条件やパターンの構造は省略)	
		日本語パターン	英語パターン
P01	①	AがBからCに上がる	A rise from B to C
P02	①	Aが上がる	A go up
P03	③	AがBをCに上がる	A go up B to C
P04	①	AはBが上がる	A produce good B
P05	①	AがBで上がる	A get nervous at B
P06	①	AがB[数量]CからDに上がる	A be raised by B from C to D
P07	①	AがBに上がる	A appear as B
P08	①	Aが上がる	A be dead
P09	②	AがBに上がる	A splash over B
P10	②	AがBに上がる	A appear on B
P11	③	Aが上がる	A be raised
P12	②	Aが上がる	A stop
P13	②	AがBからCに上がる	A improve from B to C
P14	②	AがBを上がる	A would like some B
P15	②	AがBに上がる	A enter B
P16	②	Aが上がる	A arise
P17	②	AがBで上がる	A be completed in B
P18	②	AはBからCにD[地位]が上がる	A be promoted from B to C
P19	②	AがBで上がる	B be enough for A
P20	②	AがBを上がる	A fly into B
P21	②	AがBに上がる	A be landed on B
P22	②	Aが上がる	A be produced
P23	②	Aが上がる	A be arrested
P24	③	Aが上がる	A be sluggish
P25	②	AがBで上がる	A die as a result of B
P26	③	Aが上がる	A increase
P27	③	AはB[男ぶり]が上がる	A improve in A's look
P28	③	AはB[気勢]が上がる	A be in high spirits
P29	③	AがBから上がる	A be collected from B
P30	③	AがBに上がる	A go to B
P31	③	AがB[時代]をCに上がる	A go back to C
P32	③	Aが上がる	A end
P33	③	Aが上がる	A rise
P34	③	AはBが上がる	A go out of A's B
P35	②	AがBから上がる	A come out of B
P36	③	AがBに上がる	A be on B
P37	③	Aが上がる	A be found

(注)パターン番号はパターン選択をする際の優先順位を示す。

付表4.2　第2の方法によるパターン対作成（IPAL用例「あがる」）

No	IPAL語義	日本文用例	英語訳	既	新
1	生き物が上方に移動する。	一行は階段を一階から五階に上がった。	The party went up the stairs from the 1st floor to the 5th floor.	P02	
		彼は坂道を一気に上がる。	He climbs slopes without stopping.	P02	
2	物が上方に移動する。	水銀柱が三十度に上がった。	The mercury in the thermometer rose to 30 degrees.	P01	
		花火が夜空を空中高く上がっていく。	Fireworks are flying high into the sky.		P20
3	ある事柄の程度が高くなる。	会社は生産が上がった。	The company increased production.		P13
		勉強の能率が上がった。	Study efficiency has improved.		P13
4	今までよりも上の段階になる。	国鉄は初乗り運賃が120円から140円に上がった。	JNR raised its basic fares from 120 yen to 140 yen.	P06	
		アパートの家賃が1万円上がった。	The apartment rent increased by 10,000 yen a month.	P06	
5	今までよりも上の段階になる。	彼は係長から課長へ地位が上がった。	He has been promoted to section chief from chief clerk.		P18
		娘の算数の成績が4から5に上がった。	My daughter's mathematics mark improved from four to five.		P13
6	(上の)学校に進む。	娘は今年小学校に上がる。	My daughter will enter elementary school this year.		P15
7	(ある目的のために)ある場所に入る。	落語家が高座に上がる。	The storyteller appears on the stage.		P10
		友人は歌手として舞台に上がった。	My friend appeared on the stage as a singer.		P10
8	水の中から出る。	子供が風呂から上がった。	The child stepped out of the tub.		P35
		海亀が海から陸に上がる。	Sea turtles land on shore.		P21
9	ある現象が発生する。	会場に歓声が上がった。	A shout of joy arose in the hall.		P16
		辺りに水しぶきが上がった。	A spray of water splashed around.		P09
10	好ましい結果が得られる。	こうすれば利益が上がる。	If you do so, a profit will be obtained.	P04	
11	候補として名前が出る。	彼は次期社長の候補に名前が上がる。	He is running as a candidate for president.	P07	
		Aチームの名前が代表候補に上がった。	Team A was nominated as a representative team.	P07	
12	今まで分からなかったものが明らかになる。	証拠が挙がった。(注1)	Evidence was deduced.		P22
		犯人が挙がる。(注1)	The suspect was arrested.		P23
13	何かが完成・完了する。	夕立が上がった。	The shower has stopped.		P12
		原稿が上がった。	The manuscript has been prepared.		P17
14	ある数量で済む。	会費が4000円で上がった。	Four thousand yen was enough for the membership fee.		P19
		設置は二時間で上がる。	It takes two hours to install.		P17
15	活動機能が停止状態になる。	赤潮で魚が上がった。	Fish died as a result of red tide.		P25
		バッテリーが上がる。	The battery is dead.		P08
16	興奮状態に陥る。	私は入試で上がってしまった。	I got nervous at the entrance examination.	P05	
17	「食べる，飲む，喫う」の尊敬表現。	ビールを上がりませんか。	Would you like some beer?		P14
18	「行く，訪ねる」の謙譲表現。	私がお届けに上がります。	I will deliver it.	(注2)	

(注1)「挙がる」は「上がる」の表記の揺れとして扱う。（注2）日本語のニ格の条件が複雑なため登録を保留している。

付表4.3　第3の方法によるパターン対作成
（「あがる」の全90用例の一部）

No	日本文用例	英語訳	既存	新規
1	時代を上がる。	Move back in time.		P31
2	梅雨が上がった。	The rainy season ended.		P32
3	物価が上がった。	Prices went up.	P02	
4	歓声が上がった。	(The crowd) cheered.		慣用
5	遺体が上がった。	The body was found.		P37
6	悲鳴が上がった。	(The girl) screamed.		慣用
7	犯人が上がった。	The criminal was found.		P37
8	娘が屋敷に上がる。	The girl goes up to the mansion.	P02	
9	7時に幕が上がる。	The curtain rises at 7:00.		P33
10	年貢は領地から上がる。	Land taxes are procured from the territories.	P22	
11	ダムの水位が上がった。	The water level of the dam rose.		P33
12	列車のスピードが上がった。	The train's speed increased.		P26

付表4-A　和語動詞の対訳換言例文（一部）

J0 彼の企画が当たった。 J1 彼の企画が成功した。	E0 His plan was a success.
J0 彼はその漢字を辞書に当たった。 J1 彼はその漢字を辞書で調べた。	E0 He looked up that character in the dictionary.
J0 私は彼の行き先について友人たちに当たった。 J1 私は彼の行き先について友人たちに聞いた。	E0 I asked his friends about his destination. E1 I questioned his friends about his destination.
J0 彼は暑さにあたった。 J1 彼は暑さ負けした。	E0 He was affected by the heat.
J0 私の予想が当たった。	E0 My prediction was right.
J0 彼はふぐにあたった。	E0 He was poisoned by eating blowfish.

付表4-B　複合和語動詞の対訳換言例文（一部）

J0 J1	競技場は大勢の観客で膨れ上がった。 競技場は大勢の観客で身動きできなかった。	E0	The athletic field was swamped with spectators.
J0	蜂にさされたあとが膨れ上がった。	E0	The place where I was stung by the bee has swollen up.
J0 J1	この都市の人口は10年前の2倍に膨れ上がった。 この都市の人口は10年前の2倍だ。	E0 E1	The population of this city is double what it was 10 years ago. The population of this city has doubled in the last 10 years.

付表4-C　イ型形容詞の対訳換言例文（一部）

J0	彼の態度は好ましい。	E0	His attitude is favorable.
J0	彼は我が社には好ましくない人物だ。	E0	He is not the kind of person we want in our company.
J0	ディナーには正装が好ましい。 ディナーには正装が望ましい。	E0	Formal attire is desirable for dinner.
J0 J1	ジャガイモは常温での保存が好ましい。 ジャガイモは常温での保存が最もよい。	E0 E1	It is best to keep potatoes at room temperature. Potatoes should be kept at room temperature.

付表4-D　ナ型形容詞の対訳換言例文（一部）

J0	私は今の地位に満足だ。	E0	I am satisfied with my present position.
J0 J1	私は昨日から満足な食事をしていない。 私は昨日からまともな食事をしていない。	E0 E1	I have not had a proper meal since yesterday. I have not eaten a proper meal since yesterday.
J0 J1	彼はアルファベットも満足に書けない。 彼はアルファベットもろくに書けない。	E0	He cannot even properly write the alphabet.

付表4-E　サ変動詞の対訳換言例文（一部）

J0 J1 J2	彼らの攻撃は相手チームを圧倒した。(スポーツ) 彼らの攻撃は相手チームを圧した。 彼らの攻撃は相手チームをねじ伏せた。	E0 E1 E2	Their attack overwhelmed the opposing team. Their attack overpowered the opposing team. Their attack swamped the opposing team.
J0 J1 J2	私はナイアガラ瀑布の壮大さに圧倒された。 私はナイアガラ瀑布の壮大さに威圧された。 私はナイアガラ瀑布の壮大さに気圧された。	E0 E1 E2	I was overwhelmed by the scale of Niagara Falls. I was thunderstruck by the magnificence of Niagara Falls. I was awed by the scale of Niagara Falls.
J0 J1	シートベルトが腹部を圧迫する。 シートベルトが腹部を押さえつける。	E0 E1 E2	The seatbelt is pressing into my stomach. The seatbelt is pressuring my stomach. The seatbelt is digging into my stomach.

第五章

連鎖型および離散型共起表現の自動抽出

5.1 緒言

最近、自然言語処理において、大量のコーパスや用例の重要性が指摘され、それを分析する技術の必要性が増大している。例えば、機械翻訳では、単語単位の直訳ではうまく訳せないフレーズを集め、フレーズ単位に翻訳する方法や、一定の構造を持つ表現を対訳パターン化し、パターン辞書によって原言語を目的言語に対応付ける方法などが考えられている。これらの方法を実現するには、現実に使用されている言語データの中から、使用頻度の高いフレーズや表現のパターンを抽出することが必要である。

しかし、膨大な言語データを対象とするとき、任意の長さで、出現頻度の高い表現文字列を漏れなく自動的に発見して、抽出することは、計算量の点で困難であった。そのため、従来、自然言語としての特徴に着目する方法、抽出する文字列の性質に着目する方法など、目的に合致する文字列を限定的に抽出する方法が考えられてきた。例えば、前者の方法としては、言語データから結びつきの強い単語を取り出す観点から、2単語の結びつきの強度に着目した方法[71]、単語間の距離に着目した方法[72]、結合単語数と出現回数を考慮した方法[73,74]などが提案されている。後者の方法としては、抽出する単語や文字の連鎖の数を制限したり、短い連鎖で出現頻度の高いものに着目して、限定された文字列（単語列）の範囲で連鎖数を増やして集計する方法[75]などが考えられていた。

　これに対して、最近、大量の言語データを対象に、任意のnに対するn-gram統計を高速に実行する方法が提案され[15]、言語データ内にある任意の長さの文字列（一般には記号列）を自動的に抽出し、その出現回数をカウントすることが可能となった。この結果を用いれば、原文中に使用された文字列を、その長さ（文字数）の順かつ出現頻度の高い順に集計することができる。しかし、この方法では、抽出する文字列間の相互関係が無視されているため、すでに抽出された文字列の部分文字列が重複して抽出される。したがって、抽出された文字列を言語表現として見た場合、文法的、意味的にまとまりのない断片的な文字列が多数を占める。これを意味のある文字列に絞り込む方法として、同一の論文[15]では、抽出された文字列とその出現回数を相互に組み合わせる方法の可能性を示している。その後、このn-gram統計データとして得られた文字列から意味のある表現を取り出す方法として、抽出した文字列のエントロピー基準を用いる方法[76]が提案されている。また、n-gram統計を応用したものに、助詞的定型表現の抽出の例[77]があるが、この方法では、あらかじめ、抽出する文字列を構成する字種の組を限定することでn-gramの計算量の問題を回避し、その後、抽出された文字列を種々のヒューリスティックスを用いて絞り込んでいる。

　次に、離れた位置に共起する表現の組の抽出を見ると、複数の文字列を組み合わせて、原文中での共起を調べることが必要である。n-gram統計では、膨大な量の文字列が抽出されるため、抽出された文字列すべてを組み合わせて原文をサーチするのは物理的に困難であった。連鎖型、離散型を特に区別せず、1文中に共起表現が占める割合の多い文を定型的な文として抽出する試み[78,79]もあるが、大量の言語データの中から、出現頻度の高い文字列の組を、漏れなく自動的に発見し集計するのに効果的な方法は知られていない。

　ところで、大量の言語データを対象とするとき、共起表現抽出の問題は、第1に、計算量（ファイル量）増大による計算可否の問題であり、第2に、得られた大量の結果から必要な表現を選択する問題である。特に、離散型共起の場合、計算量は、それを構成する表現要素の数に対して幾何級数的に増加することが問題となる。計算量を削減する方法を考える際は、共起表現抽出の目的から考えて、必要な共起表現を漏らしてしまうような絞り込みは望ましくない。

連鎖型の文字列抽出の場合は、n-gram統計の方法によって、すでに、第1の問題は解決されているが、表現の単位とみなせない（単語の断片を含む）断片的な文字列が多数抽出される。このため、離散型共起の場合、計算量が増大し、計算不可能となることが問題となる。断片的な文字列の抽出が抑制され、計算量が可能な範囲に収まれば、離散型共起においても、第1の問題は解決する。また、第2の問題については、最終的には、使用目的ごとに人手で判断せざるを得ないから、出力される文字列の量（種類）が、人手作業に支障のない範囲（数千種、最大数万種以下）になれば、第2の問題も当面解決したと言える。

以上の観点から、本章では、連鎖型共起表現抽出において断片的な文字列抽出を抑制する方法として、言語データの中から、最長一致の文字列抽出（ある文字列が抽出されたとき、その文字列に含まれる部分文字列は抽出しない）を条件とし、任意の長さ以上、任意の使用頻度以上の共起表現を、漏れなく、自動的に抽出し、集計する方法を提案する。次に、その結果を使用して、複数の要素が離れた位置に共起する離散型共起表現を自動的に抽出し集計する方法を示す。また、提案した手法の動作確認のための適用例として、日本語新聞記事データからの連鎖型、離散型共起表現の抽出結果を示す。

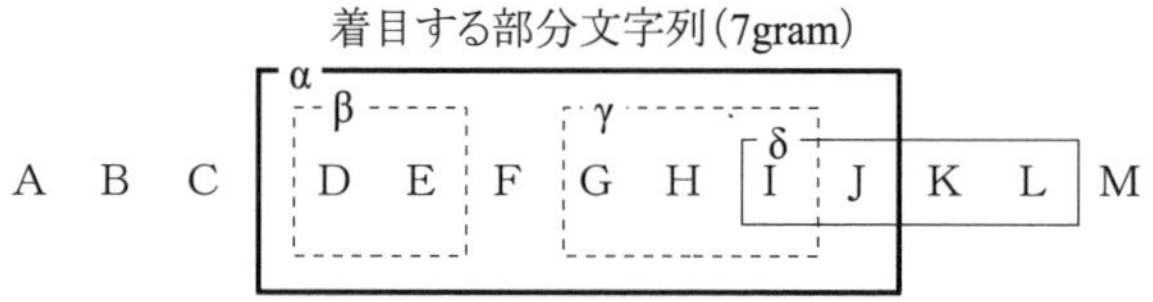

図5.1　抽出対象文字列の例

5・2　従来の方法とその問題点

(1) 文字列抽出の条件

自然言語の文中で共起する表現[*32]としては、連語やフレーズのように連続した文字列を構成するもの（連鎖型共起表現と呼ぶ）と、係り結び、呼応関係、特定の動詞と特定の名詞の組などのように、2種類以上の文字列が、文中の離れた位置に現れるもの（離散型共起表現と呼ぶ）がある。離散型共起表現は、連鎖型共起表現の文字列が文中で共起したものと考えることができるから、まず、前者の文字列を考える。

さて、連語やフレーズのような連続した文字列を漏れなく発見すること、また、文法的、意味的に見て、表現の単位をなさないような断片的な文字列の抽出を最小限に抑えることを狙って、以下の条件で文字列を抽出することとする。

第1の条件：任意の長さ以上の文字列を抽出する。
第2の条件：任意の出現頻度以上の文字列を抽出する。
第3の条件：最長一致の原則で文字列を抽出する。

このうち第3の条件は、原文中のある場所からある文字列が一度抽出された後は、その文字列内に含まれる部分文字列は抽出の対象としないことを意味する。ただし、その部分文字列が別の場所に現れたときは抽出される。例えば、図5.1の場合、7gramの文字列

αが抽出されたとすると、それ以降の6gram以下の文字列の抽出では、α部分の部分文字列であるβやγは対象外とする。ただし、αが抽出された場所以外の位置に現れた「DE」、「GHI」は当然、抽出の対象となる。また、文字列δは、αの部分文字列でないので、抽出の対象とする。

（2）表現抽出における最長一致の原則の意義

一般に言語表現は、大小の表現が幾重にもネストして構成される。共起表現の抽出では、表現の単位や長さをあらかじめ指定しなくても、このような表現の中から、繰り返し使用される表現の単位を自動的に発見し、抽出できることが望まれる。そこで、すべての文字列を網羅的に抽出すれば、そのような表現は抽出されるが、一度抽出された文字列の中からも部分文字列が重複して抽出されるため、多くの断片的な文字列が含まれることが問題となる。

ところで、言語の共起表現は、複数の単語が共起した表現だと考えると、共起表現の文字列の境界は、同時に単語境界ともなっている。一方、可能な限り長い単位で文字列を抽出すれば、その文字列の境界は単語境界に一致する可能性が高いから、断片的な文字列ではなく共起表現である可能性が高くなる。すなわち、断片的文字列の抽出が抑制されると期待される。以上から（1）では、第3の条件を設けた。

ここで、第3の条件で抽出が抑制される文字列について考える。抑制される文字列には、より大きな文字列の部分としてしか使用されないため、一度も抽出されないものと、他の部分からは独立性のある表現として何回か抽出されるが、ある文字列の部分文字列として使用された部分でカウントが抑制されるものがある。共起表現の網羅性の観点から見れば、このうち、前者の抽出漏れが問題で、その中に、表現とみなせる文字列が含まれるかどうかが大切である。

しかし、ある表現がより大きな文字列の中に埋もれた部分的な表現であっても、独立性が高く、繰り返して使用されるような表現であれば、ある文字列の部分文字列としてだけでなく、それ自身が最長の単位であるような文字列として繰り返し出現することが期待できる。[*33] 以上から、第3の条件があっても、繰り返し使用される共起表現（の種類）は、網羅的に抽出されるものと期待できる。

（3）長尾・森の方法とその問題点

任意のnに対するn-gramを効率的に抽出して集計する方法として、すでに、長尾・森の方法[15]が提案されている。この方法を要約すると以下のとおりである。

［長尾・森の方法］

集計対象とする言語データ全体の文字数をZとする。

手順1：「原文番地ファイルの作成」

N個のレコードからなるファイル（原文番地ファイル）を用意し、各レコードに、0から順にN-1の値（原文番地）を入れる。原文番地は、言語データ上、その値で示される文字番号から始まり、末尾（N-1番目の文字）で終わる部分文字列（以下、文字列単語と呼ぶ）へのポインタの意味を持つ。

手順2：「汎用ソートファイルの作成」

原文番地ファイルの各レコードを、対応する文字列単語の文字コード順に、ソートしたファイル（汎用ソートファイル）を作る。

手順3：「一致文字数のカウント」

汎用ソートファイルの各レコードの示す文字列単語を、その直後のレコードの文字列単語と先頭文字から比較し、一致した文字数（一致文字数）を書き込む。

手順4：「文字列の抽出とカウント」

一致文字数をレコード順に調べ、部分文字列の種類とその出現回数を編集する。

この方法により、任意の回数以上出現した文字列を長さ（文字数）ごとに、かつ、出現回数の大きい順に得ることができるため、目標とする第1、第2の条件は満足されるが、目標とする第3の条件は満足されない。第3の条件を満たすようにするため、抽出された文字列の出現回数に対して、より長い文字列に含まれていた部分文字列の出現回数を差し引くなど、次数の異なる複数のn-gram集計表を組み合わせて計算する方法が考えられるが、集計表が生成された時点では、抽出された文字列の原文中での相互関係の情報が失われているため、計算は不可能である。[*34]

5.3 連鎖型共起表現の抽出法

5.3.1 重複する文字列の扱い

汎用ソートファイルに戻って、言語データの中で、一度抽出した文字列の部分は別の文字列として改めて抽出したり、カウントしたりしない方法を考える。以下では、汎用ソートファイルから、一致文字数の多い順に、部分文字列を抽出するものとして議論する。

さて、*n*-gram文字列と*m*-gram文字列の抽出を考える。$n > m$とすると、条件より、*n*-gram文字列の抽出は、

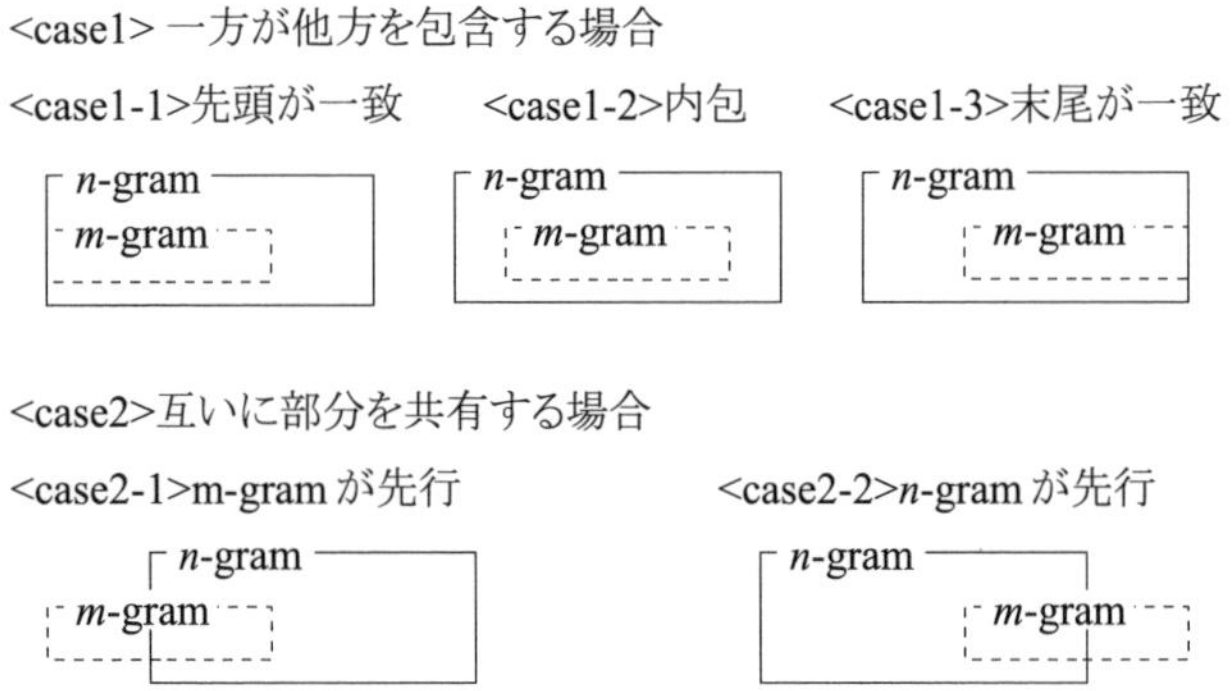

図5.2　抽出文字列の相互関係

m-gram文字列に先立って実行される。原文上、*n*-gram文字列と*m*-gram文字列が共通部分を持つ場合が問題となるから、それを分類すると、図5.2のように、*m*-gram文字列が*n*-gram文字列内に内包される場合と、*m*-gram文字列と*n*-gram文字列が互いにその部分を共有する場合に分けられる。

（1）無効化の必要なレコードの範囲

n-gramが先行して抽出されたとき、case1の*m*-gramは、いずれも抽出対象とならない。したがって、*n*-gram文字列を抽出するとき、このような関係にある*m*-gramは、後の処理で抽出されないようにする必要がある。そこで、*n*-gramが抽出されたとき、汎用ソートファイル上で、それに包含される*m*-gramを探して、該当レコードが無効とされる条件を付与する方法を考える。

そこで、まず無効化の対象となるレコードについて考えると、case1-1の場合は、抽出されたn-gramのレコード自体が再び抽出の対象にならないようにすればよい。次に、case1-2、case1-3の場合について考えると、無効化の対象となるレコードは、原文上、着目する*n*-gramの開始文字の位置から数えて*n*文字先までの各文字を先頭文字とする文字列単語のレコードであることが分かる。

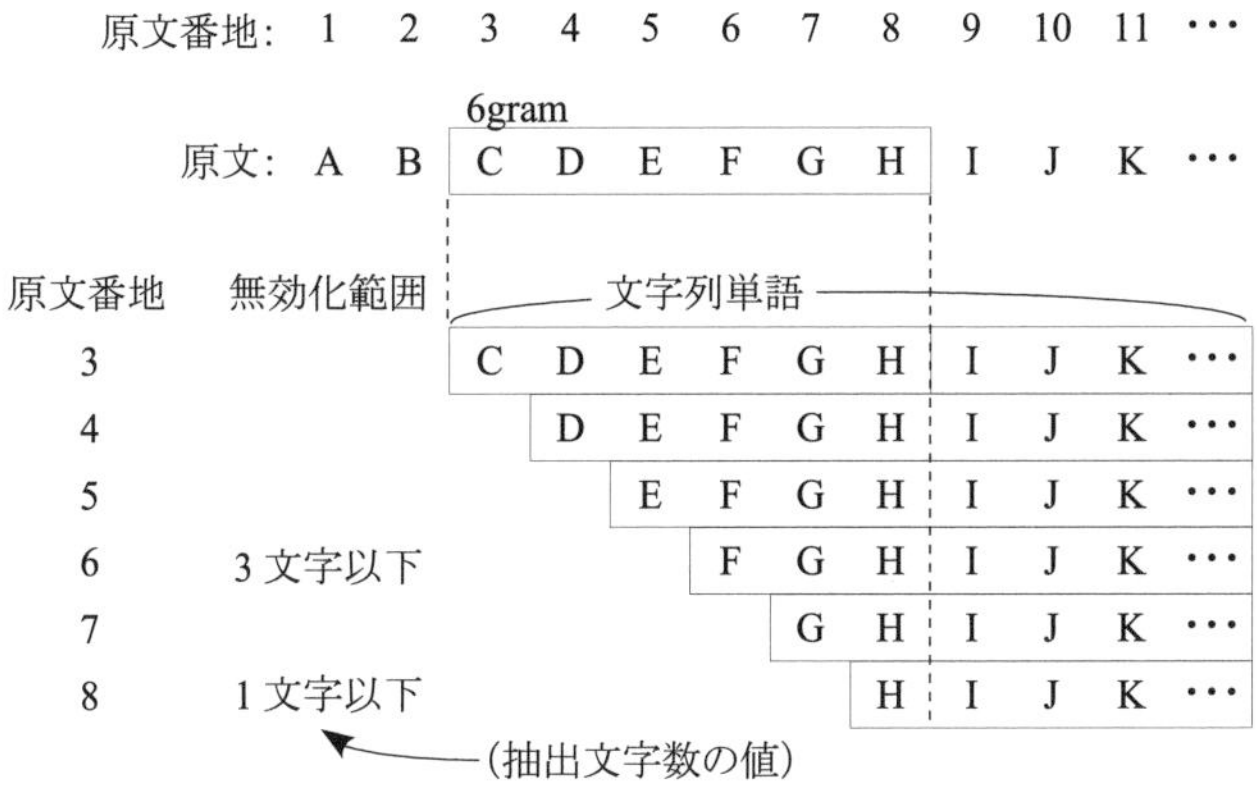

図5.3　文字列採否判定の方法

次に、無効化の条件について考えると、case2-2の場合のm-gramは無効化してはならないから、上記の対象レコードのうち、無効化するレコードは、一致文字数がそれぞれ$n-1, n-2, \ldots\ldots, 1$以下のレコードに限られることが分かる。なお、case2-1にあるようなm-gramの場合は、上記の無効化処理の対象外となっており、抽出集計の対象となる。

以上の無効化処理の対象範囲について、図5．3に例を示す。図では、原文番地3のレコードから6gramの文字列、「C～H」が抽出対象と判断されたときは、原文番地4～8の文字列のHまでの部分が無効化されることを示している。

(2) 無効化すべきレコードの検索

汎用ソートファイルのレコードは、文字列単語を示す原文番地の値iに対して順不同に並んでいる。そのため、あるレコードの原文番地の値iを見て、原文番地の値が、$i+1, i+2, \ldots\ldots$となっているレコードを探すには、シーケンシャルサーチが必要で、検索時間が大きな問題となる。これに対して、元の原文番地ファイルでは、レコードは原文番地の値iの順に並んでいる。すなわち、無効化の要求が発生したレコードに引き続いて、無効化をチェックすべきレコードが順番に並んでいるため、検索は高速に実行できる。そこで、汎用ソートファイルをもう一度、原文番地の値の順に再ソートし、得られたファイル上で無効化処理を行なうものとする。*35

5．3．2　文字列抽出アルゴリズム

(1) アルゴリズム

前節の議論を踏まえ、言語データから、2回以上の出現回数を持つ固定的な（独立性の高い）表現を文字列として、文字数の多い順に、かつ、重複なしに抽出するアルゴリズムを提案する。

［文字列抽出アルゴリズム］

手順1～手順3：長尾・森の方法と同じ

手順4：「抽出文字数の記入」

汎用ソートファイルの各レコードの示す文字列単語について、先頭から何文字抽出対象となっているか（抽出文字数）を調べ、レコードに記入する（拡張汎用ソートファイルができる）。抽出文字数は、前後のレコードの一致文字数の関係から簡単に決まる。

手順5：「拡張原文番地ファイルの作成」

拡張汎用ソートファイルを原文番号順にソートし直し、拡張原文番地ファイルとする。

手順6：「有効無効判定処理」

拡張原文番地ファイルの各レコードの抽出文字数を順に調べ、各レコードの無効判定を行なう。その結果は採否表示の値として記入する。無効判定の方法は、5．3．1項で述べたとおりである。

［原文データ］　むかし　むかしの　おかしなおかし。おかしの　はなしは　おかしなおはなし。

(抽出対象箇所)　─⑤─　─⑤─　─③─　─①─　─②─　─②─　─③─　─④─　─①─　─④─

原文番地ファイル

原文番地	文字列単語［ソートなし］（先頭部分）
1	むかしむかし
2	かしむかしの
3	しむかしのお
4	むかしのおか
5	かしのおかし
6	しのおかしな
7	のおかしなお
8	おかしなおか
9	かしなおかし
10	しなおかし。
11	なおかし。お
12	おかし。おか
13	かし。おかし
14	し。おかしの
15	。おかしのは
16	おかしのはな
17	かしのはなし
18	しのはなしは
19	のはなしはお
20	はなしはおか
21	なしはおかし
22	しはおかしな
23	はおかしなお
24	おかしなおは
25	かしなおはな
26	しなおはなし
27	なおはなし。
28	おはなし。
29	はなし。
30	なし。
31	し。
32	。

［手順2］拡張汎用ソートファイルの作成

［手順3］一致文字数のカウント

［手順4］抽出文字数の記入

拡張汎用ソートファイル

抽出文字数	一致文字数	レコード番号	原文番地	文字列単語［ソートあり］（先頭部分）
5	5	1	8	おかしなおか
5	3	2	24	おかしなおは
3	3	3	16	おかしのはな
3	1	4	12	おかし。おか
1	0	5	28	おはなし。
4	4	6	9	かしなおかし
4	2	7	25	かしなおはな
3	3	8	6	かしのおかし
3	2	9	17	かしのはなし
2	2	10	2	かしむかしの
2	0	11	13	かし。おかし
3	3	12	10	しなおかし。
3	1	13	26	しなおはなし
2	2	14	6	しのおかしな
2	1	15	18	しのはなしは
1	1	16	22	しはおかしな
1	1	17	3	しむかしのお
1	1	18	31	し。
1	0	19	14	し。おかしの
2	2	20	11	なおかし。お
2	1	21	27	なおはなし。
2	2	22	21	なしはおかし
2	0	23	30	なし。
1	1	24	7	のおかしなお
1	0	25	19	のはなしはお
1	1	26	23	はおかしなお
3	3	27	20	はなしはおか
3	0	28	29	はなし。
3	3	29	4	むかしのおか
3	0	30	1	むかしむかし
0	0	31	32	。
0	0	32	15	。おかしのは

［手順5］拡張原文番地ファイルの作成

［手順6］有効無効判定処理

拡張原文番地ファイル

採否表示	抽出文字数	一致文字数	レコード番号	原文番地	文字列単語
○	3	0	30	1	むかしむかし
×	2	2	10	2	かしむかしの
×	1	1	17	3	しむかしのお
○	3	3	29	4	むかしのおか
○	3	3	8	6	かしのおかし
×	2	2	14	6	しのおかしな
×	1	1	24	7	のおかしなお
○	5	5	1	8	おかしなおか
×	4	4	6	9	かしなおかし
×	3	3	12	10	しなおかし。
×	2	2	20	11	なおかし。お
○	3	1	4	12	おかし。おか
×	2	0	11	13	かし。おかし
×	1	0	19	14	し。おかしの
×	0	0	32	15	。おかしのは
○	3	3	3	16	おかしのはな
○	3	2	9	17	かしのはなし
×	2	1	16	18	しのはなしは
×	1	0	25	19	のはなしはお
○	3	3	27	20	はなしはおか
×	2	2	22	21	なしはおかし
×	1	1	16	22	しはおかしな
○	1	1	26	23	はおかしなお
○	5	3	2	24	おかしなおは
×	4	2	7	25	かしなおはな
×	3	1	13	26	しなおはなし
×	2	1	21	27	なおはなし。
×	1	0	5	28	おはなし。
○	3	0	28	29	はなし。
×	2	0	23	30	なし。
×	1	1	18	31	し。
×	0	0	31	32	。

［手順7］再拡張汎用ソートファイルの作成

［手順8］抽出文字列集計処理

再拡張汎用ソートファイル

採否表示	抽出文字数	一致文字数	レコード番号	原文番地	文字列単語
○	5	5	1	8	おかしなおか
○	5	3	2	24	おかしなおは
○	3	3	3	16	おかしのはな
○	3	1	4	12	おかし。おか
×	1	0	5	28	おはなし。
×	4	4	6	9	かしなおかし
×	4	2	7	25	かしなおはな
○	3	3	8	5	かしのおかし
○	3	2	9	17	かしのはなし
×	2	2	10	2	かしむかしの
×	2	0	11	13	かし。おかし
×	3	3	12	10	しなおかし。
×	3	1	13	26	しなおはなし
×	2	2	14	6	しのおかしな
×	2	1	15	18	しのはなしは
×	1	1	16	22	しはおかしな
×	1	1	17	3	しむかしのお
×	1	1	18	31	し。
×	1	0	19	14	し。おかしの
×	2	2	20	11	なおかし。お
×	2	1	21	27	なおはなし。
×	2	2	22	21	なしはおかし
×	2	0	23	30	なし。
×	1	1	24	7	のおかしなお
×	1	0	25	19	のはなしはお
○	1	1	26	23	はおかしなお
○	3	3	27	20	はなしはおか
○	3	0	28	29	はなし。
○	3	3	29	4	むかしのおか
○	3	0	30	1	むかしむかし
×	0	0	31	32	。
×	0	0	32	15	。おかしのは

［原文番地］
自レコードが原文の先頭から何番目の文字から始まる単語文字列に対応するかを表示。

［レコード番号］
汎用ソートファイルのレコードの番号。

［一致文字数］
直後のレコードの文字列と比べて先頭から一致する文字数。

［抽出文字数］
自分のレコードで抽出対象となる先頭からの文字数。

［採否表示］
部分文字列として抽出するか否かの判定結果。

抽出された文字列

方法	提案方法		従来方法	
gram 数	文字列	出現	文字列	出現
5gram	① おかしなお	2	おかしなお	2
4gram	─────	─	おかしな	2
	─────	─	かしなお	2
3gram	② おかし	2	おかし	4
	───	─	かしな	2
	③ かしの	2	かしの	2
	───	─	しなお	2
	④ はなし	2	はなし	2
	⑤ むかし	2	むかし	2
2gram	──	─	おか	4
	──	─	かし	6
	──	─	しな	2
	──	─	しの	2
	──	─	なお	2
	──	─	なし	2
	──	─	はな	2
	──	─	むか	2
1gram	─	─	お	5
	─	─	か	6
	─	─	し	8
	─	─	な	4
	─	─	の	2
	─	─	は	3
	─	─	む	2
───	合計	10	合計	72

2回以上出現した文字列で、包含されていない文字列

図5.4　連鎖型共起表現抽出アルゴリズム実施例

手順7：「再拡張汎用ソートファイルの作成」

上記で得られた拡張原文番地ファイルを再度、汎用ソートファイルのレコード順にソートし、これを再拡張汎用ソートファイルとする。

手順8：「抽出文字列集計処理」

再拡張汎用ソートファイルの採否表示、抽出文字数、一致文字数の関係を調べて抽出する文字列を決定し、同時に、その出現回数を求める。

このとき、前後のレコードの一致文字数の関係から抽出文字数は求められる（手順4参照）ため、抽出文字数は参照しなくても集計できる。

（2）例題検討

以上のアルゴリズムの適用例を図5．4に示す。この例では、n-gram統計で抽出される文字列の種類が24種類で、延べ出現回数が72回であるのに対して、本節の方法では、5種類、10回に絞られる。

5．4　離散型共起表現の抽出法

5．4．1　抽出する共起文字列の条件

2つ以上の表現が、1文中の離れた位置に共起するような表現の組（離散型共起表現）と、その出現回数を求める方法を考える。連鎖型共起表現の抽出（5．3節の方法）では、複数の文にまたがる文字列は抽出の対象外としたため、抽出された連鎖型共起表現は、文内に閉じている。したがって、離散型共起表現を抽出するには、

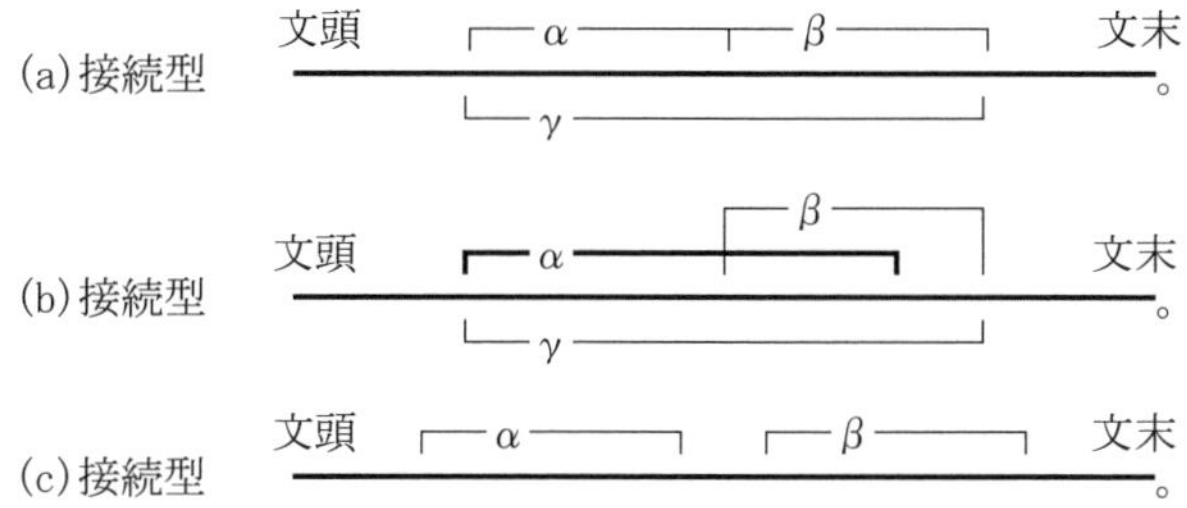

図5.5　オーバラップした文字列の扱い

言語データを先頭の文から順にサーチし、連鎖型共起表現の文字列の組が1文中に現れる現象を、文字列の組ごとにカウントすればよいが、文境界文字（句点）の扱いと抽出する表現の位置関係が問題となる。

（1）句点の扱い

通常、日本文は句点で終わるため、句点から句点までを1文とする。引用文等、1文内に句点を持つ別の文などを内包する文では、簡単のため、内包される文（対となっている引用記号の区間）は無視する。

（2）抽出する文字列の相互関係

離散型の文字列共起では、文中で、互いに接続した文字列や部分的にオーバラップする文字列の組は抽出の対象外となる。そこで、5．3節で抽出された文字列の相互関係について考える。

さて、文字列αとβが同一の文から抽出された連鎖型文字列とすると、その原文上の位置的関係は、図5．5に示すような3つの関係のいずれかとなる。文字列αとβが分離している（c）の場合は、当然、離散型共起表現の抽出対象になるから、ここでは、（a）、（b）の場合について考える。

（a）文字列αとβが接続している場合

言語データ中、このような文字列を含む場所は、最大1箇所である。なぜなら、そのような文字列を含む場所が2箇所以上ある場合は、文字列$\alpha\beta$がより文字数の多い文字列γとして集計され、それらの文中の部分文字列αおよびβはカウントされないからである。したがって、文字列αとβが文中に共起する回数が2回以上ある場合は、最大1文を除く他の該当する文は（c）のタイプ（分離型）の共起となっている。この場合、（a）のタイプの共起は、通常、分離型で共起する文字列がたまたま接続したものとみなせるから、離散型共起表現の抽出対象となる。

（b）文字列αとβがオーバラップしている場合

文字列αとβを包含する文字列をγとする。前項と同様、このような文字列γが、言語データ内に2箇所以上出現した場合は、γ自身が連鎖型共起表現の抽出の対象となり、その部分に含まれた文字列αとβは、抽出されない。したがって、原文中、（b）のような関係にある文字列αとβが抽出された文は、高々1文に限られ、αとβが共起する残りの文は、いずれも（c）のタイプの共起である。しかし、この場合は、（b）のタイプのαとβは文中の共起とは言えないから、抽出集計の対象とならない。

以上から、文内の離散型共起表現の抽出においては、（b）のタイプの共起のみを抽出対象外とすればよい。

（3）表現要素の出現順序の扱い

離散型共起表現では、それを構成する表現要素（ここでは、連鎖型共起表現として抽出された部分文字列）の出現順序は意味を持つため、出現順序を区別して抽出し集計する。

5．4．2　文字列抽出アルゴリズム

（1）アルゴリズム（図5．6参照）

［前準備］

再拡張汎用ソートファイル上の連鎖型共起表現として抽出された文字列に文字列番号を付与する。

手順9：「再拡張汎用ソートファイルの再ソート」

再拡張汎用ソートファイルを原文番地の値の順にソートし、拡張原文番地ファイルのレコード順に戻す。

手順10：「文番号の付与」

得られたファイルの各レコードに文番号を記入する。

手順11：「ファイルの圧縮」

上記ファイルを以下の手順で圧縮し、「離散型共起圧縮ファイル」を作成する（次の手順に備えて、不要な作業領域を開放する）。

①文番号、文字列番号、抽出文字数、原文番地の4つの欄以外は、削除する。

②文字列番号の欄の値がないレコードを削除する。

手順12：「離散型共起表現の抽出とカウント」

一般に、k:種類（$k \geqq 2$）の文字列からなる離散型共起表現を抽出するものとすると、同一の文内にある文字列番号のk個の組み合わせのすべてを（文中の出現順序の順にセットにする）ファイルに書き出し、それをソートして、同一の組の数をカウントする。

［原文データ］　むかし むかしの おかしなおかし。おかしの はなしは おかしなおはなし。

—③—　——①——　—③—　——①——

（抽出対象箇所）—⑤—　—⑤—　—②—　—②—　—④—　—④—

図 **5.4** の［手順 7］から続く

［前処理］再拡張汎用ソートファイルに加工

再拡張汎用ソートファイル（文字列番号付き）

文字列番号	採否表示	抽出文字数	一致文字数	レコード番号	原文番地	文字列単語
①	○	5	5	1	8	おかしなおか
①	○	5	3	2	24	おかしなおは
②	○	3	3	3	16	おかしのはな
②	○	3	1	4	12	おかし。おか
	×	1	0	5	28	おはなし。
	×	4	4	6	9	かしなおかし
	×	4	2	7	25	かしなおはな
③	○	3	3	8	5	かしのおかし
③	○	3	2	9	17	かしのはなし
	×	2	2	10	2	かしむかしの
	×	2	0	11	13	かし。おかし
	×	3	3	12	10	しなおかし。
	×	3	1	13	26	しなおはなし
	×	2	2	14	6	しのおかしな
	×	2	1	15	18	しのはなしは
	×	1	1	16	22	しはおかしな
	×	1	1	17	3	しむかしのお
	×	1	1	18	31	し。
	×	1	0	19	14	し。おかしの
	×	2	2	20	11	なおかし。お
	×	2	1	21	27	なおはなし。
	×	2	2	22	21	なしはおかし
	×	2	0	23	30	なし。
	×	1	1	24	7	のおかしなお
	×	1	0	25	19	のはなしはお
	×	1	1	26	23	はおかしなお
④	○	3	3	27	20	はなしはおか
④	○	3	0	28	29	はなし。
⑤	○	3	3	29	4	むかしのおか
⑤	○	3	0	30	1	むかしむかし
	×	0	0	31	32	。
	×	0	0	32	15	。おかしのは

［手順 **9**］再拡張汎用ソートファイルの再ソート

［手順 **10**］文番号の付与

拡張原文番地ファイル（文番号付き）

文番号	文字列番号	採否表示	抽出文字数	一致文字数	レコード番号	原文番地	文字列単語
1	⑤	○	3	0	30	1	むかしむかし
1		×	2	2	10	2	かしむかしの
1		×	1	1	17	3	しむかしのお
1	⑤	○	3	3	29	4	むかしのおか
1	③	○	3	3	8	5	かしのおかし
1		×	2	2	14	6	しのおかしな
1		×	1	1	24	7	のおかしなお
1	①	○	5	5	1	8	おかしなおか
1		×	4	4	6	9	かしなおかし
1		×	3	3	12	10	しなおかし。
1		×	2	2	20	11	なおかし。お
1	②	○	3	1	4	12	おかし。おか
1		×	2	0	11	13	かし。おかし
1		×	1	0	19	14	し。おかしの
1		×	0	0	32	15	。おかしのは
2	②	○	3	3	3	16	おかしのはな
2	③	○	3	2	9	17	かしのはなし
2		×	2	1	15	18	しのはなしは
2		×	1	0	25	19	のはなしはお
2	④	○	3	3	27	20	はなしはおか
2		×	2	2	22	21	なしはおかし
2		×	1	1	16	22	しはおかしな
2		×	1	1	26	23	はおかしなお
2	①	○	5	3	2	24	おかしなおは
2		×	4	2	7	25	かしなおはな
2		×	3	1	13	26	しなおはなし
2		×	2	1	21	27	なおはなし。
2		×	1	0	5	28	おはなし。
2	④	○	3	0	28	29	はなし。
2		×	2	0	23	30	なし。
2		×	1	1	18	31	し。
2		×	0	0	31	32	。

［手順 **11**］ファイルの圧縮

離散型共起圧縮ファイル

文番号	文字列番号	抽出文字数	原文番地
1	⑤	3	1
1	⑤	3	4
1	③	3	5
1	①	5	8
1	②	3	12
2	②	3	16
2	③	3	17
2	④	3	20
2	①	5	24
2	④	3	29

［手順 **12**］離散型共起表現の抽出とカウント

離散型表現吐き出しファイル

離散型表現吐き出しファイル	ソート
(⑤, ⑤)	(①, ②)
(⑤, ③)	(①, ④)
(⑤, ①)	(②, ①)
(⑤, ②)	(②, ③)
(⑤, ③)	(②, ④)
(⑤, ①)	(②, ④)
(⑤, ②)	(③, ①)
(③, ①)	(③, ①)
(③, ②)	(③, ②)
(①, ②)	(③, ④)
(②, ③)	(③, ④)
(②, ④)	(④, ①)
(②, ①)	(④, ④)
(②, ④)	(⑤, ①)
(③, ④)	(⑤, ①)
(③, ①)	(⑤, ②)
(③, ④)	(⑤, ②)
(④, ①)	(⑤, ③)
(④, ④)	(⑤, ③)
(①, ④)	(⑤, ⑤)

離散型共起表現集計表［最終結果］

前方の文字列	文内後方の文字列と出現回数
② おかし	④ はなし　2回
③ かしの	① おかしなお　2回　④はなし　2回
⑤ むかし	① おかしなお　2回　②おかし　2回　③かしの　2回

図5.6　離散型共起表現抽出アルゴリズム実施例（図5.4の手順7から続く）

以上で、離散型共起表現の集計表が求められる。これらの表現を含む文を出力するには、手順12で作成する各表現の組に文番号を追記しておけばよい。

(2) 例題検討

以上の手順を、図5．4の例に適用し、要素数2の離散型共起表現を求めた。その結果を図5．6に示す。この例では、5．3節で抽出された5種の連鎖型共起文字列25組中、1文内に離れて2回以上、共起する文字列の組が6組で、それらの延べ出現回数は12回である。

5．5 共起表現の抽出実験

本章で提案した方法の効果を検証するため、日本語データへの適用例として、日経新聞記事3カ月分（892万字）を対象に、連鎖型共起文字列および離散型共起文字列の抽出実験を行なった。ただし、読点を除く記号類を含む文字列は抽出の対象としないこととした。

5．5．1 連鎖型共起表現の抽出

抽出する文字数もしくは文字列の出現回数を制限した場合に、抽出される文字列の種類数と延べ出現回数を従来の方法と比較して、表5．1、表5．2に示す。文字列の長さから見た、抽出される文字列の種類数、出現回数および文字列の例を表5．3に示す。また、出現頻度の高い文字列の例を表5．4に示す。

これらの表から、以下のことが分かる。

表5.1　抽出された文字列の種類と延べ度数（その1*）

結果比較 ＼ 抽出対象	本章 の方法		長尾・森 の方法		減少の 結果	
	a) 文字列の種類数	b) 延べ出現回数	c) 文字列の種類数	d) 延べ出現回数	a/c	b/d
2 文字以上	970,203	2,613,704	4,374,141	31,178,897	22.2 %	8.38%
5 文字以上	591,901	1,476,922	2,960,487	10,808,458	20.0 %	13.7 %
10 文字以上	52,214	114,270	673,601	1,550,817	7.75%	7.37%
20 文字以上	1,792	3,692	177,298	359,810	1.01%	1.03%

* 文字列の長さから見た集計

表5.2　抽出された文字列の種類と延べ度数（その2*）

結果比較 ＼ 抽出対象	本章 の方法		長尾・森 の方法		減少の 結果	
	a) 文字列の種類数	b) 延べ出現回数	c) 文字列の種類数	d) 延べ出現回数	a/c	b/d
2 回以上	970,203	2,613,704	4,377,087	39,588,291	22.2 %	6.60%
5 回以上	67,321	551,441	882,217	31,288,701	7.63%	1.76%
10 回以上	12,351	217,934	372,291	28,050,199	3.32%	0.78%
20 回以上	2,288	92,804	169,375	25,871,964	1.35%	0.36%
50 回以上	285	37,850	62,991	22,209,875	0.45%	0.17%
100 回以上	76	24,167	30,316	19,961,961	0.25%	0.12%
200 回以上	20	16,771	14,363	17,759,432	0.14%	0.07%

* 出現頻度から見た集計

表5.3　抽出された文字列の例（出現回数の多い順に掲載：( )内は出現回数）

文字数	本章の方法	長尾・森の方法
2文字	また(325), 写真(315), 東京(281), 価格(276), 連帯(198), など(198), ただ(198), この(180), 時事(178), さん(162), 一、(143), EC(132), 共同(129), 当時(125), 特に(117), だが(117), 二五(114), とか(110), 私は(104), 政府(99) ［合計40,843種類 延べ165,177回］	てい(55025), して(47026), いる(45236), する(39828), した(36679), って(31790), った(29370), こと(27816), から(27428), ない(26396), ある(24223), など(22126), が、(20855), は、(20631), とい(19388), ると(7654) ［合計1,413,654 種類延べ7,954,309回］
5文字	としている(436), 欧州共同体(277), このため、(158), 市場占有率(141), とみている(141), モーターズ(133), と強調した(130), これに対し(126), この結果、(112), 国民総生産(110), このほか、(107), ところが、(105), を発表した(92), それだけに(89), その結果、(89) ［合計190,925種類 延べ499,653回］	なっている(3710), ているが、(2827), によると、(2753), については(2721), されている(2334), ることにな(2286), になってい(2079), としている(1997), 五十七年度(1849), ポーランド(1818), ていること(1776), しており、(1697), することに(1581), となってい(1544), 明らかにし(1517) ［合計748,172種類 延べ3,793,077回］
10文字	することになっている(44), 第二次臨時行政調査会(35), することになりそうだ(19), 82ジャパンショップ(17), しているのではないか(16), ワシントン一九日共同(14), サウジアラビア通過庁(14), として注目されている(14), ニューヨーク二十五日(13), を余儀なくされている(13) ［合計21,155種 延べ47,336回］	したところによると、(273), らかにしたところによ(223), 明らかにしたところに(223), かにしたところによる(222), にしたところによると(222), 第二次臨時行政調査会(208), ることを明らかにした(191), 日明らかにしたところ(173), たことを明らかにした(120), ホテルニュージャパン(112) ［合計132,865種類 延べ345,232回］
20文字	参院全国区制改革のための公職選挙法改正案(5), 五十九年一月から実施されるグリーンカード(5), 鈴木首相は一六日午後の参院予算委員会で、(4), 本社東京、社長林健彦氏、資本金百七十億円(4), 十月一日会社訪問、十一月一日入社試験解禁(4) ［合計823種 延べ677回］	の最も多かった中心相場は前年中心値に比べ(18), 引の最も多かった中心相場は前年中心値に比(18), 取引の最も多かった中心相場は前年中心値に(18), の国立オリンピック記念青少年総合センター(17), 木の国立オリンピック記念青少年総合センタ(17) ［合計14,625種類 延べ30,664回］

表5.4　出現頻度の高い文字列の例

頻度の高い文字列 200回以上	という(586), と述べた(512), としている(436), また(325), である(324), 写真(315), しかし、(302), と語った(283), 東京(281), 価格(278), 欧州共同体(277), しかし(274), ポイント(269), ひとこと(264), 発売期間(259), また、(236), これは(220), このため(204), ただ、(201)

本章の方法では、期待されたとおり、従来の方法に比べて、多くの断片的な文字列の抽出が抑制され、抽出される文字列の種類、出現回数共に大幅に減少する。例えば、2文字以上、2回以上の文字列では、抽出される種類が約5分の1、延べ出現回数も約12分の1に抑制される。この効果は、文字数の大きい文字列ほど大きく、20文字以上の場合では、抽出される文字列の種類、延べ出現回数共に、約100分の1になる。

5．5．2　離散型共起文字列の抽出

(1)　抽出文字列の性質

簡単のため、単独ではそれぞれ10回以上出現した2種類の文字列が1文内に離れて共起する場合[*36]について、抽出された文字列の組の数を表5．5に示す。また、出現頻度の多い文字列の組と、2回以上出現した文字列の組の中で合計文字数の多い文字列の組を、それぞれ、表5．6、表5．7に示す。

表5．6、表5．7から、出現頻度の高い離散型共起の多くは、名詞同士の共起であることが分かる。

特に、話題として新聞記事に取り上げられた固有名詞や日時等の数量との共起が数多く取り出されている[*37]。

このような名詞の共起情報は、例えば、機械翻訳用の辞書作成などに応用できる。また、テンプレート翻訳などでは、名詞同士の共起よりもむしろ、文型パターンを作りやすい助詞や助動詞を含む表現要素の共起を収集したい場合がある。表5．5を見ると、抽出された表現の組

表5.5　抽出された文字列の組の種類と延べ度数

結果 / 抽出対象	文字列の組の種類数	延べ出現回数
2回以上	6,544	21,829
5回以上	941	9,057
10回以上	237	4,556
20回以上	61	2,291

（2種類の文字列の文内共起の場合）

表5.6　出現頻度の高い文字列の組の例

順位	前方文字列	後方文字列	回数
1位	価格	発売時期	257
2位	ゼネラル	モーターズ	117
3位	サミット	先進国首脳会議	86
4位	EC	欧州共同体	80
4位	イラン	ジャパン石油化学	80

表5.7　合計文字数の大きい文字列の例

順位	前方文字列	後方文字列	合計字数	回数
1位	部会長、梅本純正武田薬品工業副社長	について協議した	25	2
2位	本社夕張市、保全管理人山根喬氏	問題などについて	23	2
3位	北炭夕張炭坑	本社夕張市、保全管理人山根喬氏	21	9
4位	永田町のホテルニュージャパン	横井英樹社長	21	11
5位	マルクは一ドル	フラン、英ポンドは一ポンド	20	5

は、すでにかなり絞り込まれているため（全体で6544件）、全体を人手によってチェックし、助詞、助動詞を含む表現の組など、目的に応じた表現の組を選択して取り出すことはさほど困難ではない。

しかし、さらに大量の言語データの場合、出力されるデータ量が増大し、人手による選択が困難となることが考えられる。そのような場合、得られた結果から目的にあわないような表現を選択的に削除する方法もあるが、連鎖型共起、離散型共起の抽出処理の過程に介入して、抽出対象文字列に制限を加えることもできる。なるべく早い段階で、抽出対象とする文字列の字種構成に制約を加えたり、抽出された文字列をチェックして、不要なものを削除したりす

表5.8　抽出された離散型共起表現の例（( )内は出現回数）

〜としながらも〜と述べた(9), 〜の質問に答え〜と述べた(9), その内容は〜というもの(6),
われわれは〜と語った(6), さらに首相は〜と述べた(5), その内容は〜など(5),
〜とし、〜と述べた(5), 〜についても〜としている(4), いかにも〜らしい(4), つまり〜である(4),
〜にしろ〜にしろ(4), このほか〜などと語った(4), これに対し〜と答えた(4),
この中には〜も含まれている(3), これに対し〜と反論した(3), これに対して〜と答えた(3),
〜するつもりだ〜と語った(3), これからは〜という(3), この骨子は〜というもの(3),
〜にせよ、〜にせよ(3), その内容は〜などとなっている(3), 〜などから〜とみている(3),
〜にするか〜にするか(3), 〜と述べるとともに〜と語った(3), 〜なり〜なり(3),

（ひらがなを含み，記号英数字を含まない要素を抽出した結果）

表5.9　合計文字数の多い離散型共起表現の例

前方文字列	後方文字列	合計字数	回数
することになろう	との見通しを明らかにした	20	2
その結果	との意見が大勢を占めた	16	2
しているうえ、	していることから	16	2
についても	することになりそうだ	15	2
と語り、	する方針を明らかにした	15	2
であれ、	することになりかねない	15	2
その理由として	などをあげている	15	2
しかし、こうした	が出てきている	15	2

（ひらがなを含み，記号英数字を含まない要素を抽出した結果）

れば、その後の計算量は減少し、出力結果のチェック作業も減少する。[*38]

ここでは一例として、ひらがな文字を含まない文字列と記号英数字を含む文字列は抽出しないという条件で得られた離散型共起の結果の一部を表5．8、表5．9に示す。この場合、新聞記事の文型に相当するような、離散型共起表現が抽出されることが分かる。

(2) 言語データ量と処理サイズについて

離散型共起の場合は、連鎖型共起で抽出した表現の組を扱うため、表現の組を書き出すためのファイルの容量が問題となると予想される。このファイルの必要量は、離散型共起として生起した表現の数（頻度1以上の延べ度数）で決まる。

実験例によれば、連鎖型共起で抽出した表現97万種類（延べ度数260万回）を足切りをせず（ただし度数1のものは除く）、そのまま使用して要素数2の離散型共起を計算すると、度数2以上の離散型表現として、18万種類（延べ度数40万回）の表現の組が得られた。このとき、手順12でファイルに書き出された表現の組（ただし文字列番号のペア）は、2000万組で、それに要したファイル量は400MB（20バイト／文字列ペア）であった。

これに対して、連鎖型共起として抽出された文字列のうち、度数10以上のもの1・2万種類（延べ度数約22万回）を取り上げ、それらを要素とする離散型共起表現を求めた場合は、2度数以上の離散型共起表現として、6500種類（延べ度数約2万回）の表現が得られた。この計算の過程でファイルに書き出された表現の組は、約58万組で、使用したファイル量は約12MBであり、足切りをしない場合に比べて、1／30以下に減少した。

ここで、言語データ量と処理サイズの関係を考える。連鎖型共起で抽出される表現の延べ度数は、言語データ量にほぼ比例し、離散型共起で抽出される表現の延べ度数は、連鎖型共起で得られた表現の延べ度数の2乗にほぼ比例すると考えられるから、離散型共起集計用のファイル使用量は、言語データ量の2乗にほぼ比例すると推定される。しかし、言語データ量が増加したときは、それに比例して連鎖型共起表現の足切り値を上げても抽出精度は低下せず、重要な（頻度の高い）表現は漏れなく収集できると期待される。[*39] そこで、表5．2を見ると、足切り値にほぼ反比例して、抽出される連鎖型共起表現の延べ度数は減少していることが分かる。

これらの点から、原文データ量が増加したときは、足切り値をそれに比例して上げることにより、抽出精度を低下させないで離散型共起の計算ができ、そのとき、計算に必要とされるファイル量の増加は、言語データの増加に比例するオーダに抑えられると期待できる。

5.5.3 今後の改良と応用について

(1) 目的に合わせた抽出文字列種別の指定

離散型の共起表現抽出の場合、計算可能な言語データ量を増大させるためには、特に、それに使用する連鎖型文字列の種類を少しでも減少させることが望まれる。これに対して、実験例で抽出された文字列には、まだ、様々な種類の文字列が混ざっている。日本語の場合、例えば、

①数字、カタカナ語、英字略語からは、多くの断片的な文字列が抽出されやすい。
②文型を決めるようなキーワードは仮名文字を1文字以上含む場合が多い。
③漢字を含まない複合名詞は少ない。

などの性質に着目し、手順3以降で、抽出する文字列を構成する字種を指定すれば、不要な文字列の抽出はさらに抑制できる。

(2) 抑制された文字列カウントの一部復活

本章では、連鎖型共起の計算において、一度抽出した文字列内の部分文字列の抽出はダブルカウントになると考え、条件3（最長一致のもののみ抽出）を前提とした。このため、抽出される文字列は、独立性があり、連鎖共起とみなせる文字列に絞られている。しかし、より細かい要素からなる離散型共起をも収集しようとする場合は、一度抽出した文字列の中の要素からも、要素的な表現を抽出すればよい。

断片的な文字列の抽出を抑制しながら、これらの要素的表現を抽出するには、図5．1で、文字列αの中に含まれる部分文字列のβやγも、その文字列が原文中の他の部分に生起して抽出対象となったときはカウントに加えるとよい[80]。具体的には、5．3節のアルゴリズムの手順8で、*n*-gramの文字列を抽出する際、そのレコードの上方向に連続するレコードで、抽出文字数の値が$n+1$以上のものも*n*-gramの抽出対象に加えればよい。その際、新たに抽出対象となったレコード（重複抽出の対象レコード）をコピーして追加すれば、離散型共起の計算処理の手直しは不要となる。

(3) 離散型共起表現抽出における1文字要素の扱い

本節の実験では、計算量を減少させるため、抽出対象文字列の文字数は2文字以上であるとした。しかし、離散型共起表現の抽出において、日本文の文型を抽出したいような場合、「～が～を～に～」などのように、文中から1文字キーワードの組を探したい場合がある。このような場合は、後に述べるように、形態素解析結果に対して、本章の方法を適用すればよいと考えられるが、（1）で述べた方法などにより、抽出対象を絞り込むことによって計算量を減らし、抽出を可能とすることも考えられる。

(4) 形態素列、単語列等への適用

日本語の文型を抽出するには、言語データを形態素解析して得られた単語の文法的属性や意味属性を表す記号列に対して、本章の方法を適用することが期待される。文法的、意味的に見てどのような種類の文型情報が得られるか、また、単語共起情報を得る場合、文字連鎖に適用する方法と、単語列に適用する方法のどちらがよいかなど、今後の課題である。

5・6 結言

言語コーパスなどの膨大な言語データの中から、使用頻度の高い表現および表現の組を自動的に発見し集計する方法を提案した。具体的には、まず、任意の *n*-gram の計算法として提案された長尾らのアルゴリズムを独立性の高い表現を抽出する観点から改良し、言語データの中に2回以上出現した文字列（連鎖型共起表現）を、「一度、抽出した文字列の部分文字列は、その後、抽出対象としない」という条件下で、漏れなく自動的に抽出し集計する方法を提案した。次に、この方法で抽出された文字列を組み合わせて、文中の離れた位置に共起する文字列の組（離散型共起表現）を抽出し、その頻度を求める方法を示した。

3カ月分の新聞記事データ（892万字）に適用した例によれば、連鎖型共起表現抽出の場合、従来の方法では、2文字以上、2度数以上の文字列が、440万種類、延べ3120万回抽出されたのに対して、本章の方法では、97万種類、延べ260万件に減少した。抽出された文字列を比較した結果、*n*-gram の方法で得られた文字列が、膨大な量の断片的な文字列（文法的、意味的に意味のない文字列）を含むのに対して、本章の方法では、それらの断片的な文字列が大幅に削除されることが確認された。

この効果により、離散型の共起表現の網羅的な自動抽出が可能となった。提案した離散型共起表現抽出方式の適用例では、連鎖型共起の集計で得られた文字列のうち、10回以上出現した文字列（1万2350種類）の任意の2種類が、1文中に2回以上共起した表現の組は、6500種類（延べ出現回数2万1800回）であることなど、離散型の共起表現が容易に求められることが分かった。

以上のとおり、本章の方法では、連鎖型共起表現抽出での断片的文字列の抽出が抑制される結果、離散型共起表現を容易に計算することが可能となり、文型パターンなど、文構造に関する基礎データを、ほぼ自動的に収集することが可能となった。*40

第六章　結論

本論文では、日英翻訳の精度を向上させることを目的として、ルール型翻訳、用例型翻訳の精度向上に有効な方法を検討した。本論文により得られた成果をまとめると次のとおりである。

第二章では、長文解析精度の低下要因であった述語間の係り受け関係の曖昧さを解決するため、日本語の意味的な階層的表現構造に着目した、従属節間の係り受け解析方式を提案した。具体的には、日本語表出過程に着目した南の3段階の階層的な従属節分類を見直し、意味と形式に着目して、基本分類13種、細分類4種に詳細化し、それらの係り述節、受け述節としての関係を分類整理することにより、述語間の係り受け関係を決定する方法を提案した。新聞記事972文（述語数合計2327件、そのうち係り受け曖昧述語661件）を対象にした評価によれば、従来の方法では係り先の曖昧な述語が356件残ったのに対して、提案した方法では54件に減少した。文単位で見れば、述語間の関係が一意に決定できる文の割合は73・2％から94・4％に向上した。並列構造解析については黒橋らが有効な方法を提案していることを合わせると、係り受け解析の2大問題（並列構造の解析、述語間の関係解析）が解決に向けて大きく前進した。

第三章では、機械翻訳の品質を向上させるための1つの方法として、（1）精密な単語意味属性を使用して書き替え規則を記述すること、（2）書き替え規則適用条件の判定可能な情報が得られる構文解析結果に規則を適用すること、によって副作用の少ない原文自動書き替え型の翻訳方式を実現した。新聞記事１０２文に対する翻訳実験によれば、書き替え規則の適用された箇所は１０２文中、44文、延べ52箇所で、訳文品質向上効果のあった文は33文であった。また、適用された文の構文意味解析の多義の数が平均５・４／文から１・３／文まで減少した。提案方式は、翻訳品質向上、多義解消の双方において大きな効果がある。インプリメントの観点から見ても、本方式は「翻訳困難な表現の翻訳に、既存の翻訳機能がそのまま利用できる」点で、大きな利点があり、今後の訳文品質向上策として有望であると判断できる。

第四章では、日英機械翻訳において、用言（動詞、形容詞）の意味を訳し分けるのに必要な結合価パターン対の数とそれを収集する手段について検討した。具体的には、単語当たりの語義が多いためパターン対作成が最も困難な和語動詞の場合を取り上げ、（1）和英辞書から収集する方法、（2）日本語動詞の語義対応の用例を使用する方法、（3）それらを参考に、人の知識に基づいて用例を作成して使用する方法の3種のパターン対の収集方法を比較した。その結果、主要な約１０００の和語動詞を意味によって訳し分けるには７５００件の結合価パターンが必要であることが分かった。これに対して、従来の和英辞書から収集できるパターン対の数は約１／４、和英辞書と日本語辞書の語義分類知識を使用する場合は約１／２であること、必要なパターン対を網羅的に収集するには、作業工数の面でも、和英辞書と日本語辞書の語義を参考に人の知識を内省して用例を作成する方法が適していることなどが分かった。また、この結果から推定すると、漢語動詞、形容詞系の述語、用言性慣用表現などを含むパターン対全体では約2万５０００パターンが必要なこと、それらのパターンも辞書等を参考に人の知識を内省する方法で抽出された用例から比較的容易に収集できる見込みであることが分かった。このようにして作成された結合価パターン対辞書に基づいて、日本語語彙大系の構文体系は作成されている。

第五章では、膨大な言語データの中から、使用頻度の高い表現および表現の組を自動的に発見し集計する方法を提案した。具体的には、任意の *n*-gram の計算法として提案された長尾・森のアルゴリズムを改良し、言語データの中に2回以上出現した文字列（連鎖型共起表現）を、「一度、抽出した文字列の部分文字列は、その後、抽出対象としない」という条件下で漏れなく抽出する方法を提案した。次に、この方法で抽出された文字列を組み合わせて、文中の離れた位置に共起する文字列の組（離散型共起表現）を抽出する方法を示した。新聞記事データ3カ月分（892万字）に適用した実験によれば、連鎖型共起表現は、従来方法では、2文字以上、2度数以上の文字列が、440万種類、延べ3120万回の文字列が抽出されたのに対して、提案方法では、97万種類、延べ260万件に減少した。このとき、提案方法では、断片的な文字列（文法的、意味的に意味のない文字列）が従来方法に比べて大幅に減少することが確認された。提案方法をさらに進めて、離散型の共起表現の網羅的な自動抽出方法を提案した。提案方法の適用例では、連鎖型共起の集計で得られた文字列のうち、10回以上出現した文字列（1万2350種類）の任意の2種類が、1文中に2回以上共起した表現の組は、6500種類（延べ出現回数2万1800回）であることなど離散型の共起表現が容易に求められることが分かった。この結果、提案方法を用いることにより、文型パターンなど、文構造に関する基礎データを、ほぼ自動的に収集することができるため、テンプレート翻訳のルール作成の大幅な効率化が可能になった。

本論文で提案した方式はそれぞれ日英翻訳の精度向上に有効であるが、これらを有機的に結合することによりさらに精度を向上させることが可能になると考えられる。今後の課題としては、この有機的結合方法の検討が必要である。一方、実用性の観点からは、方式提案だけでなく、その方式が必要とする言語知識やデータベースの実現性を併せて検討することが重要である。例えば、用例翻訳においては数多くの方式が提案されているが、必要とされる対訳コーパスの実現性に疑問があるものが少なくない。新聞記事を利用すれば緩く対応付けられた対訳コーパスが実現可能であると考えられるので、それを利用した用例翻訳は実用に耐える可能性がある。用例利用型翻訳方式の提案として付録Aで述べる。

また、本論文では、言語的な性質が大きく異なる日本語から英語への翻訳に的を絞って検討したが、他の言語間の翻訳に適用できる技術も少なくないと考えられる。しかし、言語的な性質が大きく異なる言語間の翻訳技術の確立には日英翻訳と同様の言語リソース量や人的、時間的コストを必要とするため、日英翻訳と同様の手順を積み上げることによって多言語翻訳を実現するのは現実的なアプローチではないと考えられる。日韓や英仏などの言語的な性質が類似している言語間の翻訳は、比較的容易に高精度の翻訳が得られていることを勘案すれば、言語的な性質を類型化して、類型ごとに代表言語を1つ選択し、相互に言語的性質が大きく異なる代表言語間の翻訳を実現すること、言語的性質が類似する類型内の言語間翻訳を実現することという2つに分けて機械翻訳を検討することが効果的であると考えられる。今後は、類型内の言語間の翻訳の実現についても検討を進めたいと考えている。

謝　辞

本論文をまとめるにあたり、懇切なるご指導、ご教示を賜った東京工業大学大学院理工学研究科の田中穂積教授、徳永健伸助教授に心から感謝します。また、本論文に対して有益なご意見、ご助言を賜った同大学古井貞熙教授、佐伯元司教授、奥村学助教授に深く感謝します。

本研究は、筆者がＮＴＴ電気通信研究所に在籍中に、多数の方々のご協力を得て行なわれたものです。ＮＴＴコミュニケーション科学研究所の河岡司元所長（現在、同志社大学教授）と松田晃一元所長（現在、ＮＴＴアドバンステクノロジ（株）常務）には、本研究の機会を与えていただき、研究途上においてもご指導、ご援助をいただきました。ＮＴＴコミュニケーション科学研究所の八巻俊文元研究部長と大山芳史元研究部長（共に現在、ＮＴＴアドバンステクノロジ（株））には、本研究の推進にあたり多大のご指導、ご援助をいただきました。ＮＴＴコミュニケーション科学研究所の池原悟元研究グループリーダ（現在、鳥取大学教授）には、本研究の初期から直接ご指導賜りました。心から御礼申し上げます。日英翻訳研究グループのメンバであった宮崎正弘氏（現在、新潟大学教授）、横尾昭男氏（現在、ＮＴＴアドバンステクノロジ（株））、林良彦氏（現在、大阪大学教授）、奥雅博氏、中岩浩巳氏ほか、小倉健太郎氏、菊井玄一郎氏（現在、（株）国際電気通信基礎技術研究所室長）、松尾義博氏、Francis Bond氏、畑山満美子氏（現在、東日本電信電話（株））には、ルール型翻訳の研究やその技術の応用に関してご協力とご討論をいただきました。古瀬蔵氏、内野一氏（現在、ＮＴＴインテリジェントテクノロジ）、高橋大和氏、藤波進氏（現在、ＮＴＴアドバンステクノロジ（株））には、テンプレート型と用例型の日英翻訳の研究に関して、ご協力とご討論をいただきました。秋葉泰弘氏、春野雅彦氏（共に現在、（株）国際電気通信基礎技術研究所）には、日英翻訳の性能向上に関して、ご協力とご討論をいただきました。そのほか、様々な局面で研究にご協力いただいたＮＴＴ研究所の方々に感謝します。データ分析や辞書構築にご協力いただいた小見佳恵氏、上田洋美氏、阿部さつき氏、木村淳子氏、渡邊いづみ氏、井上浩子氏、松尾三津恵氏を始めとするＮＴＴアドバンステクノロジ（株）の関係各位ほか、細井純子氏、八木晶子氏、ルール型システムの実現にご協力いただいた市井義健氏、奥村信輔氏、河村美砂子氏を始めとするＮＴＴソフトウエア（株）の関係各位、テンプレート型システムの実現にご協力いただいた天井宏吉氏を始めとする日本電子計算（株）の関係各位、言語分析ツールの実現にご協力いただいた赤坂哲治氏を始めとするメリット（株）の関係各位、対訳データ収集にご協力いただいた鳴海武史氏を始めとする（株）カナックの関係各位ほか、相澤弘氏、武智しのぶ氏、分部恵子氏、森田千秋氏、翻訳家の澤田信一氏に深く感謝いたします。また、自然言語処理技術全般にいつも有益な示唆を与えてくださる山本和英氏（長岡技術科学大学）と辞書構築技術の検討にご協力くださっているPaik Kyonghee氏（（株）国際電気通信基礎技術研究所）に感謝します。

最後に、日ごろ研究を支えてくれる、妻はじめ家族、両親に感謝します。

注

＊1 時枝誠記が提案した言語思想で、日本の4大文法の1つと言われる時枝文法の思想的背景となっている。三浦つとむが哲学的立場から考察を加え、意味論を修正した。

＊2 表2．1の集計では、B類が92％であるが、これは係り先が曖昧でない従属節も含んでいる。係り先の問題となる述部を対象に集計すると、B類は86％となった。

＊3 この分類で、例として示した述部は、表2．1に抽出されたB類述語のうち、使用傾度の高いものである。出現頻度の高い述部が、ほぼ均等に分類されていることにより、それぞれのタイプはあまり大きな偏りなく出現することが予想され、分類の効果が期待される。

＊4 ここでは、簡単のため、係り受け交差を認め、すべての係り受け候補が等しい正解率を持つとしている。係り受け交差を認めない方法で、1文内の述部ごとに係り先正解率を積算する方法では、誤った係り受けの文が、本文の方法より若干（数文）減少する。

＊5 従来のＡＬＴ－Ｊ／Ｅ方式の評価は、稼働中の係り受け解析プログラムを使用して行なったのに対して、本章の方式の評価は、アルゴリズムの机上トレースによって実施した。

＊6 京都大学で公開されているＫＮＰパーザには本章で提案した方法の一部が実装されている。[19] また、京都大学ではＫＮＰパーザ

による解析結果を人手修正したタグつきコーパスが公開されており、[20] 最近、このコーパスを使用した統計的構文解析処理の研究が盛んに行なわれている。例えば、工藤らは段階的なチャンキングを用いた係り受け解析モデルに対して依存関係の有無をサポートベクタマシンを用いた機械学習より判定する方法を提案し、約2万文の学習データを用いることにより90・5％の解析精度を達成している。[21] さらに解析精度を向上させるには、解析誤りとコーパスを比較検討し、コーパスを均質化していくことが必要であると考えられる。

＊7 例えば、ＡＬＴ－Ｊ／Ｅ[43]では、当初、使用頻度の高い言い回しの表現を解析辞書に登録し、日本語解析のはじめの段階から使用していたが、副作用が品質向上の大きな妨げとなることが分かり、解析辞書からはすべて削除した。

＊8 翻訳技術の発展により翻訳能力が向上すれば、翻訳困難な表現の書き替えは次第に不要となると予想されるが、構文解釈の曖昧さ減少の効果をも考えると、原文書き替えを機械翻訳システムの基本機能の１つとみなすこともできる。

＊9 人手による前編集では、着目した文の着目した表現ごとに書き替えるか否かが判断できるから、副作用のある部分での書き替えは抑止できる。これに対して、自動書き替えでは、書き替え規則に当てはまる表現すべてが書き替えの対象となるから、条件4は、自動書き替えの重要な条件となる。

＊10 例えば日本語の場合は、日本文校正支援システムＲＥＶＩＳＥ[55]等が実用化されている。機械翻訳を実行する前にこれらを使用すれば、形態素レベルの誤りは、ほぼ検出訂正できる。

＊11 人手による前編集と同様、翻訳システムに合わせた書き替えであり、必ずしも原言語の表現として適切になるとは保証されない。

＊12 名詞の意味属性体系（３０００種）を使用した日本語用言結合価規則（約1・3万規則）の記述実験では、用言の場合、訳し分けの規則は十分排他的に記述できることが判明している。[47]

＊13 翻訳できない表現は通常、容易に発見できるのに対して、その表現が翻訳できるような機能を新たに開発し、既存の機能と整合させるのは通常、簡単でない場合が多い。それに対して、この方法は、既存の機能に対する副作用の心配が少ない点で、改良が容易と言える。

＊14 したがって、本章で取り上げる表現は、既存のシステム（ＡＬＴ－Ｊ／Ｅ）の翻訳能力を超える表現であり、システムによっては、書き替えの不要な表現も含まれると予想される。

＊15 「は格」の名詞が、場所の意味属性を持つ場合で、「ところだ」が完了の意味となる場合の例として、「新空港は開港したところだ」等の文もある。このような場合、さらに、「は格」と動詞の意味的関係をもう一段詳しく解析する必要があるが、ここでは、今後の課題とする。

＊16 生成文法で使用される「書き換え規則」と区別するため、本章では「換え（exchange）」の代わりに「替え（replace）」を使用

し、「書き替え規則」とする。（英訳は例えば、「新漢英字典」（研究社）を参照。）

＊17 ここでは、むしろ、文法的知識の範囲で文構造を解析する技術を「構文解析」と呼んでおり、単語の意味属性等を扱う解析を「意味解析」と呼び、構文解析と分けて考えている。したがって、本章の書き替え方式は、従来の構文解析に、一部意味解析を追加する方法となっている。

＊18 ここでは、構文解析の手法として、係り受け解析を前提としている。３項以上の関係から句構造を決定するような構文解析の場合は、書き替えの効果は①のみとなる。なお、ＡＬＴ－Ｊ／Ｅシステムでは、意味解析や日英変換の過程で、３項以上の文要素の意味的関係から、構文絞り込みや構文変換を実施しているが、本章の方法は、独立した書き替えのプロセスを設け、書き替えの内容に応じて、可能な限り早い位置で書き替えを実行することを主眼としている。

＊19 記事内の文脈から省略された主語と目的語を自動的に補完して翻訳する[56]。

＊20 自動学習の方法では、モデルを単純化せざるを得ないなどの理由で精度上も問題があり、実用に展開するのは困難と見られる。

＊21 種々な言語現象で見られるような使用頻度の低いパターン対でも、それを合計した出現頻度は無視できない程度となることが予想されるため、機械翻訳システムにおいては（専門分野依存は別にして）一般的なパターン対はあらかじめ網羅的に整備する必要がある。

＊22 ここでは専門分野固有のパターン対を除く。専門パターン対については後で触れる。

＊23 計算機による支援としては、不足しているパターン対の作成支援のほか、人手で作成されたパターン対の相互無矛盾性の検証支援も重要である。自動学習技術の応用研究には、パターン対と単語意味属性体系の間の相互矛盾を論理的に検証する仕組みの研究が期待される。

＊24 一般パターン、慣用パターンのほかに、特定の専門分野を対象とする専門パターンがあるが、本章では専門パターンは扱わない。

＊25 慣用パターン作成では、一般辞書のほかに慣用表現辞書も使用した。

＊26 日本語の動詞において語彙体系上ならびに使用頻度上重要であると考えられる基本的な和語動詞８６１語（ひらがな表記した場合で、漢字表記では１３０１語に相当する）について、意味および統語的特徴に基づいて下位区分し、それを１つの単位として、意味、形態、統語、文法カテゴリ、慣用表現などに関わる情報が詳細に記述されている。また、各下位区分ごとに１～３文の用例が付されている。

＊27 後に述べるように、経験によれば、作業開始当初は「出る」「上がる」「掛ける」など、語彙数の多い動詞の場合、1動詞の用例を書き出すのに1人日程度かかった。しかし、慣れてくるにつれて速くなったこと、通常の和語系動詞はそんなに語義がないことにより、1日平均で3動詞前後の用例が抽出できるようになった。

*28 見出し語は仮名表記のため、漢字仮名交じりの表記では語数は増大する。実際に収集した漢字仮名交じりの語数は約1100語である。

*29 人件費で見ると、和文用例作成のコストとその英語への翻訳コストはほぼ同じである。

*30 意味属性の指定等では揺らぎがあり必ずしも一致しないが、必要なパターンの種類ではほぼ一致する。例えば、20～30パターンを持つ動詞の場合、2人のアナリストが独立に作成した用例から得られたパターン対のうち、一方が作成したが他方が作成しなかったパターン対は1～2件程度（再現率90％以上）である。パターン対数の少ない用言の場合の再現率はさらに高い。

*31 また、パターン対間の相互作用の心配は少ないため、パターン対当たりの作成効率は和語動詞系の用言の場合に比べてはるかに良い。

*32 本章では、文法的、意味的に表現の単位とみなせる文字列を意識して「表現」と呼ぶ。

*33 ある表現の部分としてしか使用されないような部分的な表現は抽出されないが、そのような表現は、元々、それを含むより大きな表現の一部にすぎないと考えられるから、改めて取り出すことはしない。

*34 従来、単語列の場合、結果から計算する方法が使われていた例[73]がある。しかし、その方法では、原文のある一定領域から、互いに部分文字列を共有するような複数の文字列が抽出されているとき、引き過ぎが生じる。抽出の終わった段階では、引き過ぎの有無の判断は下能なため、正確な計算はできない。

*35 汎用ソートファイルの各レコードに、次単語番地（next pointer）のフィールドを設ければ、ランダムアクセスによってたどれる。しかし、通常ファイルサイズは大きく、ディスクアクセス回数が膨大（4章の実験例では、全レコードに1回ずつランダムにアクセスする時間は、1000万回×10 ms＝30時間程度と推定される）となる。これに対して連続したレコードの処理（IOバッファのサイズにもよるが）は高速である。そのようにするには、本文で述べたように原文番地順にソートし直す必要があるが、そのためのソート時間は、ソートファイルに次単語番地を探して書き込む処理と同等の時間で実行できる。以上から、ランダムアクセスに比べて、ネクストサーチの方が高速だと期待される。なお、同種の再ソート処理は、連鎖型共起文字列抽出で2回、離散型共起で1回の合計3回必要となるが、いずれも、順不同となったレコード番号が元の連続番号になるようにソートし直すものであり、単純で高速に実行できる（4章の例では、ソート1回当たり数分である）。

*36 2種類の表現の組の集計では、足切りをしない（2度数以上を対象とする）場合、約18万種類（延べ40万度数）の離散型表現が抽出された。ここでは、結果を見やすくするため、抽出される種類が約1万件以下になるように、単独出現回数10で、入力の足切りをした場合を示す。

*37 表5．6では「ゼネラル」＋「モータース」、「サミット」＋「先進国首脳会議」などのペアが頻出しているが、これは、本文中には「ゼネラル・モータース」、「サミット（先進国首脳会議）」などとして出現していたためで、読点を除く記号類は連鎖

型共起の集計の対象としなかったためである。

＊38　例えば、連鎖型で抽出した文字列の10％が有効な表現だったとすると、離散型の場合に抽出される文字列の組の有効なものは、0.1のn乗（nは要素とする表現の数）以下に減少すると考えられる。したがって、連鎖型に比べて離散型ではさらに、抽出したい表現をいかに絞り込むかが重要な問題となる。実験によれば、抽出したい表現を字種によって制約する効果が大きいが、この点は、さらに今後の検討が必要である。

＊39　共起表現の抽出では、出現頻度の高い表現をいかに漏れなく拾い出すかが問題である。出現する表現の分布に大きな偏りのない標本であれば、標本量を増加させたとき、それにつれて出現頻度の高い表現の出現回数も増加するから、適当な値で足切りをしてもそれらを漏らす心配は少ない。なお、表現に大きな偏りのある標本の場合は、ジャンルごとに分けて、共起表現を収集する方が適切と言える。

＊40　n-gramの方法はデータ分析の方法として広く利用され、様々な改良が進められている。人文系でも特徴分析の手がかりを得るために利用されている[81]。離散型の共起表現の網羅的な抽出はあまり行なわれていないが、Sanderらがsuffix arrayを用いることにより本章の方法より計算量を削減する方法を提案している[82]。

参考文献

[1] 栗原俊彦「自然言語の機械処理」（『情報処理』Vol.14, No.4, pp.267-281、一九七三年）

[2] 首藤公昭「専門分野を対象とした日英機械翻訳について」（『情報処理』Vol.14, No.9, pp.661-668、一九七四年）

[3] 坂井・杉田「機械による英和翻訳」（『電子通信学会論文誌』Vol.49, No.2、一九六六年）

[4] 長尾・辻井・矢田・柿元「科学技術論文表題の英和翻訳システム」（『情報処理学会論文誌』Vol.23, No.2, pp.202-210、一九八二年）

[5] *Proceedings of TMI-92*, 1992.

[6] Makoto NAGAO. A framework of mechanical translation between Japanese and English by analogy principle. Elithorn and Banerji (eds.), *Artificial and Human Intelligence*, pp.179-180.

[7] Satoshi SATO. CTM. An example based translation aid system. In *Proceedings of COLING-92*, pp. 1259-1263.

[8] P. F. BROWN, C. JOHN, S. D. PIETRA, V. J. D. PIETRA, F. JELINEK, J. D. LAFFERTY, R. L. MERCAR & P. S. ROOSSIN. A statistical approach to machine translation. *Computational Linguistics*, Vol.16, No.2, pp.79-85, 1990.

[9] T. WATANABE & E. SUMITA. Bidirectional decoding for statistical machine translation. In *Proceedings of COLING-2002*, pp. 1075-1085, 2002.
[10] 森・山地「日本語の情報量の上限の推定」(『情報処理学会論文誌』Vol.38, No.11, pp.2191-2199、一九九七年)
[11] 三浦つとむ『認識と言語の理論(第1〜3巻)』勁草書房、一九六七年
[12] 水谷・石綿・荻野・賀来・草薙『文法と意味Ⅰ(朝倉日本語新講座3)』朝倉書店、一九八三年
[13] 宮崎正弘「日本文音声出力のための言語処理に関する研究」東京工業大学学位論文、一九八六年
[14] 南不二男『現代日本語の構造』大修館書店、一九七四年
[15] M. NAGAO & S. MORI. A New Method of N-gram Statistics for Large Number of n and Automatic Extraction of Words and Phrases from Large Text Data of Japanese. In *Proceedings of COLING-94*, pp.611-615, 1994.
[16] Makoto NAGAO. Varieties of Heuristics in Sentence Parsing. Invited Talk at International Workshop on Parsing Technology, 1993.
[17] 黒橋・長尾「長い日本語文における並列構造の推定」(『情報処理学会論文誌』Vol.33, No.8, pp.1022-1031、一九九二年)
[18] 黒橋・長尾「並列構造の検出に基づく長い日本語文の構文解析」(『自然言語処理』Vol.1, No.1, pp.35-58、一九九四年)
[19] 長尾真編著『自然言語処理』岩波書店、一九九六年
[20] 京都大学大学院情報学研究科言語メディア研究室「京都大学テキストコーパス Version 3.0」
編者追記(2017/06/27閲覧)
Version 3.0
http://nlp.ist.i.kyoto-u.ac.jp/DLcounter/lime.cgi?down=http://nlp.ist.i.kyoto-u.ac.jp/nl-resource/corpus/KyotoCorpus3.0.tar.gz&name=KyotoCorpus3.0.tar.gz
Version 4.0
http://nlp.ist.i.kyoto-u.ac.jp/DLcounter/lime.cgi?down=http://nlp.ist.i.kyoto-u.ac.jp/nl-resource/corpus/KyotoCorpus4.0.tar.gz&name=KyotoCorpus4.0.tar.gz
[21] 工藤・松本「チャンキングの段階適用による日本語係り受け解析」(『情報処理学会論文誌』Vol.43, No.6, pp.1834-1842、二〇〇二年)
[22] 奥村・池野・松下・山本・永田「日本語文の並列構造を利用した長文解析方式」(『第7回人工知能学会全国大会論文集』17-4、一九九三年)
[23] 白井・横尾・木村・小見「日本語従属節の依存構造に着目した係り受け解析」(『第47回情報処理学会全国大会論文集』3M-1、一九九三年)
[24] 池野・奥村・松下・山本・永田「日本語長文の翻訳における副詞呼応範囲の優先構造化方式」(『第7回人工知能学会全国大会論文

集』17-6、一九九三年）
[25] 林・奥・石崎「日英翻訳システムALT－J／Eにおける日英変換技術」（『第33回情報処理学会全国大会論文集』6J-3 一九八六年）
[26] 林良彦「結合価構造に基づく日本語解析」（『情報処理学会研究報告』87-NL-62、一九八七年）
[27] 横尾・林「日本語埋め込み構造の解析」（『第1回人工知能学会全国大会論文集』7-2、一九八七年）
[28] 白井諭「日英翻訳システムALT－J／Eにおけるテーブル駆動型日本語文節間係り受け解析法」（『第34回情報処理学会全国大会論文集』5W-5、一九八七年）
[29] 山田孝雄『日本文法学概論』宝文館、一九三六年
[30] 時枝誠記『国語学原論』岩波書店、一九四一年
[31] 渡辺実「叙述と陳述―述語文節の構造―」（『国語学』一三・一四集、一九五三年）
[32] 芳賀綏「〝陳述〟とは何もの?」（『国語国文』Vol.23, No.4、一九五四年）
[33] 服部四郎「ソスュールのlangueと言語過程説」（『言語学の方法』岩波書店、一九五七年）
[34] 林四郎『基本文型の研究』明治書院、一九六〇年
[35] 南不二男「述語文の構造」（服部編『日本の言語学』大修館書店、一九六四年）
[36] 南不二男「複文」（時枝・遠藤監修『講座現代語6』明治書院、一九六四年）
[37] 三浦つとむ『日本語の文法』勁草書房、一九七五年
[38] J. CARBONELL, et al. JTEC Panel Report on "Machine Translation in Japan". Coordinated by Loyola College in Maryland, 1992.
[39] M. RIMON, M. McCORD, U. SCHWALL & P. MARTINEZ. Advances in Machine Translation Research in IBM. In *Proceedings of MT SUMMIT III*, pp.11-18, 1991.
[40] *Proceedings of COLING '92*, 1992.
[41] 池原・白井「日英機械翻訳機能試験項目の体系化」（『電子情報通信学会技術研究報告』NLC90-43, pp.17-24、一九九〇年）
[42] Satoru IKEHARA. Criteria for Evaluating the Linguistic Quality of Japanese to English MT System. In *Proceedings of MT Evaluation Workshop*, pp.58-59, 1992.
[43] 池原・宮崎・白井・林「言語における話者の認識と多段翻訳方式」（『情報処理学会論文誌』Vol.28, No.12, pp.1269-1279、一九八七年
[44] Satoru IKEHARA. Multi-Level Machine Translation Method. *Future Computer Systems*, Vol.2, No.3, pp.261-274, 1989.
[45] S. C. CHEN, J. N. WANG, J. S. CHANG & K. Y. SU. ArchTran: A Corpus-based Statistics-oriented English Chinese Machine Translation System. In *Proceedings of MT SUMMIT III*, pp.11-18, 1991.

［46］Sergei NIRENBURG. KBMT-89-A Knowledge Based MT Project at Carnegie Melon University. In *Proceedings of MT SUMMIT II*, pp.141-147, 1989.

［47］池原・宮崎・横尾「日英機械翻訳のための意味解析用の知識とその分解能」（『情報処理学会論文誌』Vol.34, No.8, pp.1692-1704、一九九三年）

［48］O. FURUSE & H. IIDA. Cooperation between Transfer and Analysis in Example-Based Framework, In *Proceedings of COLING-92*, pp.645-651, 1992.

［49］Makoto NAGAO. Some Rationales and Methodologies for Example-based Approach. In Proceedings of Workshop on Future Generation Natural Language Processing, Manchester, 1992.

［50］長尾真「制限言語の提案」（自然言語処理ジンポジウム、情報処理学会、一九八五年）

［51］長尾・田中・辻井「制御言語にもとづく文章作成援助システム」（『情報処理学会研究報告』NL-44-5、一九八四年）

［52］長尾真「科技庁機械翻訳プロジェクトの概要」（『情報処理学会研究報告』NL-38-2、一九八三年）

［53］辻井・長尾「日英翻訳過程での処理とその翻訳結果への反映」（『情報処理学会研究報告』NL-47-10、一九八五年）

［54］白井諭「日本文自動書き替えによる構文多義の解消」（『第41回情報処理学会全国大会論文集』4S-6、一九九〇年）

［55］池原・安田・島崎・高木「日本文訂正支援システム（ＲＥＶＩＳＥ）」（『研究実用化報告』Vol.36, No.9, pp.1159-1167、一九八七年）

［56］H. NAKAIWA & S. IKEHARA. Zero Pronoun Resolution in a Japanese to English Machine Translation System using Verbal Semantic Attributes. In *Proceedings of the 3rd Conference on Applied Natural Language Processing*, pp.201-208, 1992.

［57］Automatic Language Processing Advisory Committee. Language and Machines: Computers in Translation and Linguistics. Division of Behavioral Sciences, National Academy of Science, National Research Council Publication 1416, 1966.

［58］白井・池原・阿部・松尾「日本文書き替え処理における制御ルールの類型情報の抽出」（『情報処理学会第49回全国大会』4G-12, Vol.3, pp.243-244、一九九四年）

［59］白井・池原・松尾・兵藤「日本文書き替え処理における制御機能の構成について」（『情報処理学会第49回全国大会』4G-13, Vol.3, pp.245-246、一九九四年）

［60］黒橋・長尾「格フレーム選択における意味マーカと例文の有効性について」（『情報処理学会研究報告』NL-91-11、一九九二年）

［61］H. ALMUALLIM, Y. AKIBA, T. YAMAZAKI, A. YOKOO & S. KANEDA. A tool for the acquisition of Japanese to English machine translation rules using inductive learning techniques. In *Proceedings of CAIA94*, pp.194-201, 1994.

［62］H. ALMUALLIM, Y. AKIBA, T. YAMAZAKI, A. YOKOO & S. KANEDA. Two methods for learning ALT-J/E translation rules from examples and a semantic hierarchy. In *Proceedings of COLING -94*, pp.57-63, 1994.

［63］金田・秋葉・石井・アルムアリム「事例に基づく英語動詞選択ルールの修正型学習方式」（『自然言語処理における学習』シンポジウム論文集』pp.158-165、一九九四年）
［64］横尾・中岩・白井・池原「日英機械翻訳用スケルトン－フレッシュ型構文意味辞書の構成」（『第48回情報処理学会全国大会論文集』6Q-8, Vol.3, pp.139-140、一九九四年）
［65］小島・竹林『ライトハウス和英辞典　第1版』研究社、一九八四年
［66］情報処理振興事業協会技術センター（編）『計算機用日本語基本動詞辞書 IPAL (Basic Verbs)　解説編&辞書編』一九八七年
［67］白井・兵藤・上田・横尾・池原「日英機械翻訳用構文意味辞書の作成支援」（『H7年電気関係学会関西支部連合大会』G14-3, p.G368、一九九五年）
［68］林巨樹（編）『現代国語例解辞典　第一版』小学館、一九八五年
［69］林巨樹（編）『現代国語例解辞典　第二版』小学館、一九九七年
［70］情報処理振興事業協会技術センター（編）『計算機用日本語基本形容詞辞書 IPAL (Basic Adjectives)　解説編&辞書編』一九九〇年
［71］K. W. CHURCH & P. HANKS. Word association norms, mutual information and lexicography. *Computational Linguistics*, Vol.16, No.1, pp.22-29, 1990.
［72］F. A. SMADJA & K. R. MEKEOWN. Automatically extracting and representing collocations for language generation. In *Proceedings of the 28th Annual Meeting of the Association for Computational Linguistics*, pp.252-259, 1990.
［73］北・小倉・森元・矢野「仕事量基準を用いたコーパスからの定型表現の自動抽出」（『情報処理学会論文誌』Vol.34, No.9, pp.1937-1943、一九九三年）
［74］K. KITA, Y. KATO, T. OMOTO & Y. YANO. A comparative study of automatic extraction of collocations from corpora: mutual information vs. cost criteria. *Journal of Natural Language Processing*, Vol.1, No.1, pp.21-33, 1994.
［75］F. SMADJA. Retrieving collocations from text. *Computational Linguistics*, Vol.19, No.9, pp.143-177, 1993.
［76］浦谷則好「ニュース原稿データベースからの表現パターンの抽出」（『第50回情報処理学会全国大会論文集』1R-8、一九九五年）
［77］新納・井佐原「疑似Nグラムを用いた助詞的定型表現の自動抽出」（『情報処理学会論文誌』Vol.36, No.1, pp.32-40、一九九五年）
［78］R. COLLIER. N-gram cluster identification during empirical knowledge representation generation, In *Proceedings of COLING-94*, pp.1054-1058, 1994.
［79］加藤・相沢「外電ニュースの定型文抽出とその英日機械翻訳」（『情報処理学会研究報告』NL-93-2、一九九三年）
［80］内野・池原・白井「弱抑制による連鎖共起表現の抽出とそれに基づく離散共起表現の抽出」（『言語処理学会第2回年次大会』B6-4,

pp.257-260、一九九六年）
[81] 例えば、近藤泰弘・近藤みゆき「平安時代古典語古典文学研究のためのN-gramを用いた解析手法」（『言語処理学会第7回年次大会』C3-4、二〇〇一年）
[82] O. SANDER, I. FISCHER & H. KIRSCH. Extracting collocations from syntactically annotated corpora. In *Proceedings of FGML2002*, pp. 127-134, 2002.
[83] 成田一「言語類型と機械翻訳」（『情報処理学会研究報告』96-NL-114-21, pp.143-150、一九九六年）
[84] Victor SADLER. *Working with Analogical Semantics: Disambiguation techniques in DLT*. FORIS Publications, 1989.
[85] H. KAJI, Y. KIDA & Y. MORIMOTO. Learning translation templates from bilingual text. In *Proceedings of COLlNG-92*, pp. 672-678, 1992.
[86] L. CRANIAS, H. PAPAGEORGIOU & S. PIPERIDIS. A matching technique in example-based machine translation, 1995.
[87] Ralf D. BROWN. Example-based machine translation in the pangloss system. In *Proceedings of COLING-96*, pp. 125-130, 1996.
[88] 白井・松尾・瀬下・藤波・池原「新聞記事日英対訳コーパスの構築（3）記事の特徴分析と文の対応関係の検討」（『平成7年度（第48回）電気関係学会九州支部連合大会』p.857、一九九五年）
[89] Y. TAKAHASHI, S. SHIRAI & F. BOND. A method of automatically aligning Japanese and English newspaper articles. In *Proceedings of NLPRS-97*, pp.49-54,1997.
[90] M. HARUNO & T. YAMAZAKI. High-performance bilingual text alignment using statistical and dictionary information. In *34th Annual Conference of the Association for Computational Linguistics*, pp. 131-138, 1996.
[91] C. M. SPERBERG-McQUEEN & Lou BURNARD, eds. *Guidelines for Electronic Text Encoding and Interchange*. Chicago, Oxford, 1994.
[92] P. BONHOMME & L. ROMARY. The lingua parallel concordancing project. Managing multilingual texts for educational purpose. In *Proceedings of Language Engineering '95*, 1995.
[93] S. IKEHARA, S. SHIRAI & H. UCHINO. A statistical method for extracting uninterrupted and interrupted collocations from very large corpora. In *Proceedings of COLING-96*, pp. 574-579, 1996.
[94] J. AOE, K. MORIMOTO & T. SATO. An efficient implementation of trie structures. *Software Practice & Experiments*, 22(9), pp. 695-721, 1992.
[95] S. IKEHARA, S. SHIRAI, A. YOKOO & H. NAKAIWA. Toward an MT system without pre-editing—effects of new methods in ALT-J/E. In *Proceedings of MT Summit III*, pp. 101-106, 1991.

執筆論文リスト

[論文誌]

1. 池原悟・白井諭「単語解析プログラムによる日本文誤字の自動検出と二次マルコフモデルによる訂正候補の抽出」（『情報処理学会論文誌』Vol.25, No.2, pp.298-305、一九八四年三月）
2. 池原悟・宮崎正弘・白井諭・林良彦「言語における話者の認識と多段翻訳方式」（『情報処理学会論文誌』Vol.28, No.12, pp.1269-1279、一九八七年一二月）
3. 池原悟・宮崎正弘・白井諭・横尾昭男 An evaluation method for MT systems and its application to ALT-J/E.（『人工知能学会誌』Vol.7, No.6, pp.1077-1086、一九九二年一一月）
4. 池原悟・白井諭・小倉健太郎「言語表現体系の違いに着目した日英機械翻訳機能試験項目の構成」（『人工知能学会誌』Vol.9, No.4, pp.93-103、一九九四年七月）
5. 池原悟・白井諭・横尾昭男・Francis Bond・小見佳恵「日英機械翻訳における利用者登録語の意味属性の自動推定」（『自然言語処理』Vol.2, No.1, pp.3-17、一九九五年一月）
6. 白井諭・池原悟・河岡司・中村行宏「日英機械翻訳における原文自動書き替え型翻訳方式とその効果」（『情報処理学会論文誌』Vol.36, No.1, pp.12-21、一九九五年一月）
7. 宮崎正弘・白井諭・池原悟「言語過程説に基づく日本語品詞の体系化とその効用」（『自然言語処理』Vol.2, No.3, pp.3-25、一九九五年七月）
8. 白井諭・池原悟・横尾昭男・木村淳子「階層的認識構造に着目した日本語従属節間の係り受け解析の方法とその精度」（『情報処理学会論文誌』Vol.36, No.10, pp.2353-2361、一九九五年一〇月）
9. 池原悟・白井諭・河岡司「大規模日本語コーパスからの連鎖型および離散型共起表現の自動抽出法」（『情報処理学会論文誌』Vol.36, No.11, pp.2584-2596、一九九五年一一月）
10. 中岩浩巳・白井諭・池原悟「日英機械翻訳における語用論的・意味論的制約を用いたゼロ代名詞の文章外照応解析」（『情報処理学会論文誌』Vol.38, No.11, pp.2167-2178、一九九七年一一月）
11. 春野雅彦・白井諭・大山芳史「決定木を用いた日本語係受け解析」（『情報処理学会論文誌』Vol.39, No.12, pp.3177-3186、一九九八年一二月）
12. Masahiko HARUNO, Satoshi SHIRAI & Yoshifumi OOYAMA. Using decision trees to construct a practical parser. *Machine Learning*, Vol.34, Nos.1/2/3, pp.131-149, 1992.2.

13．内野一・白井諭・横尾昭男・大山芳史・古瀬蔵「速報型日英翻訳システム ALTFLASH」（『電子情報通信学会論文誌』Vol.J84-D-II, No.6, pp.1168-1174、二〇〇一年六月）
14．Yasuhiro AKIBA, Hiromi NAKAIWA, Yoshifumi OOYAMA & Satoshi SHIRAI. Interactive generalization of a translation example using queries based on a semantic hierarchy. *International Journal on Artificial Intelligence Tools*, Vol.10, No.4, pp.675-690, 2001.12.
15．畑山満美子・松尾義博・白井諭「重要語句抽出による新聞記事自動要約」（『自然言語処理』Vol.9, No.4, pp.55-73、二〇〇二年七月）
16．Kyoughee PAIK, Hiromi NAKAIWA & Satoshi SHIRAI. Direct machine translation of Japanese to Korean. *Harvard Studies in Korean Linguistics X*, pp.159-172, 2004.1.

［国際会議］
1．Masahiro MIYAZAKI, Shigeki GOTO, Yoshifumi OOYAMA & Satoshi SHIRAI. Linguistic processing in a Japanese-text-to-speech-system. In *Proceedings of ICTP '83 (Tokyo)*, pp.315-320, 1983.6.17-19.
2．Satoru IKEHARA, Satoshi SHIRAI, Akio YOKOO & Hiromi NAKAIWA. Toward an MT system without pre-editing,.Effects of new methods in ALT-J/E. In *Proceedings of MT SUMMIT III (Washington, D.C., USA)*, pp.101-106, 1991.7.1-4.
3．Satoshi SHIRAI, Satoru IKEHARA & Tsukasa KAWAOKA. Effects of automatic rewriting of source language within a Japanese to English MT system. In *Proceedings of TMI '93 (Kyoto, Japan)*, pp.226-239, 1993.7.14-16.
4．Kentaro OGURA, Akio YOKOO, Satoshi SHIRAI & Satoru IKEHARA. Japanese to English machine translation and dictionaries. In *Proceedings of 44th Congress of the International Astronautical Federation (Graz, Austria)*, 1993.10.16-22.
5．Satoru IKEHARA, Satoshi SHIRAI, Kentaro OGURA, Akio YOKOO, Hiromi NAKAIWA & Tsukasa KAWAOKA. ALT-J/E, a Japanese to English machine translation system for communication with translation. In *Proceedings of IFIP 13th World Computer Congress (Humburg, Germany)*, Vol.2, pp.80-85, 1994.8.28-9.2.
6．Yoshihiro MATSUO, Satoshi SHIRAI, Akio YOKOO & Satoru IKEHARA. Direct parse tree translation in cooperation with the transfer method. In *Proceedings of NeMLaP (Manchester, UK)*, pp.144-149, 1994.9.14-16.
7．Satoru IKEHARA, Satoshi SHIRAI, Akio YOKOO, Francis BOND & Yoshie OMI. Automatic aquisition of semantic attributes for user defined words in Japanese to English machine translation. In *Proceedings of ANLP '94 (Stuttgart, Germany)*, pp.184-185, 1994.10.13-15.
8．Hiromi NAKAIWA, Satoshi SHIRAI, Satoru IKEHARA & Tsukasa KAWAOKA. Extrasentential resolution of Japanese zero pronouns using semantic and pragmatic constraints. In *Proceedings of AAAI '95 Spring Symposium (San Francisco, USA)*, pp.99-105, 1995.3.27-29.
9．Satoru IKEHARA, Satoshi SHIRAI, Kentaro OGURA, Akio YOKOO, Hiromi NAKAIWA & Tsukasa KAWAOKA. Multi-level machine

translation method for communication with translation. In *Proceedings of World TELECOM 95, Technology Summit (Geneva, Switzerland)*, Vol.2, pp.623-627, 1995.10.3-11.

10. Yoshihiro MATSUO, Satoshi SHIRAI & Satoru IKEHARA. Changing syntactic classes in transfer-based machine translation. In *Proceedings of NLPRS '95 (Seoul, Korea)*, Vol.1, pp.432-437, 1995.12.4-7.

11. Satoshi SHIRAI, Satoru IKEHARA, Akio YOKOO & Hiroko INOUE. The quantity of valency pattern pairs required for Japanese to English MT and their compilation. In *Proceedings of NLPRS '95 (Seoul, Korea)*, Vol.1, pp.443-448, 1995.12.4-7.

12. Satoru IKEHARA, Satoshi SHIRAI & Hajime UCHINO. A statistical method for extracting uninterrupted and interrupted collocations from very large corpora. In *Proceedings of COLING-96 (Copenhagen, Denmark)*, Vol.1, pp.574-579, 1996.8.5-9.

13. Hiromi NAKAIWA & Satoshi SHIRAI. Anaphora resolution of Japanese zero pronouns with deictic reference. In *Proceedings of COLING-96 (Copenhagen, Denmark)*, Vol.2, pp.812-817, 1996.8.5-9.

14. Satoru IKEHARA, Satoshi SHIRAI & Francis BOND. Approaches to disambiguation in ALT-J/E. In *Procedings of MIDDIM-96 (Grenoble, France)*, pp.107-117, 1996.8.12-14.

15. Kentaro OGURA, Satoshi SHIRAI & Francis BOND. English adverb processing in Japanese-to-English machine translation. In *Proceedings of TMI-97 (Santa Fe, USA)*, pp.95.102, 1997.7.23-25.

16. 小倉健太郎・中岩浩巳・横尾昭男・白井諭・宮崎正弘・池原悟「日英機械翻訳とシソーラス」（第5回国立国語研究所国際シンポジウム (Tokyo, Japan), pp.154-161, 1997.8.27-28.）

17. Satoshi SHIRAI, Francis BOND & Yamato TAKAHASHI. A hybrid rule and example-based method for machine translation. In *Proceedings of NLPRS'97 (Phuket, Thailand)*, pp.49-54, 1997.12.2-4.

18. Yamato TAKAHASHI, Satoshi SHIRAI & Francis BOND. A method of automatically aligning Japanese & English newspaper articles. In *Proceedings of NLPRS'97 (Phuket, Thailand)*, pp.657-660, 1997.12.2-4.

19. Francis BOND & Satoshi SHIRAI. Practical and efficient organization of a large valency dictionary. In *Proceedings of NLPRS'97 Multilingual Workshop (Phuket, Thailand)*, 1997.12.5.

20. Satoshi SHIRAI, Satoru IKEHARA, Akio YOKOO & Yoshifumi OOYAMA. Automatic rewriting method for internal expressions in Japanese to English MT and its effects. In *Proceedings of CLAW'98 (Pittsburgh, USA)*, pp.62-75, 1998.5.21-22.

21. Francis BOND, Daniela KURZ & Satoshi SHIRAI. Anchoring floating quantifiers in Japanese-to-English machine translation. In *Proceedings of COLING-ACL'98 (Montreal, Canada)*, pp.152-159, 1998.8.10-14.

22. Masahiko HARUNO, Satoshi SHIRAI & Yoshifumi OOYAMA. Using decision trees to construct a practical parser. In *Proceedings of COLING-*

ACL'98 (Montreal, Canada), pp.505-511, 1998.8.10-14.

23. Eiichiro SUMITA, Setsuo YAMADA, Kazuhide YAMAMOTO, Michael PAUL, Hideki KASHIOKA, Kai ISHIKAWA & Satoshi SHIRAI. Solutions to problems inherent in spoken-language translation: the ATR-MATRIX approach. In *Proceedings of MT-SUMMIT VII (Singapore)*, pp.229-235, 1999.9.13-17.

24. Hideki KASHIOKA & Satoshi SHIRAI. Automatically expansion of thesaurus entries with a different thesaurus. In *Proceedings of LREC'2000 (Athens, Greece)*, pp.363.366, 2000.5.31-6.2.

25. Yves LEPAGE, Nicolas AUCLERC & Satoshi SHIRAI. A tool to build a treebank for conversational Chinese. In *Proceedings of ICSLP 2000 (Beijing, China)*, pp.985-988, 2000.10.16-20.

26. Yasuhiro AKIBA, Hiromi NAKAIWA, Satoshi SHIRAI & Yoshifumi OOYAMA. Interactive generalization of a translation example using queries based on a semantic hierarchy. In *Proceedings of ICTAI00 (Vancouver, Canada)*, pp.326-332, 2000.11.13-15.

27. Satoshi SHIRAI, Kazuhide YAMAMOTO & Kazutaka TAKAO. Construction of a dictionary for translating Japanese phrases into one English word. In *Proceedings of ICCPOL 2001 (Seoul, Korea)*, pp.3-8, 2001.5.14-16.

28. Kazuhide YAMAMOTO, Satoshi SHIRAI, Masashi SAKAMOTO & Yujie ZHANG. Sandglass: Twin paraphrasing spoken language translation. In *Proceedings of ICCPOL 2001 (Seoul, Korea)*, pp.154-159, 2001.5.14-16.

29. Satoshi SHIRAI & Kazuhide YAMAMOTO. Linking English words in two bilingual dictionaries to generate another language pair dictionary. In *Proceedings of ICCPOL 2001 (Seoul, Korea)*, pp.174-179, 2001.5.14-16.

30. Toshiyuki TAKEZAWA, Satoshi SHIRAI & Yoshifumi OOYAMA. Characteristics of colloquial expressions in a bilingual travel conversation corpus. In *Proceedings of ICCPOL 2001 (Seoul, Korea)*, pp.384-389, 2001.5.14-16.

31. Satoshi SHIRAI, Kazuhide YAMAMOTO & Kyonghee PAIK. Overlapping constraints of two step selection to generate a transfer dictionary. In *Proceedings of ICSP 2001 (Taejon, Korea)*, Vol.2, pp.731-736, 2001.8.22-24.

32. Kyonghee PAIK & Satoshi SHIRAI. Exploiting linguistic similarities for machine translation: a case study of Japanese-to-Korean. In *Proceedings of ICSP 2001 (Taejon, Korea)*, Vol.2, pp.737-742, 2001.8.22-24.

33. Nicholas AUCLERC, Yves LEPAGE & Satoshi SHIRAI. Case study: porting an NLP application to Unicode. In *Proceedings of IUC19 (San Jose, USA)*, Part.3, B201:1-22, 2001.9.10-14.

34. Chenqing ZONG, Yujie ZHANG, Kazuhide YAMAMOTO, Masashi SAKAMOTO & Satoshi SHIRAI. Paraphrasing Chinese utterances in spoken language translation system. (in Chinese) In *Proceedings of ICCC 2001 (Singapore)*, pp.395-401, 2001.11.27-29.

35. Chenqing ZONG, Yujie ZHANG, Kazuhide YAMAMOTO, Masashi SAKAMOTO & Satoshi SHIRAI. Approach to spoken Chinese

郵便はがき

料金受取人払郵便

神田局
承認

8956

差出有効期間
2018年 9 月
30日まで

切手を貼らずに
お出し下さい。

101-8796

5 3 7

【受 取 人】

東京都千代田区外神田6-9-5

株式会社 **明石書店** 読者通信係 行

お買い上げ、ありがとうございました。
今後の出版物の参考といたしたく、ご記入、ご投函いただければ幸いに存じます。

ふりがな お名前	年齢	性別

ご住所 〒 -

TEL ( ) FAX ( )

メールアドレス	ご職業（または学校名）

*図書目録のご希望 □ある □ない	*ジャンル別などのご案内（不定期）のご希望 □ある：ジャンル（ □ない

書籍のタイトル

◆本書を何でお知りになりましたか？

□新聞・雑誌の広告…掲載紙誌名［　　　　　　　　　　　　］

□書評・紹介記事……掲載紙誌名［　　　　　　　　　　　　］

□店頭で　□知人のすすめ　□弊社からの案内　□弊社ホームページ

□ネット書店［　　　　　　　　］　□その他［　　　　　　　　］

◆本書についてのご意見・ご感想

■定　価　□安い（満足）　□ほどほど　□高い（不満）

■カバーデザイン　□良い　□ふつう　□悪い・ふさわしくない

■内　容　□良い　□ふつう　□期待はずれ

■その他お気づきの点、ご質問、ご感想など、ご自由にお書き下さい。

◆本書をお買い上げの書店

［　　　　市・区・町・村　　　　書店　　　　店］

◆今後どのような書籍をお望みですか？

今関心をお持ちのテーマ・人・ジャンル、また翻訳希望の本など、何でもお書き下さい。

◆ご購読紙　(1)朝日　(2)読売　(3)毎日　(4)日経　(5)その他［　　　　新聞］

◆定期ご購読の雑誌［　　　　　　　　］

ご協力ありがとうございました。

ご意見などを弊社ホームページなどでご紹介させていただくことがあります。　□諾　□否

◆ご 注 文 書◆　このハガキで弊社刊行物をご注文いただけます。

□ご指定の書店でお受取り……下欄に書店名と所在地域、わかれば電話番号をご記入下さい。

□代金引換郵便にてお受取り…送料+手数料として300円かかります（表記ご住所宛のみ）。

書名	冊
書名	冊

ご指定の書店・支店名	書店の所在地域 都・道 府・県　市・区 町・村
	書店の電話番号　（　　　）

paraphrasing based on feature extraction. In *Proceedings of NLPRS-2001 (Tokyo)*, pp.551-556, 2001.11.27-29.

36. Mamiko HATAYAMA, Yoshihiro MATSUO & Satoshi SHIRAI. Summarizing newspaper articles using extracted informative and functional words. In *Proceedings of NLPRS-2001 (Tokyo)*, pp.593-600, 2001.11.27-29.

37. Satoshi SHIRAI, Kazuhide YAMAMOTO & Francis BOND. Japanese-English paraphrase corpus. In *Proceedings of Workshop on Language Resources in Asia, NLPRS-2001 (Tokyo)*, pp.23-30, 2001.11.30.

38. Kyonghee PAIK, Francis BOND & Satoshi SHIRAI. Using multiple pivots to align Korean and Japanese lexical resources. In *Proceedings of Workshop on Language Resource in Asia, NLPRS-2001 (Tokyo)*, pp.63-70, 2001.11.30.

39. Satoshi SHIRAI, Kazuhide YAMAMOTO, Francis BOND & Hozumi TANAKA. Towards a thesaurus of predicates. In *Proceedings of LREC 2002 (Canary Islands, Spain)*, Vol.6, pp.1965-1972, 2002.5.29-31.

40. Kyoughee PAIK, Hiromi NAKAIWA & Satoshi SHIRAI. Direct machine translation of Japanese to Korean. In *Proceedings of Harvard Biennial International Symposium on Korean Linguistics (Cambridge, USA)*, pp.96-98, 2003.7.11-13.

41. Kyonghee PAIK, Satoshi SHIRAI & Hiromi NAKAIWA. Automatic construction of a transfer dictionary considering directionality. In *Proceedings of MLR 2004, COLING-2004, (Geneva, Switzerland)*, pp.31-38, 2004.8.28.

［ＮＴＴ技術誌］

1. 池原悟・中園薫・白井諭「キーワード自動抽出システム（ＩＮＤＥＸＥＲ）」（『研究実用化報告』Vol.36, No.9, pp.1151-1158、一九八七年）

2. Satoru IKEHARA, Masahiro MIYAZAKI, Satoshi SHIRAI & Akio YOKOO. An approach to machine translation method based on constructive process theory. *Review of the Electrical Communications Laboratories*, Vol.37, No.1, pp.39-44, 1989.

3. 白井諭・池原悟・横尾昭男・中岩浩巳「前編集不要の日英機械翻訳の実現に向けて」（『NTT R&D』Vol.40, No.7, pp.897-904、一九九一年）

4. 大山芳史・白井諭・横尾昭男・藤波進「日英機械翻訳技術と市況速報への適用」（『ＮＴＴ技術ジャーナル』Vol.9, No.6, pp.73-76、一九九七年）

5. 八巻俊文・大山芳史・白井諭・横尾昭男「日英機械翻訳システムＡＬＴ－Ｊ／Ｅの研究開発」（『NTT R&D』Vol.46, No.12, pp.1391-1398、一九九七年）

6. 白井諭・横尾昭男・松尾義博・大山芳史「日英翻訳のための日本語解析技術」（『NTT R&D』Vol.46, No.12, pp.1399-1404、一九九七年）

7. 白井諭・横尾昭男・内野一・松尾義博「日英変換技術と意味辞書」(『NTT R&D』Vol.46, No.12, pp.1405-1410、一九九七年)
8. 内野一・春野雅彦・高橋大和・白井諭「機械翻訳辞書構築支援ツール」(『NTT R&D』Vol.46, No.12, pp.1425-1432、一九九七年)

[研究会・シンポジウム等]
1. Hidehiko SANADA, Satoshi SHIRAI, Hikaru NAKANISHI & Yoshikazu TEZUKA. On job allocation algorithms in distributed processing netwoks. *Technology Reports of The Osaka University*, Vol.30, No.1567, pp.457-462, 1980.10.
2. 白井諭・井上健・中西暉・真田英彦・手塚慶一「分散処理網における処理ホスト決定アルゴリズムと網トポロジについて」(『電子通信学会技術研究報告』SE79-64, pp.73-80, 1979.8.24.
3. 宮崎正弘・白井諭・大山芳史・後藤滋樹・池原悟「日本文音声出力のための言語処理」(『情報処理学会「自然言語処理技術」シンポジウム』pp.5-16, 1983.6.16-17.)
4. 中園薫・白井諭「日本語索引自動生成システム」(『情報処理学会「自然言語処理技術」シンポジウム』pp.19-25, 1984.11.6-7.)
5. 池原悟・白井諭「日英機械翻訳機能試験項目の体系化」(『電子情報通信学会技術研究報告』NLC90-43, pp.17-24, 1990.12.21.)
6. 宮崎正弘・池原悟・白井諭「言語の過程的構造と自然言語処理」(『「自然言語処理の新しい応用」シンポジウム』pp.60-69, 1992.1.7-8.)
7. 池原悟・宮崎正弘・白井諭「言語過程説から見た多段翻訳方式の意義」(『「自然言語処理の新しい応用」シンポジウム』pp.139-140, 1992.1.7-8.)
8. 白井諭・宮崎正弘・池原悟「言語過程説から見た日本語述語の構造」(『「自然言語 処理の新しい応用」シンポジウム』pp.141-142, 1992.1.7-8.)
9. 白井諭・池原悟・河岡司「日英機械翻訳における原文自動書き替え型翻訳方式とその効果」(『電子情報通信学会技術研究報告』NLC93-12, pp.9-16, 1993.5.20-21.)
10. 白井諭・横尾昭男・池原悟・木村淳子・小見佳恵「日本語従属節の依存構造に着目した係り受け解析」(『情報処理学会研究報告』94-NL-102-9,pp.65-72, 1994.7.21-22.)
11. 池原悟・白井諭・横尾昭男・Francis Bond・小見佳恵「日英機械翻訳における利用者登録語の意味属性の自動推定」(『情報処理学会研究報告』94-NL-102-10,pp.73-80, 1994.7.21-22.)
12. 小倉健太郎・白井諭・池原悟「日英機械翻訳の副詞翻訳」(『電子情報通信学会技術研究報告』NLC94-44, pp.1-8, 1995.3.7.)
13. 白井諭・池原悟・横尾昭男・木村淳子「階層的認識構造に着目した日本語従属節間の係り受け解析の方法とその精度」(『電子情報通信学会技術研究報告』NLC95-1, pp.1-8, 1995.5.12.)
14. 池原悟・白井諭・河岡司「大規模日本語コーパスからの連鎖型および離散型の共起表現の自動抽出法」(『電子情報通信学会技術研

究報告』NLC95-3, pp.17-24, 1995.5.12.)
15. 白井諭・池原悟・横尾昭男・井上浩子「日英機械翻訳に必要な結合価パターン対の数とその収集方法」(『情報処理学会研究報告』95-NL-110-7, pp.43-50, 1995.11.17-18.)
16. 高橋大和・白井諭・藤波進・池原悟・上田洋美・松島英之「日英新聞記事の自動記事対応付け」(『電子情報通信学会技術研究報告』NLC96-17, pp.55-62, 1996.7.18-19.)
17. 内野一・白井諭・池原悟・新田見緑「置換えを用いたn-gramによる言語表現の抽出」(『電子情報通信学会技術研究報告』NLC96-18, pp.63-68, 1996.7.18-19.)
18. 白井諭・上田洋美・兵藤富子・横尾昭男・池原悟「日英機械翻訳のための結合価パターン対の作成支援処理」(『電子情報通信学会技術研究報告』NLC96-34, pp.25-30, 1996.10.11.)
19. 松尾義博・白井諭「発音情報を用いた訳語対の自動抽出」(『情報処理学会研究報告』96-NL-116-15, pp.101-106, 1996.11.18-19.)
20. 宮崎正弘・池原悟・横尾昭男・白井諭「日英機械翻訳のための意味属性体系」(『電子情報通信学会技術研究報告』NLC97-12, pp.29-36, 1997.7.24-25.)
21. 横尾昭男・宮崎正弘・池原悟・白井諭・阿部さつき「日英機械翻訳のための単語辞書」(『電子情報通信学会技術研究報告』NLC97-13, pp.37-44, 1997.7.24-25.)
22. 白井諭・横尾昭男・中岩浩巳・池原悟・宮崎正弘「日英機械翻訳のための構文辞書」(『電子情報通信学会技術研究報告』NLC97-14, pp.45-52, 1997.7.24-25.)
23. 白井諭・池原悟・相澤弘・鳴海武史・横尾昭男「結合価パターン対作成のための日英対訳用例文の収集」(『情報処理学会研究報告』97-NL-122-1,pp.1-6, 1997.11.20-21.)
24. 白井諭・大山芳史・渡邊いづみ・赤迫佐和子・高橋直美・石崎俊「英単語に対する述語性の連語的日本語訳語の分析」(『情報処理学会研究報告』97-NL-122-2,pp.7-12, 1997.11.20-21.)
25. 春野雅彦・白井諭・大山芳史「決定木を用いた日本語係り受け解析」(自然言語処理シンポジウム「実用的な自然言語処理に向けて」http://www.csl.sony.co.jp/person/nagao/nlsym97/index.html, 1997.11.25-27.)
26. 中井慎司・池原悟・白井諭「「の」型名詞句における係り受け規則の自動生成法」(『電子情報通信学会技術研究報告』NLC98-3, pp.45-51, 1998.5.15.)
27. 中井慎司・池原悟・白井諭「「の」型名詞句における品詞情報と意味情報を併用した係り受け規則の自動生成」(『情報処理学会研究報告』98-NL-128-7,pp.45-51, 1998.11.5-6.)
28. 白井諭・大山芳史・池原悟・宮崎正弘・横尾昭男「日本語語彙大系について」(『情報処理学会研究報告』98-IM-34-9, pp.47-52,

1998.11.26-27.)
29. 高橋大和・松尾義博・畑山満美子・古瀬蔵・白井諭「新聞記事を対象とする日英対訳コーパスの作成状況」(「言語資源の共有と再利用」シンポジウム　http://www.carc.aist.go.jp/nlwww/sympo99/takahashi/index.html, 1999.2.1-3.)
30. 白井諭「結合価パターン対の網羅的収集に向けて.日英機械翻訳の観点から」(「言語資源の共有と再利用」シンポジウム　http://www.kecl.ntt.co.jp/icl/mtg/members/shirai/nlpsym99.html, 1999.2.1-3.)
31. 白井諭「ことばの組み合わせっていくつあるの?　日英機械翻訳のための単文の結合価パターン対の収集」(『人工知能学会』SIG-LSE-9901-(8), pp.59-66, 1999.3.19-20.)
32. 畑山満美子・松尾義博・白井諭「重要語句抽出による新聞記事自動要約」(『情報処理学会研究報告』01-NL-141-16, pp.95-101, 2001.1.25-26.)
33. 竹沢寿幸・白井諭・大山芳史「バイリンガル旅行会話コーパスに見られる話し言葉の特徴分析」(『情報処理学会研究報告』01-NL-141-22, pp.137-144, 2001.1.25-26.)
34. 白井諭・山本和英・Kyonghee Paik「対訳辞書作成のための英訳辞書の照合」(『電子情報通信学会技術研究報告』TL2000-36/NLC2000-71, pp.17-24, 2001.3.15-16.)
35. 白井諭・山本和英「換言事例の収集.機械翻訳における多様性確保の観点から」(『言語処理学会第7回年次大会ワークショップ論文集』2L, pp.3-8, 2001.3.30.)
36. 池原悟・佐良木昌・宮崎正弘・池田尚志・新田義彦・白井諭・柴田勝征「等価的類推思考の原理による機械翻訳方式」(『電子情報通信学会技術研究報告』TL2002-34, pp.7-12, 2002.12.6.)
37. 池原悟・佐良木昌・宮崎正弘・池田尚志・新田義彦・白井諭・村上仁一・徳久雅人「機械翻訳のための日英文型パターン記述言語」(『電子情報通信学会技術研究報告』TL2002-48, pp.1-6, 2003.3. 6-7.)
38. 衛藤純司・池原悟・佐良木昌・池田尚志・新田義彦・柴田勝征・宮崎正弘・白井諭「意味類型構築のための文接続表現の体系化について」(『情報処理学会研究報告』03-NL-155-6, pp.31-38, 2003.5.26-27.)
39. 白京姫・中岩浩巳・白井諭「言語的類似性を最大利用した直接翻訳方式」(『電子情報通信学会技術研究報告』NLC2003-21, pp.37-42, 2003.8.29.)

[特許]
1. 日本語文節間係り受け解析装置: 第2021736号(登録1995.6.7, 白井諭)
2. 日本語文節間係り受け解析装置: 第2021737号(登録1995.6.7, 白井諭)

3. 日本語文節間係り受け解析装置：第2035515号（登録1995.7.31, 白井諭）
4. 日本語文節間係り受け解析装置：第2504447号（登録1996.4.2, 白井諭）
5. 日本語文節間係り受け解析装置：第2504449号（登録1996.4.2, 白井諭）
6. 自然言語解析システム：第2770555号（登録1998.4.17, 白井諭）
7. 自然言語自動翻訳装置：第2804947号（登録1998.7.24, Francis Bond・白井諭・横尾昭男・小倉健太郎）
8. 自然言語自動翻訳装置：第2877608号（登録1999.1.22, 白井諭・Francis Bond・横尾昭男・内野一）
9. 自然言語自動翻訳方式：第2915113号（登録1999.4.16, 中岩浩巳・白井諭・横尾昭男・Francis Bond）
10. 自然言語翻訳装置：第2935928号（登録1999.6.4, 白井諭・横尾昭男）
11. 電子化辞書検索方法：第3025847号（登録2000.1.28, 内野一・坂間保雄・白井諭）
12. 自然言語自動翻訳方法：第3206816号（登録2001.7.6, 内野一・横尾昭男・白井諭）
13. 訳語対抽出装置：第3282789号（登録2002.3.1, 松尾義博・白井諭）
14. 自然言語自動翻訳装置：第3287068号（登録2002.3.15, 松尾義博・白井諭・横尾昭男）
15. 自然言語翻訳装置：第3345763号（登録2002.9.5, 松尾義博・白井諭・横尾昭男）
16. 利用者辞書作成支援装置：第3393494号（登録2003.1.31, 白井諭・横尾昭男・Francis Bond・池原悟）

［著書］

1. Yoshihiro MATSUO, Satoshi SHIRAI, Akio YOKOO & Satoru IKEHARA. Direct parse tree translation in cooperation with the transfer method. *New Methods in Language Processing* (Studies in Computational Linguistics), Daniel Jones & Harold Somers (eds.), Chapter 18, pp.229-238, UCL PRESS, ISBN 1-85728-711-8, 1997.6.
2. 池原悟・宮崎正弘・白井諭・横尾昭男・中岩浩巳・小倉健太郎・大山芳史・林良彦（編）『日本語語彙大系』岩波書店, ISBN 4-00-009884-5, 1997.9.26.
3. 池原悟・宮崎正弘・白井諭・横尾昭男・中岩浩巳・小倉健太郎・大山芳史・林良彦（編）『日本語語彙大系ＣＤ－ＲＯＭ版』岩波書店, ISBN 4-00-130101-6, 1999.9.24.
4. Francis BOND & Satoshi SHIRAI. A hybrid rule and example-based method for machine translation. *Recent Advances in Example-Based machine translation*, Michael Carl & Andy Way (eds.), Chapter 7, pp.211-224, TEXT, SPEECH AND LANGUAGE TECHNOLOGY (Volume 21), Kluwer Academic Publishers, ISBN 1-4020-1400-7 or 1-4020-1401-5, 2003.6.

いと考えられる。

従来の用例型翻訳では，用例を追加することによりシステム性能を不断に向上させることができるという定性的な特徴が主張されるだけで，詳細な対応付け情報が整備された大規模対訳コーパスの存在を前提としてシステム提案が行なわれ，対訳コーパスの構築についてはあまり議論されていなかった。このため，実用性という観点では多くの課題が残されたままとなっている。

これに対し，本稿では，対訳コーパスの構築可能性を検討し，新聞記事を利用することにより，緩い対応付けがされた対訳コーパスであれば実現可能であること，複数の対訳用例を相互に比較することにより適切な用例を自動的に選択できる可能性が高いこと，翻訳時に入力文と対訳用例を解析して言語情報を利用するようにすればコーパスへの自然の情報付与が不要となること，また，解析誤りによる翻訳への悪影響を極小化できることを示し，新しい用例利用型翻訳の方式提案を行なった。

dt_2：the Nikkei over-the-counter average

↓

T_2：The Nikkei over-the-counter average continued declining.

この例ではT_2内にdt_2が見出せることから，この対訳用例は適格であると判定して，次節の入力文に対する訳文生成に進む。これは，対訳用例S_2 T_2から次のような翻訳テンプレートが生成されたことに相当する。

S_2：《変数1》は続落。
T_2：《変数1の翻訳》continued declining.

(5) 入力文に対する訳文の生成と補正

用例訳文T_2を解析することにより，SVC構造であること，Sに相当する《変数1の翻訳》は単数であること，Vに相当する“continued”は過去形であること，などの文法情報を把握しておく。次に，《変数1の翻訳》に入力文の差分箇所の翻訳dt_Iを代入し，翻訳結果T_Iを得るとともに，英語の文法情報に従って訳文の補正を行なう。この例では動詞“continued”は過去形であるため特段の補正は必要としない。以上により，次のような翻訳結果が得られる。

dt_I：the Nikkei average October contracts

↓

T_I：The Nikkei Average October contracts continued declining.

A．4　結　言

用例を利用する翻訳の利点は，慣用的な表現や分野に依存する表現に対しても，システム構成を変更しないで適用できるところにある。また，対訳用例は，逆方向の翻訳にも使用できることから，システムの拡張性も高

S_1：日経平均10月物は続落。

S_2：日経店頭平均は続落。

入力文S_1と用例原文S_2について，直接の差分となっている箇所はS_1の「10月物」とS_2の「店頭」であるが，共に複合語の一部である。このため，S_1のS_2に対する差分箇所d_1は「日経平均10月物」，S_2のS_1に対する差分箇所d_2は「日経店頭平均」とする。

d_1（S_1のS_2に対する差分箇所）：日経平均10月物

d_2（S_2のS_1に対する差分箇所）：日経店頭平均

(3) 差分箇所の翻訳

入力文の用例原文に対する差分箇所d_1と用例原文の入力文に対する差分箇所d_2を，対訳辞書検索またはルール型翻訳によりそれぞれ翻訳する。d_1はルール型翻訳により訳語が得られるが，d_2は対訳辞書検索により訳語が得られる。

dt_1（S_1のS_2に対する差分箇所d_1の翻訳）：the Nikkei average October contracts

dt_2（S_2のS_1に対する差分箇所d_2の翻訳）：the Nikkei over-the-counter average

(4) 用例原文の差分箇所の訳と用例訳文の対応付け

用例原文S_2の入力文S_1に対する差分箇所d_2の翻訳であるdt_2を，用例訳文T_2の中に見出し，翻訳テンプレートを完成させる。もし，差分箇所の翻訳が用例訳文に見出せない場合には，着目している対訳用例は不適格であるとして破棄し，次に優先順位が高い対訳用例を取り出し，入力文との照合を開始する。

をグループ化したことにより，最も汎用的な訳文が得られる対訳用例が選択されているので，差分箇所を置換することによる訳文全体としての不整合の度合いは低いことが期待される。

不整合を低減させる目的で，入力文と用例原文の差分箇所が複合語の構成要素である場合，複合語全体を差分箇所として抽出するようにする。一般にルール型翻訳による複合語の翻訳精度は高いので，一部の構成要素を差し替えたときに危惧される局所的な不整合の発生を防止する。また，差分箇所が名詞句である場合は，用例原文の解析だけでなく，用例訳文の解析も行なったうえで対応関係を調べ，用例原文の名詞句に相当する用例訳文の該当箇所がひとまとまりでない場合は不整合が生じる恐れがあるため，いったんこの対訳用例の使用を保留する。しかし，他に適当な対訳用例が見出せない場合は，次善の策としてこの対訳用例を使用して翻訳する。

差分箇所に関して用例原文と用例訳文の対応が検出できなかった場合は，第2優先以降の対訳用例を対象として，翻訳結果の生成を試みる。すべての対訳用例に対して訳文生成が失敗する場合は，用例型翻訳を適用することができないということであるため，入力文に対してルール型翻訳により訳文を生成する。

前節の例では，翻訳は次のようにして生成される。

(1) 照合対象の対訳用例

前節で設定した優先順位に従い，対訳用例はS_2 T_2を最初の照合対象とする。

S_I：日経平均10月物は続落。

S_2：日経店頭平均は続落。

T_2：The Nikkei over-the-counter average continued declining.

(2) 差分箇所の抽出

ただし，“Nikkei”と“average”の2単語が共通することから，{ T_1, T_2 }を第2のグループとしても構わない。この場合，T_2が2つのグループに重複して現れることになるが，このグループ分けは訳文の典型性の度合いを見極めるためのものであり，重複することには何ら問題はない。

A.3.3.3 対訳用例の選択

前節までに得られた評価値のうち，用例訳文のグループの大きさに基づいてグループの優先順位を設定し，さらにそのグループ内の用例候補文の類似度の高い順に優先順位を設定する。訳文の生成では，この優先順位に従って，利用可否を判定し，最初に利用可能な対訳用例を用いて訳文の生成が行なわれる。

前節の例では，用例訳文のグループの大きさに基づいて{ T_2, T_3 }→{ T_1 }の優先順位が設定され，さらにA.3.3.1節の用例候補文の類似度を用いることにより，T_2→T_3→T_1の順に対訳用例を使用する優先順位が設定される。

A.3.4 対訳用例を用いた訳文生成

対訳用例を用いた訳文生成は次の手順で行なう。

第1優先の対訳用例を対象とし，入力文と用例原文の差分箇所を抽出する。入力文と用例原文の差分箇所を，それぞれ，対訳辞書検索，または，ルール型翻訳により翻訳する。用例原文の差分箇所の翻訳と用例訳文を比較し，一致する箇所を検出する。検出した一致箇所を，入力文の差分箇所の翻訳と置換し，数の一致などの補正を施すことにより，入力文の翻訳結果とする。

本章の方法をテンプレート翻訳と対比すると，用例原文の差分箇所とその翻訳結果が現れる用例訳文の該当箇所が，テンプレート翻訳ルールの変数部分に相当する。テンプレート翻訳ルールには変数に対する制約条件があらかじめ設定されているため，入力文に対するルールの適用可否が容易に判定される。これに対して，本章の方式では対訳用例に現れる表現のみが制約条件として使える情報であり，被覆性が極めて低い。しかし，訳文定される可能性がある。構文解析を適用することにより，文の構造が異なっていることが分かるので，用例候補文から排除することができる。

A.3.3.2　用例訳文のグループ化

用例候補文{Si}に対する用例訳文{Ti}を，相互の類似性に着目することによりグループ分けを行なう。

抽出された用例候補文{Si}は，程度の差はあるにせよ，入力文SIと類似しているはずであり，相互に共通部分を持つ。用例候補文{Si}に対応する用例訳文{Ti}も相互に共通性を持つことが期待される。そこで，共通部分に着目して用例訳文をグループ分けすることにより，より多くの用例訳文が所属するグループを典型的な訳文であると推定する。このとき，着目する共通部分が異なるのであれば，1つの用例訳文が複数のグループに所属することを妨げない。また，用例候補文の中に入力文の表現と同形式異内容の表現を持つ文が取り出されている場合，それぞれの訳文は異なるグループに分類されることが期待される。

グループ化は，例えば，用例訳文{Ti}の集合に含まれる各単語に対して，この集合内における出現頻度を集計し，この出現頻度に着目することにより行なう。ただし，対象とする単語は内容語とし，機能語は集計の対象とはしないこととする。

前節の例に対し，次のような用例訳文が与えられるとする。（添字は出現頻度，機能語は対象から除外。）

T_1：The $Nikkei_2$ $average_2$ $September_1$ $contracts_2$ were $lower_1$.

T_2：The $Nikkei_2$ $over\text{-}the\text{-}counter_1$ $average_2$ $continued_2$ $declining_2$.

T_3：$August_1$ $contracts_2$ $continued_2$ $declining_2$.

この例では，“continued declining”という連続する2単語がT_2とT_3に共通していることが分かるので，{T_2, T_3}が1つのグループとして推定され，残る{T_1}が別のグループとされる。

この両者を次のように組み合わせることにより，入力文S_Iと用例候補文S_iの類似度$M(S_i, S_I)$を次のように定義する[7]。ここで，入力文S_Iと用例候補文S_iの単語数に違いがある場合にペナルティを与えるため，相互に類似度を計算した平均値とする。

$$M(S_i, S_I) = ((1 - Mo(S_i, S_I)) \cdot Mc(S_i, S_I) + (1 - Mo(S_i, S_I)) \cdot Mc(S_i, S_I)) / 2$$

前節の例では，類似度は次のようになる。

S_I：日経平均10月物は続落。
0 1 2 3 4 5 6 7

S_1：日経平均9月物は続落。
0 1 99 3 4 5 6 7

S_2：日経店頭平均は続落。
0 99 1 5 6 7

S_3：8月物は続落。
99 3 4 5 6 7

S_1 vs S_I：スワップ＝5，共通単語数=7
S_I vs S_1：スワップ＝5，共通単語数=7
S_2 vs S_I：スワップ＝4，共通単語数=5
S_I vs S_2：スワップ＝9，共通単語数=5
S_3 vs S_I：スワップ＝5，共通単語数=5
S_I vs S_3：スワップ＝15，共通単語数=5

$$M(S_1, S_I) = ((1 - 5/28) \cdot 7/8 + (1 - 5/28) \cdot 7/8) / 2 = 0.719$$
$$M(S_2, S_I) = ((1 - 4/15) \cdot 5/6 + (1 - 9/28) \cdot 5/8) / 2 = 0.518$$
$$M(S_3, S_I) = ((1 - 5/15) \cdot 5/6 + (1 - 15/28) \cdot 5/8) / 2 = 0.423$$

上記の例では，類似判定に使用する言語情報を取得するための解析処理として形態素解析のみを使用している。必要に応じて，構文解析や意味解析などの深い解析を適用することにより，同形式異内容の用例候補文を排除することが可能となると考えられる。

例えば，入力文が「私は電車に乗って学校へ行く。」で，用例候補文が「半数は電車に乗って残りは歩いて行く。」である場合，形態素レベルでは「に乗って」は一致しているが，3.3節で示したように構文構造が異なっている。形態素解析のみで類似判定を行なうと，この用例候補文は適格と判

S_1：日経平均9月物は続落。

S_2：日経店頭平均は続落。

S_3：8月物は続落。

このとき，対訳候補文が1文も抽出されなかった場合は，ルール型翻訳を用いることにより訳文が生成されるほか，次節以降の処理によりすべての対訳候補文が不適格とされた場合も，ルール型翻訳により訳文が生成される。

また，対訳候補文には同形式異内容の表現を持つ例文が含まれている可能性があるが，次節の訳文の類型化，または，入力文と用例候補文の解析情報を用いた類似判定により排除されることを期待する。

A.3.3　対訳用例の選択

A.3.3.1　用例候補文の類似度評価

類似度評価は例えば次のようにして行なう。

入力文S_Iと，抽出された用例候補文$\{S_1, S_2, S_3\}$に対し，形態素解析[95]を適用し，単語分割を行なう。入力文S_Iに含まれる単語に対し，先頭を0とし，以下，昇順に番号を付与する。用例候補文に対して，入力文S_Iに含まれる単語についてはその番号を付与し，含まれない単語については十分大きい番号（下の説明では99）を付与する。そのうえで，語順の一致の度合いに基づく類似度M_oと，単語の一致度に基づく類似度M_cを，それぞれ次のように定義する。

$$M_o(S_i, S_I) = \frac{S_i\text{のバブルソートに必要なスワップ回数}}{S_i\text{を反転するのに必要なスワップ回数}}$$

$$M_c(S_i, S_I) = \frac{S_I\text{と}S_i\text{の共通単語数}}{S_i\text{の単語数}}$$

対訳データベースには，TEI P3の文書定義[91]に従って，SGMLタグを付与する。ただし，これはデータベース化のために行なうタグ付与であり，従来手法で必要とされるような言語情報のタグ付与は行なわない。データベースの構成は，Lingua Project[92]を参考にして，次のように定める。対応情報を分離することにより，容易に対応付けを見直すことが可能となる。

a　記事単位，および，文単位で，ユニークなIDを付与する。
b　日本語記事と英語記事は，それぞれ別の領域に格納する。
c　日本語記事と英語記事の対応情報は，リンク領域に格納する。

また，対訳データベースの日本語には索引を付与し，例文検索の効率化を図る。索引としては，部分文字列を抑制したn-gramの手法[93]を用いて生成する。日本語の場合は文字単位に索引を生成するが，英語のように単語境界が明確な言語の場合は単語単位に生成を作成する。生成された索引は，Aoeらの方法[94]によりダブルアレイ型のtree構造にしておくことにより，高速な検索を実現する。

A.3.2　用例候補文の抽出

入力文S_Iに対し，対訳データベースの索引を検索し，1個以上のn-gram文字列が一致するものを用例候補文として抽出する。
入力文として，次の文を例にとって説明する。

S_I：日経平均10月物は続落。

この入力文に対し，2文字以上の文字列を作成し，対訳データベースの索引を検索する。この結果，「日経」，「平均」，「月物は続落」，「は続落」の4つのn-gram文字列に対して，次の3文が対訳候補文として対訳データベースから抽出される。

類似性に応じてグループ分割する。

（c）入力文S_Iとの類似度，および，訳文グループの大きさを考慮して対訳用例{ S_t,T_t }を選択する。

（3）得られた対訳用例{ St,Tt }に基づいて訳文T_Iを生成する。（A.3.4節）

（a）入力文S_Iと用例文S_tの差分d_iについて，用例訳文T_tの対応箇所を調べる。

（b）差分d_iをルール型翻訳で翻訳し，用例訳文T_tの対応箇所と置換する。

（c）数の一致などにより訳文T_Iを完成させる。

（4）訳文T_Iを出力する。

Ａ．３　用例利用型翻訳の適用例

A.3.1　対訳例文の収集

用例型翻訳の実用性を向上させるには大規模な対訳コーパスの実現性を議論しておくことが必須である。前節で提案した方式は，翻訳を行なう際，抽出された用例候補文の訳文を類型化することにより先にチェックし，典型的な訳文を与える用例候補文を選択するようにしていることから，従来方式のような厳密な対応付けは必ずしも要求されないと考えられる。

大規模な対訳コーパスを構築するには，継続的にデータが得られる新聞記事の利用が考えられる。日本経済新聞の場合，日本語記事のCD-ROMのほかに，英語記事がテレコンデータベースに登録されており，記事単位で見たとき，半数の英文には直訳的に対応する日本文が存在することが知られている[88]。これらを利用することにより，緩い対応付け（厳密に対応させることはできないが，ある程度の直訳的な対応付けが可能な例文対）が行なわれた対訳データベースを構築することができる。

対訳データベースの構築には，対応する記事を発見することが必要であるが，Takahashiらの方法[89]により，自動的に対応関係を発見することができる。その後の文の対応付けには，Harunoらの方法[90]が利用できる。

候補文を対訳データベースから抽出した後，双方に解析処理を適用することにより，得られた言語情報を用いて類似判定を行なう。解析処理としては，形態素解析，構文解析，意味解析などを必要に応じて使い分け，同形式異内容の表現が誤って選択されることを防止する。このように，類似判定の際に解析処理を適用することで，対訳データベースに言語情報タグを付与しておく事前処理の必要がなくなり，解析処理の改変に伴うデータベースの再構成も不要となる。さらに，翻訳の際に，解析処理の精度への依存性を低減する効果も考えられる。すなわち，入力文および類似用例の双方に解析処理が適用されることから，同一の文字列に対しては同様の解析誤りが生じることになり，類似判定の際に解析誤りを相殺させることが可能となる。このため，1文全体に解析処理を適用する場合よりも，実効的な解析精度は高くなると考えられる。

次に，対訳用例を決定する際には，単に入力文と最も類似する用例候補文に対応する対訳用例を選択するのではなく，抽出された対訳用例の訳文候補をチェックして，最も典型的な訳文を与える対訳用例であることを対訳用例の選択条件に加える。典型的でない対訳用例を破棄することにより，文脈に依存する対訳用例が選択される危険性を減少させることが可能となる。このため，対訳用例を収集する際，従来の用例型翻訳ほどは対訳用例の直訳性を要求されずに済むようになる。その一方で，対訳用例候補から典型的な対訳用例が得られることが，この方式に対する必要条件となる。

提案方式の概要は次のとおりである。

(1) 入力文S_Iを解析し，文字レベルで類似する用例候補$\{S_i\}$を抽出する。(A.3.2節) 用例候補が得られなければ，ルール型翻訳により訳文を生成し，ステップ (4) に進む。

(2) 入力文と最も整合する対訳用例$\{S_i, T_i\}$を選択する。(A.3.3節)

(a) 用例候補$\{S_i\}$をそれぞれ解析し，入力文S_Iとの類似度を計算する。

(b) 用例候補$\{S_i\}$に対応する訳文候補$\{T_i\}$に対し，訳文T_iの相互

Craniasらは機能語と内容語の違いに着目したマッチング方法を提案しているが[86]，文分割と構成要素の対応付けの正しさを前提としているため，自動化は難しいと考えられる。

したがって，実用的な用例型翻訳を実現するには，言語間の対応関係と詳細な情報が付与された理想的な対訳用例集を構築することが困難であるという前提に立ったうえで，適切な用例を選択する方法を実現することが課題である。

A.1.3　融合型翻訳方式

融合型翻訳は，ルール型翻訳と用例型翻訳を併用し，そのいずれかの翻訳結果を選択して利用する方式である。この方式は，ルール型翻訳と用例型翻訳の双方の得失を引き継いでいるほか，最適な結果を選択するにはどうするかという新たな問題を生じるが，いずれか一方のエンジンだけで翻訳するよりも精度の高い翻訳結果が得られることが期待できる。結果の選択方法としては，翻訳エンジンにあらかじめ優先順位をつけておく方法や，翻訳結果を統計的手法で点数付けして選択する方法が試みられている。

Brownは用例型翻訳をルール型翻訳と並行して走行させるシステム構成を提案している[87]。複合語の翻訳に用例型翻訳を適用しているにすぎないが，限定的な適用であることがほかの言語への拡張も容易にしていると考えられる。

A.2　用例利用型翻訳方式の提案

ルール型翻訳の利点は解析処理により言語情報が得られること，用例型の利点は翻訳例の利用により整った訳文が生成される点にある。これらの利点を生かしながら，各処理の精度の積で全体の精度が決まる解析型翻訳の欠点と，対訳例文収集やタグ付与のコストがかかる用例型翻訳の欠点をカバーする方式を提案する。

まず，対訳用例を抽出する際には，文字レベルで入力文と類似する用例

見たときには体裁が整っていないという問題が生じることもルール型の持つ問題と言える。

したがって，解析処理の直列構成に伴う解析精度の低下の回避と，要素合成的手法による訳文生成の回避が翻訳品質の向上を図るうえでの緊急の課題であると考えられる。

A.1.2 用例型翻訳方式

人間が翻訳を行なう際，既存の対訳を参考にして訳文を生成する過程を模することにより，類推により翻訳する手法[6]が提案された。これは，あらかじめ対訳例文集を用意しておき，翻訳対象文と類似した翻訳例をまねることにより翻訳するもので，利用可能な翻訳例が見つかった場合には整った訳文が生成されるという利点がある。また，ルール型翻訳のように言語現象を個別に分析して辞書やルールを作る必要がなく，対訳例文を追加するだけで翻訳能力の向上が期待できるため，爆発的な研究の広がりを見せた。

なお，この方式では，適当な翻訳例が見つからなかった場合には翻訳結果が得られないということになる。しかし，これは必ずしも欠点とばかりは言えない。訳文が得られないことで，別の翻訳エンジンを起動するきっかけとして利用することができるからである。

用例型翻訳では，一般に，1対1に対応付けられた大量の対訳コーパスの存在を前提とするほか，単語や句の対応付けや情報付与を要求されることが多い[84]。この条件が満たされれば，マニュアルの改版のような翻訳結果の再利用への適用は有効であるとされる。しかし，この用途は翻訳メモリという簡単な仕掛けによりすでに実現されている。

大量の対訳コーパスを入手すること自体が容易ではないが，仮にコーパスの量が確保されたとしても，首尾一貫した文分割や情報付与を行なうのも容易ではない。Kajiらは解析処理によりコーパスから翻訳テンプレートのセットを作成して利用する方法を提案しているが[85]，解析処理が修正されるたびに翻訳テンプレートを作成し直す必要があるという問題がある。

付録A　不完全な対訳データを利用する用例利用型翻訳

A.1　緒言

機械翻訳の方式として，ルール型翻訳と用例型翻訳の方法が提案され検討が続けられているが，いずれにも未解決の課題が多い。特に日英翻訳では，言語類型が異なることもあり，実用に供せる段階とは言い難い[83]。本稿では，ルール型翻訳および用例型翻訳の特徴を生かし，統計的手法を併用することにより，現状の技術レベルで構成可能な用例型翻訳の方式を検討する。検討に先立って，それぞれの翻訳方式の利点と欠点を概観する。

A.1.1　ルール型翻訳方式

現在市販されている機械翻訳ソフトの多くはこの方式によると思われる。いずれも，入力文を解析する処理（形態素解析，構文解析，意味解析など）と，構造変換を施した後の内部構造または中間言語から出力文を生成する処理を直列に配置した構成となっていると考えられる。各処理の動作は辞書とルールにより制御される。

翻訳システムの翻訳精度は各処理の精度の積で効いてくるため，辞書やルールを大規模化，高精度化する必要がある[47]。辞書やルールの規模が拡大すれば，それに伴って辞書項目やルール間の不整合が無視できなくなり，それらを整合させるには多大な工数を要するという問題がある。

また，解析のレベルを深くすると詳細な言語情報が使えるようになり，文の構造が明示的に捉えられるようになる反面，文全体の中での各要素の相互関係を喪失しがちになる。このため，要素合成的手法により訳文を生成すると，局所的には正しい訳出が行なわれたとしても，訳文全体として

意味類型構築のための文接続表現の体系化

衛藤純司

筆者らは、「意味類型論（セマンティック・タイポロジー）」と「類推思考」の2つの原理に基づいた機械翻訳システムを構築している。これは（1）原言語と目的言語の表現から単純な重ね合わせでは対応づけられない非線形な表現構造を文型パターンとして抽出し、それを意味的な同等性にしたがって類型化すること、（2）意味的に類型化された文型パターンを「類推思考の原理」によって対応づけること、の2つの仕組みから構成される。本稿では、このような意味類型の考え方にしたがって複文（接続表現で結ばれた前後2つの節からなる）の意味を把握することを提案する。そして、2つの節の間の論理関係を表す接続表現の体系化を試みたので説明する。

1　はじめに

1980年代から我が国でも機械翻訳の研究が盛んに行われ、多くの大学、研究所、企業で競うように開発が行われた。その後、インターネットの普及とともに、それらの研究成果を取り入れた多くの翻訳システムが公開されて、誰でも無料で利用することができるようになった。しかし、実際に使ってみると、読んですぐに理解できるような平易で正確な訳文を生成することはできず、人手で大幅な修正を余儀なくされるのが実状である。機械翻訳の研究が始まってからもう半世紀以上になるし、多くの機関がわれがちに開発に乗り出してからでも30年以上にもなるのに、このような状況は当分打開できそうにない。なぜだろうか？　その一番の理由は、言語の魂とも言える「意味」を扱うことがまだ十分にできていないからだと思われる。池原は、「言語過程説の探求第1巻」所収の「自然言語処理と言語過程説」の中で、「自然言語処理では、意味処理、意味解析、意味理解などと称する研究が盛んに行われてきた。これらの研究の対象はいずれも『意味』である。しかし、研究対象とする『意味』とは何であるかについて、考察や議論を提起した自然言語処理の研究はない」と言っているが、今でもこのような事情は変わらないように見える。

ここで、池原の同じ論文にしたがって機械翻訳の歴史をざっと振り返ってみると、１９８０年代には、機械翻訳の方式として、トランスファー方式と中間言語方式の間で優劣をめぐって論争が行われた。トランスファー方式というのは、元の言語を構文解析して統語構造を取り出し、それを統語的な変換規則によって相手の言語の統語構造に変換したのち、元の言語で使われた語や句を相手の言語のそれに置き換えることを基本としている。文の構造は意味と独立に扱われるが、対応する語や句を重ね合わせていけば、その結果として同じ意味を表す文を合成することができると仮定している。これに対して、中間言語方式というのは、どの言語にも共通する普遍的な意味構造があると仮定して、元の言語をその意味構造に還元したのち、同じ意味構造を表す相手の言語の表現に変換するというものである。ちょうど、チョムスキーの変形生成文法が隆盛を極めていた時代で、普遍的な意味構造をチョムスキーのいわゆる深層構造に重ねていたとも言える。

一見すると、中間言語方式の方が「意味」にまともに向き合っていたように見えるが、その「意味」なるものがすべての言語の根底にある普遍的な意味であるとすれば、中間言語は個々の言語の間の多様な差異を捨象したきわめて限定されたものであるほかはなく、そこから、長い歴史の中で培われてきた個々の言語のそれぞれに固有な表現を導き出すのは至難の業であろう。

この論争はどちらかにはっきり軍配が上がったということはなくて、中間言語方式による翻訳システムがどれもはかばかしい成果を上げられなくて以前のような熱気が失せ（チョムスキーの生成文法が変遷を重ね、「意味」の扱いをめぐって分裂を繰り返していったのに符節を合わせるかのように）、結果としてトランスファー方式が生き延びたと言ってもよい。

その後、ＷＥＢ上に蓄積された大量の言語データが利用できるようになり、１９９０年代に入って統計的な手法を使った機械翻訳の研究が始まった。これは、２つの言語の間で同じ意味を表す文の対訳データを大量に集め、翻訳者や言語学者など専門家の手を介さずに、コンピュータが自動的に翻訳モデル（対訳辞書と語順変換規則に確率を与えたもの）と言語モデル（訳文の自然らしさを判定する確率データ）を学習することによってシステムを構築しようとするものである。この方式では、大量の対訳データがあればあまりコストをかけずにシステムを構築することができるという長所があるものの、その長所はそのまま短所にもなるので、このようにして構築された翻訳システムの性能は対訳データの質に決定的に左右されることになる。ところが、WEB上の対訳データは必ずしも良質のものではないし、自前で良質な対訳データを作成しようとすればそのために専門の翻訳家に依頼しなければならず、今度はこちらの方で膨大なコストがかかることになる。いずれにせよ、この方式は言語の「意味」という厄介なものをひとまず脇に置いて、純粋に確率的な操作で行けるところまで行けば「意味」は後からついてくるだろうということであるから、「意味」そのものを探求するということからはますます遠ざかることになる。

筆者らが開発しようとしている日英翻訳システムは、以上のような諸方式とは違って意味を主体にしたシステムで、トランスファー方式が対応する語や句を重ね合わせていけばその結果として同じ意味を表す文を合成することができると仮定しているのに対して、語や句の単なる重ね合わせではない文の構造と意味を一体のものとして扱う仕組みを構築しようとしている。

日本語と英語のような語族の異なる言語間では構造と意味とのずれはきわめて大きく、単なる語句の重ね合わせで意味を保存できるとは限らない。すぐれた翻訳者なら、日本語らしい日本語、英語らしい英語に翻訳しようとすれば、むしろそのようなずれをこそ積極的に活用しようとするだろう。例えば、次のような日本文とその英訳文を見てみよう［エドワード・G・サイデンステッカー・松本道弘編集『最新日米口語辞典』朝日出版 1982］。

煙草を吸う人って減っているのかな？

I wonder if fewer people are smoking these days.

『最新和英口語辞典』

日本文では「煙草を吸う人」と連体節になっている表現が、英文では疑問節の述語動詞になっている。従来のトランスファー方式では、日本文と同じ連体節に訳そうとして、例えば関係代名詞を用いて次のように訳すだろう（実際にＷＥＢ上に公開された日英翻訳システムを用いて訳したものである）。

Does the person who smokes decrease?

これに対して、筆者らは、熟練した翻訳者が実際に翻訳する過程に即した言語知識ベースを構築することによって、上記のような英語らしい英語に翻訳することを目標としている。

2　文の構造と意味を一体として扱う仕組み

筆者らのシステムは、原言語から意味のまとまりを表現する構造を取り出し、それを「構造的な意味の単位」として目的言語に変換することをめざしている。そのために大量の日本語・英語対訳データから、文の構造と意味を一体化した言語知識ベースを構築している。

そのイメージをおおまかに描写してみると、対訳データにおいて日本語と英語のそれぞれの文は大体において同じ意味を表している。しかし、全体として同じ意味になると言っても、細部を比べてみると構造と意味の対応という点で、正確に対応する部分もあれば、少しずれている部分、大きくずれている部分など、まちまちである。そのずれにしても、単語のレベル、句のレベル、文のレベルなど、単純さと複雑さの程度においても、難しさと易しさの程度においてもさまざまである。別の言い方をすると、「同じ意味を表す」ということについて、単語のレベルでそれが成立することもあれば、1つ1つの単語の意味は違っているけれどもそれらが集まってあるまとまりになったときにはじめて同じ意味を表すこともあり、さらにいくつかのまとまりが集まってより大きなまとまりになったときにはじめて同じ意味を表す、等々のことがある。

このようなさまざまなレベルのずれ、すなわち、単語や句・節の単純な重ね合わせでは対応づけられない非線形な表現構造を、（1）文型パターンとして抽出し、（2）それを意味的な同等性にしたがって類型化することによって、構造と意味を一体化した言語知識ベースが構築される。さらに、（3）このような意味類型を構成する概念（論理的意味範疇と呼ぶ）を体系化する必要がある。以下、文型パターン、意味類型、論理的意味範疇について説明しよう。

2．1　文型パターン

文型パターンとは、原言語と目的言語の対訳文から、単純な重ね合わせでは対応づけられない非線形な表現構造を取り出したものである。よい翻訳を得るには原言語と目的言語の実状に即した個別的な文型パターンが望ましいが、より広範な文を翻訳できるようにするにはなるべく汎用的な文型パターンが望ましい。そこで、個別性と汎用性を同時に実現するために、対訳コーパスから単語レベル、句レベル、節レベルの3つのレベルの文型パターンを作成する。

3種の文型パターンでは、句レベルの文型パターンを標準とする。これと、個別的な単語レベルの文型パターンと汎用的な節レベルの文型パターンを組み合わせることによって、個別性と汎用性の両立を図る。

2.1.1 単語レベルの汎化

まず単語のレベルで対応づけることから始める。すなわち、日本語と英語で同じ意味を表す語を対応づけ、そのうち非線形な表現を残して他を変数化する。例えば、次の試作の対訳例文。

和文：先週出した手紙が宛先間違いで戻ってきた。
英文：The letter I mailed last week came back marked For Better Address.

この例で、日本語と英語で対応する語を列挙すれば次のようになる。

線形表現：

先週　＝　last week
出した　＝　mailed
手紙　＝　letter
戻ってきた　＝　came back

非線形表現

宛先間違いで　＝　marked For Better Address

そこで、日本文と英文のそれぞれの文型パターンを求めると次のようになる。

日本文文型パターン：N1(adv) V2_ta_rentai N3 が宛先間違いで V4_ta
英文文型パターン：The N3 (S) V2_ed N1(adv) V4_ed marked For Better Address

2．1．2　句レベルの汎化

単語レベルの汎化を終えた段階で、非線形な表現の前後の単語を変数化したパターンが得られる。変数化されている限り、そうでないテキストよりも抽象化が進んでおり、より一般的になっている。しかし、このパターンでは適用される文がきわめて限定されていて、できるだけ多くの文に適用するという一般性に欠けている。そこで、単語よりも広い句レベルで汎化を行う。上記の例をさらに句レベルで汎化すると次のようになる。

日本文文型パターン：NP1 が宛先間違いで VP2_tekita
英文文型パターン：NP1 VP2_ed marked For Better Address

2．1．3　節レベルの汎化

接続助詞で結ばれた複文などの文型パターンを取り出すには、さらに節レベルの汎化をする必要がある。次の複文を節レベルで汎化すると次のようになる。

日本文：いつまで親の厄介になっているかと思うと肩身が狭い。

英文：I feel small when I think I am dependent on my father.

日本文文型パターン：CL1かと思うとCL2

英文文型パターン：CL2 when I think CL1

（『CD-NEW 斎藤和英大辞典』）

2．2　意味類型

言語は、話者が対象を認識し、そこから概念を取り出し、それを語のある配列で表現したものである。対象を認識する仕方、概念を取り出す仕方、そして言語で表現する仕方、それぞれに、文化・社会による違いもあれば、違いを超えた共通性もある。

「意味類型」は、認識と概念と表現のこのような差異性と共通性を背景にして考えられたもので、言語表現のパターンを意味の同等性に注目して類型化したものである。すなわち、原言語と目的言語の対訳文から上述のような手順で取り出した文型パターンを、例えば、因果関係を表すもの、比較を表すもの、対比の関係を表すもの、等々に分類する。さらに必要ならば、どのようなタイプの因果関係か、比較は優劣の比較か同等の比較か、対比される2つの事象はそれぞれどのようなタイプの事象か、というようにより詳細な観点から分類することもできよう。このようにして得られた、意味と表現の一体化した知識構造を「意味類型」という［有田1987］。

意味と表現が一体化したものであるから、それぞれの言語に個別的である。日本語には日本語の「意味類型」があり、英語には英語の「意味類型」がある。したがって、「意味類型」は、すべての言語に共通な意味構造があると考え、その意味構造を記述しようとするいわゆる「中間言語」とは違う。「中間言語」はあくまで言語の「ユートピア」であって実在するかどうか疑わしいものであるが、「意味類型」は実際の言語表現から上述のように明確に規定された手順にしたがって取り出されたものである。

日本文：あれだけの金持ちなのに、少しも幸せではない。
英文：He is no happier for all his wealth.　（『ランダムハウス英和辞典』）
意味類型：前件（現在のポジティブな境遇）／論理関係（因果・逆接・意外）／後件（現在のネガティブな身上）

2.3　論理的意味範疇と真理項

一般に、個々の文の意味類型は、複数の概念が組み合わされた複合的な構造を持つ。上記の例で言えば、「現在」「ポジティブ」「ネガティブ」「境遇」「身上」「因果」「逆接」「意外」等々といった概念が組み合わさって、文全体の意味を表している。このような、意味類型を構成する概念の体系を「論理的意味範疇」と呼び、その要素である個々の単一な概念を「真理項」と呼ぶことにする。

本方式を実現するには、論理的意味範疇の体系をどのようにデザインするか、また、真理項の集合をどのように用意しておくかが、きわめて重要である。そこに求められるのは次の3点である。

（1）網羅性：ある限定されたジャンルだけでなく、多種多様な言語表現に対して記述可能であること。
（2）体系性：一定の秩序を持ち、新しい表現・意味をその秩序の中に容易に包括しうること。
（3）記述容易性：具体的な言語表現と結びつき、誰でも一定の意味類型を記述できること。

特に、体系性について言えば、人間の認知・判断作用の背後にある構造と照応するようなものであることが必要である。

3　複文の意味類型

筆者らのシステムは多段翻訳方式〔池原 1987〕の延長上にあるもので、この方式では、「日本語語彙大系」を用いることによって単文レベルの翻訳の品質は大幅に向上してきたのに対して、複文や重文の翻訳はとても満足のいくレベルに達してはいないというのが現状である。そこで、本方式ではこれら複文や重文に対して高い品質の翻訳を行うことを主要な目標にしている。

本稿ではそのうち、複文の意味類型について説明する。複文は、接続表現で結ばれた前後2つの節からなる。そこで、前節と後節それぞれの意味と、それらを結ぶ接続表現の意味との総合として複文の意味を記述する。

例：あれだけの金持ちなのに、少しも幸せではない。
意味類型：現在のポジティブな境遇/因果・逆接・意外/現在のネガティブな身上
接続表現：因果・逆接・意外（のに）
前節：境遇／ポジティブ（金持ちだ）
　現在（な）
後節：身上／ネガティブ（幸せ／ない）
　現在（で）

註：池原 2009『非線形モデルによる自然言語処理』岩波書店：217 表「対象標本文の種類と数」、および 239 表「異なり文型パターン数」

池原は、接続表現で結ばれた文を「重文」（文接続が1カ所の文種別1と、2カ所の文種別2）、埋め込みのある文を「複文」（埋め込み文が1つの文種別3と、2つの文種別4）、文接続と埋め込み文を各々1つを持つ文を「複重文」（文種別5）としているが、本稿では、一般的な呼称にしたがって、従属接続表現で結ばれた節からなる文を「複文」、等位接続表現で結ばれた文を「重文」とする。両者を含む文は範疇化せず、単に複文と重文との複合文とする。

3．1　接続表現の意味

ここで接続表現というのは、いわゆる接続助詞だけでなく、ある種の形式的な語句を伴う接続助詞相当語句とでも言うべき表現を含んでいる。

接続表現の意味を網羅的につかむために、次のような手順を踏んだ。すなわち、電子化された日英・英日辞典の例文対訳コーパス約100万文から15万753文の複文を抽出した。その文節構造を解析して［岸井他2003］、246の接続表現を得た。以下にその一部を挙げる。

あげくに、いじょう、おりに、が、かいなか、かぎり、かたわら、かどうか、かのように、から、からには、かわりに、くせに、けれども、こそ、ことなく、し、ずに、そばから、だけに、だったり、つつ、て、で、ていらい、てから、と、ところが、どころか、とたんに、

多義性を考慮して、これらの接続表現を含む353の文を選び、そこから以下に述べるような論理的意味範疇

の体系を抽出した。

3.1.1 時間

時間については、よく2つの系列が指摘される。1つは、「現在」を基準にして、それより以前を「過去」、以後を「未来」とする系列であり、もう1つは特定の時点を基準にすることなしに、事態の先後関係だけで成り立つ系列である。時間に関する範疇は、これら2つの系列が縒り合わさってさまざまな範疇がある。

以前

期限：僕と岡田とは、その晩石原の所に夜の更けるまでいた。（森鴎外『雁』）

同時

関連：馬鹿馬鹿しいと思うにつけて、たとい親しい間柄とは云え、用もないのに早朝から人の家《うち》へ飛び込んだのが手持無沙汰に感ぜらるる。（夏目漱石『琴のそら音』）

機会：次第に家運の傾いて来た折も折火事にあって質屋はそれなり潰《つぶ》れてしまった。（永井荷風『すみだ川』）

推移：朝夕がいくらか涼しく楽になったかと思うと共に大変日が短くなって来た。（永井荷風『すみだ川』）

随伴：お互に自分で話し出しては自分が極りわるくなる様なことを繰返しつつ幾町かの道を歩いた。（伊藤佐千夫『野菊の墓』）

対立：相手の淡泊《さっぱり》しないところを暗《あん》に非難しながらも、自分の方から爆発するような不体裁《ふていさい》は演じなかった。（夏目漱石『明暗』）

非随伴：周囲のものは彼の存在にすら気がつかずにみんな澄ましていた。（夏目漱石『明暗』）

即時：近づいて来る過去の幽霊もこれならばと度胸を据《す》えかける途端《とたん》に小夜子は新橋に着いた。（夏目漱石『虞美人草』）

交互：詩を書いたり煙草をのんだり、如何にも気楽さうに暮らしてゐました。（芥川龍之介『河童』）

以後

以来：サモイレンコは医学を学んだデルプトを去って以来、ドイツ人にはたまにしか逢わず、ドイツの本などは手にしたこともなかった。（神西清『決闘』）

継続：打ち合せがすんでからも、その女は、いつまでも自分について歩いて、そうして、やたらに自分に、ものを買ってくれるのでした。（太宰治『人間失格』）

対偶：伸子は格別彼にいてもらわなくては困るわけもなかった。（宮本百合子『道標』）

対照：泰造も、ロンドンへ来てからは、建築家として実務的ないそがしい日を送っていた。（宮本百合子『道標』）

3.1.2 因果

人間の認知・判断作用にとって、因果関係というのはきわめて重要である。また、因果関係を表す表現形式は多岐にわたっており、「時間」や後述する「関係」に比べても格段に複雑である。これは、次のような事情によるものと思われる。客観的な世界にある（と想定される）因果関係に対して、人間はさまざまな態度・視点をとることができる。原因→結果の通常の関係に沿って認識することもできるし、逆に結果→原因というように遡及的に認識することもできる。また、原因に働きかけることによって結果を積極的に生起させようとすることもできるし、逆に結果をめざして行動することもできる。さらに、原因と結果の関係の如何によってさまざまな感情を抱くこともできる。つまり、因果関係をめぐって人間はさまざまな意志を働かせ、さまざまな意味を汲み取って、それを多様な表現形式で表しているのである。

順接：ある原因から予期されるとおりの結果が現れること

原因⇓結果：てんで音楽に対する理解力も素養もないのだから、これでいい映画のできるわけがない。（伊丹万作『映画と音楽』）

悪因⇓悪果：僕の方から言い出したばかりに、民子は妙に鬱《ふさ》ぎ込んで、まるで元気がなくなり、悄然《しょうぜん》としているのである。（伊藤佐千夫『野菊の墓』）

結果⇓原因：さうして此の蟻共は、そのはちきれさうなお腹が空になるまでわけてやるのだ。（伊藤野枝『科学の不思議』）

条件：原因を条件とみなして、その条件のもとに結果が生起するということを表す。

仮定：われわれがそうした意志を捨ててしまうなら、なんという深い安堵《あんど》がわれわれを包んでくれるだろう。（梶井基次郎『闇の絵巻』）

確定：この川を半町も上れば、鎖渡しという難所がある。（菊池寛『恩讐の彼方に』）

既定：もうその女がいなくなった以上、そんな曲独楽なんか見るものか。（国枝史郎『剣侠』）

限定：木や石でない限り、やはり妙な心持がしたのでございます。（国木田独歩『女難』）

否定：現在別に御《お》わるいところがないのなら、無論近い将来にもさして病難があるとは思われません。（永井荷風『つゆのあとさき』）

反実：お帰りになれなかったら、そこへお休みなさい。（永井荷風『つゆのあとさき』）

十分：先方がおとなしくしてさえいれば一身上の便宜も充分計ってやる。（夏目漱石『吾輩は猫である』）

理由：實は妻が田舎に病人が出來て歸つてるもんだから、二三日置いて貰ひたい。（葛西善蔵『子をつれて』）

根拠：君にしてこの伎倆《ぎりょう》あらんとは、全く此度《こんど》という今度《こんど》は担《かつ》がれたよ。（夏目漱石『吾輩は猫である』）

手段：あなたもぜひ信心をして、その病気を癒《なお》せ。（梶井基次郎『のんきな患者』）

註）原因に働きかけることによって結果を人為的に生起させようとするとき、手段という関係をとる。

目的：断じてボロを出さぬように万全の策を講じなくてはならん。（久生十蘭『魔都』）

註）手段と反対に、結果をめざしてあることをしようとするとき、目的という関係が現れる。

逆接：ある原因から予期されるとおりの結果が現れないこと

原因⇸結果：鳥はたびたびおどろいたように暗《やみ》の中を飛びましたけれども、どこからも人の声はしませんでした。（宮沢賢治『グスコーブドリの伝記』）

結果⇸原因：たっぷり炭をおこしてあげたいけれど、あんまりのぞみがないわ。（宮本百合子『風知草』）

留保：そんな姿になりはてても、頗る気丈夫なのだらう。（原民喜『夏の花』）

註）ある事態を一部承認するという意味。「留保」というのは、「判断」を留保するということであるから、順接の「（判断）根拠」と逆の関係にある。

条件：逆接の因果関係でも条件があり、仮定以下、順接と同様の区分がある。

仮定：一升ほど持って帰っても、じきにぺろっと失くなるのやそうで。（梶井基次郎『城のある町にて』）

既定：どんなに雨が降ってもその根元を湿すことがなかった。（室生犀星『性に目覚める頃』）

否定：事実は曲げなくても、先生のお考え一つでどうにでも解釈の出来る問題じゃないのでしょうか。（甲賀三郎『支倉事件』）

反実：たとい終身、刑務所で暮すようになったとしても、平気だったのです。（太宰治『人間失格』）

感情：ここで「感情」と言うのは、「悲しい」とか「嬉しい」のような感情一般のことではなく、因果関係に対する反応として現れる「感情」である。例えば、ある原因から予期されたとおりの結果が生じたときに「満足」したり、予期されたとおりの結果が生じなかったときに「意外」の感にうたれるというように。

順接

慨嘆：実際自分はこう突然人家が尽きてしまおうとは、自分が自分の足で橋板を踏むまでも思いも寄らなかったのである。（夏目漱石『坑夫』）

非難：こんな始末の悪いお土産を与へたとは、不可解きはまる事である。（太宰治『御伽草紙』）

驚き：其処《あそこ》から生きて帰れたなんて、神助け事だよ。（小林多喜二『蟹工船』）

疑問：あの時分の事を思い出して、ぼんやり小石川の方を眺めている最中、おじさんに逢うなんて、ほんとに不思議だわ。（永井荷風『つゆのあとさき』）

憤慨：猿だなんて、いったい誰の事をおっしゃるの。（夏目漱石『明暗』）

願望：この人の顔も美しく見うる時が至ったらと、こんなことを未来に望みながら格子《こうし》を源氏が上げた。（与謝野晶子『源氏物語：末摘花』）

逆接

不服：いくらでも出世の世話をしてやろうというのに、彼は何だかだと手前勝手ばかり並べて、今もってぐずぐずしている。（夏目漱石『彼岸過迄』）

失望：調子は至極《しごく》面白そうだけれども、その実つまらない事ばかり話の種にした。（夏目漱石『彼岸過迄』）

感嘆：源氏の君というと、いつも美しい少年が思われるのだけれど、こんなに大人らしい親切を見せてくださる。（与謝野晶子『源氏物語』）

非難：ちゃんと解《わか》ってるくせに、はっきりいってくれないのは困ります。（夏目漱石『こころ』）

3.1.3 関係

時間関係でも因果関係でもない、一般的な関係である。大きく「同一」「差異」「存在」の3つに分けられる。これまで述べてきた「時間」も「因果」も関係には違いないのだから、ここでことさらに「関係」というカテゴリーを持ち出すのはおかしいと思われるかもしれない。しかし、人間の認識・判断作用という観点から見ると、「同一」「差異」「存在」といった概念は時間や因果よりももっと根源的であるとも言える。このような最も基礎的な認識・判断の上に立って、時間とか因果といったより高度で複雑な認識・判断がなされる。

同一

形容：安さんは待ってたと云わんばかりに足音をさせて出て来た。（夏目漱石『坑夫』）

類似：飼馴《かひなら》した籠の鳥でも逃げるかの様に村中から惜まれて、（石川啄木『天鵞絨』）

差異

対立：その時もべそはかいたが、とうとう泣かずに駈け続けた。（芥川龍之介『トロッコ』）

比較：河童は我々人間が河童のことを知つてゐるよりも遥かに人間のことを知つてゐます。（芥川龍之介『河童』）

註）差異を前提として、その差異がどの程度のものかを判断するのが比較。差異が極小の場合は同一性になるので、比較は「同一」と「差異」の両方にまたがっているとも考えられる。

存在

限定：腰を据えるしか仕方がないのであった。（宮本百合子『刻々』）

並存：細君の関係者に会わないのみならず、彼はまた自分の兄や姉にも会いに行かなかった。（夏目漱石『道草』）

排存：多分僕に茶を注《つ》いでくれた客もあったろうし、甲板の上でいろいろと話しかけた人もあったろうが、何にも記憶に止まっていない。（国木田独歩『忘れえぬ人』）

換言：言語態度が老けているというよりも、心が老けていた。（夏目漱石『明暗』）

4　節の意味

1つの文には多層な意味が畳み込まれている。命題の意味、モダリティの意味、発話行為の意味、価値評価、等々。また、命題の中にも、中核をなす格関係と、それらを修飾するさまざまな意味がある。これら多層な意味のいずれかが、何らかの視点に応じて浮かび上がってくる。

「日本語語彙大系」では、単文レベルでの意味解析を行うために、動詞の結合価情報と名詞の意味属性を記述している。これによって、適切な動詞訳語の選択が可能になり、単文レベルの意味解析の問題はほぼ解決された。

しかし、2つの節が接続表現によって結ばれた複文では、単文とはまた違った観点からの意味属性が必要になる。例えば、「逆接」関係を表す「あの人はぴいぴいしているくせにおごるのが好きだ」という複文では、2つの節のそれぞれの多層な意味のうち、逆接関係に置かれた「ぴいぴいしている」と「おごる」という表現が格別にクローズアップされることになる。このような逆説関係をうまく導き出すような意味属性を設計することが課題である。

4．1 意味属性

節の意味を記述するために、本方式でも多段翻訳方式を踏襲して、「日本語語彙大系」の用言意味属性と名詞意味属性を与える。ただし、「語彙大系」の意味属性は、結合価ないし格関係をコントロールするために設けられたものなので、複文の意味を表現するにはいささか違和感のあるものである。例えば「言う」という動詞の意味属性は「精神的移動」であるが、複文の意味を構成するものとしては「言語行為」といったような意味属性を使いたいところである。そこで、「語彙大系」の意味属性を、より一般に理解しやすいような属性に写像する。

4．2 モダリティ

発話者の意図や事態の様相といった本来の意味でのモダリティよりもやや広い意味で使っている。命題の中核的な意味を何らかの意味で修飾する要素を含めている。節と節との論理関係に関わるものとしては、名詞や動詞の意味属性よりもあるいは大きな意味あいを持つ。

否定：第三者でなければ公平な判断はできない。（岸田国士『ある夫婦の歴史』）

部分否定：みんな判るはずもないし、またみんな判っちゃこっちが困るんです。（夏目漱石『明暗』）
全否定：ニャー、ニャーと試みにやって見たが誰も来ない。（夏目漱石『吾輩は猫である』）
完了：たった今出たばかりで、十分になるか、ならないかでございます。（夏目漱石『こころ』）
継続：お弓の後姿を見ていると、浅ましさで、心がいっぱいになってきた。（菊池寛『恩讐の彼方に』）
反復：彼は何度も同じ言葉を繰り返して夫人の説明を促《うな》がした。（夏目漱石『明暗』）
状態：体をひどく悪くしていたことも手伝って、それなりに文壇を遠退《とおの》いてしまった。（蒲原有明『夢は呼び交す――黙子覚書』）
可能：我々が孤獨を超えることができるのはその呼び掛けに應へる自己の表現活動においてのほかない。（三木清『人生論ノート』）
不可能：ジフテリイは血清注射で直ったが、跡が腎臓炎になって、なかなか退院することが出来ない。（森鴎外『青年』）
不可避：伊豆の小さい山荘で私とたった二人きりで、わびしい生活をはじめなければならなくなった。（太宰治『斜陽』）
蓋然：同時に積雪の分類もしたが、この方はまだいろいろな問題が出て来るかもしれない。（中谷宇吉郎『雪』）
受動：記者に追いかけられる煩わしさの無いのは良いが。（中島敦『光と風と夢』）
使役：父は、私にいろいろ直接に話をするようなことはなく、お客のある時は私にお茶を持って来させるのである。（高村光太郎『回想録』）
義務：蕪村の詩境を単的に咏嘆《えいたん》していることで、特に彼の代表作と見るべきだろう。（萩原朔太郎『郷愁の詩人　与謝蕪村』）

願望：そこで一月ほど何も思わず横になりたい。（梶井基次郎『檸檬』）

意志：ところが馬はもう今度こそほんとうに逃げるつもりらしかったのです。（宮沢賢治『風の又三郎』）

強度：この遥かなる下から見上げても一輪の花は、はっきりと一輪に見える。（夏目漱石『草枕』）

過度：ランプを見なれていた巳之助にはまぶしすぎるほどのあかりだった。（新見南吉『おじいさんのランプ』）

4.3　価値評価

ある事態が「好ましいことか、好ましくないことか」「快をもたらすものか、不快をもたらすものか」あるいは、一般的に「善いことであるか、悪いことであるか」など、事態に対する価値評価を表すものである。

例：歌は好きなんだけどひどい音痴なんだ。

この文では「好き」がポジティブ、「音痴」がネガティブとなる。「だけど」という接続表現は逆接関係を表すが、この関係を担っているのが「ポジティブ」「ネガティブ」という価値評価である。

価値評価は、因果関係の論理計算に特に重要な役割を果たす。因果の項で述べたように、人間は因果関係に対してさまざまな態度・視点をとることができるし、また、因果関係の如何に応じてさまざまな感情を抱く。特に感情は価値評価と切り離すことができないものであり、ほとんど表裏の関係にあると言ってもよい。

価値評価の仕方は多様でありうる。節と節との論理関係が複雑なものになるにしたがって、それに関与する価値評価もまたそれ相応に複雑なものになると予想される。

5　おわりに――今後の課題

5.1　静的選択と動的選択

類推思考型の変換方式においては、まず最初に与えられた入力文に当てはまる日本語の文型パターンが選ばれる。この日本語文型パターンには真理項を介して1つ以上の英語文型パターンが対応しており、その中から最も適切なものを選択しなければならない。

入力文に当てはまる文型パターンの範囲を確定する過程を「静的選択」、その中から最も適切なものを選択する過程を「動的選択」と呼べば、その両方の過程を可能にする仕組みが意味類型であり、それを構成する個々の概念が本報告で言う「真理項」であり、「真理項」の体系が「論理的意味範疇」である。では、「静的選択」「動的選択」に、いったいどのような情報が関与するのだろうか？　具体的なデータをもとに考えてみよう。

例1

No.1　1キロも行かないうちに（私は）にわか雨に会った。（『研究社　新和英中辞典』）
I had not gone a kilometer before I was caught in a shower.

No.2　知らないうちに彼は犯罪に巻き込まれた。（『研究社　新和英中辞典』）
Before he was aware of it he had been implicated in the crime.

註：以後の説明のために、新和英中辞典の文を少し変更した。
No.1 の例文は「(私は)」を補った。
No.2 の例文は「彼は」を文頭から文中に移動した。

この2つの例文からは、次のような日本語と英語の文型パターンの対が得られる。

VP1_neg うちに CL2.　VP1_neg　before CL2

VP1_neg うちに CL2.　Before VP1 CL2.

ただし、No.1には「行為の未完了の前の事態への遭遇」、No.2には「認知の否定の間の被害」という意味類型（真理項）が与えられているとする。

すると、「1キロも行かないうちに（私は）にわか雨に会った」の方は、前件の述語が「行く」であり、もしこれに「行為」という意味属性が与えられているならば、No.1の方が選ばれるだろう。一方、「知らないうちに彼は犯罪に巻き込まれた」の方は、前件の述語が「知る」であり、もしこれに「認知」という意味属性が与えられているならば、No.2の方が選ばれるだろう。

例2

No.1　彼らに別れを告げて外へ出た。

I took my leave of them and went out.

（『研究社　新英和中辞典』）

No.2　それを聞いて安心した。

I was relieved to hear it.

（『研究社　新英和中辞典』）

この2つの例文からは、次のような日本語と英語の文型パターンが得られる。

No.1 VP1 て VP2_ta　VP1 and VP2_ed

No.2 VP1 て VP2_ta　VP2_ed to VP1

ただし、No.1には「行為の継起」、No.2には「伝聞を理由とする状態変化」という意味類型（真理項）を与えているものとする。「彼らに別れを告げて外へ出た」の方は、前件の述語が「別れを告げる」であり「伝聞」の意味がないので、No.1が選ばれる。「それを聞いて安心した」の方は、「聞く」が「伝聞」の意味なので、No.2が選ばれる。「告げる」も「聞く」も、日本語語彙体系では「精神的移動」という意味属性が与えられていて、区別することができない。1つだけ区別する条件があるとすれば、「告げる」が能動的な行為であるのに対して、「聞く」が受動的な行為であるということであろう。

そこで、「受動的行為を理由とする行為」という意味類型にすれば、より汎用的なものになる。ただし、「受動的行為」という概念が（このような名前がいいか悪いかということは別にして）意味類型の体系にとって本当に生産的なものであるかどうかということ、つまり、この概念が他の多くの意味類型にも使えるものかどうかは、慎重に検討しなければならない。

以上のように、文型パターンの「動的選択」にとって、論理項をどう設計するかということが重要である。日本語語彙大系の用言意味属性は結合価との関連で導入されたものであり、単文の意味を定義するものである。一方、本プロジェクトで用いる論理項は節と節との論理関係を構成するものであって、用言意味属性をそのまま使うことはできない。

用言の意味属性を再検討するとともに、その意味属性から論理項へと橋渡しする概念の体系をうまく設計する必要がある。その体系こそが「動的選択」の中核となるべきものである。

註：ここでは「聞く」という行為は「向こうからやってくる声をそのままに受け取る」という意味なので、「受動的行為」としたが、もちろん、文脈によっては「能動的に耳を傾ける」という意味にもなる。

例：鳥の声を聞こうとして耳を澄ませる。

5.2 意味計算と推論

筆者らの意味的等価変換方式では、両言語に対してあらかじめ準備された「意味類型」の集合から、論理的意味範疇（真理項）を媒介にして最適なペアを選択し、それによって原言語から目的言語への翻訳を行う。このとき、多かれ少なかれ何らかの意味計算を行わなければならないが、そのためには論理的意味範疇と真理項を構造化しておかなければならない。しかも、これは、命題内部の意味だけでなく、命題と命題との論理関係を計算できるだけの柔軟でダイナミックな能力を持っていなければならない。

このような意味計算を実際の文を例にシミュレートしてみよう。

日本文：長引く不況や公共事業費の削減などで事業量が年々減少し、業界は仕事の奪い合いになっている。
英　文：Because of the prolonged recession and cuts in public spending, the volume of construction businesses continues to shrink by the year, leading to fierce competition for projects among general contractors.

（『読売新聞社説２００１年12月7日　Daily Yomiuri』）

この例で「事業量が年々減少し、業界は仕事の奪い合いになっている」という表現は、連用中止法による複文で、前節と後節は「因果」の関係にある。ただし、日本語では「因果」関係であるということは明示的に示されていない。一方、英語の方では「leading」という分詞構文で接続されているが「lead」は「（ある結果に）導く」という意味であり、「因果」関係が明示的に示されている。したがって、日本語から英語に写像するときに、「因果」関係であるということを計算しなければならない。

これは、次のような式で可能になると思われる。

Xが減少する ——因果——→ Xを奪い合う

ただし、Xは「経済財」である

「減少する」と「奪い合う」ということの間には、一般にはどんな関係もないだろう。しかし、そこに「経済財」という要素がからんでくると、上記のような因果関係が成り立つようになる。これは、ある観点（ここでは「経済財」）を導入すると、それまで互いに無関係であった語と語との間にある関係ができるようになるということのよい例である。

日本文：一方で、建設業界には、安易な債権放棄などによって市場から退場すべき企業が生き残り、業界再編が一向に進まない問題点も指摘されてきた。

英　文：On the other hand, observers pointed out that the construction industry has been slow in reorganizing itself because the easy debt waivers by financial institutions enabled the companies that should have gone under to survive.

（『読売新聞社説２００１年12月7日　Daily Yomiuri』）

この例では「市場から退場すべき企業が生き残り」と「業界再編が一向に進まない」とが、やはり連用中止法による複文になっており、両者の関係は明示されていない。これに対して英語では「because」という接続詞によって「理由」であるということが明示されている。このことは、少し複雑だが次のような式によって導かれるだろう。

Xが退場する ←対立→ Xが生き残る

Xが退場する ―因果→ Xの集団が再編される

ただし、Xは「経済主体」である

これによって、次のような推論が可能になる。

企業が退場する →（因果）→ 業界が再編される

企業が生き残る →（因果）→ 業界が再編されない

業界が再編されない ←（理由）← 企業が生き残る

これも、「退場する」「生き残る」「再編する」などの語彙が「経済主体」という観点によって構造化された例である。

以上の2つの例で示されるように、2つの節の間の意味を計算するためには、意味属性や論理的意味範疇をさまざまな観点によってダイナミックに構造化する必要がある。

参考文献

有田潤『ドイツ語講座Ⅱ』南江堂、一九八七年
市川亀久彌『創造的研究の方法論（増補版）』三和書房、一九六三年
池原悟・宮崎正弘・白井諭・林良彦「言語における話者の認識と多段翻訳方式」（『情報処理学会論文誌』Vol.28, No.12, pp1269-1279、一九

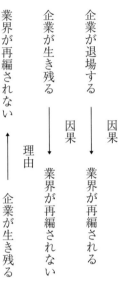

八七年）
池原悟・宮崎正弘・白井諭・横尾昭男・中岩浩巳・小倉健太郎・大山芳史・林良彦『日本語語彙大系』岩波書店、一九九七年
池原悟・宮崎正弘・佐良木昌・池田尚志・白井諭・村上仁一・徳久雅人「機械翻訳のための日英文型パターン記述言語」情報処理学会研究報告、二〇〇三年
岸井謙一・伊佐治和哉・高木優紀江・池田尚士「文節解析システムibuki Bと大規模コーパス中の文節パターンの分布について」言語処理学会第9回年次大会、二〇〇三年
大野晋・浜西正人『類語国語辞典』角川書店、一九八五年
国立国語研究所『分類語彙表』秀英出版、一九六五年

時枝古典解釈文法から翻訳過程論への示唆

佐良木昌

序章

第一章　言語過程説の確立途上における用例分析の方法

第一節　本居宣長の用例分析法を批判的に継承した意味分析の方法

第二節　帰納的意味分析の方法

第三節　形容詞述語文の意味分析

第二章　条件法として解釈される古文連体形の用法

第一節　条件法として解釈される連体形と情意の表現

第二節　条件法として解釈される連体形と判断の表現

第三節　主節主格を修飾する古文連体節

第三章　条件法として解釈される現代連体節

第一節　「連体形＋形式名詞＋係助詞」の文型

第二節　主節主格を修飾する連体節

第三節　連体節の文体的特質

第四節　英語従属節を連体節へ翻訳する手法

第五節　英日翻訳系

第四章　連体節の連用節への換言態

第一節　換言の妥当性

第二節　換言の二形態

第五章　連体節の翻訳過程

第一節　換言態を介した翻訳方向

第二節　「連体節＋形式名詞＋係助詞」の文型の英訳

第三節　主格体言を修飾する連体節の英訳

第六章　結章

序章

連体修飾節の英訳は、機械翻訳における難関である。複数用言の連接である「シテ形接続」［仁田1995］と並んで日英機械翻訳の難題となっている。連体修飾節内の用言句と被修飾の主節主格の体言（句）（以下では主名詞という）との必須格関係の分析や、連体修飾節内の名詞句構造の解析を踏まえて、英訳手法の検討が、北村［1988, 1990］、藤本ら［2000, 2002］において試みられている。これら先行研究では、連体節と主名詞との関係を、それら自体として考察して、連体節と主名詞という局所の範囲で日英変換を検討している。しかし、文全体における意味的連関（連体節述部と主節述部）の分析、および連体節を主名詞が包摂、これらを格助詞が総括、そして文末判断辞の助詞が文全体を総括する入子構造型式の解析は分析視野に入らなかった。

日本語学の分野では、連体修飾節の動詞句と主名詞との意味的関係について、高橋［1960, 1965, 1979］が一連の詳細な分類を提示している。寺村［1975］において「ネクサスに展開できないもの」も、高橋において、既に範疇的に分類されている。寺村の「内の関係」と「外の関係」との区分も注目されるが、この内外区分と文全体の意味的連関および統語構造との関係が追求されないならば、和文から英文への翻訳変換が、主に、関係節か同格節かという選択範囲に限定されることになる。

右に瞥見した先行研究では、連体節と主節主格（主名詞）との関係に分析対象が限定されているが、本研究では連体節（述部）と主節（述部）との関係へ分析視野を広げていく。

ところで、連体修飾節述部と主節述部との関係については、主名詞が形式名詞である場合のみではあるが、時枝誠記の研究において、既に指摘されている。「条件法として解釈される連体形の一用法［時枝1958: 1-9］（以下では、五八論稿と略称する）および『古典解釈のための日本文法』（増訂版）［時枝1959］において、「連体形＋係助詞―情意の形容詞述語」の文型を中心とした事例を、時枝は報告し、古文連体形が条件法として解釈可能なことを指摘した。この時枝説については、寺村［1980: 265］、西尾［1982: 94］、高橋［2006: 68］がわずかに触れた程度であり、十分吟味した論稿は、前記増訂版以降、管見の限りでは見当たらない。そこで本稿では、第一に、連体形用法についての時枝説およびその言語学的前提について検討する。

第二に、五八論稿の検討を前提に、現代文の連体修飾節について、主に主節主格を成す主名詞に係る連体修飾節を観察し連体修飾節が条件法として解釈される事例を見出すことができるか否かを検討する。続いて、当該連体修飾節と主節との連関の意味について分類することを課題とする。条件法として解釈されるということは、連体修飾節の述部が主節の述部と意味的に連関しており、連体修飾節を連用修飾節に換言できる根拠があるということである。連体修飾節と連用修飾節との関連については、益岡［1997］や奥津［2007］の研究があるが、さらに形容詞述語文を中心に、連体修飾節末の述部と主節の述部との意味的に連関について検討する。

第三に、連体修飾節と主節との連関の意味分類に基づき、連体修飾節を連用修飾節に換言するという実験を試みる。連体修飾節を連用節に換言できるとすれば、換言を媒介に連体修飾節の英語などへの翻訳手法の緻密化が予想される。そこで、連体修飾節の翻訳手法を開発することが本稿の課題となる。

第四に、筆者らが提案した仮説「連体節を連用節に換言可能であるとき、連体節は主節述部に意味的に関わる」［佐良木・新田2008］および「連体節を連用節／シテ形に換言可能であるとき、連体節の英訳は、関係節ではなく従属節・分詞構文が適切である」［佐良木・岩垣2010］について検証する。本稿文末の補節において述べるが、英文において制限用法の関係代名詞節と条件節との換言可能性について、また非制限用法の関係代名詞節と理由節との換言可能性について、Quirkらの研究があり［Quirk. R., et al. 1985: 1238-1241］、独文についても、関係代名詞節と条件節との、また理由節との換言についてのフレーゲによる論理学的研究がある［フレーゲ1999: 71-102］。これら先学の知見を摂取しつつ、前記の提案仮説を吟味する。

以上を約めるならば、本稿では、時枝説から摂取した事柄（第一章・第二章）に基づいて、古文連体形の条件法に当たる現代語の連体修飾節の用例を整理する（第三章）と共に、その連体修飾節の英訳手法を検討する（第四章〜第五章）。即ち、本稿後半は、機械翻訳の英訳手法を高度化する、その作業の一環である。

日英機械翻訳の知識は、機械学習によって集められるという性格のものではない。膨大な対訳コーパスは産業翻訳の商業的結果であって、高度な翻訳知識を基礎とはしていない。しかもノイズとして無視できないほど誤訳を含んでいる。「質の悪い（稚拙な）翻訳例を学習用対訳コーパスとして、統計システムに学習させると翻訳成功率はたやすく降下する」［新田2012: 186］ために翻訳精度の向上に寄与するところは少ないと思われる。例えば、次の平易な和文の英訳を観察してみよう。まず、和英辞書の和文英訳例である。

先生の家へ行ったら、いつもは恐い先生が笑顔で迎えて下さった。　　和英辞書

We went to the teacher's house, and **though** he's usually so stern, he greeted us with a smile.

辞書訳においては、「先生」を修飾する連体節と主節との論理関係が正しく把握され連体節がthough譲歩接続詞節に英訳されている。全体として、先生宅訪問↓先生のいつもの態度↓先生の対応という話の推移は再現され

ている（英文内強調は引用者によるもの）。

次に大規模対訳データを誇る統計翻訳（SMT）ならびにニューラルネットワーク翻訳（NNMT）ではどうか、以下に示す。

SMT I went to the teacher's house, **scary is always the teacher who have greeted** with a smile.

NNMT When I went to my teacher's house, **I always greeted a scary teacher** with a smile.

関係代名詞節を採った英訳（SMT、強調は引用者によるもの）では、連体節と主節との論理関係は英文上に表されていない。関係代名詞節の時制を観ると現在完了であるから先生は前から笑顔で歓迎するとしている、したがって、いつも怖いということとは相容れない。形容詞句を採った英訳（NNMT、強調は引用者によるもの）では、生徒の私が先生を迎えるという錯誤の英文になっており、しかもmy teacherに対してa teacherとするなど冠詞付与も錯乱している。また、「先生」と「恐い」との意味関係から、「恐い」は畏敬の念（awe）であって恐怖（fear）ではない［リービ英雄 2004］、と推定することはできないようだ。

実践的な翻訳知識、本稿で提案している「連体節を連用節に換言可能なとき、その英訳は従属節や分詞構文が適切である」という翻訳知識は、産業翻訳コーパスには含まれてはいない。優れた文芸翻訳や学術評論翻訳のごく一部に含まれているのみであり、これらを収集したコーパスは管見の限りではない。したがって、翻訳知識の源泉は、優れた翻訳家の実践的知識にあり、これらを丹念に集め学ぶことが唯一の道と思われる。本稿では、翻訳家による翻訳例と文法的語彙的正確さを基礎とした辞書対訳例とを源泉として連体節英訳に関する翻訳知識を取りまとめた。
なお、以下では連体修飾節を連体節、連用修飾節を連用節と略して用いる。

第一章　言語過程説の確立途上における用例分析の方法

入子型構造形式は『国語学原論』〔時枝1941〕の各論第三章「文法論」において論述されているが、それに先立つ一九三七年の諸論稿（『文学』『国語と国文学』などに掲載された「意味の解釈上から見た助詞助動詞」「心的過程としての言語本質観」「語の形式的接続と意味的接続」「文の概念について」、および「言語における場面の制約」一九三八年）によって準備された。これら論稿群は、言語過程説の本格的な確立過程の開始を示すものである。本章では、入子型構造形式という時枝文法の双葉が形成される過程をつぶさに辿ることとする。時枝の学的探求の時期を、初期、前期、中期、後期と区分して、以下の論述の便宜とする。

「初期」『岩波講座「日本文学」国語学史』〔時枝1932〕までの時期（卒論の一九二七年〜一九三二年）
「前期」[*1] その翌年（一九三三年）から、単行本『国語学史』〔時枝1940〕および『国語学原論』〔時枝1941〕、そして東京大学に講座を開く（一九四三年）までの時期

「中期」『国語研究法』〔時枝1947〕・『日本文法 口語篇』〔時枝1950a〕・『古典解釈のための日本文法』〔時枝1950b〕から『日本文法文語篇』〔時枝1954〕、『国語学原論続篇』〔時枝1955〕まで

「後期」『現代の国語学』〔時枝1956〕・『文章研究序説』〔時枝1960〕以降『講座日本語の文法』〔時枝1967〕まで

以上のように仮区分する。

前期の早い時期（一九三三年～一九三六年）には、古典解釈の方法および品詞論に関する一連の諸論文がある。以下、列挙する。

「源氏物語帚木巻冒頭の解釈 「さるは」の語義用法に基いて」〔時枝1933a〕

「古語解釈の方法 「さるは」を中心として」〔時枝1933b〕

「語の意味の体系的組織は可能であるか」〔時枝1936a〕（執筆は一九三五年、以下、「体系的組織」という略称を用いる）

「国語の品詞分類についての疑点」〔時枝1936b〕

「形容詞形容動詞の連用形に於ける述語格と副詞格との識別について」〔時枝1936c〕

右に列記した時枝の諸論文を通読すると、それらに学問の方法への強い問題意識が示されていることに気付く。前期の諸論稿では、意味分析において語の多義を一義に定めるのに語の用例の類別を以てする、という方法が、実践されている。この分析方法は、本居宣長が採った用例帰納の方法を批判的に継承することによるものである（第二節にて詳述する）と共に、時枝自身による古典語を解釈し分析する作業過程において、確立されたものであ

る。この分析作業に当たって導入されたのが、「対象語」という文法範疇である（第二章第一節において詳述する）。この範疇の導入が、意味分析の方法が文の統語構造分析の方法を措定する、その可能根拠を与えたのである。意味と統語との方法的分析の帰結として、対象語を採る形容詞は情意性意味を表し対象語がその情意の対象を表すこと、他方、対象語を採らない形容詞は状態性意味を表すこと、これらを実証し得たのである。

『国語学史』の序説において時枝は、国語学の対象を規定する方法について論究して、外部的原理によって規定してはならず「対象自体の内に具有する原理」を明らかにしつつ対象を輪郭づけていくべきであると言う［時枝1940］[*2]。近代西洋の自然科学的な分析方法、即ち単位的要素に全体を分解・還元することによって対象の本質規定を定める方法を、無批判無媒介に言語学に導入しようとする傾向を批判してのことである。前期において端緒的に自覚された「語の意味の理解」［時枝1931］[*3]の方法が国語学研究史の方法に活用されて単行本『国語学史』に結実する。前期の後半においては、言語過程説の根幹が形成され、学史を下向分析的前提として言語本質論の構築である『国語学原論』に結実する（以下『原論』と略述する）[*4]。

時枝の学の方法論および自然科学的方法の導入への批判は、『原論』以降の諸著作においても繰り返し強調されている。言語は自然科学の対象とは異なるがゆえに分析の方法も学的方法も異なり、研究対象の特殊性を無視して自然科学的な原子的構成観から帰結される形態素の分解と合成という方法を採るわけにはいかないというのが時枝の立場である。

第一節　本居宣長の用例分析法を批判的に継承した意味分析の方法

時枝は、その前期前半の論文「体系的組織」において、意味分析の視座を、(1)語の職能上（文法的機能のこと）

の類別と、(2)当該の語と他の語との接続関係とに据え置いた。これら分析視座から、意味の差別に応じた類別を用例から帰納すること、および「語の意味の体系的組織」を見出すこと、これらの課題解決の一環として、形容詞の意味分析と体系的分類とが試みられた。

前記の論稿に拠れば、時枝が採った意味分析の方法は、本居宣長による古典解釈の方法*5を批判的に摂取することによって獲得された。宣長が採った古典解釈における語の意味理解法は、「語の意味の研究はその語を使用した話者の思想に還ること」であり、「あたえられた語の、その時代における用例用法の蒐集の上に立って、語の意味を帰納的に理解しようとしたことである」〔時枝 1936a; 1973: 208-212〕。やや詳しく引けば、「語を分解法によらず、又本義正義に絏らず、それ自身を不可分の統一体として、用例に基き、帰納的に語の意味を決定しようとする態度」であり、同時に、「一時代における意味の静態的研究」〔時枝 1936a; 1973: 209-212〕である。しかし、時枝に拠れば、宣長の帰納的な分析方法では、活用形や職能の観点から意味の差別相が認識されていない。その統語論的究明の弱さを克服するには、意味の差別が何等かの類別に対応して現れてくるものであるならば、その類別の根拠を明らかにしつつ意味を分類整理する必要があると時枝は云う。重要な論拠であるので、長くなるが厭わず引いておこう。

即ち意味の差別は、用例の何等かの類別に対応して現れて来るものであるのか。若しそういう事実が存在するならば、用例の類別は、如何なる事実に基く類別なのであるか。私はこの探索の歩みを大胆に進ませる為に、更にこの類別の基礎事実に就いて想定を試みるならば、想像されることは、語の用例の類別は、一はその語の職能上の別に対応するものではなかろうかということ。例えば、一の形容詞が、述語として使用される場合、修飾語として使用される場合、副詞として使用される場合等に意味の差別が起こるのではなかろうか（以上は、接続あるいは活用の問題）。その二は、与えられた語と、それと密接な関係に於かれて居る語との関係、例えば、一の形容詞が述語として用いられた場合ならば、その主語との関係において、修飾語として用いられた場合ならば、その被修飾語との関係において意味の差別が起こるのではなかろうかと云うことである（以上は位格の異同という問題）。語の用法の類別は、猶別の事実を想定することが可能であろう。それは更に深い国語の現象に対する洞察に俟たねばならないのであるが、それらの事実に対応する意味の差別を、私は仮に語の意味の体系的組織と名付けて、かくの如き体系的組織が可能であるか否かを目標として、その実証的な調査を試みて見ようと思うのである。*6（括弧内に記した注記は引用者によるもの）［時枝 1936a; 1973: 213-214］

この論述箇所では、意味分析と統語構造分析との統一的な取り扱いが述べられている。用例は二つの統語的な関係、即ち接続関係と位格*7という視準によって類別され、類別用例から、他の意味とは差別される語の意味の特殊相が認定されるだろう。言い換えれば、語の意味の特殊相は、ある統語的な特質、即ち型を持つ。

第二節　帰納的意味分析の方法

時枝自身が採った帰納的分析の方法は、既に「古典解釈の方法　「さるは」を中心として」（一九三三年）およびその前に刊行された論稿「源氏物語帚木巻冒頭の解釈　「さるは」の語義用法に基いて」（一九三三年）に開示されている。そこでは、①古語「さるは」について、「蒐集したものを帰納的に見渡して見たが何等の結論をも得ることが出来なかった」、②そこで、「同類と見られる用例を選り分ける作業を試みた」、③語の意義用法に

「大きな類別がある事を見出した」、④見出した類別を範疇として用いて用例を分類した、⑤この分類結果によって語の多義を「一つの概念によって解釈する」ことが可能となったと記述している。ここには、時枝による意味分析過程が具体的に示されている。①の手法とは、おそらく、多義語についてその場その場でそこに最適である意味を採用して解釈するという伝統的な語義解釈の手法を踏襲して用例間における何等かの規則性を見出そうとするものであっただろう。判断根拠無き主観的方法として批判した伝統的解釈法を採った意味は、この従来手法では多義を一義に絞る客観的根拠は見出し得ないということを確認したということであろう。②の用例間に類同性を見出すという方法では、(1)「さるは」を含む文または節および前後の文または節においては理由を云々する語はないという語彙的特徴を認定すると共に、(2)その文間あるいは節間の論理関係を、相反現象の同時並立と推定するという手順を採っている。これら帰納的分析の諸手順が実施されて、③の類別として、「さるは」を含む文の構造には、逆態法（相反する二つの事柄が両立する）の表現の有無という点に違いがあることが見出される。その結果、④の分類が可能になり、妥当な意味解釈の客観的根拠を得ることができる。やや詳しく言うならば、「さるは」の意味用法は、甲類（「さるは」の次に逆態法の叙述を含む文を伴う場合）と乙類（「さるは」の次に逆態法の叙述を含む文を伴わない場合）とに分類されると同時に、この二分類によって整理された「さるは」に同一概念の存在を認定でき、この同一概念と職能とによって、個別用例に於ける妥当な意味解釈の客観的根拠を得ることができる。

時枝は１３２の用例について綿密な分析と解釈とを、右に示した一九三三年の二つの論稿において列挙しているが、この列述は、もちろん、右に概括した帰納的分析の方法を用いて得られた分析結果を、論証過程に配置したものであって、帰納的分析の過程そのものではない。挙げられた用例は、分類体系を示す例証として配列されている。また、「体系的組織」の論稿においては、１６２の用例を分類しているが、これら事例のように、実に多数の用例を綿密に分析している。時枝学説が地道な作業に支えられていることの証左である。多数の用例を一覧可能にする情報処理技術を用いる用例分析では、時枝用例は物の数ではないかもしれないし、統計的な分析にとっては標本数の不足という問題点をはらんでいるかもしれない。だがしかし、処理される多数標本は一つ一つが内省分析の対象ではなく、したがって内容面が捨象されているがゆえに意味分析がなしえない。意味分析が可能であるためには、時枝の帰納的分析の手順の如く、一文一文における語の意味的類別と統語的類型とを認定する作業が必要であることは自明である。

こうした帰納的分析による発見の方法と分類原理の設定とが、「語の意味の体系的組織」の論稿における形容詞の意味分析にも適用されている。以下、次節にて観ていく。

なお以下では、連体形あるいは連体節が表す事柄と主節が表す事柄が相反する関係にあるとき、この関係を時枝説に従って「逆態」と呼ぶが、「相反」または「逆条件」と言い換えるときもある。

第三節　形容詞述語文の意味分析

一九三六年の三つの形容詞意味分析の論文、「体系的組織」の論稿、および同論稿に続いて同年に刊行された二つの論稿、「国語の品詞分類についての疑点」、「形容詞形容動詞の連用形に於ける述語格と副詞格との識別について」[*8]において、形容詞の意味分析を時枝は示している。その分析方法は、「体系的組織」の論稿中の本論「語の意味の理解の前提となる種々の言語現象の観察」の章建てが直截に示しているので、まずは、ここに引いておこう。

一　形容詞の主語と対象語
二　形容詞の情意性意味と状態性意味
三　対象語と形容詞の意味の関係
四　形容詞の述語格と副詞格との間に存する意味の差別、特に誤られ易い連用形について
五　連用形副詞格に類似する話者の情意の表現法
六　形容詞の修飾格、及び述語格を保持する形容詞の連体形

一および二が意味分析の方法的前提であり、一が統語論的な前提であるとするならば、二は意味論的な前提である。そして三が、意味と統語とを統一的に分析する視座の設定である。四以下が、意味論的＝統語論的な分析の具体的内容を論述する部分である。一および二において方法的前提として導入された三つのカテゴリは、四以下の分析によって論証されるという構成になっている。

上記章建てが示すところ、「対象語」という文法範疇および、そして「情意性意味と状態性意味」[*9]という二つの意味的範疇によって用例を類別して語の意味と用法とを一体として把握するということである。これら三つのカテゴリは、帰納的分析の結果において得られたものであり、分類原理として予め設定されたうえで、形容詞の意味分析が論述されている。これは学問の叙述方法に沿った論述であると言うことができる。以下では、形容詞意味分析の方法について詳しく検討する。

第一項　文法範疇「対象語」の措定による意味分析

時枝は、「体系的組織」を執筆したが、そこにおいて、情意の対象あるいは機縁となる語を「対象語」と名付

けた。「対象語」という文法範疇は、管見に入った限りでは、この論稿において初めて採用されたと思われる。この文法範疇の導入によって、形容詞の意味分析が一気に進んだのである。

狼は恐ろしい
母恋し

これら例文について、「体系的組織」の論稿において時枝はこう言っている、「狼、母は夫々恐ろしい、恋しの主語でなく、それらの感情の機縁となり対象となる語である。主語は「彼」か「私」か、ともかく右の感情の主体でなければならない」［時枝 1936a, 1973: 216-217］。以下、同論稿について立ち入って観ていく。

「体系的組織」の論稿において、時枝は、「対象語」を措定することにより、以下の事柄を明らかにした。

①「情意の主体に所属する情意的意味（B）と、対象の属性に所属する状態性意味（A）との二面を併有」する形容詞の用法を類別できること

②「主語―形容詞述語」の文型（Ⅰ）を採るとき、形容詞は状態性（A）を表し、「対象語―形容詞述語」の文型（Ⅱ）を採り（主語は明示されていない）とき、形容詞は情意性（B）を表すこと

時枝に拠れば、「私はこの本が面白い」といった文においては、「面白い」は「私」の感情を表すとともに、面白みという属性を備える「この本」が感情の対象であると解釈して、当該の文が「主語―対象語―形容詞述語」の型をなすと見ることができる。しかし、「彼は面白い」といった文型においては、そうではないと云う。一方

で、「私」という主語が省略されていると視るとするならば、「彼」とは私に「面白いという感じを起こさせた対象であり機縁」〔ibid.: 216〕であって、この文は、「対象語―形容詞述語」のⅡ型を採っているのであるが、他方で、「彼」を主語と視るならば、Ⅰ型の文型であり「面白い」は「彼」の性格たる滑稽さなどの属性を表している。こうした文型（Ⅰ／Ⅱ）と意味（A／B）「との類別に基いて、「対象語の位置にあるものを主語とする時は（Ⅰ型）、その述語的形容詞は、対象の属性を示す状態性意味（A）のみを以て解釈する」〔ibid.: 220〕との知見を得たのである。*10

③「気持ちを表す意味と、状態を表す意味とが合体して一語を以て表される」⑴と共に、感情主体の気持ちを表す語と、感情の対象あるいは感情の機縁となったものであるものの状態を表す対象語とが分離されることがないこと⑵を指摘している。

図1　時枝（1936）による形容詞の意味分類

前者⑴については、図1〔時枝1973: 219〕によって（🄰・🄱とギリシャ文字記号および囲み線は引用者によるもの）、形容詞の意味分析のスペクトルを示している。一端には、「対象所属の状態性意味」🄰を表す語（高い・低い・赤い・深い・太いなどのα群）を配し、他端には「情意の主体に所属の情意性意味」🄱（恥ずかしい・望ましい・ほしい・恋しいなどγ群）を表す語を配して、両端の中間帯（β群）には、両方の意味を含む語（にくらしい・面白い・をかしい・淋しい・暑い・恐ろしい）を据え置くことで、二つの意味カテゴリ（後に三つ）[*11]による形容詞の分類体系を示している。管見に入った限りでは、この形容詞の意味分類体系が最初であろう。ただし、時枝は現代語の形容詞を図中に示しているが、実際に用例分析を重ねているのは古語であって、後述する古語の形容詞「をかし」の意味分析で触れるように、古語と現代語との意味的差異については踏み込んでいない。したがって、古語における意味スペクトルは別途、考案すべきだろう。

第二項　対象語と形容詞との意味関係

感情の対象あるいは機縁となるのは、コト・モノ・ヒトである。西尾［1982: 90］に拠れば、万葉集における傾向として、①感情形容詞の対象になるのは実体そのものであるよりはむしろ実体を包含したコトであるが、対象への志向性の強い感情を表す感情形容詞（愛《かな》し・なつかし・憎し）の述語文では、実体を表す具体名詞が対象語になることもある。②「実体ではなく、コトが対象語として表現されるときのいろいろな様式」［ibid: 91］としては、(a)「恋・旅・よのなか」などの抽象名詞が対象語、(b)用言や活用連語の名詞化されたものが対象語（特にク語法）、(c)用言の連体形がいわゆる「準体言」として用いられたものが対象語、(d)「感情の対象や機縁になるもの」[*12]が条件句によって表される場合、その一つとして『感情のなりたつ情況が「動詞已然形＋ば」の形をもつ条件句』、以上が認められる。ここでいう感情の対象あるいは機縁（d）が「準体言」の用法で表現される対象語というのが、次章で言及する連体形の一用法である。

次項では、この西尾分類も斟酌して、対象語―感情の形容詞述語の文型において、感情の対象あるいは機縁が、①(a)コトで表現されるのか、モノで表現されるのか、ヒトで表現されるのか、(b)情意の対象として、モノ・ヒト・コトが意味的に整合しているかどうか、②コトで表される場合、(a)形式名詞のコト、(b)用言や活用連語の名詞化（抽象名詞）されたコト、(c)連体形の体言化によるコト、以上のいずれなのか、以上の分類観点に立ちつつ、「対象語―感情の形容詞述語」の文を中心に、その用法を観ていく。ただし、万葉時代（七世紀後半から八世紀の前期中期）における対象語の傾向分析が、そのまま源氏物語（十世紀末から十一世紀初頭）にも妥当するとは言えないだろうが、西尾の分類観点は有効である。

なお、古語におけるコトとモノとは、現代語においてもそうであるが［和辻1935］、概念的に截然と区別されているわけではない。根来［1973: 3-20］が指摘するように、コトに対する感情が「ものあはれ」と表される事例がある。根来に拠れば「源氏物語のなかには『「もの」形容詞が三十四種二百七十七例、「もの」形容動詞が二十六種百二十八例』と頻度が高い。接頭辞に転化して形容詞やいわゆる形容動詞を作っている。例えば、「夜深き鶏の声の聞えたるも、ものあはれなり」（「源氏」若菜上）というように、場面（深夜の静寂）において、何かのコトを機縁として、漠とした心の有様が起こる、これを「ものあはれ」と表す。このように感情対象も漠としており感情との関係も截然とはしておらず、むしろ主客が融合している表現であろう。現代語においても「もの悲しい」といった感情語があり、場面における感情表出の表現は、対象と感情とが融合する日本語表現の特質と捉えるべきだろうが、本稿では踏み込まない。

また、形容詞について、古語の場合は情意の形容詞、現代語の場合は感情形容詞ということとする。

第三項　対象的因果的な感情惹起の表現と内的自省的な感情生起の表現
―「対象語―形容詞述語」における感情の対象と感情の機縁との区別―

「体系的組織」の論稿において時枝は対象語と情意の形容詞との媒介的な結び付きについて、次のように言う。

「虎は恐ろしい」においては、「虎の持つ属性が直ちに恐ろしいという情意に対応」しており、対象語と形容詞の意味とは密接な関係にある。一方、「或る対象を機縁として、そこから起こる種々な想像思惟を仲介として結ばれることがある」と分析し、「従って全く矛盾した様な対象と感情の結合や、又距離の非常に懸離れた（対象と、感情との）結付きをなして居ることが存在する」［時枝 1936a; 1973: 223］（括弧内は引用者による補足）との知見を示している。即ち、同論稿では、「対象語—情意の形容詞述語」の文型（Ⅱ）においては、

（Ⅱa）対象語が感情の直接的な対象を表すもの
（Ⅱb）対象語が感情の機縁を表すもの

この両者が区別されている。

同論稿では、対象語が感情の機縁を表す古文用例、即ち対象語が感情の媒介的な対象を表すもの（Ⅱb）を採りあげて、対象についての想像や思考の作用に媒介されて感情が起こるという意識の過程に言及している。媒介的な関係は「全くその場合に於ける主観と対象との特殊なる意味関係によって成立する」のであるが、特殊なる関係については、古文用例の個別具体的に分析することにとどまり踏み込んだ意味関係分析は提示されていないし、後に時枝が解明した場面論［時枝 1938a, 1940］を踏まえているわけではない。けれども、ここでは具体的分析に含まれる積極的な知見を確認しておくべきだろう。

「形容詞の意味するものが、対象語の属性を意味するというよりも、対象を機縁として、それに就いて更に想像思惟が起こり、その上に構成される主観の情意を表して居る」［時枝 1936a;1973: 225］（Ⅱb）という対象と情意との心理的距離が遠い事例について、いくつか例文を解釈している。その一つ、「苦しかった昔がなつかしい」

を挙げ、苦しかった昔を機縁として、「全然反対の感情を惹起こし、或は、対象を仲介として、新しい思惟によって起こった感情である」[ibid.: 1973: 223] と解釈している。少し補足すれば、苦しかった昔となつかしいという感情とは、意味的に隔絶しており心理的距離が遠い。

しかし、本例などについての時枝分析では、心理過程の解釈に傾いてはいるが、認識＝表現の過程として把握されている。即ち、主体にかかった困難に対する「苦しかった」との認識とその表現とがあり、その感性的な認識をモメントとして惹起したアンビバレンスな感情を、「なつかし」（形容詞）で表現した。この認識＝表現の過程はおさえられてはいる。しかし、そのうえで、言語分析の基本である意味的＝統語的分析が求められる。その分析上の課題は、連体修飾側の「苦しい」と主節述語の「なつかしい」との意味的不整合について究明することである。対象語は「苦しかった昔（のこと）」というコトとして表されていると観て、「そのコトを懐古すると」という条件法に解釈できる。しかし、「対象語（コト）―情意の形容詞」の文型において、「苦しい」と「なつかしい」とが意味的に矛盾をきたす。この矛盾を解決するには「苦しい」と「なつかしい」との間に相反関係があることを認めなければならない。「昔は苦しかったけれど今となっては、なつかしい」と逆態に解釈するのが妥当だろう（相反関係にある現代語事例は、第五章第三節第一項を参照）。

続く事例として源氏物語から、対象語と情意の形容詞との（心理的）距離は少しも緊密ではない諸例を採りあげている。一つだけ引用する。

明け行く空もはしたなくて、殿へおはしぬ

時枝の解釈は、以下のとおり。

はしたなくてという情意性意味は、明け行く空の属性とは理解されない。情意の主体が明け行く空という対象に対して構成される特殊なる立場から理解されなければならない。つまり、明け行く空によって、人に見られるとか、我身の姿が顕になるとか、いろいろな事実が中間に思惟として介在して居るにも拘はらず、話者の意識としては、単に明け行く空とはしたなしという感情の対応が意識の焦点に顕はれた事を意味する

［時枝 ibid. : 224］。

この時枝解釈に踏まえて、本例について検討しよう。まず、形容詞「はしたなし」が表す情意の対象は、ヒトの行為（コト）と考えられる。同時代の『枕草子』にある例文「はしたなきもの。異人を呼ぶに、われぞとさし出でたる」に観られるように、行為（コト）に対して体裁が悪い、この感情を、「はしたなし」と表す。この表現の意味からすると、情意の対象にコトあるいはモノではなく、「空」（空間）と措けば不整合をきたす。対象語「明け行く空」と情意の形容詞「はしたなし」とは意味的に疎遠であり。感情の対象が漠としている。「空間――感情」という意味的不整合を許す根拠は何か。それは、思惟の媒介であると時枝は観ている。想いうかべられたコトを対象として感情が起こるという媒介的な過程と時枝は捉えていると言える。そうではあるがここは、思惟の介在にも拘わらず明け行く空と感情との対応が表現意識の焦点に顕れた矛盾を見極めるべきだろう。この点につき、若干検討しよう。

夜明けの場面が自分の身を省みざるを得ないところに話者を措いたのであり、場面における内省をモメントとして「はしたなし」の感情が起こったと視ると、感情の対象は話者たる自己なのである。この自己意識を話者は表していると言えるだろう。したがって、本用例では、何かのコトを対象として起こる感情の表現ではなく、場

面に置かれた話者の自己意識の表現であって、それを「はしたなし」と表していると見立てるのが妥当だろう。対象は自己であるから、外的起因の感情ではなく内発的な感情と言えよう。約めて言えば、対象—感情の表現構造ではなく場面的な表現構造である、と考えられる。対象的・因果的な感情惹起の表現と、内的・自省的な感情生起の表現とは、文型は同じでも区別されるべきである。場面論に踏まえて対象語—情意の形容詞述語の表現態を見直していくことが必要であるが、以上に留める。

第二章 条件法として解釈される古文連体形の用法

『原論』〔時枝1941〕以降、言語過程説における文法論は、主要には、以下の三つの著作において展開された。

㈠『日本文法 口語篇』〔時枝1950〕。以下、『口語篇』と略述する。
㈡『古典解釈のための日本文法 日本文学教養講座〈第14〉』〔時枝1950〕。以下、『古典文法』と略述する。
㈢『日本文法 文語篇』〔時枝1954〕。以下、『文語篇』と略述する。

これら一連の文法研究の中で、『古典文法』には、「連体形の用法（一）～（六）」に関する論述がある。後の増訂版〔時枝 1959〕においては「連体形の用法（七）条件法として現代語訳される連体形」が追記されている。初版と増訂版との間には、『古典の解釈文法』時枝〔1953〕が出ており、記載されているのは、『古典文法』初版と同じく六項である。前記「増訂版」の構成単元を引く。

一　「ぞ」「なむ」「や」「か」等の係りの助詞の結びとなる連体形
二　述語格を保持しながら下に続く連体形
三　主語を想定して解釋する述語格の連体形
四　被修飾語を想定して解釋する連体形
五　〔（主語―連体形の述語）＝述語〕の構造を持った文
六　連体形とその被修飾語との複雑な意味関係
七　条件法として解釋される連体形の一用法

増訂版における「単元七」は、『国語と国文學』（三五巻二号、一九五八年）に掲載された五八論稿（「条件法として解釈される連体形の一用法―人づてに聞え侍るは、言の葉も続きはべらず（源氏物語椎本）―」）の簡約版である。その構成を以下に示す。

一　問題
二　問題とされた例文（源語《ママ》「椎本」及び「総角《あげまき》」の一部より）
三　問題とされた連体形の解釈

四　（対象語―述語）の文構造

五　対象語と、連体形条件法との関係

「二　問題とされた例文」において、源氏物語から用例32を取り上げている。ここでは、右記第四項と第五項とを軸に、時枝による「条件法として解釋される連体形の一用法」について詳しく観ていく。源氏引用について時枝は「岩波文庫本」を使っているが、その引用を本稿ではそのまま用いている。

第一節　条件法として解釈される連体形と情意の表現

時枝に拠れば、古典語における連体形には、条件法として現代語訳されるものがあり、㈠　体言相当の連体形は対象語である、㈡当該連体形は条件法として解釈でき、「理由（ので）」「仮定（ば）」「逆態（とも）」の意味を表す、㈢その現代語訳では、連体形に形式名詞を補って古文を解釈する、としている。具体的には、連体形に修飾されると見なす体言「ノ」「コト」「モノ」等を補うか、或は連体形それ自身を体言と同格に解釈する（『古典解釈』増補版・単元五および七）。時枝の挙げている例を五八年論稿から一つ引く。

らうたげなる様に泣き萎《しお》れておはするも、いと心苦し（源語「椎本」、四ノ二六二ノ一五）

時枝に拠れば、「しをれておはする」の連体形は体言相当格を成し情意の形容詞「心苦し」の対象語である。現代語は、形式名詞「の」「もの」「こと」を補って「泣き萎れておられるのも」と解釈できる。このように体言格として視るならば、「泣き萎れておられると」の条件法と解釈してよい。このことから、「泣き萎れておられると、痛々しい」という起因（条件節）―感情惹起（主節）の複文と捉えることができる。かつ本例においては、「心苦し」の対象は、「泣き萎れておられる」というヒトの様子、即ちコトであるので、「対象語（コト）―情意の形容詞」の意味的連関に整合している。

なお、本稿では、形式名詞「の」・「もの」・「こと」のいずれを補うべきかについての論議には、踏み込まないが、現代語の「コト専用文は古典語でもコト型専用、ノ専用文は古典語では準体型専用、といった対応関係が認められる」「「準体型」は感覚・感情・判断等の「対象」としてのみ用いられている」［青木 2005: 47-60］との知見を参考とした。

以下では五八年論稿において時枝が取り上げた源氏用例の主なものを文型によって整理して掲げる。第一章第一節で述べた様に、意味の特殊相と文型との関連を観るために、「対象語―述語」の文型各種を小見出しにして示す（なお、括弧内引用番号は時枝が原典の順に沿ってつけたものでそのまま踏襲する、用例文に付した傍線は時枝によるもの、二重傍線および助詞の文字強調太文字は筆者によるものである。原典の巻・条の参照は省く）。

以下の用例文においては、連体形とこれを承ける係助詞または格助詞（太字で強調表記する）から成る体言格が対象語格と解釈される（時枝が傍線を付けた）。文末述語あるいは節末述語（二重傍線を付す）は、形容詞か動詞である。以下の用例では、時枝解釈に基づいて対象語と述語との関係を示す。

a¹「動詞連体形＋係助詞は／も／こそ―情意の形容詞述語」

（三）宿世異にて、外様にもなり給はむ**は**、流石に口惜しかるべく、領じたる心地しけり

（四）明暮御傍に慣らはい給ひて、俄に別れ給はむ**は**、辛き心ならねど、実に怨めしかるべき御有様になむ

ありける

（六）只今の空の気色を、思し知らぬ顔ならむ**も**、余り心づきなくこそあるべけれ

（七）らうたげなる様に泣き萎れておはする**も**、いと心苦し

（八）余り情立たむ**も**うるさし

（一一）心より外に空の光見侍らむ**も**慎ましうて

（一二）…漫《すずろ》に頼み顔なることなどもありつる日頃を思ひ続くる**も**、流石に苦しうて、慎ましけれど…

（一六）いとど人目の絶え果つる**も**、然《さ》るべき事と思ひながら、いと悲しくなむ

（二〇）所に付けては、斯かる草木の気色に従ひて、行き交う月日の標も見ゆる**こそ**をかしけれ

ここでの用例a1すべてに、情意の形容詞が認められる。「口惜し」（三）、「怨めし」（四）、「心づきなし」（六）、「心苦し」（七）、「うるさし」（八）、「慎まし」（一一・一二）、「苦し」（一二）、「悲し」（一六）、「をかし」（二〇）。また本用例すべてにおいて、情意の対象は、動詞連体形で表されるヒトの行為・様子（コト）であるから、「連体形で表される対象語（コト）―情意の形容詞」に該当する。かつ、動詞連体形が条件法として解釈できることから、起因（条件節）―感情惹起（主節）の複文と視てよい。「こそ―けれ」[*13]の係り結びは、感情表出が同時に強調判断であることも示しており、「をかし」が感情のみならず評価性の意味を備えていると視ることができる。

（二一）大臣《おとど》の事々しく煩はしくて、何事の紛れをも見咎められむ**が**むずかしき

この用例は「動詞連体形＋格助詞が……情意の形容詞語」の文型を成す。形容詞「むずかしき」は情意であるが

現代語の意味「理解しにくい」「困難」は近世以降に生まれたと考証されている。*14

上記用例のそれぞれにおいて、形容詞述語を承ける助動詞に着目すると、「べく」（三）「べき」（四）「べけれ」（六）「なむ」（一六）」を確認でき、他例は接続助詞「て」あるいは零記号の辞とみてよいだろう。また、本用例中の述語形容詞について、時枝スペクトル図に従って分類してみると、β群「うるさし・慎まし・をかし」とγ群「口惜し・怨めし・心苦し・悲し」に分けられるだろう。γ群の形容詞は感情性の強い語であるが、β群の形容詞は評価的な価値基準の意味を含んでいることから、a1の文型には感情表出度がやや異なる二つのタイプが含まれていると視ることができる。

ここで参考のために、「対象語―形容詞述語」の文型の古文とその現代語訳とを対照させてみる。現代語訳において条件法として解釈される事例（一二）を一つ示しておく。

時枝用例一二（椎本三十九姫君と贈答）と同文。なお、玉上琢彌の『源氏物語評釈』では、下記引用のように、漢字が一部平仮名表記になっている。

…すゞろに頼み顔なることなどもありつる日ごろを思ひつゞくる**も**、さすがに苦しうて、つゝましけれど

…何となく頼みにしていたこともあったこの頃を振り返ってみると、何といってもつらくて、恥ずかしいのだが、…

評釈：玉上琢彌

なお、時枝の見解では、「をかし」は、「或る特殊な心の動きを反省する意識の中に生まれる」［時枝 1936a: 205］であるから、β群の形容詞と位置づけられている。「口惜し」「怨めし」「心苦し」のように感情が前面に出る表現とは異なり緩衝された情意の表現である。根来は枕草子の事例検討から、「情意性形容詞を終止法

で用いているばあい話手清少納言が『おもしろく思われる』というふうに感情を低回的に表現している」と規定し「覚ゆ」を内に含んだ「(対象)ガ……思われる」と解釈できるとしている［根来1969: 34］。

a2「動詞連体形＋係助詞は／も／なむ—情意の形容詞補語＋動詞述語」

(一二二)その事と心得て、薫「我が涙をば玉に貫かなむ」と打誦し給へる、伊勢の御も斯うこそはありけめと、をかしうも聞ゆるも、内の人は、聞き知り顔に、さし答へ給はむも慎ましうて

時枝の解釈によると、本例では三つの連体形—述語の呼応関係が認められる。(1)「打誦し給へる」—「をかしう聞ゆる」、(2)「をかしう聞ゆるも」—「さし答へ給はむも慎ましう」、(3)「さし答へ給はむも」—「慎ましう」。(1)と(2)と(3)とは部分的に重なっている。(2)と(3)の文型はa1と同じで情意の表現。

(一二三)宮の御文など侍るめるは、更に実《まめまめ》くしき御事ならじと侍るめると、聞ゆれば

現代語訳では、「『宮のお手紙などございますようですが(ようでありますならば)、それは、まじめな御事ではあるまいと、お考えのようで』と申し上げると(玉上訳: 319)」。仮定条件と推論という判断の表現であり、「まめまめしく…」は、まじめなことではないとの評価的価値基準による否定判断を表している。

(一二五)実に然《げさ》のみ、様の物と過し給はむも、明け暮るる月日に添へても、御事をのみこそ、あたらしう心苦しう悲しきものに思ひ聞ゆるを

ここでの源氏用例では、「打誦し給へる」—「をかしう聞ゆる」(一二二)、「過し給はむ＋も」—「思ひ聞ゆる」(一二五)において思考の動詞述語＋が採られており、また、「侍るめる＋は」—「実くしき御事ならじ」(一二三)の「なる」に否定辞が付く述部を採っている。加えて、述語動詞は情意の形容詞あるいは名詞の補語(一二三)を

採っている。「過ちなくは」(五)、「をかしうも」(一一二)、「実くしき御事」(一一三)。用例(一一五)においては、「思ひ聞ゆる」は情意の形容詞「心苦しう悲しき」に飾られる「もの」を補語としている。あくまで本用例の範囲においてではあるが、動詞述語は思考の語であっても感覚的な意味を含む動詞(聞ゆ・覚ゆ・思し続けらる)で主観的な感情に関与している(源氏物語において、ヲ格をとる「思ふ」の動詞述語の用例はまれとの報告がある)。*15 一方、本用例において、感情の対象は、動詞連体形で表されるヒトの行為・様子(コト)であるから、「連体形で表される対象語(コト)―情意の形容詞補語+動詞述語」の文型として一括できる。かつ、動詞連体形が条件法として解釈できることから、起因(条件節)―感情的思考(主節)の複文と視ることができる。以上を約めると、用例a²では、連体形が表す条件的事態に志向する感性的判断が表されていると言えよう。

時枝は、別枠に以下の例文を設けているが、ここで検討している連体形が表す条件的事態に志向する感性的判断の表現として視ることができるものである。

(一三)いと恥かしげめなる御心どもには、聞き置き給へらむかしと推量らるゝが、妬くもいとほしくも覚ゆるにぞ

時枝の解釈は、「推量らるゝ」は、「妬くもいとほしくも覚ゆる」の因であり、条件というものであるとしている。動詞述語「覚ゆ」に感情「いとほし」の連用形が係る。その意は、「推し量られるのが(推し量られると)、きまり悪くも、お気の毒にも思われるので、」(玉上訳:253 括弧内は引用者の解釈)

(一四)斯かる様の人影などさへ絶え果てむ程、とまりて思ひ給はむ心地どもを、酌み聞え給ふも、いと胸痛う思し続けらる

時枝の解釈は、「酌み聞え給ふ」は、「胸痛う思し続けらる」の因であり、条件。「薫自身の想像を対象として、それに

対する志向作用と解すれば、前諸例と別ものではない」。

体言格としても条件法としても解釈できる時枝引用例（一）にある箇所

…、程の経るも、なか〳〵悪き事になむし侍りし

お返事が遅れれば、却て面白くない事と世間ではして居ります

なお、同じく引用例（一二）については条件法としても解釈できるとの下記指摘がある、「日頃を思ひ続ければ（続けると、続けるにつけて等）、さすがに苦しくて」（『古典文法』増補版・単元七）

これらの箇所は、ある条件の下で結果として感情を覚えたという主観的情意の表現と視ることができる。思考の語である動詞述語であっても「妬くもいとほしくも覚ゆ」（一三）「いと胸痛う思し続けられる」（一四）というように、情意の形容詞の連用形（シク活用）が動詞に係ることから、主観的な感情に関与していることは明らかである。[*16]

なお、根来に拠れば、「をかし」連用形＋動詞（覚ゆ）述語」は、「主体が対象を放して自分から離れるように感情を表現していく［根来1973: 155］」と規定している。この規定の再検討は、本節で検討したa群と、次節で吟味するb群との区別を明確にするために、さらに感情表現の諸相を概念規定していくうえでも必要となるが、今後の課題としたい。

第二節　条件法として解釈される連体形と判断の表現

時枝は云う。

体言格としてと同時に、それが条件格として解釈されるといふことは、その体言格が、対象語格であることから、当然許されることであることが分る。以上のやうな条件格の成立から、更に進んで、対象とそれに対する志向的情意或は判断の関係を越えて、ただ、事柄の因果関係、先後関係の表現に用いられるやうになつたのが次の諸例であると見ることができないであろうか。……しかし、これも「雨降れば、地固まる」のような、客観的事実の因果関係、先後関係と異なり、後者の判断（聞え承る甲斐あるべけれ）は、前者の事実（御心向けに従ひ聞ゆる様ならむ）に志向する判断として、前諸例と根本的には異なるものでないともいへそうである」（五八論稿）。

以下には時枝が取り上げた用例を記載するが、その前に時枝の言説を吟味しておく。右の引用中に、①対象とそれに対する志向的情意或は判断の関係、および②事柄の因果関係、先後関係という文意の分析がある。前者①では、対象―志向的情意と対象―判断とは区別されておらず、統語的な構造がどのように異なるのかは追求されていない。

後者②は、対象と判断との関係、やや詳しくは表現主体が意識した対象的事態と、それに下した価値判断との関係を表すと整理することができる。ここで着目すべきは、後者②の文型では、対象語を承けるのが、形容詞述語ではなく動詞述語である事例がいくつか取り上げられているところである。動詞述語は助動詞（「あるべけれ」

「あらざり」「侍らむ」「思《おぼ》す」「覚ゆる」「侍らず」「思し続けらる」「し侍り」など）このことから、であるにもかかわらず、「客観的事な事実の叙述ばかりでなく、……話手の情意が含まつてゐる」あるいは「客観的な事態を表現する語が、主観的な情意の表現に用ゐられる」と時枝は見立てている、そのように捉えることができるだろう。後の『原論』において、「主語格と対象語格」の項において［1941: 374-375］、「対象語並に対象語格の設定は、必しも右の如き形容詞的述語に限らず、動詞述語についてもいひ得ることである」との知見を提示しているが、これが妥当するかどうか、以下、用例について検証する。

b「動詞連体形＋係助詞は／も／なむ―動詞述語」

「客観的な事態を表現する語が、主観的な情意の表現に用ゐられる」

（二四）総角《あげまき》を戯《たはぶ》れにとりなししも、心もて、「尋《ひろ》ばかり」の隔てにても、対面《め》しつるとや、この君も思《おぼ》すらむと、いみじう恥かしければ

この例文解釈は筆者の力及ばぬところであるので、時枝の見立てをそのまま、以下に引く。

「戯にとりなしし」も　は、「心もて、『尋ばかり』の隔てにても、対面しつるとや、……思す」といふ判断の条件。「尋ばかり」を、催馬楽の「尋ばかりや、さかりて寝たれども、まろひ合ひにけり、か寄り合ひにけり」を踏んだとすれば、全文の意味は、「私（大君）が、薫の総角の歌を戯言にとりなした（薫の意向を拒絶した）にも拘はらず、中の君は、私が進んで薫とともに寝をしたと思つてゐなさるだらうかと思はれて恥かしいので」となる。「総角を戯言にとりなしたこと」は、中の君の**判断に対する対象語的事実**であり、また、その**逆態的条件**であると見られる（五八論稿、強調は引用者によるもの）。

動詞述語「思すらむと」が、下接する情意形容詞「恥ずかし」に係っているのは、この動詞述語が表す事態が起因となって感情を惹起させたためである。このような文脈形成も、客観的な語が主観的な情意の表現に用いられる例として、時枝において解釈されていると思われる。逆態的条件と結果とを表す例文である。

（一〇）人伝に聞え侍る**は**、言の葉も続き侍らず

「人伝に聞え侍るは」が条件。「言の葉も続き侍らず」は結果を表している。ひとづてにお聞きになられれば、「言葉がすらすらと出て来ない」という、条件と結果の文である。言葉が続かないという外面的事実が、「客観的事な事実の叙述ばかりでなく、……話手の情意が含まつてゐる」。あるいは「客観的な事態を表現する語が、主観的な情意の表現に用ゐられる」。以上、時枝の解釈である。

（一九）一所の御蔭に隠れて、三十余年を過《すぐ》し侍りにければ、今はまして、野山に交り侍らむ**も**、如何なる木の本をかは頼むべく侍らむ

「野山に交り侍らむ」も　は、「如何なる木の本をかは頼むべく侍らむ」といふ判断の因。「如何なる木の本をか云々」は、前（一〇）例と同様に、情意の表現と見ることができるとしている。

条件と判断を表している文であるが、「野山に侍らむも—頼むべく侍らむ」が時枝解釈のように判断—情意の表現と言えるかどうか、これだけではっきりしない。玉上［1967: 280-281］の訳を以下に引く（傍線は引用者）。「…宮様のお一方の御慈悲におすがりして、三十余年も送ってまいりましたので、今となっては野山にさすらい出るにしましても、どのような木の本を頼りましたらよろしいやら…」。仮定条件と判断不能（逡巡）との間の相反と解釈できるが、逡巡を感情と解釈できるかどうか、判断を保留せざるを得ない。

「事実に志向する判断」の表現

（五）生まれたる家の程、掟のまゝにもてなしたら**むなむ**、聞耳にも、我が心地にも、過ちなくは覚ゆべき

（九）斯様にはもてない給はで、昔の御心向けに従ひ聞え給はむ様なら**むこそ**、聞え承る甲斐あるべけれ

「「御心向けに従ひ聞え給はむ様ならむ」こそ　は「聞え承る甲斐あるべけれ」という判断の条件となる事柄であり、因となる事柄である。しかし、これも「雨降れば、地固まる」のやうな、客観的事実の因果関係、先後関係と異なり、後者の判断は、前者の**事実に志向する判断**として、前諸例と根本的には異なるものでないともいへそうである」と時枝は見立てている（五八論稿、強調は引用者によるもの）。

（一）斯かる折の事、態とがましくもてなし、程の経る**も**、なか〱悪き事になむし侍りし

（二）いと好き給へる親王《みこ》なれば、斯かる人なむと聞き給ふ**が**、猶もあらぬすさびなめり

「斯かる人なむと聞き給ふ」が　は、後続の「猶もあらぬすさびなめり」の条件的事実と見られる。これが時枝の見立てである。

（一五）来し方を思ひ続くる**も**、何の頼もしげなる世にもあらざりけれど

「来し方を思ひ続くる」も、は「何の頼もしげなる世にもあらざりけれ」といふ判断の因、と時枝は見立てている。

これら用例では、対象語側の動詞連体形が伴う助動詞および助詞と、述語動詞が伴う助動詞とから判断の表現と視ることができる。つまり、時枝の言う「主体的なものを表す辞」に着目すればよいわけである。特に、「なむ—べき」（五）、「こそ—けれ」（九）のような係り結び[*16]から、主観性の強い判断文と判定できる。

第三節　主節主格を修飾する古文連体節

連体修飾節は古文において事例を観察できる。万葉集における連体修飾についての事例も既に知られているところである［鍵本 1999］［稲垣 2013］。連体形を名詞で承ける表現態は、古くからあり、情意の表現に使われている事例もある。例えば、時枝用例（一六）「絶え果つる」という動詞が「絶え間」という抽象名詞に転換されている事例を観よう。例えば、

いと久しくなりぬるたえまを恨めしくおぼしにや（源氏若菜下）

この文型、「連体形＋抽象名詞＋格助詞＋情意の形容詞補語＋動詞述語」においては、感情対象が状態の名詞（抽象名詞）で表されている。これは事態を静的な状態（以下、単に静態と言う）としてより客観的に把握しているからである。連体形によって、対象の行為や状態そのもの（以下、動態と言う）を表すのではなく、対象を静態として表している。換言すれば、コトをモノとして、感情対象を直接的にではなく媒介的に表現している（なお、「おぼす」は「おもふ」の尊敬語、ヲ格をとる「おもふ」については第三章第一節および文末注16を参照のこと）。

右の媒介的表現とは異なり、対象をヒトに特定しての表現に関して、『紫式部日記』から、主体を表す体言を修飾する連体形の用例をいくつか採って示す（底本は黒川本、表記は市古ら編 1987『紫式部日記』に従う、用例番号および傍線は本稿筆者が付けた（五一〜五七）。解釈には萩谷 1971を参照し、一部、市古ら編 1987から古賀典子訳を引用する）。和泉式部や清少納言を人物批評するくだりには以下の文例がある。

c「動詞連体形＋「人」＋（係助詞）─動詞述語＋判断の助動詞」

（五一）……われかしこに思ひたる人、にくくもいとほしくもおぼえ侍るわざなり

現代語訳　……自分が一番と思っている人がいるものですが、そんな人は憎らしくも気の毒にも思われることです。　古賀訳

連体節においては、「思ひ（動詞連用形）たる（完了の助動詞連体形）」が体言「人」を修飾している。主節においては、対象志向性の強い二つの情意の形容詞（その連用形「にくくもいとほしくも」の対象語が「人」）であり、これらを動詞「おぼゆ」の補語と観て、「自分が一番と思っている人がいると、（その人が）憎らしく気の毒に思われる」と解釈できることから、条件─結果の推論における感性的判断の表現と視ることができる。

（五二）(1)かく、人にことならむと思ひ好める人は、必ず見劣りし、行くすゑうたてのみ侍るは。

(2)艶になりぬる人は、いとすごうすずろなるをりも、もののあはれにすすむ、をかしきことも見すぐさぬほどに、おのずからさるまじくあだなるさまにもなるにはべるべし。

現代語訳(1)こんな風に、他人とは際立見せようとむきになっている人は、きまって（他人より）見劣りがするし、将来碌なことはありませんよ。　萩谷訳

清少納言への辛辣な批評と推定されている箇所である。連体節においては、「思ひ好め（動詞已然形）・る（助動詞連体形）」が体言「人」を修飾して、これらを係助詞「は」が承けている。主節においては、評価の名詞「見劣り」と「行くすゑうたて」とを、文末の「侍る」と感動の終助詞「は」とによって「強い語気で結んでい

る」〔荻谷1873: 242下〕。「むきになっていれば、その人は……なのだ」という条件―推定の関係に換言可能である。この推論「…する人は…」を、強い情意の主体的表現「侍るは」が包んでいることから、感性的判断の強調表現と考えられる。

現代語訳⑵ また（こんな風に）気取る癖のついてしまった人は、ひどく殺風景なつまらない時にも、やたら気分を出して（ちょっとした）情緒をさえ見逃がすまいとするうちに、自然と、常識はづれの、軽薄なひとがらにもなるにきまってます。　萩谷訳

連体節においては「なり（補助動詞連用形）・ぬる（完了の助動詞連体形）」が体言「人」を修飾して、これらを係助詞「は」が承けている。文頭の「艶に」は「非難すべき気取った態度や情緒を表示するもの」〔荻谷1973: 243上〕。長い主節においては、情意の語を含んだ否定的評価「さるまじくあだなるさま」を表すとともに文末の「侍る」と必然の推量助動詞「べし」とによって締めくくって「強い語気で結んでいる」〔荻谷1873: 242下〕。「癖がついてしまうと、人は……なるにきまっている」という仮定条件―推定の関係に換言できる。この推論を断定の主体的表現「侍るべし」が包んでいることから、感性的判断の強調表現と考えられる。

（五三）かばかりに濁り深き世の人は、なほつらき人はつらかりぬべし。

現代語訳　これほどに深く濁った現世の人間では、やはりつらく当たる（当たれば、その）人はつらい目にあうのが当然です。　古賀訳

連体節にも主節にも情意の形容詞「つらし」があり文末には必然の推量助動詞「べし」があって締めくくっている。原因（感情行動）と結果（反動）との関係における感性的判断と解釈できる。

（五四）我はとくすしく慣らひもち、けしきことごとしくなりぬる人は、立ち居につけて、われ用意せらるるほども、その人には目とどまる。

現代語訳　「我こそは」と、妙に気取る癖がついて、態度が尊大になってしまった女房たちは（こちらもその女房の）一挙一投足におのずと気を配ることとなるので、その女房にはつい目がゆく。　萩谷訳

「くすしくならひもち」とは、奇をてらう習慣がつくことである［萩谷1873: 290上］。「態度が尊大になってしまうと女房たちは気を配る」という原因と結果に解釈できる。連体節には評価形容詞「くすし」「ことごとし」（大げさの意）が用いられており、連体節—主節が全体として理由節として後続節に係り、その節は「目とどまる」で終わっていることから、文総体は感情行動の表現と考えられる。

（五五）……、近うさぶらふ人々、はかなき物語するを聞こしめしつつ……

現代語訳　おそば近くにいる女房たちが、とりとめもないお話をするのをお聞きになりながら　萩谷訳

女房らが、おそば近くにいるときに、とりとめのない話をする、それを中宮がお聞きになりながら　古賀訳

本引例では、状況を示す事柄が連体形で表され主体を表す体言を修飾しているのであるが、「おそば近くにいるときに」という状況—事態の表現としても解釈できる。

（五一）～（五五）の文例は、文型a^{2}に近いとも言えるが、感性的判断の対象はあくまで「ヒト」である。（五一）（五三）では、対象志向性の強い情意形容詞がヒトを対象として採っているが、これは西尾［1982: 90］の指摘通りだろう。

次に、主体以外を表す体言を修飾する連体形について、いくつか用例を採った。

（五六）いと白き庭に、月の光りあひたる、様態かたちも、をかしき様なる。

現代語訳　たいそう白々とした庭に、月光に映えている（ので）女房たちの容姿容貌も、素敵に思われることだ。　古賀訳

場面（月光下の庭）における話者の印象を表現しており、環境―帰結の関係においての感性的判断の表現としても解釈できるが、連体形が表す事柄は、継起的関係に於ける前件ではなく主節の背景的情報を提示していると考えることができる。

（五七）……おなじさまにさうぞくきたる、様態、髪のほど、くもりなく見る

現代語訳　白一色の衣装をきているので、容姿や髪の様子が、かえってくっきりと目立って見える。　古賀訳

ある状況とその反映についての印象とにおける感性的判断の表現として解釈できる。右の二つの用例については、連体節で表された行為や状態が、主節述部の表す行為や状態の背景としてきわめて自然であると解釈できよう。

第三章　条件法として解釈される現代連体節

第二章において論及したように、「連体形＋係／格助詞─形容詞述語」の文型において、「動詞連体形＋係／格助詞」が体言相当で対象語であるとき、条件法としての解釈が可能であること、この事柄が時枝の研究により明らかにされた。本文型では、動詞連体形が感情の対象あるいは機縁を表すと共に、感情形容詞の述語が発話主体の主観的感情を表している。換言すれば、連体形が係助詞「も」により総括され（連体形も）対象語格となって形容詞述語に包摂されるという入子型構造形式である。この詞─辞の入子構造から、感情対象の動的属性（客観）と感情表出（主観）との関係［時枝 1941: 375-377］は直接的であることが分かる。先の用例一二にあるように、平安の王朝人においては、「思ひつゞくる」（振り返る）という思考作用が、即「苦し」という感情表出に繋がっていることが感じられる。

思ひつゞくるもさすがに苦しうて
振り返ってみるのも、何といってもつらくて、

こうした条件法として解釈される古文は、現代語においては、動詞連体形を承ける形式名詞「の」を補って解

釈されるが、これと同じ文型をなす感情表現が汎く見出される。

ここで繰り返していうのもお恥ずかしい訳ですが（漱石）

といった現代文は馴染みのあるところである。こうした現代文では、動詞連体形が形式名詞に媒介されていることによって、「こと」が「もの」として再表現されている。即ち、現代語においては、形式名詞「の」により、連体形で表された感情対象の動的属性が実体化*18されている［三浦 1975: 79-80］。したがって、当然「格助詞が実体視された概念を指す語につく*19」［水谷 1950］。

現代文では、抽象度の高い形式名詞で連体形を承ける形を採っている。「連体形＋形式名詞＋感情形容詞述語」の形態が一般化しているのである。連体形によって、対象の動態を表すのではなく、対象を静態として表している。古文のように動態が感情を起こすという関係ではなく、形式名詞を経ての感情生起として表現していると言えよう。ただし、前章第三節において、「いと久しくなりぬるたえまを恨めしくおぼしにや」（源氏若菜下）を事例と示した古文の文型、「連体形＋抽象名詞＋格助詞＋情意の形容詞補語＋動詞述語」においては、感情対象が抽象名詞で表されている。この例では、事態を静態としてより客観的に把握し、連体形によって、対象の動態を表すのではなく、対象を静態として表している。

入子型では、動詞連体形が零記号の辞（■）に総括され（連体形■）、この詞―辞を形式名詞が包摂し、これらを係／格助詞が総括するという二重の入子になっている（連体形■のも）。したがって、対象語と形容詞述語との関係は媒介的である。古文における感情対象の直接的な表現が、現代文では媒介的な表現として再表現されている。古典時代においては感情対象が動的属性として直接的に表されていたものが現代文では、動的属性を実体的に捉え返すという反省過程が介在していると言えるだろう。

連体形を係／格助詞が直接承ける形は、現代文においても、古文のごとく「繰り返していうもお恥ずかしい」といった表現も許容されており、やや感情表出の趣が強い。感情表現以外でも現代文において残っており、故事成句の「言う（の）は易く行う（の）は難し」も、その類である。文語調の口語体、特に明治期の演説口調に残っていることも指摘されているところである。林四郎の指摘に拠れば、その事例としては「新内閣の意向は、……緊縮を図るといふに在る」や「——せざるを得ない」「感なきを得ない」などがあるが、「しかし、準体言も徐々に衰えて、やがて「の」や「こと」「もの」がこれに代わり、完全な口語文になる」「これら準体言と形式名詞とは、口語の中で比較的遅れてきて発達したものであり、それだけ、極めて現代語らしい言い方だと言うことができるだろう」［林 1977: 358-362］。

こうした連体形用法の古文から形式名詞介在の現代文への歴史的推移については踏み込まないが、連体形用法が衰退したとの説については、［信太 1970, 1977, 1981］および［柳田 1993］の諸論稿を参看した。

第一節 「連体形＋形式名詞＋係助詞」の文型

時枝条件法解釈の視点から、現代文における、「連体形＋形式名詞＋係／格助詞」の文型を観るとき、条件表現として解釈される対象語—形容詞述語／動詞述語の用例を見出すことができる。以下では、条件表現として解釈される現代文用例を検討する。用例は青空文庫のテキストから正規表現による検索により抽出した。傍線は引用者が付した。

㈠「連体形＋の＋も」――感情形容詞述語

現代文においては、時枝の古典解釈において補われた形式名詞「の」が顕在化して「連体形＋の＋も＋感情形容詞述語」という定型を観ることができる。その事例をいくつか挙げよう。傍線は引用者によるもの。

（1）ここで繰り返していうのもお恥ずかしい訳ですが、私はその時、君などの講義をありがたがって聴く生徒がどこの国にいるものかと申したのです。　夏目漱石「私の個人主義」

「いうのもお恥ずかしい訳ですが」の箇所は、連体形「いう」＋形式名詞「の」による体言句が感情形容詞「恥ずかしい」の対象語格として解釈される。そこで、「いうと」「いえば」という条件の連用節に換言できる。

（2）「産をするのも苦しいだろうが、それを見ているのも辛いものだぜ」　夏目漱石「道草」

連体形「する／見ている」＋形式名詞「の」という体言句二つの並列である。感情形容詞「苦しい／辛い」の対象語格に解釈し「するときには…だろう／見ていれば」という条件の連用節に換言できる。

（3）女は入つて来ましたが、私は初対面の挨拶をするのもきまりが悪くて、『御遠慮をなさらないで、此方へ来てお掛けなさい。』などと云つて女を椅子に座らせてしまひました。　与謝野晶子「女が来て」

「挨拶をするのも」の箇所は、連体形「する」＋形式名詞「の」による体言句を、感情形容詞「きまりがわるい」の対象語格に解釈し「挨拶をすると」の条件の連用節に換言できる。

（4）思いだすのも恐ろしいから。　倉田百三「俊寛」

連体形「思い出す」＋形式名詞「の」による体言句が感情形容詞「恐ろしい」の対象語格に解釈し「思い出すと」の条件の連用節に換言できる。

（5）……急に隠れたりなんぞするのも見ぐるしいから、このままこうして居りましょうと、相手の女房が云うので、その傍に女もじっと伏せていた。　堀辰雄「姨捨」

連体形「する」＋形式名詞「の」による体言句を、感情形容詞「見ぐるしい」の対象語格に解釈して「すれば」という条件の連用節に換言できる。

（6）……そのひとに迷惑をかけるのも心苦しいから、そのような誤解の起らぬよう、私の戸籍名を提供するのである。　太宰治「家庭の幸福」

連体形「かける」＋形式名詞「の」による体言句を、感情形容詞「心苦しい」の対象語格に解釈し「迷惑をかけると」の条件の連用節に換言できる。

（7）けれども君を、このままむなしく帰らせるのも心苦しくて、……　太宰治「小さいアルバム」

「帰らせるのも」の箇所は、使役連体形「帰らせる」＋形式名詞「の」による体言句を、感情形容詞「心苦しい」の対象語格に解釈可能である。「帰らせると」の条件の連用節に換言可能である。

（8）……あなたに、あまり宿賃のお世話になるのも心苦しい事でしたので、私だけ先に、失礼して帰京いたしましたが、……
太宰治「風の便り」

連体形「なる」＋形式名詞「の」による体言句が、感情形容詞「心苦しい」の対象語格に解釈できる。「お世話になれば」という条件の連用節に換言し得る。

(9) そのまま、すぐうちへ歸るのも工合ひがわるいし、彼はその足で、古本屋へむかつた。みちみち男は考へる。
太宰治「猿面冠者」

連体形「帰る」＋形式名詞「の」による体言句を、感情形容詞「具合が悪い」の対象語格に解釈し「帰ると」の条件の連用節に換言し得る。「具合が悪い」は、本文では、気まずい思いがするという感情表現と考えられる。

(10) 「――このまんま帰っちゃうのも惜しいようだな」
宮本百合子「帆」

連体形「帰っちゃう」＋形式名詞「の」による体言句が感情形容詞「惜しい」の対象語格に解釈して「帰っちゃえば」という条件の連用節に換言し得る。

(11) ……今更、未練がましい言葉をつらねるのも気恥かしいが、……。
小酒井不木「ある自殺者の手記」

連体形「つらねる」＋形式名詞「の」による体言句が感情形容詞「気恥かしい」の対象語格に解釈して「つらねれば」という条件の連用節に換言し得る。

(12) 今更、先生につくのも可笑しうござんすからね。
岸田国士「取引にあらず」

連体形「つく」＋形式名詞「の」による体言句が感情形容詞「可笑しい」の対象語格に解釈できる。「つけば」という条件の連用節に換言し得る。

㈡「連体形＋の＋も」―動詞述語

(13) どうすれば人間はもっと幸福に社会はもっと明るくなり得るだろうかを考えさせられることを選ぶのも、やむを得ないのである。　三好十郎「恐怖の季節」

連体形「選ぶ」＋形式名詞「の」による体言句が「やむを得ない」という判断の対象として解釈することが可能である。「選ぶとしても」という譲歩（逆態条件）の連用節に換言可能である。

㈢「連体形＋の＋も」―名詞述語

(14) 泣かれるのも少しなら厭とは云わない。　夏目漱石「趣味の遺伝」

「泣かれるのも」の箇所は、「泣かれても」の連用節に言い換えると、「逆態条件節＋仮定条件句＋主節」の文構成と視ることができる。

(15) 私は、実は、非常にうれしい――うれしいと言うのも、変なものですが　三好十郎「おりき」

連体形「言う」＋形式名詞「の」による体言句を、感情名詞「変なものです」という判断の対象語格として解釈し得る。「言うとすれば／言えば」という条件の連用節に換言し得る。

以上の用例1〜15においては、「連体形＋形式名詞」は、条件表現として解釈され、感情述語に対する関係は、条件、逆態条件であると観察できる。それぞれの用例について、条件の連用節への換言ができるならば、連体形が主節述部に意味的に関わると視ることが許される。

第二節　主節主格を修飾する連体節

第二章第三節において例述したように、古文の表現では連体形が二重の用法を備えていたのであり、古文において、「連体形＋係／格助詞」と並行して、連体形が名詞を修飾する表現態が条件法として解釈される事例があった。こうした多重用法が現代文において連体修飾の用法が多様であることの歴史的背景としてあるであろう。そうとするならば、「連体形＋「の」＋係／格助詞」の形態から「連体形＋名詞＋係／格助詞」の形態への類推により、後者の表現態が条件表現として用いられる可能性を想定できるだろう。現代文においては、連体修飾が多用され、主節主部に係る連体節が、主節述部には統語的には係わらないが意味的には関わる場合がある。以下、例文を挙げる。なお、連体節を承ける名詞＋係助詞を主格相当として扱う。

(16) 入場券をお持ちでない方はこちらにお並びください。

右文の連体節を、「入場券をお持ちでなければ、こちらにお並びください」という連用節に言い換え可能である。この場合、連体表現と連用表現とは意味的には等価であり、連用節と主節との意味的不整合は認められない。もちろん、視点の差異は認められる。例文の連体表現では、「方」という実体を指示を出す相手と視ているから、話し手の立場が優先されている。他方、連用への換言態では、聞き手に選択肢（条件）を示しているので聞き手の立場が尊重されている。

松本清張『点と線』から連体修飾の事例をいくつか採りあげる。

(17) そうそう石田部長のため一役買い、安田辰郎の片棒をかついだ佐々木喜太郎という事務官は、課長になりましたよ。

「……の片棒をかついだことで、……」という原因の連用節に言い換えることができる。よって、事実関係における因と結果の表現と見なし得る。

(18) まさか佐山を殺すためとは知らない石田部長は、彼を自殺に追いこむ工作とばかりに思いこみ、

「……知らないから、……」という理由の連用節に言い換えることができる。よって、思考作用における理由と結論の表現と見なすことができる。

(19) その後「佐山が青酸カリで女と自殺した」と知ったときの石田部長は、さすがに顔色が蒼くなったでしょう。

「……知ったときには、……」という時間的継起の連用節に言い換えることができる。

花村萬月『父の文章教室』から一つ採りあげる。

(20) あなたは自分の父親が好きですか。好き、と答えることのできたあなたは、この文章を読む必要がないかもしれません。

「……答えることができたなら、……」という条件の連用節に言い換えることができる。よって、選択条件と帰結の表現と見なしてよい。

17～20の用例について、まとめると、㈠連体節を連用節に言い換えることで、連体節と主節との意味連関を顕わにでき、㈡連体節が、主節との関係において、原因・理由・時間的継起・条件の意味を表している、以上のことが観察できたのである。

本節の例文で観たように、現代語の表現において連体節は盛んであるが、意識的に、連用節的な連体節を用いているとは言えないだろう。この用法を無自覚に運用していることが、連体節を一律に関係節か同格節に英訳をする傾向を助長する一因であろうと推定される。

第三節　連体節の文体的特質

主体を囲む環境や主体が抱える事情を連体節で表現すれば、場面における主体行為の自然な展開を表すことができる。主節主格を修飾する連体節は、ことの自然な成り行きを表現するための優れた表現態であると評価できる。ここで漱石作品から一文を引く。

(21) ○　天から降ったように、静かに立っていた糸子はゆるやかに頭を下げた。

△　天から降ったように、静かに立ちながら、糸子はゆるやかに頭を下げた。

夏目漱石「虞美人草」原文は○印の方

文芸作家は、背景（連体節）と主動作（主節）とで絵になるように、描くだろう。論理が先に立たず自然な流れを読者は感じるだろう。かたや、連用節では興醒めである。論理が顕在化して作為的と読者は思うだろう。まさに「智に働けば角が立つ」。同時に、環境や事情に主体が溶け込んでいるので主客不分明になり易い。連体節と主節との、論理的関係や前後関係が不明瞭になる傾向がある。主節が長くなり、さらに連用節が後続するようになると文脈の読み取りが難しくなる。ただし、長くあっても主節が簡潔ならば、読み解きがし易い。例えば、同じく漱石の作品一文を示す。

(22) 静かなものに封じ込められた美禰子はまったく動かない。　漱石「三四郎」

連体節が簡潔な主節述部によって締め括られて、文が速やかに収斂している。

同様の観点から、芥川の文章（『影』）を採りあげる。

(23) (1)…電燈を消した二階の寝室には、かすかな香水のにおいのする薄暗がりが拡がっている。(2)ただ窓掛けを引かない窓だけが、ぼんやり明るんで見えるのは、月が出ているからに違いない。(3)現にその光を浴びた房子は、独り窓の側に佇みながら、眼の下の松林を眺めている。　引例内部の連番は引用者によるもの

三つの文は、みな連体節と主節とを備えており、文を繋ぐ接続詞はないが、その代わり文頭に前文を引き継ぐ副詞（「ただ」「現に」）が置かれている。最初の二つは主体を取り巻く環境的状況（薄暗がりの寝室と窓から入る月明かり）を描き、それら状況を、三つ目の文の連体節にて収斂する形で（「その光を浴びた」）、主体（房子）の背景としつつ、主体の行為を描いている。三文の流れが自然であり映像喚起力もあると言えそうである。

こうした連体節の文体的特質について、次の見解が参考になる。「もっと長い修飾語句が、短い名詞に吸収されては先へ進む表現法に長所がないわけではない。文章に一種のしまりを与える効果があると言えそうに思う」[渡辺実 1963]。

ここで観た連体節と類似する文体効果のある英文について、若干検討しておこう。結論を急ぐが、英文では、事態の成り行きとして表すには分詞構文が適切である、というのは、従属接続詞を用いると論理関係が先立つからで、分詞構文には連体節との文体的類縁性があると見立てた方がよさそうである。詳細な検討は今後の課題とせざるを得ないが、一例だけ紹介しておこう。

アーネスト・ヘミングウェイは、主人公が鱒釣りの後に丸太に腰掛けて一息ついているところを描いている[Hemingway 1925: The End of Something]。この箇所の英文は累積文 cumulative sentence と呼ばれている[Kane1983: 240]この累積文では、主節に続いて、次々と分詞構文の叙述が続き、主節より重要になる。さらに技巧が凝らされ、文頭の sat on the logs から、セミコロン区切り近くの smooth to sit on に回帰する構造が採られている。

(24) He sat on the logs, smoking, drying in the sun, the sun warm on his back, the river shallow ahead entering the woods, curving into the woods, shallows, light glittering, big water-smooth rocks, cedars along the bank and white birches, the logs warm in the sun, smooth to sit on, without bark, gray to the touch; slowly the feeling of disappointment left him. It went away slowly, the feeling of disappointment that came sharply after the thrill that made his shoulders ache. It was all right now.

ニックは丸太に腰掛けたばこを吸った。日で服を乾すとその温もりが背中に感じられる。浅瀬の先は森へ入り曲がりながら奥へと流れていき、浅瀬には光が煌めき、流れの中には大きな滑らかな岩があり、土手に沿って杉が、白樺も見える。丸太は日にあたって暖かく、皮をはいであるのでごつごつでなく座るのに好く、体に触れるところは灰色だった。ゆっくりと失望感が抜けていくのが分かった。その落胆はだんだん消えていった。失望感は、肩に痛みを感じたほど興奮したので、急にやってきたのだった。今はもう大丈夫だ。

試訳

右の試訳は原文の構文に沿ったものであるが、連体節を適度に用いて改訳してみよう。

丸太に腰掛けたニックはたばこを吸った、日で服を乾すとその温もりが背中に感じられる。森へと入り曲がりながら奥へ流れていく浅瀬の先。その浅瀬には光が煌めき、流れの中には大きな滑らかな岩があり、土手に沿って杉が、白樺も見える、日にあたって暖かい丸太は皮をはいであるのでごつごつでなく座るのに好く、体に触れるところは灰色だった。ゆっくりと失望の感じが抜けていくのが分かった。その落胆はだんだんと消えていった。失望感は、肩に痛みを感じたほど興奮したので、急にやってきたのだった。今はもう大丈夫だ。

翻訳調と感じられる連用中止の連続が、連体節が入ることで改善されているのではないだろうか。ヘミングウェイによる流れるような光景描写に、より近づいていると言えないだろうか。

原文では、近景から遠景へ、そして上手から下手へ、そしてまた遠景から近景へと、風景を背景に、ニックの心の安らぎを写し出すように文が展開されている。このような絵画的な描写はイメージの流れの表現であるから、従属接続詞や接続副詞により文を繋ぐ手法では実現でき得ない。since（のゆえに）や although（にもかかわらず）

やconsequently（したがって）などという言葉は、事柄を論理的に分節するからである。

芸術家は、全体を部分に分解せず全体を全体として描く。例えば、対象を描写するときに、カメラが近景から遠景へ、遠景から近景へと写すように情景を描く。したがって、多くの作家は、まず情景の概観から書き出し細部への描写に移る。細部の描写は、従属接続詞を極端に避け、流れるが如くに文を展開することになろう。こうした文章展開は、直列文（Serial Sentences）といわれ、andの繋ぎを特色とする連結文freight-train sentencesや分詞構文などで繋ぐ長文cumulative sentencesなどによる文体が知られている［Kane1983: 229-242］。ヘミングウェイはこの種の文体の匠である。

一方、従属接続詞や接続副詞による叙述では、論理が先立ってしまうため流れを分断する。部分を単なる部分に堕落させ部分の機械的結合と感じさせるからだろう。こうした文章から映像は喚起されない。

事実に語らせるという叙述法は、単に事実をありのままに記述するということではない。観念的に再構成された全体が既にあり、これを前提にして、創造行為として対象を表現（express）するのであるから、事実の羅列ではない。芸術家が出来事・状況・人物を活き活きと描くことができるのは、作品を完成する前に、芸術的全体として観念の中に対象を再構築（re-present）、即ち描述しているからである。対象を観念の中に取り込み、映像の形で保有しているからである。こうした作家の翻訳には、連体節を生かした翻訳が有効となるだろう。

第四節　英語従属節を連体節へ翻訳する手法

英語の関係代名詞節においては、関係代名詞が主格あるいは対格を示すことは明確ではあるが、主節との論理的関係を明示していない。一方、従属接続節においては、主節との論理関係を接続詞が示している。If仮定条件節・when時あるいは確定条件節・although譲歩節（相反）などにおいては、接続詞が論理範疇を表している。

英語従属接続節は、主節の述部を副詞的に修飾すると視て、主節と連用節との複文に和訳することができる。「ので・から」の理由表現、「れば・たら」の仮定条件、「けれども」の譲歩表現などは、文体上、主節と連用節との関係が明示的に表現され論理性が顕在化している。そのため、文体的には、いわば固い印象がもたれ易いと思われる。そこで、連用節に訳すのではなく、主節の主格を修飾する連体節として訳出すると、主格が人間主体を表しているときには、特に、文の流れがなめらかに感じられ自然な表現として読み手に受け入れられ易いと思われる。連用節と主節との論理的な関係性が接続詞などで表される訳文では、連用節の行為や状態と主節のそれとは分離されたうえで結合されている。そうではなく、主節主名詞によって連体節が包摂されることにより、連体節の行為や状態と主節のそれとは統一されると言える。そのため、連体節から主節へと事柄が自然に展開されるのである。実際、翻訳家の中村保男は次のように指摘する。

「「～している時に」を意味するasは、少し表現を変えて「～している時の」と形容詞的に訳したほうが文全体の流れがなめらかになる場合もある」［中村ら1984: 262］。

「接続詞を関係代名詞に転換して訳すわけだが、この手は何もasに限った話ではなく、whenやafter, whileなどについてもあてはまる。とりわけ、副詞節が長いために直訳したのでは文全体の流れが悪いときに使うと効果的だが、ほかにも、上の例のように、接続詞を挟んだ二つの主語のうち、一つが所有格を含む場合にはしっくりすることが多い」（ibid.）。

以下には、従属接続節と主節との主語が同一あるいは部分と全体との関係である英文とその和訳文とを、採りあげる。英米の文学やジャーナリズム、そして日本の翻訳論などの諸作品から用例を引く（従属接続節の強調は引用者によるもの）。

㈠ whenなどの時間節を、主格を修飾する連体節に和訳

（31）I found him there **when** I was sent to fetch him for dinner, smiling slightly, just his head showing, his face turned up to the spring rain.

Canin, E. 1991. Blue River

晩御飯に呼びにいかされた僕は、そんな姿の兄を見つけた――かすかに笑みを浮かべた、頭だけ出して、顔を春の雨に向けて上げている兄を。

『英米小説演習』研究社 1998 訳：柴田元幸

（32）**When** her face relaxed, she was lovely in a sort of different way.

顔から緊張のほぐれた女は、さっきとはまた別の意味で愛らしかった。

『英和翻訳辞典』中村保男編

（33）All seducers and reformers are responsible: Lady Bessborough **when** she lied to Lord Granville; Miss Davies **when** she told the truth to Mr. Greg.

Woolf, V. 1929

責任は、あらゆる誘惑者、あらゆる改革家にあるのだ。心にもないことをグランヴィル卿に言ったベズブラー夫人のごときも、グレッグ氏に真実を吐露したデイヴィス女史のごときも、そうである。

訳：西川正身・安藤一郎 1952

あらゆる誘惑者とあらゆる改革家に責任があるのです。グランヴィル卿に嘘をついたベズブラー伯夫人に、グレッグ氏に真実を告げたミス・デイヴィスに、責任があるのです。

訳：川本静子 1988

あらゆる誘惑者とあらゆる改革家に責任があるのです。グランヴィル卿に嘘をついたベズバラ伯爵夫人にも、グレッグ氏に真実を述べたミス・デイヴィスにも責任があるのです。　訳：片山亜紀2015

ヴァージニア・ウルフの評論 *A Room of One's Own* *[20] には右三つの訳書があるが、すべてwhen従属節を主体を修飾する連体節に和訳している。刊行順に引用した。なお、文末注に文脈を引用しておく。

(34) Then I realized he was the young guy who found me in the hall **after** I'd been bashed in the head.

そこでやっと気がついた。こいつは、頭をぶん殴られた私を廊下で見つけてくれたあの若者だ。

『英和翻訳辞典』

関係代名詞節において、主動詞findの目的語meを修飾するようにafter節を連体節として翻訳している。

(35) Kate poured a glass of juice, and **while** she drank it, Ray ran his arms round her waist and nuzzled into the back of her neck.

ケイトはコップにジュースをついだ。コップを傾けているケイトの腰にレイは両手をまわしうなじに鼻をすりつけた。

『英和翻訳辞典』

while節の主語（she）が指す主体（Kate）の身体部分（her waist, the back of her neck）が、主節動詞（run, nuzzle）に係る前置詞句の目的語であり、whileの節を、身体部分に係る連体節として訳している。

㈠ as時間節を連体節に和訳

同じ主体の二つの行為が連続あるいは平行しているとき、英語原文通りに訳すと、二股に裂かれてしまう。これをアシモフ『ミクロの決死圏』の翻訳者である高橋は「双頭の蛇」と云う［高橋泰邦 1982: 145］。二つの行為は一つの主体において継続あるいは統一されているのだから、連用節─主節に訳出するのではなく連体節─主節に訳出すべき、という指摘である［別宮 1983: 99］。

（36）"The Emperor is dead!" His face was working with agony **as** he spoke so.
そう言う彼の顔が苦悶にひきつっていた。 訳：高橋泰邦
as節がhis faceを飾るが如くに訳出する技法である。

（37）LeAnn Gwynne's eyes widened **as** she looked at me. I saw fear in her.
私を凝視するリーアン・グウィンの目が大きく見開かれた。不安の色がにじんでいる。『英和翻訳辞典』
as節をeyesの修飾として翻訳している。

（38）Behind Mrs. O'Brian, as he lifted his eye's Mr. Ramirez saw the long table laid with clean white linen … Bradbury, R. *I See You Never*
オブライアン夫人の後ろには、顔をあげたラミレーズさんの目に、長いテーブルが見えた。 訳：岩垣守彦
as節をMr. Ramirezの修飾として、加えてhis eyes…sawの連鎖を「ラミレーズさんの目に、…見えた」と翻訳。

（39）Victor didn't see it **as** he pulled the door closed behind him. He thought with satisfaction about the look in his father's eyes as he was being shaved. McNamee, E. *Resurrection Man*. 1994

車の姿は、うしろ手にドアを引いて閉めるヴィクターの目には入らなかった。髭を剃ってもらっている父の目に浮かぶ表情を、かれは満足感とともに思い浮かべた。 訳：柴田元幸

最初の文では、as節を主節主語に係るが如く訳出し、後の文ではas節を関係節の如くに見立て、「…ている父の目」という連体節に翻訳。

（40）The whole British empire creaked and groaned **as** it moved to find new ways of dealing with Gandhi.

May, R. 1972 *Power and Innocence*

ガンジーへの新たな対応を模索する大英帝国は、総身をよじらせて苦悶の声を上げた。 訳：別宮貞徳

as節が主節主語を飾るが如く訳出。

（41）Marino's face was expressionless **as** he glanced at me. Cornwell, P. D. 1990 *Post- Mortems*

私にちらりと目を向けたマリーノの顔は、無表情なままだ。 『検死官』訳：相原真理子

「私をちらりと見たとき」という連用節に代えて連体節を採用している。

（42）His eyes were flat **as** they fixed on me. Ibid.

私をじっと見つめる目には、何の感情も表れていない。

「私をじっと見つめるとき」という連用節に代えて連体節を採用している。

（43）You may see her now, **as** she walks down the favourite turning, and enters the Deeps by a narrow path through a group of Scotch firs...

Eliot, G. 1860 *The Mill on the Floss*

今、歩みなれた道のまがりめをおりて、銀松のむら立ちのなかに通う小径を谷間へとはいっていく、彼女の姿が、読者に見えるであろう。

訳：工藤好美・淀川郁子

長いas節（as she walks down･･･a group of Scotch firs）の訳を「彼女の姿」に係る連体節として翻訳している。

（44）For some time **as** he walked Nick had been in sight of one of the big islands of pine standing out above the rolling high ground he was crossing.

Hemingway, E. 1929 *In our time*

歩いているニックの眼に、いま横切っている起伏した臺地のうえに、島のように浮き出している大きな松林の一つがしばらくのあいだ見えていた。

『われらの時代に』訳：高橋正雄

従属接続節（as he walked）――as節が後置形容詞節のように前の名詞some timeを限定修飾している――を、主節の主語であるNickに係る連体節として翻訳している。

以上の対訳用例では、①従属接続節と主節との主語が同一主体を表す場合（31・33・34・35・38・39・40・44）、②従属接続節の主語を、主節のseeなどの動詞の目的語が指す場合（43）、③主節の主語が主体の身体部分（faceやeyesなど）を示し、その主体を従属接続節の主語が表している場合（36・37・41・42）もしくはその逆の場合（32）を採りあげた。

㈢as様態の節を連体節に和訳

（45）For about a couple of minutes I stopped thinking about bombs and began thinking about my figure **as** I'd studied it in my bath that morning.

Orwell, G. 1939 *Coming up for air*

二分間くらい、私は爆弾のことを考えるのをやめ、今朝家のバスでためつすがめつして見た自分の姿のことを考えはじめた。

『空気をもとめて』訳：小林歳雄

ちょっとの間だけ、わたしは爆弾のことを考えていた思考回路を転じて、今朝方の自分の家の風呂場で認識を新たにした自分の体型を思いやっていた

『空気をもとめて』訳：大石健太郎

様態を表す従属節（as I'd studied it in my bath that morning）を、my figureを修飾する連体節として訳出している。study（他動詞）の動詞句は「自分の躰をじっくり観た」との意と思われる。英文においては、自分の躰を関係代名詞節にて限定修飾すれば非文であろうから、ここではasの従属節が適切と判断される。

（46）The vocabulary of Old English, **as** it survives for us today, contains some thirty thousand word, ...

Sheard, J. A. 1954, 1970 Words We Use Andre Deutsch Ltd., 14

今日残っている古代英語の語数はほぼ三万。

訳：別宮貞徳

㈣if/when条件節を連体節に和訳

オーウェルの短編「象を撃つ」に連体修飾を用いた訳文がある。原文は条件節である。

(47) **If** a man cannot enjoy the return of spring, why should he be happy in a labour-saving Utopia?

George Orwell Urban Foible? Collected Essays SOME THOUGHTS ON THE COMMON TOAD 1946

春がめぐってくるのも楽しめない人は、どうして労働節約のユートピアで幸福になれるだろうか？

訳：小野恭一

英語条件節を連体節に翻訳している。英文主節は修辞疑問でshould be happyは感情の強調表現と考えられる［池田1967: 103］。

(48) We're leaving at 8:00 o'clock. **If** anyone is late, it's just too bad. We will leave without them.

８時に出発します。遅れた人は、気の毒ですが、置いていきます。　『英和イディオム完全対訳辞典』

If anyone is lateを連体節「遅れた人は」に英訳している。英文主節のjust too badは強意の表現で感情的色彩がはっきりしている［池田1968: 112］。

(49) **When** a man is investing, he wants the best advice that money can buy.

投資する人は金で買える最高のアドバイスを求めている。　Ibid.

Whenの従属節が仮定法ではなく確定条件を表しているが、これが連体節として英訳されている。

右の三例文（47、48、49）では、人が行為の主体である。

㊄分詞構文を連体節に和訳

(50) **Determined** to have their weed and smoke it too, many tobacco aficionados have been switching to low-tar, low-

nicotine cigarettes.

愛用の葉と煙は絶やすものかと一大決心をした多くのタバコ狂いは、低タール、低ニコチンのシガレットに宗旨変えした。

『現代米語慣用句コーパス辞典』

（51）As the end, **having** fought off one devil, Tom gazes at the other—a TV screen—with fellow mental patients.

TIME 1982 June 7

終わりに、ようやく一つの悪魔を払いのけたトムは、同僚の精神病患者たちとともに、また次の悪魔を見つめる——今度はＴＶだ。

『現代米語慣用句コーパス辞典』

（52）**Left** to its own devices, the State Department machinery tends toward inertia rather than creativity;…

TIME 1982 March 15

独善のままに放置された国務省のメカニズムは、創造性よりは惰性に陥る傾きがある。

『現代米語慣用句コーパス辞典』

the State Department machineryは国務省の機構（あるいは組織）としてもよい。

（53）**Eschewing** the pinstripe ambiguities of the career professional, Habib is renowned for his straightforward talk and capacity to cut through to basics.

TIME 1982 July 19

職業外交官にありがちの洗練された曖昧さを嫌うハビブは、その直截な話しぶりと基礎的事実に切り込む能力で名声がある。

『現代米語慣用句コーパス辞典』

右の例文（50〜53）では、分詞構文が主節主格を修飾するものと見なされて、すべて主節主格を飾る連体節として訳出されている。それら連体節は、継起のシテ形接続（50〜52）や理由（53）の連用節に換言して別訳とすることも可能である。

ここで、英語の従属節ではなく単文が連体節に翻訳される事例、とりわけ英語述部が連体節に翻訳される例文を採りあげる。

（54）Great numbers of adult English people never in their lives bothered to vote in an election.

成人で一生涯選挙に投票したことのないような人がいくらもいる。

Orwell, G.「イギリス人の道徳観」訳：小野協一

（55）（a）Extremely few English people are afraid to utter their political opinions in public,（b）and there are not even very many who want to silence the opinions of others.

（a）自己の政治的意見を公然と発表することを恐れるようなイギリス人はごく稀であって、（b）他人の意見の発表をおしつぶそうとするような人だってそう多くはない。

Orwell, G.「イギリス人の道徳観」訳：小野協一

「極、少数の人が、自分の政治的な意見をおおっぴらに言うのを、恐れる」として、原文の統語構造に直対応する直訳ではなく、例文では英語述部を連体節に翻訳している。本英文は重文であり、先の文（a）は単文で、to utter …という不定詞句が形容詞 afraid で表される感情の対象であると観ることができる。後の文（b）は単文ではなく関係代名詞節を伴

う複文で、存在文として表現されている。英文の作者Orwellは、前文ではbe繋辞によって主体的に断定を示し、後文ではbe存在動詞によって客体的に事実存在を示すとともに関係節によって事実内容を具体的に規定している。

（56）Many people saw the suspect do it, but none were willing to bear witness.
容疑者がそれをやるところをたくさんの人が見たが進んで証言する人はだれもいなかった。

『英和イディオム完全対訳辞典』

本英文は重文であり、butに続く単文では、to bear …という不定詞句がbe繋辞＋形容詞willingで表される意識の志向対象であると観ることができる。英語述部を連体節に翻訳している。

（57）His plan was to come upon Vicksburg from behind, …

Dixon, R. J., Fox, H., *The USA: Man and History*, New York, Regents, 1975

背後からヴィックスバーグの街を攻める作戦であった。

訳：巻下吉夫

英語述部である不定詞句to come upon…を連体節に翻訳している。

なお、54～56の和訳手法と関連する「連体節＋人／者［が／も］いる／多い・少ない」の和文型、その英訳手法については、第五章第三節補項の文型の英訳を参看されたい。

本節において詳しく検討したように、英日翻訳において、従属接続節を連体節に和訳する手法が適切であり得ることが認められる。

第五節　英日翻訳系

日本語においては形容詞的修飾の連体節と副詞的修飾の連用節との換言事例が観察できたのであるが、文末注の補節二で詳論するように、英語でも同様の事例を見出すことができる。英語においては、非制限用法の関係代名詞節には、原因や理由の副詞節的機能があり、制限用法の関係代名詞節には、条件的な関係を表す事例があると指摘されている［Quirk, R. et al. 1985］。例えば、

（58ａ）Students **who** work hard pass their exams.
一生懸命に勉強する学生は、試験に通る。
（58ｂ）**If** students work hard, they pass their exams.
一生懸命に勉強すれば、学生は試験に通る。

この英文事例のように関係代名詞節の述部と主節述部とは、統語的には係わりがないが意味的には関わりがあり、このとき前者と後者との間で相互に換言が可能である（前者の方が英語母語者には達意に思われるが、後者は論理が際立つと感じられるようである）[*21]。具体的には、制限関係代名詞節を条件の従属接続詞節に換言できれば、前者と後者との相互換言が可能であり、また非制限関係代名詞節を理由の従属接続詞節に換言できれば、両者間で相互換言が可能である。

右の換言が可能であるならば、英日翻訳においては、関係代名詞節の翻訳手法（α^1）として、（１ａ）連体節に和訳する手法に加えて、（１ｂ）連用節に和訳する手法が考えられる。また第四節で例示したように、英語従

属接続詞節を連体節へ和訳する手法が考案されており、英語従属接続詞節の翻訳手法（α²）として、（2a）連用節への和訳と（2b）連体節への和訳との二つが揃う。

試みに、右の翻訳手法（α²）、英語従属接続詞節を連体節へ和訳の方法を実践してみよう。以下は試訳である。

（58c）Individuals should be given means to obtain their information, provided an opportunity to correct inaccurate information that could harm them, and have a means of redress if harmed by an improper use of their information.

National Information Infrastructure: Progress Report 1994

諸個人には、自分に関する情報を入手するための手段が与えられなければならないし、自分に害を与える可能性のある不正確な情報を正す機会が提供されなければならない。個人情報が不適切に使われて害を被る諸個人には、補償手段がなければならない。

（58d）An appropriate intellectual property rights regime to protect the content transmitted over the GII is essential if the full benefits of the GII are to be enjoyed.

適切な知的所有権制度は、ＧＩＩ経由で送信される内容を保護するもので、ＧＩＩの恩恵が全面的に享受されるための条件として最も重要です。

第四章

連体節の連用節への換言態

第一節　換言の妥当性

第一項　表現上の換言妥当性

連用節と主節とからなる文においては、連用節述部と主節述部との関係が事柄間の関係の中枢である。両節の関係性は連用節末の接続表現によって範疇的に示されている。他方、連体節と主節とからなる文においては、両節の関係性は明示的ではない。この点を、事柄の認識から表現へという言語過程において省みてみよう。

表現者は、認識された二つの事柄間の関係を意識しつつ連体節を採って叙述するのであれば、その事柄間関係をは連体節述部と主節述部との意味的連関として表現するだろう。その場合には、前章第二節で観たように、連体節を連用節に換言しうる根拠があるといえる。一方、次の例文では、連体節は観察の事実を記して主格を限定するにすぎず、連用節に換言できない。

(59) 窓の外の宵闇は濃くなって、アーク燈の蒼白い光の下を、いそぎ足に通る人影が雪の上に黒く動く。

宮本百合子「道標」

あるいは、前置き的に連体節が叙述されるとき、連体節述部と主節述部との連関には必然性がないとも言えよう。例えば、先の例文（23）には、「現にその光を浴びた房子は、……眼の下の松林を眺めている」とあり、この連体節は主体を取り巻く環境的状況を表している。当該状況と主節が表す事柄との間には因果性や継起性が認められない。作家が想定した場面の雰囲気をそのままに表現した結果が連体節であったと推定してよかろう。連用節を避け連体節で表現したのは文体上の工夫が必要であるからだろう。このような連体節の連用節への換言は不可である。

第二項　統語上の換言妥当性

益岡は、連体節について、「日本語の非限定的連体節表現には、述定的装定の表現が幅広く観察される。事態間の関係を非限定的連体節の表現で表す場合もその例である」と指摘した［益岡 1997: 167-180］。やや詳しくは、以下の事柄を明らかにした。

①非限定的連体節の機能には、（a）「主節で表されている事態に対する情報付加」と、（b）主節の「主名詞に対する情報付加」とがある
②（a）主節事態に対する情報付加には、「対比・逆接」「継起」「原因・理由」「付帯状況」などがある
③（b）「主名詞に対する情報付加とは、名詞を文脈に導入するに当たって必要となる予備的、背景的情報」であり、連体節の内容と主節の内容との間には直接的な関係は認められない

益岡のいう「情報付加」（a）は、南不二男［1993］の「〜テ」の分析や仁田義雄［1995］による「シテ形接

続」の意味分類に符合する。南は従属節をA・B・C・Dの四つに分類し、連体節に現れる従属句について、「ABのものは連体修飾の一部となることが可能である。CDのものは原則として連体修飾語の一部となることが出来ない」と指摘した［南 1993: 78-86］。なお、南の分類と本稿の換言態との関係については、文末注23を参看されたい。

南の分類を適用して、白井ら［1995］（本書の白井論文第二章）は、従属句の係り受けの分析を進め、以下の知見を提出した。

［1］中止性の強い述語ほど遠くに係る傾向があると推定されるから、次のヒューリスティックスを導入する。

①連用節述語のうち、中止性の強いB類の述語は、他の連用節述語を飛び越える。逆に、他の述語は、次に現れた連用節述語に係る。

②連用形の単独型は、他の連用形の単独型を飛び越えないで、それに係る。

［2］動作性の強い述語は、動作性の弱い述語を飛び越し、動作性の弱い述語は、動作性の強い述語に係る。

ここで、白井らの例文を一つ挙げて連体節を連用節に換言してみる。右の係り受け規則が換言文においても保持されるかどうか、検証する。例文は一部改作してある。

連体節

旧モデルは五インチのFD二台分のドライブを装備していただけだったが、これに加えて大容量のHDD

を内部に組み込んだ今回のモデルは、アクセス時間を短縮し、記憶容量に余裕を持たせた。

連用節への換言Ⅰ

旧モデルは五インチのＦＤ二台分のドライブを装備していただけだったが、（Ｃ類・読点）今回のモデルはこれに加えて（Ｂ類）大容量のＨＤＤを内部に組み込んでいるので、（Ｂ類・読点・強中止性）アクセス時間を短縮し、（Ｂ類・読点）記憶容量に余裕を持たせた。

連用節への換言Ⅱ（シテ形への換言）

旧モデルは五インチのＦＤ二台分のドライブを装備していただけだったが、（Ｃ類・読点）今回のモデルはこれに加えて（Ｂ類）大容量のＨＤＤを内部に組み込んで、（Ｂ類・読点・弱中止性）アクセス時間を短縮し、（Ｂ類・読点）記憶容量に余裕を持たせた。

原文では、ハードディスクを備えたという根拠を連体節が表し、時間短縮と記憶容量増大という二つの結果を主節が表している。

換言Ⅰでは、「組み込んでいるので、」の従属句はＢ類・読点・強中止性であることから、「短縮し」を飛び越して文末の「持たせた」に係る。よって、係り受け関係が、元の文における連体節と主節との意味連関を保持している。「短縮し」は連用中止であり、これは「零記号の辞の未完結形式」［時枝1950: 148］であって「持たせた」に接続している。二つの動詞は連句と観て、この連句に「組み込んでいるので、」が理由の連用節として連関している。

換言Ⅱ（シテ形への換言）では、「組み込んで、」の従属節はＢ類・読点・弱中止性であることから、「短縮し」に係り「持たせた」には係らない。これでは係り受け関係が原文の連体節―主節の意味連関に一致しない。

したがって、連体節は連用節Ⅰへの換言が適切である。

第二節　換言の二形態

本節では、換言の具体的検討に入る。第一に、接続助詞などの表現を備える連用節への連体節の換言について、第二に、シテ形接続への連体節の換言について検討する。

第一項　連体節の連用節への換言

接続助詞や接続詞的語彙［青木1973］などの接続表現［衛藤ら2003］（本巻収録論文「意味類型構築のための文接続表現の体系化」）を用いての、連体節の連用節への換言について検討する。

(60) アレルギーのある方は事前に申し出てください。　『会話作文英語表現辞典』

「アレルギーのある方は」を「アレルギーのあるときは、その方は」あるいは「アレルギーがあれば、その方は」に換言すると、この連用節は主節述部の「申し出る」に対して条件法として係る。この連用節—主節の意味関係は妥当なものである。条件法に対する丁寧体の要求という主体的表現（モダリティ）についても妥当である。

次に、松本清張『点と線』から連体修飾の事例をいくつか採りあげ連用節への換言について試してみよう。

(61) そうそう石田部長のため一役買い、安田辰郎の片棒をかついだ佐々木喜太郎という事務官は、課長になりましたよ。

「……の片棒をかついだことで、……」という原因の連用節に言い換えることができる。「片棒をかついだ」という原因で「課長になりました」ということが結果したという起因的継起の連関がはっきりする。

(62) まさか佐山を殺すためとは知らない石田部長は、彼を自殺に追いこむ工作とばかりに思いこみ、……

「知らないから」という理由の連用節に言い換えることができる。

(63) その後「佐山が青酸カリで女と自殺した」と知ったときの石田部長は、さすがに顔色が蒼くなったでしょう。

「知ったときの」を「知ったとき、」という「時点」の連用節に言い換えることができる。

別の作家、花村萬月『父の文章教室』から一つ採りあげる。

(64) あなたは自分の父親が好きですか。好き、と答えることのできたあなたは、この文章を読む必要がないかもしれません。

「答えることができたなら」という仮定条件の連用節に言い換えることができ、「必要がないかもしれません」

という推論との間に妥当な連関を表すことができる。
以上、61〜64の用例において、連体節の連用節への換言により、連体節から主節への連関の範疇を、原因・理由・時点・仮定条件として明示することができる。

第二項　連体節のシテ形接続への換言

次に、接続助詞「て」により用言を繋ぐシテ形接続、これを用いる換言を採りあげる。シテ形の場合、時枝が言うように、接続助詞「て」はただ繋いでいるだけである。関係論理を含意してはいない。用言間の関係性は用言の意味連関に潜在的に示されているだけである［佐良木・新田2005，佐良木・宮澤・新田2007］。したがって、その関係論理は読者の理解による（ただし、複合辞的なシテ形「先方と協力して対処した」や「子供をつれて出かけた」などや、連句として慣用的なシテ形、「その知らせを聞いて驚いた」などは、用言連関の範疇的意味（付帯状況・起因的継起）が明らかである）。

シテ形を採用する表現主体も明確には意識しておらず事柄を想起する意識の流れそのままに叙述するのに向いていると言えよう。その反面、接続助詞・接続副詞・連用的連体節＋格助詞といった表現態を備える連用節に換言しなければ用言間の連関は明示的ではない。これらのことから、このシテ形動詞接続には英語分詞構文との親和性を認めることができる。

ここで、連体節のシテ形への換言事例を検討しよう。

（65）春休みで学生がいなくなった構内は静かだった。
Silence reigned on campus **with** all students away for Summer Break.　試訳

（66）施設は寒々としていた。冬休みで学生がいなくなった構内は大半暖房が入っていなかったのだ。　試訳

And the facility was cold, as much of the campus hadn't been heated **with** students away for winter break.

http://trib.com/sports/college/wyoming/mbb/wyoming-not-taking-san-jose-state-lightly/article_97241f8c-7848-589a-869b-f072076103a1.html

「休みで学生がいなくなった」という「予備的、背景的情報」〔益岡1997〕の類であり、直接的な関係が連体節—主節の間にあるわけではないが、状況変化とその帰結というコトの成り行きは認められることから、「学生がいなくなって」と言い換えができる。状況的継起（因果関係ではないもの）と名付けよう。「休みで学生がいなくなったから／ので、……」とも言い換えることもできるが、因果性の認識がある表現になる。因果性の認識というよりも背景的情報を提示していると視れば、付帯状況のwith構文が適切であろう。これら事例のように、連体節と主節との連関は曖昧であり得るわけで表現主体が意味の明示を優先せず修辞を優先している場合には曖昧なままである。また表現主体はいつも前件と後件との関係を念頭に置いて叙述しているとは言えず、意識に浮かぶ映像や表象のままに叙述することもあることから、あるいは筆が進むといったこともあり、このような表現意識にとってはシテ形という表現態が便利であるし安易でもある（書き手の執筆態度に対するオーウェルの警告[*22]は傾聴に値する）。

第一項と第二項の換言態[*23]に関する以上の考察から、以下のことが言い得る。即ち、連体節を接続助詞や接続の語句を用いて連用節に換言できるときには、英訳は従属接続詞節が適切であり、連体節をシテ形に言い換えできるときには、分詞構文やwith構文が望ましい。この二形態への翻訳が、英訳の基本方向として考えられる（もちろん、シテ形の表現において従動詞と主動詞との意味関連が慣用的に明示的である場合、従属接続詞節が適切だろう）。

なお、従属接続詞節と意味的に等価な句の形態、即ち副詞用法の前置詞句も英訳の一つとして採用できる。

(67) 信用金庫のいちばんタフな部署で働いてきた片桐には、そういうものを感じ取る能力が、いわば第二の天性として備わっていた。　村上春樹「かえるくん、東京を救う」

After years of work in the toughest division of the Security Bank, Katagiri possessed the ability to sense such things, It was all but second nature to him.　Rubin, J. (trans.) *Super-Frog Saves Tokyo*

「信用金庫のいちばんタフな部署で働いてきたので、片桐には、」に換言できる。起因的継起は日本語では「ので」やシテ形接続で表されるが、この英訳文では時間の前置詞afterの句(副詞的用法)によって表されている(他の英訳例でも、afterの表現が多くの場合採用されている)。このような起因的継起は、ことの成り行き(例文65・66)よりは因果的関連が強いと考えられる。「状況的起因」と名付けよう。

第五章　連体節の翻訳過程

連体節を英語関係節に翻訳すると非文になる場合が多く観察され、特に「先行詞が特定な唯一の人・物・事の場合」、分詞構文や従属接続詞の節を採用して英訳すべきことを、岩垣2003が提案している。例えば、次の連体節の英訳は分詞構文が適切であると云う。

（71）三年ばかりニューヨークで暮らした私には、国際人になるということがどんなに大変なことかよくわかる。

Having once lived for three years or so in New York, I know very well how difficult it is to become an 'internationally minded person.'

この提案に踏まえるならば、ある種の連体節は、従属節や分詞構文の文型を採用して英訳する手法が検討課題となる。右例文の連体節を理由あるいは根拠の連用節に言い換えると、「三年ばかりニューヨークで暮らしたから、私には、…よくわかる」となる。この換言により、連体節と主節との関係が明瞭になる。このように連用節に換言できるならば、連体節の英訳には、関係代名詞節ではなく従属接続詞節あるいは分詞構文が適切と言うことになるだろう。このような翻訳過程について、以下に詳しく検討する。

第一節　換言態を介した翻訳方式

第三章第四節において言及したように、英日翻訳には、ある種の英文従属節を、連用節ではなく主節主格に係る連体節に訳出する手法がある。連体節による訳文は、連用節による訳文に比べて、自然な和文であった（対訳例文31～49）。この知見を踏まえ、日英翻訳において、連用節に換言可能な連体節を、従属節に英訳する手法が確立できる、と本稿筆者は考える。即ち、連体節を連用節に換言可能ならば、換言に用いられる連用節末尾の接続表現によって、連体節と主節との論理関係を範疇で表すことができるからである。その論理関係が明確になることから、連体節の英訳は、関係代名詞節ではなく従属接続節（ときには分詞構文）が適切である（ただし、関係代名詞節も適切である場合もある。その理由は、Quirkらに拠れば、英語関係代名詞節は、いわゆる制限用法の場合は、条件の従属節に換言でき、非制限用法の場合は理由の従属節に換言できるからである［Quirk, R., et al. 1985］（詳細は文末の補節二を参照）)。[*24] また、制限関係代名詞節の述部にshouldあるいはwouldを含んで仮定条件節相当の役割を果たす事例や譲歩の意味を関係代名詞節（制限、非制限いずれも）が含む事例が指摘されている［伊藤1968］。

連体節を連用節に換言する場合、接続表現を用いて論理関係を明示できるときには、古文の事例で観たように（第二章第二節）「対象とそれに対する志向的情意或は判断の関係を越えて、ただ、事柄の因果関係、先後関係の表現」（五八論稿）へと、文意の範疇的領域が拡張されている。この点についても、本章における事例研究において検証しよう。以下では、連体節が英訳においては関係節として訳出されていない事例を整理する。なお、連用節への換言においては、諸範疇（時点・時間的継起・原因理由（起因的継起）・付帯状況・相反など）を表す接続表現を用いる［佐良木・新田2008］

第二節　「連体節＋形式名詞＋係助詞」の文型の英訳

本章では、和文英訳の実例を採取することで、本稿で提案する英訳手法を検証する。まず、本節第一項では、現代語においては、時枝解釈において補った形式名詞「の」が常態化して「連体形＋「の」＋係助詞―主節」という定型が創り出されているが、これを採りあげる。以下、英訳例との対訳の形で用例を示す。対訳例文は文芸作品を中心に取り上げた。なお、英訳文との関係で形式名詞＋係助詞を対象語格相当として扱う。

第一項　感情形容詞・評価名詞の述語文の英訳

まず、感情形容詞の述語による感情表現の英訳[*25]に触れる。第三章第一節では、連体形と形式名詞と感情形容詞の述語との文型が条件法に換言できることを観た。この種の感情表現の英訳事例をいくつか挙げる。

㈠「連体形＋形式名詞の＋係助詞も」—感情の形容詞・名詞述語

漱石作品『こゝろ』とその英訳を中心に事例を採りあげよう。

(72)（a）いいたい事があるのに、いわないで死ぬ**のも**残念だろうし、（b）といって、こっちから催促する**のも**悪いかも知れず

（a）Of course, if he did have anything on his mind, it would be a pity to let him die without telling us about it.（b）On the other hand, perhaps it would be wrong of us to bring up the subject.

McClellan, E. (Trans.)

（a）「死ぬのも残念だろうし」の述部は、「感情名詞＋推量の助動詞」という構成であり、（b）「催促するのも悪いかも知れず」の述部は、「感情形容詞述語」＋「二つの係助詞か・も＋知れない」という話者の不確実な判断を表す構成である（形容詞「悪い」の意味を「済まない」の意味に解釈した）[*26]。ともに感情表現と言える。やや詳しくは、本用例は、「言わないで死ねば」／「死ぬことになれば」、「催促すれば」の条件法に換言可能であり、そのような想定を機縁として（仮想条件）、（a）相手の心情を話者が想う・慮って「残念だろう」と推し量るこ

とを、そして（b）「（相手に対して）悪い」という感情が話者に起こるだろうことを表している。この表現構造は、時枝の指摘する「或る対象を機縁として、そこから起こる種々な想像思惟を仲介として」［時枝 1936a; 1973: 223］話者にある感情が起こることの表現であって（第一章第三節第三項で既に論じた）、これが現代語においても観察できる。

対応する英訳文では、（a）if従属接続節と話者の主体的表現である推測の助動詞wouldを備える主節という仮定法を採っている。（a）・（b）は、主節において「助動詞＋be繋辞」が話者の主体的判断を表すと共に同じ英文型it～to-inf.を採用しているが、一方では（a）感情の名詞が感情を表し不定詞句が感情対象を表しており、他方では、（b）善悪の形容詞が価値基準を表し不定詞句が判断対象を表している。しかし「残念」の訳語pity*27が父親に対する言葉としては適切かどうか、判断が難しい。wrongは行動の正否・適否や倫理の善悪などの価値判断を表すのであれば、漱石原文の「悪い」とは合わないだろう。善悪判断だけではなく相手を慮る話者の気持ち「済まない」を表していると解釈できるからである。

英文型it～to-inf.のitという抽象的主語を建てているのは、ボリンジャによると、やや婉曲な表現である*28［ボリンジャ 1981: 262-293］。加えて、I feel that-clauseやI am astonished with…などのようには感情主体を表していないが、（a）to let him dieそして（b）of us to bring upから読み取り可能である。

㈡「連体形＋形式名詞の＋係助詞は」—感情の形容詞・名詞述語

（73）そう思われる**のは**身を切られるより辛いんだから　漱石「こゝろ」

The thought that you might secretly think me responsible is unbearable.　McClellan, E. (Trans.)

感情形容詞述語の文型による話者の感情の表現である。「そう思われるのであれば」と条件の連用節に換言できる。英訳文においては、thought の同格名詞節の述部に仮定の might が用いられていることから条件節相当と見なし得る［伊藤 1968: 72, 96-97］。また「be 繋辞＋感情形容詞」の文型を採った感情表現で感情の対象は主語の thought、実体的には同格節が表す仮想であると解釈できる。和文も英文も感情主体（ここでは話者）は表現されていないのだが、you … think me から読み取り可能である。

（74）ただ出す**のは**少し変だから、母がこれを差し上げてくれといいましたとわざわざ断って奥さんの前へ置いた。　漱石「こゝろ」

I thought it might seem odd to produce the mushrooms without some explanation, so as I put them down in front of Sensei's wife, I carefully explained that my mother had wished me to present them to her and Sensei.

McClellan, E. (Trans.)

感情名詞述語の文型による感情の表現である。「ただ出すのは少し変」は「ただに出せば少し変に想われるだろう」に換言できる。「変」は「奇妙な」「異常な」という心理を表すと解釈して広く感情名詞述語とした。英訳では might の仮定法が採られている。ここでの仮定条件「ただ出す」は without による前置詞句で表されている。seem odd という主観的感情表現であり不定詞句が感情対象を表している。感情と評価との入り交じった心理を表していることから、odd の語感は「変」にかなり近いと想われる。

（75）わが家に取り残す**のも**また甚だしい不安であった。　漱石「こゝろ」

The thought, therefore, of my mother living in solitude in the big house gave him considerable anxiety.

McClellan, E. (Trans.)

「取り残せば」あるいは「取り残すということを考えると」という条件節に言い換えができる。感情名詞述語文が、英文では因果関係を表す他動詞構文に「〜という考えが（と考えると）不安を与える」と翻訳されている。英文では、仮定法を採らず主語the thoughtの同格節の述語を分詞で表して、家に住んでいるという既成事実を認めたうえでの表現になっている。

㈢「連体形＋形式名詞の＋係助詞は／も」―評価の名詞述語

（76）静かな素人屋に一人で下宿している**のは**、かえって家を持つ面倒がなくって結構だろうと考え出したのです。

漱石「こゝろ」

After all, I thought to myself, living as the only paying guest in a quiet household would probably be more convenient than having a house of one's own.

McClellan, E. (Trans.)

連体修飾節は判断の対象である仮想の事態を表し主節は判断を表すと解釈できる。それゆえ、連体修飾節を、条件法として解釈でき「一人で下宿しているとすれば、かえって…結構だろう」に換言可能である。この英訳例では、思考動詞の採るthat節において、動名詞livingが主語でwouldの仮定法が採られて「助動詞＋be繋辞」が話者の主体的判断を、形容詞convenientが評価を表し総じて主観的な評価の表現と考えられる。動名詞livingであるということは、既成事実を認定し、これが続くとすればという仮定条件を建てていると解釈できる。

（77）私はこちらから進んでそんな事を持ち出す**のも**病人のために好し悪しだと考えていた。　漱石「こゝろ」

I was not so sure that to force my father to consider such a matter at this stage would be right.　McClellan, E. (Trans.)

「そんな事を持ち出せば」という条件法に換言可能である。その条件法は英文では、不定詞の名詞用法と仮定法で表現され、主節において「助動詞＋be繋辞」が話者の主体的判断を、形容詞が評価を表し、総じて主観的評価の表現となっている。「良し悪しだと考えていた」という態度を決めかねている心境はnot so sure that-clauseの構文により表されている。不定詞句は予定の行動であって未定の事柄を示していると解釈できる。

（78）きみがそんなに迄彼に親切にする**のは**、かえって彼のためにならない。

If you show him too much kindness, it will be all the worse for him.　『講談社和英辞典』

「親切にすれば」という条件節に言い換えることができることから、英文はif仮定節が適訳と考えられる。worseは評価の形容詞だが、all the worseのallは強意語の感情表現［池田1968: 111-112］。咎める感情がこもっていると解釈できる。

だが以下の事例に見るように、従来の翻訳知識に限界づけられているルールベース機械翻訳では、It is構文を出力するかもしれないし、膨大な対訳データを利用する統計翻訳の英訳は、ミゼラブルである。いずれにせよ仮定節による翻訳の可能性はゼロに近いだろう。

It is not rather good for him that you are nice to him so much.　ルールベース翻訳

He's be kind to until you so much, not rather for him.

ここでは、右の対訳例文の特徴を取りまとめよう。

①72～78の対訳例においてはいずれも、和文で・は㊀・㊁・㊂の定型を採ること、かつ連体形を条件の連用節に換言できること、そして英訳では75を除き仮定法を採ることが判明した。この仮定法では、主節において「助動詞＋be繫辞」が話者の主体的判断を、形容詞が感情あるいは価値評価を表し、総じて主観的感情の表現あるいは評価の表現となっている。77は条件節と判定主節との構成であり、73は主部が条件節相当を表しbe繫辞の述部が判定主節相当である。75は仮定法を採らず、他動詞構文により感情惹起の因果的事実を表現している。

②右の英文においては、感情あるいは評価の対象が不定詞句で表される場合（72・74・77）と、動名詞句で表される場合（75・76）とが認められたことから、対象とする事柄が未然の事態であるのか、あるいは已然の事態であるのかが区別されていると言える。

③感情表出の助動詞としては、should（先の例文47を参照）やmustが知られているが［池田1967: 101-106］、ここでの英訳例ではwill, would, mightが観察できる。これらの助動詞も感情表出の表現に関与しているかどうかは今後の検討課題としたい。

ここで概観したように、感情・評価の表現は、和文・英文のそれぞれにおいて、定型を採ると見なしてもよいだろう。文の表す意味と定型とが対になっていることから、これらを「意味類型」［有田1987; 池原2004, 池原2009］、ないしは「意味形態」［関口存男1960-1962］と言うことができる。

第三節　主格体言を修飾する連体節の英訳

主格体言を修飾する連体節について、いくつか用例を採った。連体節の表す範疇的意味は、佐良木・新田2008に基づいて分類した。なお、英訳文との関係で体言＋係助詞を主格相当として扱う。

第一項　連体節を従属接続節に英訳

・「時点」の連体節

(81) 叔父に欺かれた当時の私は、他の頼みにならない事をつくづくと感じたには相違ありませんが、

漱石「こゝろ」

When I was cheated by my uncle I felt very strongly the unreliableness of men.

McClellan, E. (Trans.)

「叔父に欺かれた当時、私は、…」と換言して時点の情報を英訳において表すとするならば、when節の採用が適切だろう。

・「条件」の連体節

(82) アレルギーのある方は事前に申し出てください。

Please let us know ahead of time **if** you have any allergies.

『会話作文英語表現辞典』(60に同じ)

「アレルギーがあれば、その方は」という条件法に解釈できることから、英訳にはif節が適切。

（83）一度壊したものは元どおりにはならない　『英語表現辞典』

Once something is broken, it can't go back the way it was.

「一度壊したら」という仮想の節に換言可能である。英語ではonceの接続詞節をとっている。

・「相反」の連体節

連体節と主節との意味関係が「相反」である事例を示す。以下の和文では、連体節と主節とが意味的に相反関係にあるときには、「今まで」「それまで」「いつもは」「日頃は」など現状認知の副詞類、「あれほど」「あんなに」など強調の副詞類、「かつては」などの新旧比較の副詞類、「一旦」「一度」など事態が完了していることを表す副詞が連体節の文頭に出現する傾向にある。これら副詞（類）は、主節述部に対して、意味的に対比されている。これらを「前ぶれ」の副詞と呼ぶこととするが、この用語は時枝文法の入子型構造を念頭に文の階層構造を明らかにした林四郎［1983: 43-62］[*29]に基づく。

（84）一旦堅く括られた私の行李は、いつの間にか解かれてしまった。　漱石「こゝろ」

The trunk, **once** so carefully packed, was now lying open on the floor.　McClellan, E. (Trans.)

「一旦堅く括られたのだが」という相反の節に換言可能である。英語はonceという接続詞節を挿入する形をとっている。

・「譲歩」を表す連体節

(85) いつもは念入りに結ってある彼女の髪も乱れたままに首筋にかかっていた。

Her hair, as a rule so elaborately **arranged**, was tumbling untidily over her neck.　　訳：岩垣守彦ら

「いつもは念入りに結ってあるのだが」という譲歩の連用節に言い換えると、譲歩の分詞構文挿入節を採用しての英訳方向が見えてくる。継続用法の挿入関係代名詞節としてもよいが、文体的には分詞構文の方が適切だろう。

第二項　連体節を分詞構文・等位文に英訳

連体節が英文では事態推移の分詞構文として表されている事例を観よう。

・時間的継起の連体節

(86) 一旦いいそびれた私は、また向うから働き掛けられる時機を待つより外に仕方がなかったのです。

漱石「こゝろ」

Having lost the opportunity that morning to unburden myself to K, I was forced to wait passively for another opportunity to present itself.　　McClellan, E. (Trans.)

「私は一旦いいそびれて、…」のシテ形接続に換言可能である。本文は事の成り行きを表している。こういう場合、英語では因果あるいは理由―結論の従属接続詞節を採らず分詞構文で流すことが多いだろう。

・付帯状況の連体節

（87）これからどこへ行くという目的のない私は、ただ先生の歩く方へ歩いて行った。　漱石「こゝろ」

Having no particular destination in mind, I continued to walk along with Sensei.　McClellan, E. (Trans.)

「目的のないままに」の連用節［「まま」（名詞）＋「に」（格助詞による接続表現）］に換言できる。「まま」は「事の成り行きに従う」［森田 1980: 461］の意味。こういう付帯状況を表す場合、英語では分詞構文が適切であろう。右の二例文は、前章で言及した連体節の特質を踏まえて分詞構文に英訳する好例である。

連用節やシテ形に換言できない連体節について、ここで若干の事例を添えておこう。例えば、相反関係にある連体節―主節には、逆節の等位接続での英訳が適切である。

（88）もう着いていいはずの彼の手紙がまだ着かないんだ。

His letter should have arrived by now, **but** it has not come yet.　訳：岩垣守彦

岩垣の指摘に拠れば、letterが所有格hisで修飾されているので、関係代名詞により限定修飾することはできない［岩垣1994: 172-173］。原文は、手紙が遅れているという話であるが、非制限の関係節をhis letterの直後に挿入すると、手紙は来ないという話になるので、原文との意味の違いが生じる。

補項「連体節＋人／者［が／も］いる／多い」の文型の英訳

連体節が英文では主節の述語動詞に翻訳される事例を観よう。次の事例は、連用節やシテ形に換言できないが、関係代名詞節は採っていない。

（89）かな入力よりローマ字入力のほうが簡単だという人が多い。
Many people say that using roman letters to write on a computer is easier than using the kana syllabary.
『会話作文 英語表現辞典』

（90）「あなたって何でもできるのね」「器用貧乏と言う人もいるけどね」
You're good at everything, aren't you? / Yeah, but like **they say**, "Jack-of-all-trades, master of none."
『最新和英口語辞典』

右の二例においては、連体節述語が発話や思考の動詞である。その英訳では、英語文型が、発話や思考の動詞＋「that clause」や「X as Y」を採る。例えば、連体節述語が、「と言う・主張する」「と思う・考える・予測する」などであり、これらに英語動詞＋that clauseが対応する［佐良木・岩垣2010］。逆に、英日翻訳では、54・55・56で観たように、～peopleが主語の英文型には、「～する人がいる／多い・少ない」の和文型と対応する。

（91）煙草を吸う人って減ってるのかな？
I wonder if fewer people are smoking these days.
『最新和英口語辞典』

和文連体節内の述語動詞が英文疑問節の述語動詞に翻訳されている。和文主節の動詞述語「減っている」が英文疑問節の主語を修飾する形容詞比較級に当たる。

第六章　結章

本稿の要約

本稿の各章においては、以下に論及した。

第一章においては、次の事柄を確認した。

時枝文法においては、対象語という文法範疇が導入されたことにより形容詞の意味分析が深められた。この分析深化の意義と制約とを見極めることにより、「連体形＋係助詞―形容詞述語」の文型による古文の情意表現には、「他動的・因果的な感情惹起」の表現と「内的・自省的な感情生起」の表現とが備えられていること

第二章においては、時枝の古文用例を、文型的に整理することにより、以下の事柄を確認した。

古文の文型を次の三群に分けたこと

a1「動詞連体形＋係助詞―情意の形容詞述語」

a2「動詞連体形＋係助詞―情意の形容詞補語＋動詞述語」

b「動詞連体形＋係助詞―動詞述語」

c「動詞連体形＋「人」＋（係助詞）―動詞述語＋判断の助動詞」

それぞれの文型において、連体形が条件法として解釈可能であり、主節がa1情意、a2感性的判断、b判断、c感性的判断の対象を表すこと

第三章においては、

現代語においては、「連体形＋形式名詞＋係／格助詞―形容詞述語・動詞述語」および「連体節＋主名詞＋係／格助詞―形容詞述語・動詞述語」の文型の存在を認め、両者ともに、連体形・連体節が古文条件法に当たり連用節に換言可能であること、かつ、前者は古文a群の情意表現に当たる感情表現であり、後者は古文のb群・c群に当たる判断の表現であること、および連体節を連用節に換言できるとき、連体形・連体節の述部と主節の述部との意味的連関があることを確認した。

さらに以下の事柄を確認した。

英文従属節を、連用節ではなく主節主格に係る連体節に訳出する手法があること、および連体節による訳文は、連用節による訳文に比べて自然な和文であり、それは主節主格を修飾する連体節が、ことの自然な成り行きを表現するための優れた表現態であることによること

連体節を連用節に換言可能なとき、その換言によって連体節と主節との論理関係を範疇的に表すことができる、そのときは、連体節の英訳は関係代名詞節ではなく、従属節ときには分詞構文が適切であること

英語従属節を連体節に和訳する手法について、翻訳家の実例を取りまとめて下記のように整理した。

英日翻訳において、

（$α_{2b}$）従属接続節や分詞構文を連体節に和訳できる事例があること

（$α_{1b}$）限定用法の英語関係節を条件節に解釈し連用節に和訳できる事例があること

一方英文では、ことの成り行きとして表すには分詞構文が適切であること、英語やドイツ語においても関係節による形容詞的修飾の表現と従属接続節による副詞的修飾とは、意味的に重なるところがあり、関係節と従属接続節との間で換言可能性があることを明らかにしたこと

第四章においては

換言の妥当性を明証しつつ、連体節の連用節への換言には二形態があり、接続助詞や接続の語句を用いて

連用節に換言できるときには、英訳は従属接続詞節が適切であり、シテ形に言い換えができるときには、分詞構文やwith構文が適切であることを確認した。この二方式の翻訳が、英訳の基本方向として考えられる。

第五章においては

「連体形＋形式名詞＋係助詞」の文型を、三項目に整理した。

一「連体形＋形式名詞の＋係助詞も」―感情の形容詞・名詞述語
二「連体形＋形式名詞の＋係助詞は」―感情の形容詞・名詞述語
三「連体形＋形式名詞の＋係助詞は／も」―評価の名詞述語

これら感情や評価を表す和文型の英訳には、仮定法（助動詞＋be繋辞）が採用されていることを観察した。これら対訳においては、文の表す意味と定型とが対になっていることから、これらを「意味類型」と見なすことができる。

主格体言を修飾する連体節の英訳手法を、三項目に整理した。

一　連体節を従属接続節に英訳
二　連体節を分詞構文・等位文に英訳
三「連体節＋人／者［が／も］いる／多い」の文型は連体節述語が思考や発話の動詞、その英訳では文型

としてthat clauseやX as Yを採る

結　語

以上の本稿論述から、以下の諸点が明確となった。

［一］古文においては、連体形が条件法として解釈可能であることの時枝説が妥当であり、「対象語―形容詞述語・動詞述語」の文型が感情・感性的判断・判断の表現であること

［二］現代文においても連体節が条件法として解釈可能であり、「対象語―形容詞述語・動詞述語」の文型による感情・感性的判断・判断の表現があること

［三］英日翻訳においては、英語複文の従属節を、連体節に和訳する実践的手法があり、日英翻訳においては、連体節から連用節への換言可否に応じて英語構文を選択すべきこと

連体節から連用節への換言によって連体節と主節との論理関係を範疇的に整理でき、論理範疇に応じ連体節から英語従属節への翻訳が適切であること

［四］「連体節を連用節に換言可能なとき、その英訳は従属節や分詞構文が適切である」という仮説が実証されたこと

翻訳系試案

以上の知見に踏まえて翻訳系を構想すると、以下の試案が考えられる。以下では、添え字aは従来からの翻訳方式を、添え字bは本稿で提案の翻訳方式を示す。

（A）英日翻訳において、（α^{1a}）関係代名詞節を連体節に和訳する手法の他に、（α^{1b}）関係代名詞節を連用節に和訳する手法も考案できると共に、（α^{2a}）従属接続詞節や分詞構文を連用節に和訳する手法の他に、（α^{2b}）従属接続詞節や分詞構文を連体節に和訳する手法も考案できる。

（B）日英翻訳において、（β^{1a}）連体節を関係代名詞節に英訳する手法の他に、（β^{1b}）連体節を従属接続詞節や分詞構文に英訳する手法も考案できると共に、（β^{2a}）連用節を従属接続詞節や分詞構文に英訳する手法の他に、（β^{2b}）連用節を関係代名詞節に英訳する手法も考案できる。

以上の翻訳系を、形容詞的修飾と副詞的修飾の視点から見直すと、英語の形容詞的修飾から日本語の形容詞的修飾／副詞的修飾への和訳、ならびに日本語の形容詞的修飾から英語の形容詞的修飾／副詞的修飾への英訳と視ることができる。

なお、日英翻訳系には、連用節への換言が不可のときには伝達動詞の文型や等位接続の形態への翻訳を選ぶという翻訳方式（β^{3}）が含まれるが、この翻訳手法については別稿の課題としたい。

本稿は、旧稿「古典解釈と自然言語処理　時枝文法における「条件法として解釈される連体形の一用法」からの示唆」（『研究紀要』第81号 一～五四頁、日本大学経済学部 二〇一六年七月）を全面的に改訂・補筆した。

謝辞

本稿を精読し批評していただいた岩垣守彦先生（元玉川大学教授）、A. E. Backhouse先生（北海道大学名誉教授）に深謝いたします。「言語・認識・表現」研究会などにおいて日頃よりご論議をいただいている新田義彦先生（元日本大学教授）に御礼申し上げます。日英・英日の翻訳実践に基づく知見を提供していただいた翻訳者の横井純氏、宮澤織枝氏、Peter Moore氏に多謝いたします。

柴田勝征博士（埼玉大学名誉教授・福岡大学名誉教授）から有益なコメントをいただきました。感謝を申し上げると共に急逝された博士を悼みご冥福を祈ります。

最後に、研究途上で斃れられた池原悟博士と白井諭博士、両博士のご冥福を祈りつつ筆を擱くことといたします。

注

*1 「言語過程説の諸問題」『講座日本語の文法』別巻、明治書院、一九六八年、六四頁、時枝自身の言として、以下の講演記録がある。

昭和七年ころから、私が言語過程説の具体的な体系を、打ち立てることに、努力している時代なんですが、七、八年から一二、三年間、その間というのは、私のいろいろそういう過程説の体系をきずく、ほんとうにあれをどうしたらいいだろう、これをどうしたらいいだろうということに、いろいろ、四苦八苦していた時代なんです。

*2 時枝『国語学史』序説、一九四〇年

時枝においては、国語学とは「研究者の如何に問わず、また言語としての価値の如何を問わず、一切の日本語的性格を持つ言語を研究する学問」であり、「日本語的性格を持った言語ということは、日本語研究の究極において明らかにせられることであって「最初から国語即ち日本語であるという定義は、国語それ自体の定義にはならないのではないか」という疑問を中心にして、「国語の方法論を考え、更に国語学史の立場を明らかにして行きたい」と述べている。また、国家の概念を含むものとしての国語の概念は国語学史における国語の概念ではないと述べている。

＊3　時枝誠記「古典注釈に現れた語学的方法―特に万葉集仙覚抄に於ける―」（京城帝大法文学会論纂『日本文化叢考』刀江書院、一九三一年）

＊4　(1)前期前半における時枝の準備的な論稿群と『国語学史』との系譜関係、(2)前期後半の準備的な論稿群と『国語学原論』との系譜関係については、以下の文献を参照した。鈴木一彦「言語過程説の成立と文法」『講座日本語の文法　第二巻』明治書院、160-213。特に、(1)については、一六三頁〜一七一頁、(2)については、一七一頁〜一八〇頁を参看されたい。

＊5　時枝『国語学史』、一九四〇年

＊6　時枝「語の意味の体系的組織は可能であるか」（ibid.: 213-214）、一九三六a

＊7　時枝『日本文法 口語篇』「六　文の成分と格」岩波書店、223-241、一九五〇a

　時枝文法においては、文は詞と辞との結合によって成り立ち、「文に於いては、詞は常に辞と結合して句を構成している」。「辞によって統一された詞は即ち文の成分であり、文の成分を全体的統一との関係に於いて見た場合にこれを格ということは、従来の成文論で既に説かれたところである」「文の成分及び格の概念は以上の如くであるから、成分及び格は、句の中から、辞を除いたものについて云われなければならないのは当然である。　花が咲いた。

　右の表現に於ける文の成分は、句「花が」「咲いた」から助詞「が」、助動詞「た」を除いた「花」「咲く」について云われることで、その両者の関係に於いて格と云うことが云われるのである」。時枝文法では、文の成分を全体的統一において果たす役割から観て、格としては、述語格・主語格・修飾格・対象格を認め、単独のものとしては独立格を認めるのである。

＊8　時枝誠記「国語の品詞分類についての疑点」（『国語と国文学』第十三巻第十号、一二一頁〜一三一頁、一九三六年）

時枝誠記「形容詞形容動詞の連用形に於ける述語格と副詞格との識別について」一九三六年（『言語本質論』第十三巻第十号、岩波書店、255-266）

＊9　管見に入った限りでは、上の諸範疇を論じた論稿は同論稿以前にはないが、宣長の帰納的分析の批判的摂取や宣長・成章の「てにをは」論および括用論の批判的分析（時枝誠記『岩波講座日本文学　国語学史』など）、および古典語解釈研究に媒介されていると思われる。

＊10　感情と感情の対象とが、情意の形容詞述語と対象語とで表されるという図式、これを、一九三七年の論文「文の解釈上から見た助詞助動詞」および「心的過程としての言語本質観」における「概念語によって表出された対象世界」と「(観念語で表された）話者の種々なる立場」に照らし合わせてみると、同じ構図であることが分かる（この二論文は『言語本質論』時枝博士論文集第一冊、岩波書店、二六七〜二九八、二九九〜三四二に所収）。この構図的同一性から推して、前者からの類推が後者

の展開の起点になったと推定することは許されるであろう。事実、本論文「語の意味の體系的組織は可能であるか」［時枝1936a］の末尾に添えられた「付記」の第六項、その三に、言語過程観の探求開始を告げる次の文章が記されている。

「言語の本質を表現過程と見、直観・概念作用等の表現過程に於ける作用を基礎にして、始めて理解出来るのではなからうか。」「概念は、言語表現に現れて来る一段階であつても、それは音形式に対応する唯一の意味内容ではない。言語の内容が概念であるか、表象であるかの問題も、そこからは消滅するので、概念されない、直観の形に於いて意識にある表象も、言語表現に於いては、やはり表現の一段階であると云へよう。」

*11 勿論、情意の形容詞述語と対象語とは、述語格と対象格という、ともに客体的表現同士の関係であり、概念語と観念語とは、客体的表現と主体的表現との関係であって、両関係は異なる。しかし、「対象語―情意の形容詞」と、「概念語―観念語」とは、「対象―意識」という抽象的同一性があるという類推においては、両者は等置することができる。時枝が形容詞分析から、概念語と観念語との関係を類推可能であったと推定する論理的根拠は在る。

『古典解釈のための日本文法』日本文學教養講座第14巻、五三頁、至文堂、一九五〇年、および増訂版六〇～六一頁、一九五九年、ならびに『日本文法 口語篇』一三五～一三八頁、一九五〇年においては、下記の三つのカテゴリ分類に再編されている。

主観的表現の語――ほしい、のぞましい、恋しい、はずかしい、うらめしい、なつかしい
主観客観の総合的表現の語――こわい、にくらしい、さびしい、暑い、すごい、面白い
客観的表現の語――高い、赤い、はげしい、早い、堅い、細い

*12 西尾寅弥「形容詞述語の史的展開」九二～九三頁、一九八二年

感情の対象や機縁となるものは、いつも対象語の資格における名詞や名詞句によって表現されるとは限らない。同じような事実関係が、条件句によっても表される。

*13 「已然形＋ば」の確定条件法でむすばれる前後両句の間の意味関係に、山口堯二氏（山口堯二『古代接続法の研究』明治書院、三章の一、一九八〇年）は因由性、機縁性、呼応性、志向性の四種を認められた。因由性は前句が後句の原因理由に当たる関係であるのに対して、機縁性は、前句が主体の行為を表し、その行為を機縁として主体の遭遇する事態が後句になっているという関係である。主体の遭遇する事態は、主体の心中に形成される心理内容にかたむく場合もあるとし、その例の中に

妹と来し敏馬の崎を還るさに独りし見れば（者）涙ぐましも（万・一発）

も挙げられている。いま問題としている、感情形容詞の述語に対する条件句になっている場合の多くは、山口氏の分類にしたがえば、この機縁性の意味関係で、後句が心理内容にかたむいているもの、に属することになる。

以上の用例中、(六)と(一〇)には、係り結び「こそ―けれ」が認められる。半藤［2003: 34-52］に拠れば、源氏と同時代

の枕草子では、「こそ—けれ」の結びの語として、情意の形容詞「をかし」「めでたし」「にくし」等および感覚動詞「おぼゆ」「きこゆ」「見ゆ」・補助動詞「あり」「侍り」が多くを占め、感動の表現価値を有するとのことである。さらに、「こその結びが形容詞述語文であるときは、文意がほぼ話者の心理的内容の表明となる」とも指摘している。

＊14 北原保雄編『全訳古語例解辞典』小学館、一九八七年

＊15 根来に拠れば、松尾聰「『覚え給ふ』の語義」『講座解釈と文法　源氏物語・枕草子』、一九六九年［根来1973: 154-155］の調査では「おぼゆ」はすべて「何々のおぼゆ」という形で用いられ「何々をおぼゆ」という形は二例のみとのことである。

＊16 根来［1973: 154-155］に拠れば、枕草子においては、「をかしく覚ゆ」との事例は散見されるが「をかしく思ふ」の例はない。また、「平安女流が情意性形容詞の終止法で文を止めたものを学者は感情をなまのまま停滞亡く表出しているとして怪しむことがなかったのをわたくしは静につつましく文を終止しているとした。それは上に述べたように情意性形容詞が終止法であるばあいその対象語はガ格をとって絶対にヲ格をとらないからであり、そしてそこに「思ふ」の気持ちを含んでいず「おぼゆ」の気持ちを含んでいるからであった。知られるように源氏物語には情意性形容詞が非常に多く用いられその終止法もやみなしに現れるが、それは感情を直截に簡潔に表出しているのではなくやはり低回的に緩徐的に表現していると思うのである」と述べている。

＊17 半藤［2003: 46］に拠れば、枕草子では、結びの語を、感覚動詞が担う例が多数認められるとのことである。「（読経する僧の）目をくばりつつよみゐたるこそ、罪や得らむとおぼゆれ」この例のごとく、「こその結びが動詞の場合には、その文意は話者の感覚的なものを表すのが数値的に圧倒的」と指摘している。

＊18 三浦つとむ『日本語の文法』第三章「日本語の〈形式名詞〉——「の」とその使い方」勁草書房、七九～八〇頁、一九七五年

　この種の〈名詞〉は、抽象レベルが高くなればなるほど、こうした実体的なとらえなおしに使われることが多くなる。「私のこと」のような、独自の対象の直接的な把握の表現よりも、「干渉したこと」のような、さきに表現された属性を媒介的に把握した実体概念の表現に使うほうが、むしろ普通になっていく。「の」にいたっては、圧倒的に媒介的に把握した実体概念の表現に使われている。

＊19 水谷静夫「形容動詞弁」『国語と国文学』Vol. 28-No. 5、東京大学国語国文学会、一九五一年

　我々が客體界に対して認識作用を営むや、対象はすべて概念として把握せられる。また主體の認識は大抵の場合、思考の方便上實體とその属性とに分節化する。これを言語の表現面に投影して實體と思考したものの概念を主語に表はし、属性と思考したことの概念を述語に表はすのである。即ち属性的概念は、属性が實體から分立し實體の實として再び統合されるものと見るロヂックによつて、常然實體視せられ難い。この故に属性的概念を指す語はそれが屢々思考の対象となつて容易に實體視出来る習慣が成り立ってゐない限り、格助詞がつきにくく　殊に主語になりにくいのである。形容動詞語幹と呼ばれて来たもの

は、まさしくその典型であらう。「語幹」に格助詞がつかないのは、従って、それが一単語を成さないからではなく、格助詞が實體視された概念を指す語につくものだからなのである。勿論言語と思想とは別物に違ひない。しかしながら言語の構造が、思想とは別なるが故に思想を離れて（何時も）獨自の法則を有つと考へるのは、迷妄である。名詞の中でもいはゆる形式名詞が単獨では、また先に擧げた例に見える「有徳　必謙」などの漢語は、決して主語にならず、殊に後者は格助詞も自由につきはしない。ところでこれらは「花　庭」などと語の本性が違ふのでなく、實體視し難い概念を指す語といふ思想上の制約に過ぎない。強ひて形容動詞を見分ける第一の目安を適用すれば、右のやうな異質の語まで同類に混じてしまふ懼れがある。この危険を防ぐ方法は、やはり「形容動詞」を二語に分解して扱ふ事である。

＊20 Woolf, V. 1928. *A Room of One's Own* Penguin Books（強調は引用者によるもの）

All seducers and reformers are responsible: **Lady Bessborough when she lied to Lord Granville; Miss Davies when she told the truth to Mr Greg.** All who have brought about a state of sex-consciousness are to blame, and it is they who drive me, when I want to stretch my faculties on a book, to seek it in that happy age, before Miss Davies and Miss Clough were born, when the writer used both sides of his mind equally.

＊21 日英翻訳者のPeter Moore氏（米国加州）による指摘である。

＊22 ジョージ・オーウェル「政治と英語」『水晶の精神』川端康雄訳、オーウェル評論集2、平凡社

　何よりも必要なのは意味に語を選ばせることであって、その逆ではない。…具体的な対象について考える時、言葉ぬきで考え、次いで、心に描いているものを記述したいと思えば、適切に見える正確な語が見つかるまで捜すだろう。抽象的なことについて考える時には最初から言葉を使いがちであり、意識的に努力して防がなければ、ありあわせの慣用語が押しかけてきて代わりに用を済ませ、その代償として意味がぼやけ、さらには変えられてしまうだろう。言葉の使用を可能なかぎりあとに延ばし、心に描き感じることによって、できるだけ言わんとするところを明瞭にさせる方が望ましい。そのあとで、意味を余すところなく伝えてくれそうなもっともよい句を、単に受けいれるのではなくて、選び、次いで自分の言葉が他人にどのような印象を与えそうか翻って判断すればよい。この最後の精神的努力は、すべての陳腐な、あるいはまぜこぜのイメージを、すべての出来合いの句を、無用の反復を、おしなべてごまかしと曖昧さを、そっくり締め出してくれる。しかし語や句の効果について不安を感じる時がしばしばあるものだ。直観で事足りない時にたよれる規則が必要である。たいていの場合次の規則で間に合うだろう。

一．印刷物の上で見慣れている隠喩や直喩やその他の修辞をけっして使うな。
二．短い語で十分な時はけっして長い語を使うな。
三．一語削ることが可能な場合はつねに削除せよ。
四．能動態を使える時はけっして受動態を使うな。

五．相当する英語の日用語を思いつける場合には、外来の句や科学用語や専門語をけっして使うな。

六．野卑むき出しの言葉づかいをするくらいなら、これらの規則のどれでも破れ。

＊23 本稿第四章第二節の「換言の二形態」の換言事例（61～66）において、原因・理由・時点・仮定条件の意味範疇をすでに確認している。さらに、第五章第三節では、換言事例（81～88）について、連体節と主節との連関の意味範疇を、付帯状況、時点、原因・理由、条件、相反あるいは譲歩とした。これらを併せて十四の換言例について、南の従属句分類の観点から整理する。

主節に対して連体節が、
①付帯状況の関係を含意するとき、A類（「…ながら」「…つつ」等）の連用節／シテ節に換言されている
②時点、原因・理由、条件の関係を含意するとき、B類（「…ので」「…たら」等）の連用節／シテ節に換言されている
③相反、原因・理由の関係を含意するとき、C類（「…けれど」「…から」等）の連用節／シテ節に換言されている。

ここで、ABC各類の従属句の内部構成要素について、南1974, 1993の指摘（従属句の構成要素のとりまとめ表）から関連要素を抜きだしておく。

(1)　時の修飾語・場所の修飾語　A類には現れないが、B類・C類には現れる
(2)　評価的意味の修飾語　A類には現れないが、B類・C類には現れる
(3)　「じつに、とにかく、やはり」の類　A類には現れないが、B類・C類には現れる
(4)　「おそらく、たぶん、まさか」の類　A類・B類には現れないが、C類には現れる
(5)　提示のことば（～は等）　A類・B類には現れないが、C類には現れる
(6)　B類従属句　A類には現れないが、B類・C類には現れる
(7)　C類従属句　A類・B類には現れないが、C類には現れる

「辞の類」
(10)　打ち消しの形　A類には現れないが、B類・C類には現れる
(11)　過去形　A類には現れないが、B類（ので・のに・なら）・C類（テを除く）には現れる
(12)　意志形・推量形　A類・B類には現れないが、C類（テを除く）には現れる

また、
ⓐ　状態副詞は、A類に集中的に現れ、B類・C類にも現れる
ⓑ　程度副詞は、A類・B類・C類に偏りなく現れる

これら整理から、換言可能な連体節内の諸要素が特定できる、あるいは換言可能な連体節固有の詞辞の要素が判明すると期待できるが、今後の課題とする。

＊24

補節一　記号論理学における条件節として解釈される関係節

ドイツ語や英語においては、条件節と関係節との間に、意味的に等価関係が成立する場合があることが知られている。この点を最初に指摘したのは、百年以上前のゴットロープ・フレーゲであろう。*Über Sin und Bedeutung*　フレーゲ『意義と意味』（訳：黒田亘・野本和幸）において、形容詞文と条件文との換言可能性について言及している。フレーゲは条件文（条件節）が形容詞文たる関係代名詞節に換言可能であると述べている。その要点を約めておく（訳文は一部改めた、小見出しと引用文中強調は引用者によるもの）。

条件節と制限関係代名詞節

ある数が1より小さく0より大きいならば、その平方も1より小さく0より大きい。

Wenn eine Zahl kleiner als 1 und grösser als 0 ist, so ist auch ihr Quadrat kleiner als 1 und grösser als 0.

(**if** a number is less than 1 and greater than 0, then the square thereof is also less than 1 and greater than 0.)

形容詞文（関係代名詞節）もまた条件文（従属接続詞節）を代行し得るので、以下のように書き換えることができる。

「1より小さく0より大きい数の平方は、1より小さく0より大きい。」

das Quadrat einer Zahl, **die** kleiner als 1 und grösser als 0 ist, ist kleiner als 1 und grösser als 0.

(the square of a number **that** is less than 1 and grater than 0 is also less than 1 and greater than 0.)

独語原文の英訳は筆者によるもの　試訳

理由節と非制限関係代名詞節

ところが、主文と副文（関係代名詞節）に共通する構成部分が固有名で表示されるときには、事情は全く異なる。

「自陣の右翼に対する危険を察知したナポレオンは、自身が自分の近衛兵を敵陣へと率いた。」

Napoleon, **der die Gefahr fur seine rechte Flanke erkannte,** führte selbst seine Garden gegen die feindliche Stellung.

(Napoleon, **who recognised the danger to his right flank,** himself led his guards against the enemy position.)

英訳はTextor, M. *Routledge Philosophy GuideBook to Frege on Sense and Reference*. Routledge. 2010

という文においては、

1　ナポレオンが自陣の右翼に対する危険を察知した

Napoleon erkannte die Gefahr für seine rechte Flanke

(Napoleon recognised the danger to his right flank)

2　ナポレオン自身が自分の近衛兵を敵陣へと率いた
Napoleon führte selbst seine Garden gegen die feindliche Stellung
(Napoleon himself led his guards against the enemy position)
という二つの思想が表現されている。主文と副文に共通する構成部分が固有名である。ここでは、「ナポレオンは察知したので敵陣へと率いた」という理由（原因の判断）―結果事実という文（「ナポレオンが自陣の右翼に対する危険を察知したので、ナポレオン自身が自分の近衛兵を敵陣へと率いた」）は導くことはできる。

右のフレーゲ例文において、非制限関係代名詞節が理由文（理由節のこと）に換言可能なのは、前件の事柄があって後件の事柄が成立するという真理であり、前件も後件も同じ主体によるものであるからである。そこにおいて因果関係を真理と認めることができるのである。しかし、「ナポレオンは察知したならば敵陣へと率いた」という仮定の設定―事実認定という文は導くことはできないと考えられる。しかも、この仮定は「ナポレオンは察知しなかった」という反実仮想を認めることになるからである。

以上のフレーゲの論理学的知見と同様の知見が、ロンドン学派の記述英文法［Quirk, R., et al. 1985］においても展開されている。次節に要点を記す。

補節二　*A Comprehensive Grammar of The English language* における関係節と条件節との換言可能性

①関係代名詞節を従属接続詞節に換言可能な事例

α　非制限関係節には、原因や理由の副詞節的機能がある。Quirkらは、非制限の関係節は副詞節に似ることがあり、副詞節に言い換えることができると指摘して次の事例を挙げている［Quirk, et al.［1985: 1241-1242］。

Ann thanked her teacher, *who had been very helpful.*
Ann thanked her teacher, *because he had been very helpful.* (*for being very helpful*)　イタリックが換言部分。

β　制限的関係節（先行詞は一般人称や一般物）が条件関係を表す事例がある。

Students ***who work hard*** pass their exams.　　がんばって学ぶ学生は試験に通る。
If students **work hard**, they pass their exams.　　がんばって学べば学生は試験に通る。

この事例のように、制限関係代名詞節を条件節に換言できる。

②条件の従属節に換言可能であるのは、関係代名詞節だけではない。形容詞修飾を伴う名詞句の主語が条件の表現である事例が観察されている。

The roomier seats will increase the appeal of these buses for long distance travelers.

If the seats are roomier, the appeal of these buses for long distance travelers will increase. 換言例

座席をもっとゆったりしたものにすれば長距離旅行者にとってこれらのバスの魅力が増すだろう。　『新編英和活用大辞典』

Experts have concluded that **nationwide use of information technologies** could reduce health care costs by $36 billion every year.

米国商務省文書1994

Experts have concluded that information technologies could reduce health care costs by $36 billion every year **if they are used on a nationwide scale**. 換言例

専門家の結論では、情報技術を全国規模で使うならば、毎年、三百六十億ドルの医療費を削減することができるだろう、とのことでした。 試訳

なお、記号論理学でいう全称量詞が被さる名詞が、後続の条件節全体を範囲に取るとき、この条件節が全称量詞を限定する関係節と等価に見える，このことは，さして驚くことではないといった言説もある［Kai von Fintel and Iatridou, S. 2002］。このように副詞節が形容節と意味的に等価である事例を確認できる。

Similarly, if every psychologist is experienced in the mental examination of school children, he knows that his own or the teacher's estimate of a child's intelligence is subject to grave and frequent error. 換言例

Similarly, every psychologist who is experienced in the mental examination of school children knows that his own or the teacher's estimate of a child's intelligence is subject to grave and frequent error. Terman,L.M. The Measurement of Intelligence.

同じく、学校生徒の精神鑑定に実務経験がある心理学者なら皆、分かっている、心理学者自身あるいは教師による生徒の知能検査に、重大な誤りが再三起こるのを、免れえないということを。 試訳

以上、英文中強調は引用者によるもの。

＊25　ここで、言語過程節における英語の感情表現についての考を取り纏めておく。

「体系的組織」の論稿では、英語の表現構造と対照させながら、日本語形容詞文の特質を浮き彫りにしている。英語の表現法は門外漢と断りつつも、感情表現の日英対照について示唆に富む論述をしている（『言語本質論』岩波書店、二二〇～二二一、二三八～二三九頁、一九七三年）。

「国語の形容が時に二面の意味を持ち、その何れかが伸縮して意味の変化を起こす……英語に於いては、時に明瞭に表現法が区別される」（二二一頁、言語本質論）

この時枝の示唆をさらに展開するとすれば、次の様に言い得るだろう。英語表現では、

A　状態的意味での用法（α）では、表現主体が主語として表されない
　　情意的意味での用法（β）では、表現主体が主語として表される

αとβとが文型的に区別され、

（α）This book *is interesting*　　（β）I *am interested* in this book

（α）This place *is solitary*　　（β）I *feel lonely*

さらに

B　事実の記述たる「話者の叙述面」は、that 節で表される（γ）
　　この事実を感情対象とする「話者の情意」は主節で表される（δ）

γとδとが区別されている。

（γ）I think it *delightful* that the snow falls.

（δ）It *is delightful* that the snow falls.

右の英文は時枝が採りあげた例文である（斜体部分も時枝による、ギリシャ文字は引用者による）。

一九三〇年代においてなされた日英対照による和文構造の分析は、先駆的である。ボリンジャ（一九七七年、一九八一年中右実邦訳、こびあん書房）の言うところの、『意味と形』を先取りしている。ボリンジャの四十年前に、形が異なれば意味の異なりがあり意味が異なれば形の異なりもあることを、示していたと言ってもよい。多数の用例の綿密な検討からの帰納や、日英対照の比較考察といった現実分析の方法によって言語過程節の前提が築きあげられているのである。

英語における感情表現

(1) 自然的感情の表現

英語においても、根源的には、自己感情の直接的表出として意義をもつ形容詞一語文として現れる。以下、英語文献コーパスから事例を採る。

“Awful!” The girl was the most stubborn, unreasonable, vixenish little puss I ever saw.　Eleanor H. Porter

“Funny! exclaimed Grant.　Ross Kay

Sad! sad!…all the more sad because…　Wilkie Collins

“Terrible! What could have made her…O, Eustacia!…”　Thomas Hardy

実体同士の関係において感情が生起するのではない自然的感情は、特に自己感情については、感情形容詞の述語文を採る。

I am afraid/angry/anxious/glad/happy/lonely/sad/sorry/thirsty/uneasy/weary.

叙述形容詞は、大半がゲルマン語源の言葉でありロマンス語源・ラテン語源の言葉は少ない。

自然的な感情表現の場合であって、自他の感情を客観的に表現するときには、自動詞の文型（SVC）を採り、その補語となる形容詞の多くはゲルマン語源である。

I feel happy/nervous/sad/sorry.

(2)因果的感情の表現

自他の感情を客体的に表現するときには、自動詞の文型（SVC）を採り、その補語となる他動詞・過去分詞（形容詞相当）の多くはロマンス語源・ラテン語源である。形容詞相当の過去分詞は1)前置詞句、2)不定詞句、3)that節を伴い、これが、感情の起因や感情の対象を示す（前置詞byは、how節、動名詞節などを採ることがある）。

I am excited/annoyed/ashamed /astonished/ disappointed/irritated/pleased/scared/surprised +prep

また、他動詞の文型により、実体間関係で生じる感情を表す。

Tom disliked his farther calling him 'son'.

トムは、親父が自分を「せがれ」と呼ぶのが嫌いだった。　試訳

また、実体関係ではなく事柄が感情を生起する場合には、自動詞の文型（SVC）を採りto不定詞が事柄を表すことがある。

I literally now feel lazy to walk into the library to search for books, when I know I can actually find some of the books online.

https://blogs.surrey.ac.uk/nigeria/2015/05/08/impact-of-internet-on-students/ 2017/07/17 閲覧

本を探しに図書に行くのがいまや本当に面倒だ。オンラインで何冊か実際に見つけることができると分かれば。　試訳

feelがto不定詞を採るときは、感覚作用ではなく認知作用を表すときである［中右実1980］との見解もある。

英語における認知・認識の表現

知覚―感覚、認知―直観、認識―判断について、英語には豊富な表現形式がある。例えば、feelという感覚・思考の動詞が、知覚と表現というレベルでは原形不定詞を、認知と表現というレベルではto不定詞を、認識と表現というレベルではthat節を、それぞれ採る。このような知覚（感覚）、認知（直観）、認識（判断）の各レベルに応じた表現形式の一例を示す。

［α］知覚―感覚レベル　I felt my heart leap upbeat quicken.

〈原形不定詞〉心臓がドキドキした。

［β］認知―直観レベル　I feel your idea to be excellent.

〈to不定詞〉　君の案はすばらしいと思う。

［γ］認識―判断レベル　I feel that your idea is the best one.

〈that節〉　きみの考えがいちばんいいと考える。

*26 日本大辞典刊行会『日本国語大辞典』小学館、「悪い」の項17、一九七六年

*27 Pityという感情

If you sympathize with somebody, you understand how they feel and can imagine yourself in the same situation. Pity does not suggest this understanding, and can suggest a lack of respect for somebody or a feeling of being superior. People will be grateful if you say I sympathize with you , but they may not be pleased if you say I pity you.

Oxford Learner's Thesaurus, 2008

浅香2001は、歴史的な意味の変遷という視点から、現代語におけるpityの意味の特殊相を浮彫りにしている。

中世に一般的だったpityの意味合いを現代英語はそのまま引き継いではいないが、pityをその同義語であるCompassion, sympathyと比較すると、何らかのニュアンス上の差異が認められる。「不憫さに涙を流す」「神よ、その飢えた人々を憐れみ給え」という文脈では、compassion, sympathyよりpityが適切であると思われるし、'Pity is a kin to love'という諺もpityはloveと近い意味で用いられていたことと無縁ではないだろう。また、pityを軽蔑的に「情けない、哀れな」の意味で用いるのは、pityが「気高い精神」gentilesseの一つの側面であったことから生じた反語表現と思われる。

朝香桂子「英語表現研究」日本英語表現学会Vol. 18（2001）: 1-9

*28 ボリンジャ『意味と形』こびあん書房、二六二〜二九三頁、一九八一年

ボリンジャは、「能格のofと特定の不定詞」の章で、感情形容詞の採る三つの文型を採りあげている。

タイプ（1）It was foolish for Mary to go there.

メアリーがあんなところへ行ったのは、ばかなことだった

タイプ（2）It was foolish of Mary to go there.

あんなところへ行くなんて、メアリーはばかなことをした

タイプ（3）Mary was foolish to go there.

あんなところへ行くなんて、メアリーはばかだった

（傍線は引用者によるもの）

タイプ（1）においては、「foolishはどうも、抽象的命題のit（for Mary to go there）を修飾しているらしくみえる」

タイプ（3）においては、「もしMary was foolishという形が信頼すべきものであれば、foolishはどうも、Maryを修飾しているら

しくみえる」

タイプ（２）においては、「it was foolish と foolish of Mary との混淆した特徴がみられ、メアリーとメアリーの行為が同時に非難の対象になっているように思われるのである」

「統語論的に（１）に等しいほかの例をみれば明らかなように、（１）においてメアリーの愚かさは明言されている（stated）のではなく、推論されている（inferred）のである。」

タイプ（３）の構文は感情がむき出しであるが、タイプ（２）の of 構文には、「タイプ（３）に比べて、形容詞の影響力を和らげる効果があるように思われる。話し手は、人の悪口を言うとき、気を使わなければならないということがあるから、その攻撃目標をそらそうと思えば、形容詞の的が一見、人物ではなく行為にしぼられるようにみせかければよいことになる。そういう意味で、of 構文は婉曲的表現なのである。」

タイプ（３）の構文では、個別実体である主語と評価的な形容詞述語とが繋辞によって結ばれるという判断文であり、ここでは、to 不定詞が表す行為はメアリーに付随している形である。タイプ（２）の of 構文では、一方では、一般的抽象的存在を表す It を主語に置き感情的な評価形容詞と繋辞 be で繋ぐことで普遍判断の形式をとり、判断の主観性を回避している。他方では、判断の内容は of Mary to go there として分節されている。つまり、判断それ自体と客観的な事柄＝判断内容たる命題とが分離されている。

＊29

林四郎「日本語の文の形と姿勢」『談話の研究と教育　I』国語研究所、四三～六二頁、一九八三年

前ぶれ表現

「判断・表出・伝達の三層が、その順序で、描叙の層を包むと考える。「包む」と言うのには、二つの理由がある。一つは、時枝文法の入れ子型構造が説明するように、詞よりもあとで発話される辞が、詞の表現を包むというのが真実だと思うからだ。もう一つは、判断も、表出も、伝達も、それぞれ、前ぶれ表現の形式をもっていて、文末に位置する自分たちの分身を、早やばやと文頭に出す知恵があり、それと呼応して、実際、前後から措叙を押し包むからである」。これに続いて、林は、前ぶれ表現として、以下の三項を挙げている。

（１）伝達の前ぶれ表現としての呼びかけことば
（２）表出の前ぶれ表現としての感動詞
（３）判断の前ぶれ表現としての陳述副詞

参考文献

青木博史「複文における名詞節の歴史」(『日本語の研究』日本語学会、Vol. 1 No. 3、四七～六〇頁、二〇〇五年)
有田潤「フランス語接続法の提示方法――意味類型に基づく問題提起」(『早稲田大学語学教育研究所紀要(33)』一～三二頁、一九八六年)
有田潤『ドイツ語講座Ⅱ』南江堂、四八～五六頁、一九八七年
池田義一郎『英語の語法』表現篇 第6巻「否定・疑問・強意・感情の表現」研究社、一〇一～一〇六、一一二頁、一九六七年
池原悟「自然言語処理と言語過程説」(『言語過程説の探求』第一巻、明石書店、三三一～四〇八頁、二〇〇四年)
池原悟『非線形言語モデルによる自然言語処理』岩波書店、一四五～一七一頁、二〇〇九年
伊藤健三『英語の語法』表現篇 第5巻「心態の表現」研究社、七二、九六～九七、一〇二～一〇三、一一四～一一五頁、一九六八年)
稲垣智恵「万葉集における人称代名詞の連体修飾について――中国語欧化文法を考える一視点」(関西大学近代東西言語文化接触研究会『惑問』No. 23、五五～七八頁、二〇一二年)
岩垣守彦「連体修飾つき日本文の変換処理について」(『自然言語処理』情報処理学会研究報告、2003-NL-156、四五～五一頁、二〇〇三年)
奥津敬一郎『連体即連用?』ひつじ書房、二〇〇七年
鍵本有里「万葉集における連体修飾―現代語との比較を通して―」(『国文学』No. 78、関西大学国文学会、三七三～三八八頁、一九九九年)
北村博「ＪＥＴＳ：連体修飾句の訳し分け」(『全国大会講演論文集・第37回昭和63年後期(2)』九七〇～九七一頁、一九八八年)
北村博「日英翻訳における連体修飾句の訳し分け」(『情報処理学会自然言語処理研究会報告』90-NL-75、一～八頁、一九九〇年)
佐良木昌・新田義彦「シテ形接続の意味分類体系試案」(『電子情報通信学会総合大会講演論文集２００５年：基礎・境界』二三三頁、二〇〇五年)
佐良木昌・宮澤織枝・新田義彦「シテ形用言連接句の対訳データ構築と日英機械翻訳の訳質改善」(『言語処理学会大会講演論文集』www.anlp.jp/proceedings/annual_meeting/2007/pdf_dir/C1-3.pdf 二〇〇七年)
佐良木昌・新田義彦「主節主名詞に係る連体修飾節と主節述部との意味的相関の分析：連体節と英語文型との対照」(『電子情報通信学会技術研究報告. ＴＬ、思考と言語』107(432)、四九～五三頁、二〇〇八年)
佐良木昌・岩垣守彦「関係節を用いない、連体節の英語への変換パターン：情報の比重を連体節の英訳方法に取り込む」(『電子情報通信学会技術研究報告. ＴＬ、思考と言語』109(413)、七～一二頁、二〇一〇年)

佐良木昌「古典解釈と自然言語処理」（『研究紀要』81号、日本大学経済学部、二〇一六年）
白井諭・池原悟・横尾昭男・木村淳子「階層的認識構造に着目した日本語従属節間の係り受け解析の方法とその精度」（『情報処理学会論文誌』Vol. 36 No. 1、一三五三～一三六一頁、一九九五年）
信太知子「断定の助動詞の活用語承接について―連体形準体法の消滅を背景として―」（『国語学』No. 82、国語学会、二九～四一頁、一九七〇年）
信太知子「準体助詞「の」の活用語承接について―連体形準体法の消滅との関連―」（『立正女子大学国文』No. 5、一九七七年）
信太知子「上代語における連体形準体法について―万葉集を中心にク語法との関連など―」（『馬淵和夫博士退官記念国語学論集』大修館、一九八一年）
関口存男『冠詞：意味形態的背景より見たるドイツ語冠詞の研究』第二篇定冠詞、二六～二七頁、一九六〇～一九六二年
高橋太郎「動詞の連体修飾法（1）」一九六〇年（『国立国語研究所論集1』、高橋『動詞の研究』むぎ書房、一九九四年に所収）
高橋太郎「動詞の連体修飾法（2）」一九六五年（『国立国語研究所論集2』、高橋『動詞の研究』むぎ書房、一九九四年に所収）
高橋太郎「連体動詞句と名詞のかかわりについての序説」（『言語の研究』むぎ書房、七五～一七二頁、一九七九年）
高橋泰邦『日本語をみがく翻訳術――翻訳上達の48章』バベルプレス、一九八二年
高橋雄一「日本語の連体節の構文についての研究」（『東京外国語大学博士学位論文』六八頁、二〇〇六年、http://hdl.handle.net/10108/35626 2014/11/15取得）
玉上琢彌『源氏物語評釈』第十巻、角川書店、一九六七年
寺村秀夫「連体修飾のシンタクスと意味（1）-（4）」一九七五～一九七八年（『日本語・日本文化』四～七頁、大阪外国語大学研究留学生別科、寺村『寺村秀夫論文集I』くろしお出版、一九九三年に収録）
寺村秀夫「名詞修飾部の比較」（國廣哲彌編『日英語比較講座　第2巻文法』大修館書店、二六五頁、一九八〇年）
時枝誠記『国語学史岩波講座「日本文学」』岩波書店、一九三二年
時枝誠記「源氏物語帚木巻冒頭の解釈「さるは」の語義用法に基いて」一九三三a（『国語・国文』Vol.3 No. 3、『言語本質論』時枝博士論文集第一冊岩波書店、一三五～一五四、一九七三年に所収）
時枝誠記「古語解釈の方法「さるは」を中心として」一九三三b（『国語・国文』Vol.3 No. 9、『言語本質論』時枝博士論文集第一冊岩波書店、一五五～二〇〇、一九七三年に所収）
時枝誠記「語の意味の体系的組織は可能であるか」一九三六a（『日本学研究』京城帝大法文学会論纂、前掲同書二〇五～二五三頁に収録）
時枝誠記「国語の品詞分類についての疑点」（『国語と国文学』第十三巻第十号、一九三六b）
時枝誠記「形容詞形容動詞の連用形に於ける述語格と副詞格との識別について」一九三六c（『国語と国文学』第十三巻第十号、一二一

頁〜一二二頁、『言語本質論』時枝博士論文集第一冊岩波書店、二五五〜二六六頁、一九七三年に収録）
時枝誠記『国語学史』岩波書店、一九四〇年
時枝誠記『国語学原論』岩波書店、一九四一年、二〇〇七年
時枝誠記『国語研究法』三省堂、一九四七年
時枝誠記『日本文法 口語篇』岩波書店、一九五〇a
時枝誠記『古典解釈のための日本文法（日本文学教養講座〈第14〉）』至文堂、一九五〇b
時枝誠記『日本文法 文語篇』岩波書店、一九五四年
時枝誠記『国語学原論続篇』岩波書店、一九五五年、二〇〇八年
時枝誠記『現代の国語学』有精堂、一九五六a
時枝誠記「源氏物語の国語学的研究」（『国語と国文学』Vol.33 No. 10、一九五六b）
時枝誠記「条件法として解釈される連体形の一用法」一九五八年（『国語と国文学』Vol. 35 No. 2、一〜九頁（『文法文章論』時枝博士論文集第二冊、岩波書店、一二一〜一三六頁、一九七五年に所収））
時枝誠記『古典解釈のための日本文法』（増訂版）至文堂、一九五九年
時枝誠記『文章研究序説』山田書院、一九六〇年
時枝誠記編著『講座日本語の文法1 文法論の展開』明治書院、一九六八年
時枝誠記編著『講座日本語の文法』別巻「言語過程説の諸問題」明治書院、六四頁、一九六八年
時枝誠記・増渕恒吉『古典の解釈文法』至文堂、一九五三年
中右実「テンス、アスペクトの比較」（國廣哲彌編『日英語比較講座 第2巻文法』大修館書店、一〇一頁〜一五六頁、一九八〇年）
西尾寅弥「形容詞述語の史的展開」（『講座日本語学2文法史』明治書院、七五〜一〇一頁、一九八二年）
仁田義雄「シテ形接続をめぐって」（仁田義雄編『複文の研究（上）』くろしお出版、八七〜一二六頁、一九九五年）
新田義彦『機械翻訳の原理と活用法 古典的機械翻訳再評価の試み』明石書店、二〇一二年
根来司『平安女流文学の文章の研究—枕草子、源氏物語紫式部日記を中心として』（笠間叢書5）笠間書院、一五〜四四頁、一九六九年
根来司『平安女流文学の文章の研究〈続編〉—枕草子源氏物語紫式部日記を中心として』（笠間叢書30）笠間書院、一九七三年
根来司『源氏物語枕草子の国語学的研究』、一九七三年
萩谷朴『紫式部日記全注釈 上巻』日本古典評釈・全注釈叢書、一九七一年
林四郎「現代の文体」（『岩波講座日本語10文体』岩波書店、三四九〜三九三頁、一九七七年）

林四郎「日本語の文の形と姿勢」（『談話の研究と教育　I』国語研究所、四三〜六二頁、一九八三年）
半藤英明『係り結びと係助詞「こそ」構文の歴史と用法』大学教育出版、三四〜七二頁、二〇〇三年
藤本敬史・表克次・池原悟・村上仁一「埋め込み文の日英翻訳方式について」（『情報処理学会全国大会報告』2-265,266、二〇〇〇年）
藤本敬史・表克次・池原悟・村上仁一「複文における底の名詞と修飾部の内と外の関係の判断規則」（『言語処理学会全国大会報告』六七九〜六八二頁、二〇〇二年）
フレーゲ「意義と意味」（『フレーゲ著作集4哲学論集』訳：黒田亘・野本和幸勁草書房、七一〜一〇二頁）
ボリンジャ『意味と形』こびあん書房、二六二〜二九三頁、一九八一年
別宮貞徳『誤訳辞典』バベルプレス、一九八三年
益岡隆志『複文』くろしお出版、一六七〜一八〇頁、一九九七年
三浦つとむ『日本語の文法』第三章「日本語の〈形式名詞〉―「の」とその使い方」勁草書房、七九〜八〇頁、一九七五年
水谷静夫「形容動詞弁」（『国語と国文学』Vol. 28 No. 5、東京大学国語国文学会、一九五一年）
南不二男『現代日本語文法の構造』大修館書店、一九七四年
南不二男『現代日本語文法の輪郭』大修館書店、一九九三年
巻下吉夫『日本語から見た英語表現　英語述部の意味的考察を中心として』研究社、一九八四年
紫式部『紫式部日記』日本の文学古典編、古賀典子訳、ほるぷ出版、一七四〜一七六頁
柳田征司「無名詞体言句から準体助詞体言句（「白く咲けるを」から「白く咲いているのを」）への変化」（『愛媛大学教育学部紀要』第2部人文・社会科学、Vol. 25 N0. 2、一一〜三六頁、一九九三年）
リービ英雄『英語で読む万葉集』岩波書店、四四〜四五頁、二〇〇四年
渡辺実「現代文の特質」（『講座現代語第五巻 文章と文体』明治書院、一九〜三五頁、一九六三年）
和辻哲朗「日本語と哲学の問題」一九三五年（『続日本精神史研究』岩波書店、『和辻哲郎全集』第四巻、岩波書店、五〇六〜五五一頁、一九六二年に所収）
R. QUIRK, et al., *A Comprehensive Grammar of English Language*. Longman: 1238-1241, 1985.
T. S. KANE, *The Oxford Guide to Writing A Rhetoric and Handbook for College Students*. Oxford University Press: 229-242, 1983.

［文芸作品資料］
青空文庫　http://www.aozora.gr.jp/
花村萬月『父の文章教室』集英社、二〇〇四年

松本清張『点と線』新潮社、一九七一年

［翻訳関連資料］
岩垣守彦『英語の行間を読む』ジャパンタイムズ、一九九二年
岩垣守彦『和文英訳のテクニック』ジャパンタイムズ、一七二〜一七三頁、一九九四年
市古貞次・小田切進編『紫式部日記 和泉式部日記』日本の文学古典編17、古賀典子校注・訳、三田村雅子校注・訳、ほるぷ出版、一九八七年
坂下昇編『現代米語コーパス辞典』講談社、一九八三年
坂下昇編『現代米語慣用句コーパス辞典』講談社、Foggy Bottomの項・getting down to the brass tacksの項、一九八四年
柴田元幸『生半可版英米小説演習』研究社、九〇頁、一九九八年
高橋泰邦『日本語をみがく翻訳術――翻訳上達の48章』バベルプレス、一九八二年
別宮貞徳『こんな翻訳に誰がした』文藝春秋、九六〜九七頁、一九八六年

［邦訳資料］
相原真理子訳『検死官』パトリシア・コーンウェル、講談社、一九九二年
大石健太郎訳『ジョージ・オーウェル　空気をもとめて』彩流社、一九九五年
小野協一訳註『対訳オーウェル　2』南雲堂、一九五七年
片山亜紀訳『ヴァージニア・ウルフ　自分ひとりの部屋』平凡社、二〇一五年
川本静子訳『ヴァージニア・ウルフ　私だけの部屋』みすず書房、一九九九年
工藤好美・淀川郁子訳「フロス河の水車小屋」（『ジョージ・エリオット』世界文学大系85、筑摩書房、一九六五年）
小林歳雄訳『ジョージ・オーウェル　空気をもとめて』晶文社、一九八四年
高橋正雄訳『ヘミングウェイ全集1　われらの時代に』三笠書房、一九六三年
西川正身・安藤一郎訳『ヴァージニア・ウルフ　私だけの部屋―女性と文学―』新潮社、一九五二年

［英訳資料］
NHK出版編『村上春樹「かえるくん、東京を救う」英訳完全読解』NHK出版、一二〇〜一二一頁、二〇一四年
前田尚作『日英語学研究：漱石著『こゝろ』の英訳に学ぶ』山口書店、一九九六年

前田尚作『日本文学英訳セミナー』昭和堂、二〇〇六年

〔辞書事典資料〕

エドワード・G・サイデンステッカー、松本道弘編集『最新日米口語辞典』朝日出版、一九八二年
北原保雄編『全訳古語例解辞典』小学館、一九八七年
ジャン・マケーレブ、岩垣守彦『英和イディオム完全対訳辞典』朝日出版社、二〇〇三年
ドナルド・キーンら編集『会話作文英語表現辞典第三版』朝日出版社、二〇〇四年
中村保男・谷田貝常夫『英和表現辞典』研究社、一九八四年
中村保男編『英和表現辞典』基本表現・文法編、研究社、二〇〇八年
森田良行『基礎日本語2』角川書店、一九八〇年

〔洋書資料〕

G. ORWELL, 1939. Coming Up for Air. http://gutenberg.net.au/ebooks02/0200031.txt 2016/02/01 閲覧、http://www.george-orwell.org/Coming_up_for_Air/index.html 2016/02/01 閲覧
P. CORNWELL, *Post Mortem Avon Books.* New York. 1991.
E. McCLELLAN, Trans. Natume Soseki *KOKORO.* Dover Publications, Inc. New York, 1957.
V. WOOLF, *A Room of One's. Own.* Penguin Books, 1928.

初出一覧

言語過程説に基づく日本語解析の試み――言語の過程的構造と自然言語処理：ソフトウェア科学会・電子情報通信学会『自然言語処理の新しい応用シンポジウム論文集』（一九九二年）に加筆修正、言語過程説に基づく日本語品詞の体系化とその効用：『自然言語処理』2（3）（一九九五年）に加筆修正、意味と親和性のある統語構造を出力する日本語文パーザ：『自然言語処理』14（1）（二〇〇七年）に加筆修正、機械翻訳における中間表現としての認識構造の枠組み：『情報処理学会第68回全国大会』6Y-1（二〇〇一年）に加筆修正

日英機械翻訳のための言語知識の構築と記述に関する研究――第二章：白井諭・池原悟・横尾昭男・木村淳子「階層的認識構造に着目した日本語従属節間の係り受け解析の方法とその精度」（『情報処理学会論文誌』Vol.36, No.10, pp.2353-2361. 一九九五年一〇月）、第三章：白井諭・池原悟・河岡司・中村行宏「日英機械翻訳における原文自動書き替え型翻訳方式とその効果」（『情報処理学会論文誌』Vol.36, No.1, pp.12-21. 一九九五年一月）、第四章：白井諭・池原悟・横尾昭男・井上浩子「日英機械翻訳に必要な結合価パターン対の数とその収集方法」（『情報処理学会研究報告』95-NL-110-7, pp.43-50. 一九九五年一一月）、第五章：池原悟・白井諭・河岡司「大規模日本語コーパスからの連鎖型および離散型共起表現の自動抽出法」（『情報処理学会論文誌』Vol.36, No.11, pp.2584-2596. 一九九五年一一月）

意味類型構築のための文接続表現の体系化――情報処理学会研究報告　二〇〇三－NL－一五五（二〇〇三年）に加筆修正

時枝古典解釈文法から翻訳過程論への示唆――佐良木昌「古典解釈と自然言語処理　時枝文法における「条件法として解釈される連体形の一用法」からの示唆」（『研究紀要』第81号 1-54、日本大学経済学部、二〇一六年七月）に加筆修正

編著者紹介（執筆順）

宮崎正弘（みやざき・まさひろ）

新潟大学名誉教授（情報工学）・工学博士。一九四六年生まれ。東京工業大学理工学部卒業。現在、新潟大学発ベンチャーとして創業した株式会社ラングテックの代表取締役社長として、コンピュータによる文の意味理解の研究、高品質な日英翻訳ソフトや使いやすい英語学習支援ツールの研究開発・製品化など自然言語処理の基礎研究から応用研究・製品開発に至る幅広い活動に取り組んでいる。著書に『日本語語彙大系』（共著、岩波書店）など。

白井　諭（しらい・さとし）

一九五五年〜二〇一二年。大阪大学大学院博士前期課程修了、東京工業大学大学院博士後期課程修了博士（工学）。NTTコミュニケーション科学研究所を経てNTTアドバンステクノロジ。日本科学技術情報センタ賞（学術賞）受賞、人工知能学会論文賞受賞。主な著書に『日本語語彙大系』（共著、岩波書店）。

衛藤純司（えとう・じゅんじ）

一九四八年生まれ。東京外国語大学卒業。フランス語および英語の辞書の編集、機械翻訳や音声認識など自然言語処理の研究・開発などに従事。

佐良木　昌（さらき・まさし）

一九四七年生まれ。南クイーンズランド大学大学院GC修了。日本大学非常勤講師、明治大学客員研究員。主な著書に『言語過程説の探求　第一巻』（編集、明石書店）、『Wordを使った大学生のための論文作成術』（単著、明石書店）、『大学生のための英単語・文法ノート』（共著、明石書店）などがある。

言語過程説《げんごかていせつ》の探求《たんきゅう》　第三巻
自然言語処理《しぜんげんごしょり》への展開《てんかい》

編　者　佐良木昌《さらきまさし》
著　者　宮崎正弘《みやざきまさひろ》、白井諭《しらいさとし》、衛藤純司《えとうじゅんじ》
発行者　石井昭男
発行所　株式会社　明石書店
〒101-0021　東京都千代田区外神田6-9-5
電　話　03(5818)1171
F A X　03(5818)1174
振　替　00100-7-24505
http://www.akashi.co.jp
装丁　明石書店デザイン室
印刷／製本　モリモト印刷株式会社

2017年9月15日 初版第1刷発行

ISBN978-4-7503-4564-2